Changing Corporate Governance:
Globalization of Corporate Behavior, China and ESG

変貌する
コーポレート・
ガバナンス

企業行動のグローバル化、
中国、ESG

花崎正晴 編著
by Masaharu Hanazaki

はしがき

　コーポレート・ガバナンスとは，一般的には企業経営の非効率性を排除して，企業価値を高める各種のメカニズムを意味し，企業統治と訳されている。昨今いくつかの日本の大企業で，製品の品質データ改ざん，製品の不正検査，建築物の施工不良，不適切会計，経営者による会社資産の不正流用などの不祥事が発生し，それらの背景にはコーポレート・ガバナンスの脆弱性という問題が存在することが，たびたび指摘されている。

　また，政策や制度面でも，近年コーポレート・ガバナンスの問題が大きく取り上げられている。政府が2014年6月下旬に発表した「日本再興戦略2014」（いわゆる，成長戦略）においては，その冒頭で「日本の稼ぐ力を取り戻す」施策として，コーポレート・ガバナンスの強化があげられ，その指針として「日本版スチュワードシップ・コード（「責任ある機関投資家」の諸原則）」および「コーポレートガバナンス・コード」が公表されるなど，会社組織のあり方や会社と投資家との関係をめぐる各種の制度は，近年大きく変革を遂げている。このように，企業不祥事を未然に防ぐとともに，企業の収益性を向上させるための手段としてのコーポレート・ガバナンスの重要性は，広く企業社会に浸透しつつある。

　しかしながら，コーポレート・ガバナンスに関しては，新しい視点からの考察の必要性も，同時に高まっているといえるのではないだろうか。それらは，ストック・オプション，ビジネスの多角化，投資行動の多様化といった日本企業において過去20年程度の期間にわたって展開されてきた企業行動の新しい潮流とコーポレート・ガバナンスとの関係，経済発展を続ける中国のコーポレート・ガバナンス，そして企業のサステナビリティに対する取り組み姿勢に関する問題などである。本書は，まさにそのようなコーポレート・ガバナンスの新たな視点に焦点を当てた論文を集めたものである。

　それらの具体的な問題意識は，次の4点である。第1に，ストック・オプシ

ョンの導入や事業の多角化の進展といった，伝統的な日本の会社をめぐる制度やビジネス慣行とは性格の異なるグローバルな法制度が導入されつつあるなかで，日本企業の基本的な特性はどのように変質していくのであろうか。

　第2に，高度成長期には国内の設備投資を拠り所に成長を遂げてきた日本企業は，昨今のグローバル化の趨勢の中でM&AやR&Dそして海外での設備投資を相対的に増加させている。そのような広義の投資の決定要因およびそれらを促進させるガバナンス的な要素は如何に。

　第3に，経済のグローバル化の進展に伴い，日本の企業にとって強力なライバルとしてあるいはビジネスパートナーとして存在感を高めつつある中国の企業は，コーポレート・ガバナンスの観点からはどのように評価できるのであろうか。

　第4に，地球温暖化問題の深刻化や障害者雇用に対する関心の高まりなどにより，企業の社会的責任（CSR）および環境，社会そしてガバナンスの3要素を統合したESGの重要性が，広く経済社会に浸透しつつある。企業の当該分野に関する意思決定は，どのような要因によってなされ，企業パフォーマンスにいかなる影響を及ぼすのであろうか。

　コーポレート・ガバナンスの領域では，制度と実態の両面において現在においても日々変革が起きているといっても過言ではない。本書で展開されている問題意識や導出された結論が，今後の学術研究に刺激を与えるとともに，企業経営者，実務家そして制度設計者などにとって，多少なりとも有意義な示唆を与えることを願い，本書を上梓するものである。

　私がコーポレート・ガバナンスの問題に研究面で本格的に取り組んだのは，1997年に日本政策投資銀行の前身である日本開発銀行の設備投資研究所に配属になった時期からであります。当時まだ金融や経済学の分野でこの問題を取り扱うこと自体が珍しかったなかで，堀内昭義先生のご指導のもと，日本の企業や金融機関のガバナンスに関する研究に着手することができたのは，コーポレート・ガバナンスの本質を理解するうえで重要な契機となりました。

　2000年には一橋大学経済研究所に所属する機会を得て，寺西重郎先生を中心とする研究グループの一員として，国内および国外の学者とグローバルな視

点からコーポレート・ガバナンスの問題を研究することができたのは，問題意識を深化，発展させるうえで貴重な機会となりました。

　2003年には日本政策投資銀行設備投資研究所に復帰し，マネジメントの仕事に従事する傍ら研究活動を続けました。そして2012年からは，一橋大学大学院経営管理研究科（2018年3月までは商学研究科）に所属し，国立市の快適な環境の中で，温厚篤実でありながら情熱的でもある教員諸氏，有能な事務スタッフの方々そして快活な学生諸子に囲まれながら，教育および研究活動に携わっています。

　本書を構成する多くの章は，一橋大学の大学院に近年在籍する諸氏との共同研究の成果であります。彼らとの日常的な議論により新しい発想や問題の本質が浮かび上がり，さまざまな試行錯誤を重ねたのちに，構想を具体化してそれぞれの論文として完成させることができました。ゆえに，この論文集は共著者の貢献が計り知れないほど大きく，私一人ではとうてい完成できなかったものと切に感じております。

　また，私が研究者としての基礎を形作ることができました日本政策投資銀行設備投資研究所についても，この場をお借りして触れておきたいと思います。設備投資研究所は，1964年7月に下村治博士を初代所長として日本開発銀行の一部局として設立され，本年7月には設立55周年を迎えます。私自身は，1983年4月に初めて研究員として所属して以来3回の勤務で合計14年余り在籍することができました。その間，私は顧問の先生方やプロパーの先輩諸氏などから，研究面のみならず人間形成の面でも心のこもったご指導とご鞭撻を賜ってまいりました。

　日本開発銀行から日本政策投資銀行への組織変革，日本政策投資銀行の株式会社化など設備投資研究所を取り巻く環境は，過去20年程度の間に大きく変化しています。そのような状況のなか，設立以来のアカデミックかつリベラルな理念および雰囲気を継承しつつ，有意義な研究活動を続けている歴代の設備投資研究所および日本政策投資銀行の関係者の皆様に心から敬意を表しますとともに，私を含めた設備投資研究所の研究員を長年に渡りご指導くださるとともに，さまざまな支援の手をさしのべてくださっている先生方に対しまして，厚く御礼申し上げたいと思います。

なお本書は，一橋大学・日本政策投資銀行共同研究プロジェクトおよびJSPS科研費17H02545の助成をそれぞれ受け，刊行されたものであります。

　最後に，勁草書房の宮本詳三氏は，本書の出版をご快諾くださり，加えて取締役編集長というご多忙かつ責任の重い役職に就かれているにもかかわらず，企画段階から取り上げるべきテーマや全体構成などに関しまして，適切なアドバイスをくださいました。深く感謝の意を表したいと思います。

2019年5月

花崎　正晴

目　次

はしがき

序　章　コーポレート・ガバナンス論の系譜と新潮流…………花崎正晴　3
 1. コーポレート・ガバナンスとは何か　3
 2. 内部コントロール・メカニズム　5
  2.1　社外取締役の機能　5
  2.2　経営者へのインセンティブ付与　6
  2.3　フリーキャッシュフロー問題　7
 3. 企業コントロール市場の機能　8
  3.1　委任状争奪戦　8
  3.2　M&A　9
  3.3　事業部門の切り離し　9
 4. 日本特有のコーポレート・ガバナンスの有効性　10
  4.1　系列　10
  4.2　メインバンク　11
  4.3　系列とメインバンクの経済発展促進効果　11
  4.4　メインバンク・システムと金融規制　12
  4.5　メインバンク・システムの変容　13
  4.6　メインバンク論に対する代替仮説　14
 5. コーポレート・ガバナンス論の発展　15
  5.1　株主主権論からの脱却　15
  5.2　ステークホルダー型ガバナンス　15
  5.3　CSRとSRI　16
 6. 近年における変化　17
  6.1　企業法制度改革の動向　17

6.2　機関構造の多様化　19
　6.3　2つのコード　20
　6.4　実態面での変化　21
　6.5　ESG，PRI，SDGsそしてTCFD　23
7.　本書の構成と各章の要約　26
　7.1　第1部　26
　7.2　第2部　30
　7.3　第3部　32

参考文献　35

第1部　企業行動の多様化，グローバル化とコーポレート・ガバナンス

第1章　ストック・オプションの導入と企業パフォーマンス…花崎正晴　39

1.　はじめに　39
2.　ストック・オプションの理論と制度　40
　2.1　ストック・オプションとは何か　40
　2.2　ストック・オプションの理論的背景　42
　2.3　日本におけるストック・オプション制度の変遷　45
　2.4　日本に関する先行研究　47
3.　ストック・オプション価格評価額の算定　51
　3.1　基本モデル　51
　3.2　算定方法　53
　3.3　算定結果　53
4.　どのような企業がストック・オプションを導入しているのか　57
　4.1　計測モデルと仮説　57
　4.2　計測結果　63
5.　ストック・オプション導入により企業の収益性は改善したか　65
　5.1　導入企業ダミーによる計測　65
　5.2　オプション価格評価額に基づく計測　66
　5.3　オプション価格評価額と役員報酬額との比率に基づく計測　69

5.4　オプション価格評価額と時価総額との比率に基づく計測　72
　5.5　株価上昇に伴うオプション価値増加額を用いた計測　72
6.　その他のインセンティブ・スキームとの比較　73
　6.1　業績連動型報酬制度との比較　73
　6.2　経営者による自社株保有との比較　74
7.　市場別の比較　81
8.　ストック・オプションはリスク・テイキング行動を助長しているか　85
9.　おわりに　88
参考文献　93
付　表　96

第2章　日本企業の多角化，分社化動向とコーポレート・ガバナンス

花崎正晴　97

1.　はじめに　97
2.　多角化の意義と限界　99
　2.1　理論面での分析　99
　2.2　多角化の負の効果　100
　2.3　diversification discount の再検討　102
　2.4　コーポレート・ガバナンスと多角化　103
3.　日本企業の多角化行動　104
　3.1　先行研究　104
　3.2　多角化の実態をどう捉えるか　108
　3.3　子会社形態による多角化および分社化動向　112
　3.4　多角化と企業パフォーマンス　116
　3.5　純粋持株会社の動向　119
4.　仮　説　125
5.　実証分析：多角化および分社化実施企業における
　　連結決算と単体決算との比較　127
6.　実証分析：連結子会社を持つ企業と持たない企業との比較　132
7.　主な結果　136

8. 結果の解釈 138
参考文献 140

第3章　企業投資の多様化とコーポレート・ガバナンス

花崎正晴・羽田徹也・鄭晶潔　144

1. はじめに 144
2. 近年の設備投資動向 145
3. 資本係数の推移 147
4. 設備投資のグローバル化 149
5. 投資の多様化 153
6. 投資の多様化を考慮した先行研究 155
7. 日本における各種コーポレート・ガバナンスの有効性 161
　7.1　株式の所有構造 162
　7.2　メインバンクと負債の役割 164
8. ガバナンスとしての市場競争 165
　8.1　市場競争の規律づけメカニズム 165
　8.2　市場競争指標と仮説 166
　8.3　計測モデルと計測結果 167
9. 投資行動とコーポレート・ガバナンス 171
　9.1　コーポレート・ガバナンス指標 172
　9.2　計測モデル 176
　9.3　計測結果 177
10. おわりに 180
参考文献 181

第2部 中国のコーポレート・ガバナンス

第4章 市場社会主義下のコーポレート・ガバナンスと企業パフォーマンス
――中国上場企業に関する実証分析――

王楽・劉群・花崎正晴　185

1. はじめに　185
2. 1990年代以降の改革の経緯　187
   2.1 国有企業に関する改革　187
   2.2 国有資産管理　192
   2.3 独立取締役の導入　193
   2.4 債権から所有権への転換改革による国有企業の債務整理　194
   2.5 外国機関投資家の呼び込み　195
   2.6 戦略的な企業の再編　197
3. 社会主義市場経済下の所有構造とパフォーマンス　197
   3.1 はじめに　197
   3.2 先行研究と仮説　199
   3.3 データと変数　202
   3.4 実証結果とその解釈　209
   3.5 本節のまとめ　229
4. 企業の取締役会の構成とパフォーマンス　231
   4.1 はじめに　231
   4.2 先行研究と仮説　232
   4.3 データと変数　238
   4.4 実証結果とその解釈　245
   4.5 本節のまとめ　272
5. おわりに　274

参考文献　276

第5章　中国のコーポレート・ガバナンスにおける機関投資家の役割

韓華・花崎正晴　280

1. はじめに　280
2. 先行研究　282
3. 中国の主要な機関投資家　285
   - 3.1　証券投資基金　286
   - 3.2　保険会社　287
   - 3.3　年金基金　291
   - 3.4　適格外国機関投資家（QFII）　292
4. 中国の企業制度とコーポレート・ガバナンス　295
   - 4.1　政治型企業制度　295
   - 4.2　契約型企業制度　296
   - 4.3　制度型企業制度　297
   - 4.4　中国におけるコーポレート・ガバナンスの制度改善　298
5. 実証分析　299
6. 考　察　302
   - 6.1　不合理な株主構成　304
   - 6.2　機関投資家のインセンティブ不足　304
   - 6.3　機関投資家の株式への投資制限　305
7. おわりに　306

参考文献　308

第3部　ESG：環境と障害者雇用

第6章　ESGと財務パフォーマンス
―― 日本の製造業の財務指標と気候変動要因に関する分析 ――

花崎正晴・井槌紗也・張嘉宇　313

1. はじめに　313
2. ESG投資の拡大とその背景　315
   - 2.1　ESG投資の動向　315

2.2　国連のPRI　317
　2.3　京都議定書とパリ協定　319
3. 先行研究　320
　3.1　CSRに関する先行研究　320
　3.2　ESG投資に関する先行研究　324
4. ASSET4 ESG DATAに基づく分析　327
　4.1　分析概要　327
　4.2　分析結果　330
5. 日本の温室効果ガス排出量に基づく分析　332
　5.1　分析概要　334
　5.2　t検定の分析結果　335
　5.3　回帰分析結果　337
　5.4　ロバストネスチェック　338
6. おわりに　341
参考文献　343
付　表　345

第7章　日本企業の障害者雇用……………………花崎正晴・今仁裕輔　350
　　　　──決定要因と影響に関する分析──

1. はじめに　350
2. 障害者雇用制度の変遷　351
3. 障害者雇用の推移　353
4. 先行研究　356
5. 障害者雇用に影響を及ぼす要因に関する実証分析　358
　5.1　分析の視点と仮説　358
　5.2　データと実証モデル　361
　5.3　障害者雇用の決定要因に関する実証結果　366
　5.4　製造業と非製造業との比較　372
　5.5　低雇用率，中雇用率および高雇用率企業の比較　375
　5.6　障害者雇用と企業パフォーマンス　378

6. おわりに　381

参考文献　384

付　　表　385

索　　引 …………………………………………………………………387

執筆者紹介

変貌するコーポレート・ガバナンス
—— 企業行動のグローバル化，中国，ESG ——

序　章　コーポレート・ガバナンス論の系譜と新潮流

花崎正晴

1. コーポレート・ガバナンスとは何か

　コーポレート・ガバナンスの問題は，企業の所有（ownership）と支配（control）の分離という現象に起因している。この現象をアメリカの実例に基づき指摘したのが，法律家であるバーリー（Berle, A. A.）と経済学者であるミーンズ（Means, G. C.）によって執筆された *The Modern Corporation & Private Property*（1932）である[1]。彼らはアメリカの大企業の所有と支配構造を分析し，企業が成長する過程で，所有と支配の分離が進み，経営者によって支配されている企業が増加していることを明らかにした。そして，多数の株主が存在し所有と経営とが分離した近代的な企業においては，個人企業において株主が企業経営に及ぼしてきたチェック・アンド・バランスのメカニズムが有効に機能しにくくなり，その結果経営者は株主の利益から遊離して，自分自身の利害を追求するようになっていると指摘している[2]。

　バーリー＆ミーンズが指摘した所有権と経営権の分離という現象は，1970年代以降に発展したエージェンシー理論（agency theory）によって，精緻にモデル化された（Jensen and Meckling 1976）。エージェンシー関係とは，ある経済主体が，別の経済主体に意思決定権限を移管して，何らかのサービスの代行

---

1) 詳細は，花崎（2008）参照。
2) なお，バーリー＆ミーンズの著作のはるか前に，近代的な経済学の開祖的存在であるアダム・スミスが，古典的名著『国富論』（1776年）において，合資会社（joint stock companies）では，他人の資本を利用することから，怠慢と浪費を伴うことを指摘している。詳細は，花崎（2014）を参照。

を依頼する関係である。この場合に，サービスを発注するサイドを依頼人（プリンシパル），また依頼人の要請に応じてサービスを代行するサイドを代理人（エージェント）という。そして，近代的な株式会社では，投資家あるいは株主は，自己の出資金に対するリターンを受け取る権利を確保しつつ，経営者に対して日常的な企業経営を一任する。それは，株主が依頼人で経営者が代理人というエージェンシー関係として捉えることができる。

エージェンシー理論によれば，依頼人と代理人との間では，利害対立が生じやすい。なぜならば，依頼人は代理人に依頼人の利益にかなう十分な努力水準を求めるのに対して，代理人は自己の利得を高めることを第一義的な目的として自分にとって望ましい努力水準を選択しようとするからである。そして，両者の利害対立の問題は，情報の問題と深く関わっている。つまり，依頼人は代理人の行動を常時監視することは不可能であり，依頼人にとって好ましい成果があがらなかった場合に，代理人は実際には怠けていたとしても，最善の努力を尽くしたと依頼人に説明するかもしれない。このように経済主体の間で情報の量的あるいは質的な面で格差がある状態を，情報の非対称性（informational asymmetry）が存在するという。

もっとも，株主と経営者とが，事前にきちんとした契約を締結して，利害不一致の問題が顕在化しないように，先手を打って解決しておくという方法もあるかもしれない。つまり，経営者のさまざまなレベルの努力水準およびその成果と報酬の水準との各種の詳細な関係を，すべて事前に契約書に明記しておくという方法である。このように，代理人の最適な努力水準を導くような詳細な契約は完備契約と呼ぶことができる。しかしながら，現実の世界においてそのような契約を結ぶことは，必ずしも容易ではない。なぜならば，企業経営には予期せぬ事態がつきものであり，想定外の事態を契約に書き込むことはできない。つまり，多くの場合に依頼人と代理人との契約は，不完備なものにとどまらざるをえない。これを，契約の不完備性（incomplete contract）という。

株主と経営者との間のエージェンシー関係の帰結は，経営者が株主の期待とは裏腹に，株主の利益を毀損するような経営に走るリスクがあるというものである。例えば，経営者は，私的便益に直結する非金銭的報酬（perksまたはperquisites）を享受しようとするような行動をとるかもしれない。また，経営

者は，一般的に単一の小規模ビジネスよりも，大規模かつ広範囲のビジネスを好む傾向がある（帝国建設，empire building）。そして，営むビジネスの規模と範囲が拡大する過程で，収益の割引現在価値がプラスとはならないようなプロジェクトにまで手を出してしまう性癖がある（過大投資，overinvestment）。さらに，プロジェクト選択において，ほかの経営陣によって運営可能なプロジェクトよりも，自分の特殊技能や経験が生きるプロジェクトを選択する傾向がある（entrenching investment）。

経営者が，私的利益や私的効用を高めることを目的に企業を経営することは，上述のような各種の非効率性を生み，株主の立場からみれば自分たちが本来受け取ることができるはずの利益が侵害されていることを意味する。また，このような株主と経営者との利害対立は，結果的に両者の間にさまざまな摩擦を生むことから，社会的な観点からみれば，資源の浪費につながる。このようなエージェンシー関係に起因して発生する社会的な資源の浪費は，エージェンシー・コスト（agency cost）と呼ばれる。

コーポレート・ガバナンスの問題の原点は，所有と経営とが分離したことに起因する株主と経営者との間のエージェンシー問題を前提として，企業経営上の各種の非効率性に伴うコストを抑制することによって，経営者が所有者である株主に対して投資に見合った適正な利得を還元する制度的な仕組みを整えることにある。

2. 内部コントロール・メカニズム

2.1 社外取締役の機能

コーポレート・ガバナンスの問題を解決する具体的手段として，企業の内部構造を活用するアプローチがある。その一つは，株主と経営者との間の情報の非対称性を緩和して，株主が経営者を有効にモニターできる仕組みの構築を目指すものである。もっとも，株式の分散所有が進んでいる大企業の場合には，株主が経営者を直接モニターするのは事実上困難であり，その機能は取締役会および監査役会そして会計監査人に委ねられている。

近年日本においても，アメリカなどと同様に社外取締役（outside director）

の役割が期待されている。社外取締役とは，その会社や子会社の業務執行等の地位になく，過去にもそのような地位になかった取締役を指す。なお，日本の一部の社外取締役には，親会社や関係会社の出身者が含まれており，必ずしも当該企業からの独立性が絶対的に担保されているわけではない。取締役会を構成する取締役がすべて内部者によって占められていると，最高経営責任者に対して適切な意見を発することが困難であるとの見方があり，社外取締役に適切なモニター役が期待される。もっとも，社外取締役が過半を占めるアメリカでも，エンロン事件（Enron scandal）[3]をはじめ多くの企業スキャンダルが発生しており，社外取締役を増やせば，コーポレート・ガバナンスの問題が解決するという見方は，あまりにもナイーヴである。

2.2 経営者へのインセンティブ付与

　経営者の金銭的報酬が定額であると，経営を怠けたり会社の資源を自分のために利用したりしても，自身が受け取る金銭的報酬には影響がないことから，経営者はモラルハザードを起こしやすい。一方，金銭的報酬を経営者の努力水準に見合った金額に設定することや，企業のパフォーマンスに応じて賞与部分を大幅に増減させることによって，経営者のインセンティブを高めることができる。

　その具体策の一つが，業績連動型報酬制度である。業績連動型報酬制度とは，ある対象期間内に定量化された業績目標に対して，組織の個人（役員および従業員）または部署が，実際に達成した業績について評価し，その評価に基づき報酬が支払われる制度である。類似の制度に成果主義型報酬制度があるが，これは従業員とその上司との面談によって設定された目標と，実際にその従業員があげた成果についての評価に基づき報酬を支払うもので，目標と成果には定量的なものだけではなく，定性的なものも含まれる。

---

[3]　全米売上高トップ10にもランクされ，優良成長企業とみられていたエネルギー会社エンロンが，2001年12月に経営破綻に陥った際に，特別目的会社（special purpose entities）を利用した大がかりな経理操作や粉飾決算が明るみにでて，同時にエンロンの監査を担当した大手の会計監査法人であるアーサー・アンダーセン（Arthur Andersen）が，エンロン経営者と結託して粉飾に手を貸したとされる事件。詳細は，花崎（2014）参照。

ストック・オプション（stock option）も，インセンティブ契約の一種である。ストック・オプション等に関する会計基準において，ストック・オプションとは「自社株式オプションのうち，特に企業がその従業員等に報酬として付与するものをいう」と規定されている。ここで，自社株式オプションとは，自社の株式を原資産とするコール・オプションを意味し，現行の会社法のもとでは新株予約権がこれに該当する。

すなわち，ストック・オプションとは，企業が役員や従業員等に対して，あらかじめ決められた価格（権利行使価格）で自社の株式を取得できる権利を与えるものである。オプションとは元来選択権を意味し，権利を有するものがその権利を行使するか否かは，全く自由である。実際の株価が権利行使価格を下回っている限りにおいては，権利行使は明らかに損失をもたらすことから，その権利が行使されるのは，少なくとも実際の株価が権利行使価格を上回ることが条件となる。

ストック・オプションが付与されて新株予約権が行使されると株式が希薄化し，所与の利益水準のもとではストック・オプションが付与されていない一般株主は不利益を蒙る。しかしながら，一般の株主が同意してストック・オプションが導入されるのは，一般株主が企業の収益増や株価上昇，ひいては自らの利得の増加を期待するからである。

2.3 フリーキャッシュフロー問題

株主と経営者との間の利害対立の問題は，当該企業がフリーキャッシュフローを多額に発生させればさせるほど深刻になることが，Jensen（1986, 1989）によって指摘されている。フリーキャッシュフロー（free cash flow）とは，現在価値でみてプラスの純収益を生み出す投資プロジェクトをすべて実施するために必要とされる資金量を超過するキャッシュフロー部分を指す。フリーキャッシュフローが存在すると，資本コストを下回るような低い収益しか生み出さない非生産的な投資プロジェクトに資金が回ったり，経営者の自己満足を引き上げるだけの浪費的な支出に使われたりといった非効率性が生じる。

Jensen（1986, 1989）は，このようなフリーキャッシュフロー問題を緩和するために，株式の代わりに負債を発行させたり，自社株買いのために負債を発

行させたりするのが有効であると論じている。経営者にとって配当のカットは比較的容易であるのに対して，負債の元利返済は契約によって規定されており，約定の返済が滞ると裁判所で破綻手続きをとらなくてはならない恐れがある。このような負債の性質が，経営者に対して効率的な経営に対するインセンティブを高め，また将来に渡って，負債の元利払いを継続することによって，資金使途に関する経営者の自由裁量の余地を減らすことが可能となる。

3. 企業コントロール市場の機能

3.1 委任状争奪戦

　資本市場の機能を利用して経営者を規律づけることによって，企業経営を有効にコントロールしようとするアプローチが，企業コントロール市場（market for corporate control）を利用したガバナンスである。すなわち，株主総会における議決権行使のメカニズムが有効に働けば，パフォーマンスの悪い経営者を追放したり，株主の利益に沿った経営に転換させたりすることが可能となる。

　そのメカニズムの一つが，委任状争奪戦（proxy fight）と呼ばれるものである。これは，経営側と対立関係にある大株主が，自分たちと同一歩調をとるようにほかの株主を説得しようと努め，一方経営側でもほかの株主を自分たちの味方に付けようと努力し，結果として株主総会に向けて両陣営が議決権の代理行使の勧誘を繰り広げるものである。対立する株主グループは，機関投資家などを含めてより多くの株主の支持を得ることができれば，経営者側の提案を覆して自分たちの提案を通すことが可能となる。

　日本では，2002年のアパレル大手の東京スタイルでの事例が最初であり，経営者側に委任状争奪戦を仕掛けたのは，村上世彰氏率いるファンドであった。その後は，TBSと楽天（2007年），アデランスとスティール・パートナーズ（2009年），大塚家具とその筆頭株主であった大塚勝久氏（2015年）などの事例がある。なお，委任状争奪戦では，所有の分散化が進んでいる現代の会社組織において，実質的な株主の特定化等に金銭的および時間的に膨大なコストがかかる場合も多く，その実施は現実的には必ずしも容易なことではない。

3.2 M&A

　株式市場の機能を利用する第2の方法は，企業の合併および買収（M&A）である。このうち，合併とは複数の企業が契約により単一企業になることであり，買収とはある企業が株式買収や資産買収を通じて相手先企業を傘下におさめることである。

　M&Aにはさまざま背景や要因があり，例えば複数の企業が企業価値の向上を目指して合意のうえで一つになる友好的合併（friendly merger）の場合には，株主が企業経営者に圧力をかけて強いたものとはいえない。企業経営に規律を及ぼすM&Aとは，企業が保有する各種の資源や資産が有効に利用されておらず株価が低迷する企業を標的としてなされ，M&Aが成功した際には現経営陣の退陣や経営方針の思い切った転換などを通じて，経営効率の改善を図り企業価値の向上を実現しようとするものであり，敵対的買収（hostile takeover）がそれに該当する。もっとも，敵対的買収のウェイトは，欧米でも1〜2割であり，日本では極めて稀である[4]。

　しかしながら，経営が非効率で株価が低迷している企業に対しては，敵対的買収が仕掛けられる潜在的なリスクが常に存在することから，企業経営者に対する規律づけのメカニズムとしての敵対的買収は，決して無視しえない重要性を有していると解釈できる。

3.3　事業部門の切り離し

　企業内で複数の事業を営むことが，企業経営の効率性の観点からむしろマイナスである場合に，資本市場の機能を利用して一部の事業を社外に切り離し，企業経営の効率化を促進する手法がある。その一つは，採算性や経営戦略上の観点から不必要となった事業部を他企業に売却することであり，別のやり方は，そのような事業部を別会社化して，その会社の株式を既存親会社の株主に割り当てる形で分離，独立させることである。この後者の手法はスピンオフ（spin off）と呼ばれるが，分離，独立させた別会社の株式をいったん親会社がすべて

---

[4]　2019年3月に完了した伊藤忠商事によるデサントへの株式公開買い付け（TOB）は，事前に両者の合意がなかったことから，敵対的買収の性格を有するものである。

保有し，その後外部の新しい株主にその株式を一部売却する手法をカーブアウト（carve out）という。

4. 日本特有のコーポレート・ガバナンスの有効性

　前節までの各種メカニズムは，近年日本においても徐々に浸透しつつあるものの，元来はアメリカに代表される海外の先進諸国で機能してきたものである。本節では，伝統的に日本に特有なコーポレート・ガバナンスの要素として注目を浴びてきた系列とメインバンクをめぐる議論を紹介する。

4.1　系列

　企業系列は，戦後の日本経済の高度成長過程を特徴づける一種の企業グループである。系列には，垂直的系列（vertical keiretsu）と水平的系列（horizontal keiretsu）がある。垂直的系列は，ある特定産業に属する巨大企業を中核として，中間財や部品のサプライヤーや製品の販売会社などが階層的に組織された企業グループである。中核企業のもとにあるグループ企業間の情報交換によって，収益，品質，生産性の向上を目指した業務改善運動が展開されるのが特徴である。自動車のトヨタや日産，電気機械の日立やパナソニックなどが，垂直的系列を有する企業の代表例である。

　一方，水平的系列は，戦前の財閥が戦後解体されたことに伴い形成されたもので，銀行，商社，保険会社，製造業企業などの異業種の企業群から構成され，株式相互持合による株主安定化対策および資本の確保を基本機能としている。系列の組成は，社長会の発足を発端とみなすことができるが，三井，住友，三菱の旧3大財閥においては，戦後いち早く三井の五日会，住友の白水会そして三菱の金曜会という名称の社長会がそれぞれ結成され，1950年度前半には系列としての体制が整った。その後，1960年代後半には，富士銀行系の芙蓉会，三和銀行系の三水会，第一勧業銀行系の三金会がそれぞれ発足し，6大系列が揃った。水平的系列は，1980年代までは良好なマクロ経済環境のもとその機能を維持してきたが，1990年代初頭のバブル崩壊後の経済環境の悪化や持合株式の低収益性などを反映して，次第に弱体化している。

4.2 メインバンク

メインバンク研究の専門家の各種論文を集めて発刊された Aoki and Patrick (1994) は，メインバンク論の集大成ともいえる書籍である。同書の中で Aoki (1994) は，メインバンクの本質的な機能は顧客企業に対するモニタリング活動であることを強調している。すなわち，メインバンクが事前，中間，事後の3段階のモニタリングを適切に実施し，それらが統合されることによって企業経営に影響を及ぼすと述べている。つまり，メインバンクのモニタリング活動は，コーポレート・ガバナンスとしての機能を果たしているというのである。

このうち，事前的モニタリング（ex-ante monitoring）とは，企業が提案する投資プロジェクトを審査するとともに，融資可能なものとそうでないものとを選別するプロセスである。また，中間的モニタリング（interim monitoring）とは，適格な投資プロジェクトに対する融資が実行されたのち，資金使途や企業活動を全般的にチェックするプロセスである。最後に，事後的モニタリング（ex-post monitoring）とは，投資プロジェクトが完成した段階で企業の経営状態を確認し，財務危機に陥っている場合には，業況の改善策を示したり現経営陣の経営責任を追求したりするものである。その具体的措置は，財務危機の程度や性格によって異なるが，深刻度が高い場合には例えば，現経営責任者を更迭するとともに新たな経営者を派遣し，再建計画を策定し，追加融資や債権カットなどの金融支援策を提示することなどである。ただし，事後的モニタリングは，当該企業が財務危機に陥った場合にのみ必要とされる状態依存的な性格を有している。

4.3 系列とメインバンクの経済発展促進効果

日本経済がアメリカ経済に比べて好調に推移していた1980年代には，その背景として系列やメインバンクの役割を評価する研究が数多くみられた。ここでは，それらの代表的なものが星岳雄教授のグループによる研究である (Hoshi, Kashyap and Scharfstein 1990, 1991)[5]。

まず Hoshi, Kashyap and Scharfstein (1990) は，財務危機企業と企業系列

---

5) その他の研究を含む包括的なサーベイについては，花崎 (2008) を参照。

およびメインバンクとの関係を定量的に分析している。125の財務危機企業を対象にした設備投資分析により，企業系列に属している企業ほど，そして最大融資銀行からの借入割合が高い企業ほど，それぞれ財務危機から脱した直後の投資水準が高まることが明らかにされている。彼らは，これらの結果を，系列やメインバンク関係が財務危機に伴うコストを引き下げているためであると解釈している。

続いて Hoshi, Kashyap and Scharfstein (1991) は，設備投資の流動性制約の観点から，大銀行を中核とする企業系列の意義および効果が分析されている。彼らは，東証上場の製造業企業を系列企業と独立企業とに分類してトービンのQ型投資関数を推計し，独立企業が系列企業に比べて流動性制約がきついことを明らかにしている。系列企業の場合には，それぞれの系列において中核的存在である銀行が投資のファイナンスを円滑に実施しているため，系列企業の投資が企業内部の流動性に制約されないというのが彼らの主張である。

このように，星教授のグループの主な分析の視点は日本の系列システムではあるが，その背後にはそれぞれの系列に属する銀行が，系列企業とメインバンク関係を構築し，当該企業への資金供給のみならず当該企業が財務危機に陥った際などにも，情報的な優越性を背景に重要な役割を果たしていることが示唆されている。

これらの研究成果をより発展的に解釈すれば，日本企業のパフォーマンスがアメリカ企業に比べて優れているのは，日本に特有のメインバンク関係が有効に機能し，設備投資のファイナンスをスムーズに実施しているためであると考えられる。

4.4 メインバンク・システムと金融規制

このようなメインバンク・システムの有効性を支えるメカニズムを，金融面での政策との関連から理論的に明らかにしたジョセフ・スティグリッツ教授のグループの研究を，次に紹介する (Hellmann, Murdock and Stiglitz 1996, 2000)。

彼らは，金融セクターの発展を促す望ましい金融パラダイムの提唱を意図しているが，その有力なモデルはメインバンク・システムと政府の金融面での政策とが相まって，高度成長を実現させた日本である。その金融面での政策とい

うのは，政策的に金融セクターおよび生産セクターにレント（超過利潤）を生み出す仕組みを整えることである．

そのためには，日本の高度成長期に実際になされていたように，金融セクターに対して預金金利を市場の実勢よりも低位に固定することや，新規参入の規制，さらに場合によっては競争そのものの制限も課すべきであるとしている．また，預金金利規制は，貸出金利規制と重なり合うことによって，レントの一部を生産セクターに配分することもできる．このようなレントの存在は，競争の機能を阻害するような情報に関連する問題を緩和し，純粋に競争的な市場では過小供給となりがちな銀行による借り手のモニタリングを促進する効果を発揮する．

また，彼らは金融自由化が進展するなかで銀行危機が世界的に頻発する状況をふまえ，銀行に対するどのような健全経営規制が有効であるのかを論じている．健全経営規制の中でも代表的手段である預金金利規制と自己資本比率規制とを比較すると，自己資本比率規制は短期的には銀行のリスキーな行動を抑制する効果があるものの，銀行にコストのかかる資本を保有することを強要するために，銀行のフランチャイズ・バリュー（将来収益の割引現在価値）を下げ，長期的にはむしろ銀行のリスキーな行動を助長するマイナスの効果があるとされている．一方，預金金利規制は，逆にレントの発生によりフランチャイズ・バリューを引き上げる効果を生み，自己資本比率規制のマイナス面を相殺することから，両者を併用した政策は自己資本比率規制単独の政策よりも望ましいというのが，彼らの結論である．

4.5　メインバンク・システムの変容

スティグリッツ教授のグループの研究によれば，メインバンクのモニタリング機能は，銀行のフランチャイズ・バリューを生み出す金融規制によってサポートされていたと理解できる．

ところが，周知の通り，1980年代から90年代にかけて日本の金融資本市場では自由化が進展し，預金金利規制や資本市場に関する規制が，徐々に緩和ないし撤廃されていった．そのような金融自由化が，銀行部門に発生していたフランチャイズ・バリューを消失させ，結果としてメインバンクの情報機能に打

撃を与えたというのが通説の見方である。
　また，1980年代後半に発生した資産バブルが，銀行のモニタリング機能の弱体化を事後的に明らかにしたという解釈もある。なぜならば，金融自由化によってモニタリング機能を低下させた銀行は，伝統的な顧客を失うなか，不動産業やノンバンクあるいは個人向けさらには財テク向けの融資を急拡大していった。本来のモニタリングとは異質の土地担保に頼ったそのような金融のやり方が，バブル崩壊とともに銀行部門に深刻な打撃をもたらしたと考えられるのである。

4.6　メインバンク論に対する代替仮説

　以上紹介したメインバンクに関する通説によれば，少なくとも1980年代半ばまでは，メインバンクのモニタリング機能は有効に働いていたものの，金融自由化の進展およびバブルの影響により，その有効性が喪失したというものである。
　しかしながら，堀内昭義教授と花崎の一連の研究（堀内・花崎2000, 2004; Hanazaki and Horiuchi 2000, 2004; 花崎・堀内2005）は，通説に基づくこのような主張に疑問を呈して，次のような代替的な仮説を提示している。すなわち，日本の銀行は金融自由化以前の時期においても，通説が強調するような有効なモニタリング機能を企業に対して果たしていたわけではない。しかし，高度成長期には銀行の重要な顧客は製造業に属する大企業であり，それらの企業の経営は，銀行によるモニタリングが必ずしも有効でなくても，厳しい市場競争圧力とりわけグローバルな競争から有効な規律を与えられていた。それが製造業の発展や生産性向上の要因の一つとなり，結果的に銀行部門の安定性や収益性に寄与した。
　ところが，高度成長期が終焉し，製造業部門の設備投資の低迷や財務体質の改善により借入金需要が減少すると，銀行は新しい分野の顧客を開拓せざるをえなくなった。その結果，銀行の貸出先として重要性を高めたのが，業種としては建設，不動産，サービス，金融などの非製造業であり，企業規模や分野としては中小，零細企業向けや個人向け融資であった。これらの銀行にとっての新規顧客は，伝統的な製造業大企業に比較すれば，海外からの競争圧力から遮

断され，また国内においても何らかの規制によって保護されている業種もあり，市場競争圧力による規律づけは期待できず，有効なコーポレート・ガバナンスを実現するためには，銀行のモニタリング機能を必要としていた。しかし銀行は，通説の主張とは裏腹に，有効なモニタリング機能を発揮するノウハウや体制が整っていなかった。その結果，これらの非交易財部門を中心に，深刻な不良債権問題が勃発し，日本の金融システムの脆弱性が顕在化した。

堀内・花崎の一連の研究では，どのような要素が日本企業の経営面での効率性の向上に寄与したのかというテーマを，日本の上場企業のマイクロデータを用いて実証分析しており，上述の代替仮説を支持する結果を導出している。

5. コーポレート・ガバナンス論の発展

5.1 株主主権論からの脱却

第2節および第3節で述べたコーポレート・ガバナンスのアプローチは，企業の所有者である株主と企業経営を委託されている経営者との利害対立の問題を緩和し，株主の利益に合致した経営を経営者に志向させるためのメカニズムをどのように設置，機能させるかということであった。

しかし企業組織の効率的な稼動という観点に立つと，株主の利益のためにいかにして経営者を規律づけるかという問題は，コーポレート・ガバナンスに関する多くの問題の一つであるに過ぎない。実際，企業はさまざまな利害関係者（ステークホルダー）の相互連関に依存して操業しており，その効率的稼動を問題にする場合には，必ずしも株主利益の極大化が最も望ましい企業経営原理であるとは限らない。本節では，株主以外の多様なステークホルダーに焦点を当てたコーポレート・ガバナンスについて論じる。

5.2 ステークホルダー型ガバナンス

株主価値を高めることを企業の行動原理とする株主主権論の考え方から離れ，企業を取り巻く各種のステークホルダーの利得を考慮の対象に入れて，コーポレート・ガバナンスの問題を分析しようとする考え方がある。ここでいうステークホルダーの中には，株主以外に，債権者，企業で働く従業員，製品の顧客，

原材料の納入業者，企業が立地する地域住民などが含まれる。

企業の利潤極大化行動は，各種のステークホルダーにさまざまな外部効果を及ぼす。Tirole（2001）が提唱するステークホルダー・ソサエティ（stakeholder society）の概念においては，次の２つの観点がとりわけ重要となる。第１は，ステークホルダー・ソサエティを，企業経営の目的と直接的にリンクさせることである。すなわち，さまざまなステークホルダーの余剰の合計を極大化することを企業の経営目的とし，その目的を実現するためのインセンティブ・メカニズムを設計するとともに，ステークホルダーに何らかの外部不経済が及ぶ場合には，経営者にそれらを償う措置を講じさせるインセンティブを与えようとするものである。第２は，ステークホルダー・ソサエティを，企業のコントロール権に基づく成果をステークホルダー間でいかに分配すべきであるかという問題として捉えるものである。

5.3 CSR と SRI

近年，企業の社会的責任（Corporate Social Responsibility：CSR）に関する関心が高まっている。欧州委員会が 2001 年に発表したグリーン・ペーパーによると，CSR とは企業が事業活動やステークホルダーとの関わり合いの中で，社会的あるいは環境的な要素を重視し，より良い社会の実現や環境の改善に自発的に貢献していく活動であると定義されている。具体的には，企業内では，主に従業員に関して人的資本への投資，健康，安全，労務管理，また環境面では生産プロセスで使用される天然資源の管理などに関連した事項が該当する。また，企業外では，地域コミュニティに加え，事業活動を行っていくうえでの取引先や顧客，公的部門，地域の NGO，そして環境そのものが，CSR の対象となる。このように，CSR 活動は，ステークホルダー・ソサエティの理念を実践の場に応用したものであると理解することができる。

そして，このような企業の CSR 活動を重視し支援する目的で実施される投資が，社会的責任投資（Socially Responsible Investing or Sustainable and Responsible and Impact Investing：SRI）である。SRI は，次の３つに分類される。第１は，対象銘柄の環境および社会的側面の評価に基づいて，株および債券へ投資するもの，第２は，株主の立場から経営陣との対話，議決権行使そして株

主提案などを実施し，企業に社会的な行動をとらせるように働きかけるもの，そして第3は，主に地域の貧困層の経済的支援のために投融資を実施するものである．

CSRおよびSRIは，ゴーイング・コンサーンとしての企業が，企業内部と外部の多様なステークホルダーに対して，法規や個人の倫理感の範囲を超えて社会性や公共性を含んだ企業活動の成果を還元することによって，ステークホルダーの効用を高め企業の存続を確固たるものにするコーポレート・ガバナンスのモデルである．

6. 近年における変化

6.1 企業法制度改革の動向

　日本企業のパフォーマンスの低迷を背景に，コーポレート・ガバナンスの制度を改革して，企業パフォーマンスを向上させようとする動きが1990年代から活発化した．それらの動向が，表0.1に整理されている．

　例えば，1997年には，商法改正によりストック・オプション制度が導入され，独占禁止法によって禁止されていた持株会社の制度が同法改正により解禁となった．また，2001年には自社株買いの原則自由化などの株式に関する各種規制緩和措置が講じられ，また2002年には委員会等設置会社が制度化された．さらに，2005年には会社法制の体系を整備，現代化するという目的で，各種の改正を伴いつつ商法から分離，独立する形で会社法が成立した．

　近年には後述の2つのコードが制定されるとともに，2015年に発効した改正会社法では，社外取締役の任用に関して，強制の規定は盛り込まれなかったものの，任用しない場合には，その合理的理由を説明する義務を負うとされた．また，2018年には，フェア・ディスクロージャー・ルールが導入された．これは，株式や社債等を発行する上場企業が，その情報を公表する以前に，社内の重要情報を証券会社や投資運用会社などの第三者に提供する場合には，他の投資家等に不利にならないように，当該情報を同時に公表しなければならないというルールである．

表 0.1 制度改革の動向

改正年	根拠法規	内容
1993 年	商法	株主代表訴訟の手数料引き下げ（8,200 円，ただし 2003 年改正後は 13,000 円）
1997 年	商法	ストック・オプション制度の導入（自己株式方式）
	独占禁止法	持株会社の解禁
1999 年	商法	株式交換と株式移転制度の導入（完全親会社と完全子会社の設立）
2000 年	商法	会社分割制度の導入
	民事再生法	和議法を発展的に解消して成立した再建型の再生法
2001 年	商法	自己株式の取得・保有についての目的・数量・保有期間規制の撤廃（金庫株の解禁）
	商法	株式の単位に関する法制の抜本的改正（単位株制度の廃止，単元株制度の創設，額面株式株の廃止等）
	商法	新株予約権に関する法制整備（ストック・オプション制度への適用）
	商法	議決権制限株式の弾力化（一部事項を対象にした議決権制限株式を認め，しかも配当優先株式のみでなく，普通株式等でも発行可能となった）
2002 年	商法	委員会等設置会社制度の導入
2003 年	商法	自社株買いの機動的運用
2005 年	会社法	最低資本金制度の廃止
	会社法	持分会社（合名会社，合資会社，合同会社）の整備
	会社法	合併の際の消滅会社の株主に交付する対価の柔軟化（三角合併が可能となる）
	会社法	内部統制システムの構築（すべての大企業に対して義務化）
	会社法	株式の多様化（各種の種類株式），黄金株の認可
	会社法	デット・エクイティ・スワップと自己株式消却制度の弾力化（100% 減資の手続き簡素化）
2006 年	減損会計基準	減損会計の適用
2007 年	金融商品取引法	内部統制報告書の制度導入
2010 年	東証上場規程	上場企業に 1 名以上の独立役員の確保を義務づけ
2014 年		「責任ある機関投資家」の諸原則（日本版スチュワードシップ・コード）策定
	会社法	社外取締役を任用しない場合には，その合理的理由を説明する義務を負う
	会社法	監査等委員会設置会社制度の新設
2015 年		「コーポレートガバナンス・コード」制定
2017 年		「責任ある機関投資家」の諸原則（日本版スチュワードシップ・コード）改訂
2018 年	金融商品取引法	フェア・ディスクロージャー・ルール適用
		「コーポレートガバナンス・コード」改訂

6.2 機関構造の多様化

昨今日本の大会社[6]かつ公開会社[7]においては，機関構造の多様化が進んでいる。すなわち，伝統的には日本の大会社かつ公開会社の機関構造は，監査役設置会社と呼ばれるもののみであった。監査役設置会社では，取締役会とともに監査役会の設置が義務づけられ，その監査役会には3人以上の監査役が必要で，そのうち半数以上は社外監査役でなければならないとの規定がある。そして，監査役会は，取締役会およびCEOをはじめとする業務担当取締役を適法性の観点から監査している。

しかしながら，この日本の伝統的な機関構造には，問題点も指摘されてきた。その第1は，取締役会のメンバーである取締役の多くは，自ら業務執行を担うとともに業務執行取締役の監督という重要な役割を兼務しており，結果として監督機能が有効に働いているとはいえないのではないかということ，そして第2に，監査役会による監査は適法性の観点からのみなされており，妥当性の観点からの監査は実施されないことなどである。

このような問題点を緩和ないしは克服するために，2002年の商法改正によって導入された新たな機関構造が，委員会等設置会社である。その名称は，2005年の会社法で委員会設置会社に改称され，2015年からは改正会社法施行に伴い指名委員会等設置会社と名称変更された。

指名委員会等設置会社においては，指名，報酬および監査の各委員会が3人以上かつ過半数の社外取締役によって占められ，かつ取締役は業務を執行することができず，業務執行の役割を担う執行役を監督するという構造となっている。なお，当会社組織においては，代表執行役のトップが執行役社長兼CEOとなるのが一般的である。このように，指名委員会等設置会社は，業務執行と監督の機能が分離され，かつ社外取締役が意思決定において重要な役割を果たすことから，アメリカ型の機関構造であるといわれている。

加えて，2015年5月には改正会社法施行により，監査等委員会設置会社の

---

6) 大会社の定義は，資本金が5億円以上または負債の合計額が200億円以上である。
7) 公開会社とは，発行する株式の全部または一部において，譲渡制限がない株式を発行する旨，定款に定めがある会社である。

制度が導入された。従来の監査役設置会社では，取締役会の外に監査役会を設置して，取締役会を監査していたが，この新しい監査等委員会設置会社では，取締役会の中に監査等委員会を設けて，法令順守や適切な会計処理などの業務運営を監視している。監査役は廃止され，監査を担うのは社外取締役となる[8]。

　監査等委員会設置会社は，制度導入以来急速に増加している。日本取締役協会による 2018 年 8 月時点の調査によると，東証一部全企業 2,102 社のうち，監査等委員会設置会社は制度導入後 3 年余りの短期間に 513 社に達している。一方，指名委員会等設置会社は低調であり，60 社にとどまっている。なお，伝統的な監査役設置会社は 1,529 社である。

6.3　2つのコード

　近年日本では，コーポレート・ガバナンスに関連する 2 つのコードが公表，適用されている。2014 年 2 月に公表された日本版スチュワードシップ・コード（「責任ある機関投資家」の諸原則）では，機関投資家が目的を持った対話（エンゲージメント）を通じて，企業価値の向上や持続的成長を促し，顧客および受益者の中長期的な投資リターンの拡大を図る責任を有することを明確化している。なお，金融庁では，本コードを受け入れた機関投資家のリストを公表しているが，2018 年 12 月現在で 239 の機関投資家が受け入れを表明している。

　また，2015 年 6 月に適用が開始されたコーポレートガバナンス・コードは，実効的なコーポレート・ガバナンスの実現に資するための諸原則をとりまとめたもので，会社が追求すべき基本原則として，株主の権利・平等性の確保，株主以外のステークホルダーとの適切な協働，適切な情報開示と透明性の確保，取締役会等の責務，そして株主との対話という 5 つが謳われている。

　なお，2 つのコードに共通する原則として，「プリンシプルベース・アプローチ」と「コンプライ・オア・エクスプレイン」が掲げられている。前者は，それぞれのコードの対象となる経済主体がとるべき行動について，詳細に定め

8）　ただし，監査等委員会設置会社への移行に際しては，従来の社外監査役が社外取締役に横滑りするケースが多いのが実態である。

るのではなく原則のみを規定するものであり，後者は，コードの原則を実施するか，あるいは原則の中に自らの個別事情に照らして実施することが適切ではないと考える項目があれば，それを「実施しない理由」を説明することを求めるものである。したがって，これらのコードは，法的拘束力を有する法令とは性格が異なり，最終的には各経済主体の意思決定に委ねるものであり，ソフトローと呼ばれている。

6.4 実態面での変化

このような制度面での変革と呼応するように，日本のコーポレート・ガバナンスの実態は，大きく変化しつつある。

第1に，上場企業の所有主体別構成比の長期推移を，全国4証券取引所による株式分布状況調査で概観すると（図0.1），1987年度時点では金融機関のウェイトが44.8%と最も高率であり，事業法人等（30.3%），個人その他（20.8

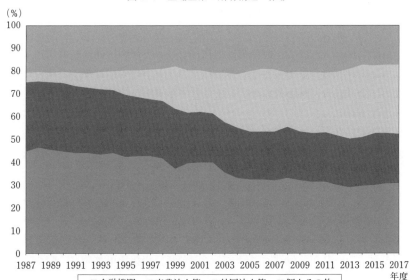

図0.1 上場企業の所有構造の推移

出所：各証券取引所「株式分布状況調査」に基づき作成。

％）と続き，外国法人等のウェイトはわずか 4.1％ にとどまっていた。その後金融機関のウェイトは，1990 年代半ばまでは横ばいで推移したものの，その後は低下傾向を辿り，近年においては 30％ 程度で推移している（2017 年度：30.6％）。事業法人等のウェイトも 1990 年代に徐々に低下し，2000 年代から最近期までは 2 割強で推移している（2017 年度：21.8％）。個人その他は，長期的にみて徐々にウェイトを低下させ，近年には 17％ 程度で推移している（2017 年度：17.4％）。逆に，長期的にみて大幅にウェイトを上昇させているのが，外国法人等である。そのウェイトは，1995 年度に 1 割を上回り，2003 年度には 2 割を超え，2013 年度には 3 割を突破した。もっとも，その後直近までの期間においては，外国法人等のウェイトは頭打ちとなっている（2017 年度：30.2％）。

　このような長期的な大変動の背景には，1990 年代後半から 2000 年代初めの日本の金融危機で，多額の不良債権を抱えリストラを余儀なくされた金融機関が取引先企業の株式を手放さざるをえなかったこと，一般事業会社も収益性の低迷に直面し，必ずしも収益性の面では魅力的とはいえない持合株式を売却していったこと，逆に経済や金融のグローバル化が進展するなか，苦境に陥った日本企業が，海外企業との事業提携を模索し，出資を仰ぐケースが増えたこと，さらに海外投資ファンドや海外機関投資家の日本企業向け投資が活発化したことなどを指摘することができる。海外投資ファンドの中には，企業価値を高めるために企業経営に積極的に介入しようとするアクティビスト・ファンドが，数多く含まれている。

　第 2 に，社外取締役を選任する企業の増加である。日本取締役協会の調べによると，東証第一部上場企業の中で社外取締役を選任している企業の比率は，調査開始時の 2004 年には 30.2％ であったが，2007 年には 44.0％，2011 年には 51.4％ と着実に上昇したのち，2014 年には 74.4％，2016 年には 98.9％，そして 2018 年には 99.8％ と，現状ではほとんどの一部上場企業が社外取締役を任用するようになっている。しかも，2014 年までは社外取締役の任用数は一人が主流であったが，最近ではほとんどの企業で複数任用となっている。加えて，従来は社外取締役の中には，経営者の親族や関係会社出身者など独立性の欠けた社外取締役が少なからず存在した。しかしながら，2010 年に上場企業

に1名以上の独立役員の確保を義務づける東証上場規程が設けられたのを契機に，独立取締役に対する関心が高まり，現在ではほぼすべての上場企業の社外取締役は，独立取締役である。なお，社外取締役の属性としては，他の会社の経営者が圧倒的に多く，そのほかでは弁護士，税理士，公認会計士，学者などがみられる。

このような社外取締役の任用の増加の有力な背景の一つが，先に指摘した外国法人等持株比率の高まりである。海外の機関投資家の中には，企業から提案される経営陣の選任案等に対して賛成するか反対するかを判断する有力な根拠に，社外取締役を任用しているか否かという要素を用いていたものも少なくない。したがって，外国法人等持株比率が高い企業においては，株主総会で経営サイドの提案を円滑に通すためには，社外取締役を選任することが必要となってきたのである。

第3に，ストック・オプションおよび業績連動型報酬制度といった役員に対するインセンティブ付与の広まりである。東証『コーポレート・ガバナンス白書2017』によると，2016年時点において，全上場企業の34.1%でストック・オプションが付与されている。なかでも，東証マザーズに上場している企業の82.0%，また連結売上高が100億円未満の小規模企業の45.0%，そして外国法人等持株比率が30%以上である企業の48.3%で，ストック・オプションが導入されている。一方，業績連動型報酬制度の導入は，全上場企業の26.8%にとどまっているが，連結売上高が1兆円以上の大企業の63.2%，そして外国法人等持株比率が30%以上である企業の52.0%で実施されている。

6.5 ESG, PRI, SDGs そして TCFD

CSRおよびSRIは，企業が多様なステークホルダーに対して，企業活動の成果を積極的に還元することによって，経済社会の持続的発展を促すコーポレート・ガバナンスのモデルであることは，前節で述べた。

近年その動きは，加速しつつある。その具体的な現象の一つが，ESGに関する関心の高まりである。これは，人類がサステナブルな発展を続けていくうえで，環境（Environment：E），社会（Society：S）そしてガバナンス（Governance：G）の3つの要素が最重要であるとの認識のもと，投資家による投資行

動および一般企業の経営のあり方の両面で，それら3つの要素に高いプライオリティを持って配慮しようという動きである。

　Global Sustainable Investment Alliance が隔年に発行する *Global Sustainable Investment Review* によると，世界の ESG 投資残高は，2012 年の 13 兆ドルから 2014 年には 18 兆ドル，2016 年には 23 兆ドルそして 2018 年には 31 兆ドルと，飛躍的に増加している。ESG 投資が近年盛り上がりをみせている有力な背景の一つとして，2006 年に当時の国際連合事務総長であるコフィー・アナンのイニシアチブのもと責任投資原則（Principles for Responsible Investment：PRI）が策定されたことがあげられる。国連環境計画によって主導された責任投資原則は，企業に地球環境，人権，腐敗といった一連の普遍的な原則を経営方針や戦略に組み込むよう呼びかけるとともに，資本市場が環境や社会課題の重要性に鋭敏に対応するよう促進するための世界共通のガイドラインである。

　また，地球温暖化の問題に関しては，温室効果ガスの人為的な排出が，20 世紀半ば以降の観測された温暖化の支配的な原因だとの科学的知見が蓄積されるなか，2015 年 12 月にパリで開催された COP21 において，すべての国が参加し長期目標を位置づけ，またすべての国が温室効果ガス排出削減目標を 5 年ごとに提出・更新することを義務づけることが定められた画期的なパリ協定が採択された。このような気候変動の問題に関する国際的な動向が，投資家の意識を高め，ESG 投資の増勢をもたらしていると考えられる。

　さらに，2015 年 9 月に，全国連加盟国（193 か国）は，より良き将来を実現するために今後 15 年かけて極度の貧困，不平等・不正義をなくし，私たちの地球を守るための計画「アジェンダ 2030」を採択した。この計画が，国連の「持続可能な開発目標」（Sustainable Development Goals，以下 SDGs）である。SDGs は具体的には，貧困に終止符を打ち，地球を保護し，すべての人が平和と豊かさを享受できるようにすることを目指す普遍的な行動を呼びかけるものであり，17 の具体的な目標がロゴによって示されている[9]。

9）　国際連合広報センターの次のウェブサイトを参照。https://www.unic.or.jp/activities/economic_social_development/sustainable_development/2030agenda/sdgs_logo/

日本では政府部門による活動[10]に加え，企業部門においても，SDGs への取り組み姿勢がみられる。もっとも，現状では企業の取り組みの多くは，自社の企業理念や事業内容と SDGs との整合性をいかに図るかという段階にとどまっているとみられる。今後は，SDGs を推進，深化させていくうえで前向きな貢献が可能となるようなビジネスを，いかに拡大あるいは新規創造していくことができるのかといった観点に立脚した各種の創意工夫や努力が，多くの企業に求められているといえよう。

　最後に，気候関連財務情報開示タスクフォース（Task Force on Climate-related Financial Disclosures, 以下 TCFD）について述べる。これは，気候変動問題に関する投資家の関心が高まるなか，2015 年 4 月にアメリカのワシントン D. C. で開かれた G20 財務大臣・中央銀行総裁会議の要請に基づき，金融安定理事会（Financial Stability Board：FSB）[11]が設置した TCFD が，2017 年 6 月に公表した提言であり，パリ協定の趣旨に沿って，温室効果ガスの人為的な排出削減を図るうえで，企業部門に期待される気候関連の各種の情報開示の内容を明示したものである。具体的には，ガバナンス（Governance），戦略（Strategy），リスク管理（Risk Management）および測定の基準と目標（Metrics and Targets）の 4 分野について，情報開示すべき内容が提示されている[12]。

　近年におけるコーポレート・ガバナンスをめぐる動向から読み取れる事実は，次の通りである。まず，企業を取り巻くステークホルダーとしての株主の重要性は，2 つのコードの適用や物言う株主としての海外投資家のプレゼンスの向上などにより，むしろ高まっていると考えられる。しかしながら，他方では地

---

10) 日本では SDGs に関する諸施策の実施について，2016 年 5 月の閣議決定により，関係行政機関相互の緊密な連携を図り，総合的かつ効果的に推進するため，全国務大臣を構成員とする SDGs 推進本部が設置された。また，同本部のアクションプランの一環として，2017 年 12 月には，SDGs の達成に向けて優れた取組を行う企業・団体等を表彰するための「ジャパン SDGs アワード」が開催されている。
11) FSB は，G20 の直属機関として，2009 年 4 月以降金融安定化フォーラム（FSF，1999 年設立）の業務を継承する形で，金融規制改革に関する提言等を実施している。主要国の中央銀行，金融監督当局，財務省に加え，IMF，世界銀行，BIS および OECD などの国際機関が参加している。
12) TCFD に対しては，2019 年 2 月時点で，世界全体で 580 を上回る会社および組織が，支援を表明している。このうち日本では，25 の金融機関と 45 の非金融組織の計 70 機関が支援者として登録されている。

球温暖化問題の深刻化や社会問題への関心の高まりにより，従来よりも広範囲のステークホルダーに配慮した企業経営も求められつつあるといえる。加えて，投資家サイドにおいても，単純に高い収益性を期待する姿勢ばかりではなく，機関投資家を中心にESG投資に象徴されるようなサステナビリティに立脚した多様かつ長期的な価値観に基づく投資戦略が広がりつつある。

そのような環境の中で企業経営者には，収益性と社会性および公益性とのバランスを適切にとりながら，企業価値を高めていく一層の努力が求められているといえよう。

7．本書の構成と各章の要約

7.1　第1部

全体で3部構成である本書の第1部「企業行動の多様化，グローバル化とコーポレート・ガバナンス」では，ストック・オプションの導入，事業の多角化そして企業投資の多様化といった主に今世紀に入って広がりをみせている企業行動に着目し，ガバナンス構造との関係性を考察する。

ストック・オプションおよび多角化に関しては，主にアメリカ企業を対象にすでに多くの分析がなされ，その効果や問題点が指摘されてきた。ここでは，アメリカ企業を対象とした検証結果が，果たしてガバナンス構造が異なる日本企業においても同様に検出されるのか否かを中心に分析が進められる。また，企業投資の多様化に関しては，それを定量的に捉えるとともに，投資を促すメカニズムについても分析する。

第1章「ストック・オプションの導入と企業パフォーマンス」では，主に企業経営者に対して金銭的なインセンティブを付与するスキームであるストック・オプションに着目し，理論的整理や日本での制度の紹介に加え，企業データを用いた各種の実証分析を実施する。具体的には，どのような性質を持った企業がストック・オプションを導入しているのか，またストック・オプションが実際に企業の収益性の向上に効果を発揮しているのか，またストック・オプションと業績連動型報酬制度および経営者による自社株保有との比較，ストック・オプション導入企業のリスク・テイキング行動の有無などが分析される。

とりわけ，ストック・オプションを導入している企業としていない企業との比較にとどまらず，個別企業のオプション価格評価額を，ブラック・ショールズ・モデルおよび二項モデルを用いて算定し，オプション価格評価額自体が企業の収益性にどのような影響を及ぼしているのかを分析している点が，オリジナリティの高い部分である。

第1章での実証分析の結果，海外法人の株式所有割合が高い企業およびレバレッジが低い企業がストック・オプションを導入する傾向が強いこと，ストック・オプションの導入によって企業の収益性が向上する効果は限定的であること，ストック・オプション導入と経営者による自社株保有とを比較すると，経営者による自社株保有はストック・オプションに比較して，企業の収益性向上に総じて有効であること，そしてストック・オプションが企業のリスク・テイキングを助長する効果は必ずしも観察されないこと，などの結果がそれぞれ得られている。

このような結果が得られた背景としては，日本におけるストック・オプション制度導入からの歴史の浅さに加え，日本企業とアメリカ企業とのガバナンスの違いが影響している可能性が指摘できる。すなわち，ストック・オプションは，株主と経営者との間のエージェンシー問題を解決あるいは緩和するための，仕組みの一つであると理解することができる。換言すれば，ストック・オプションは，企業価値の向上に伴う株価の上昇により，株主の利得を引き上げることを目指すものである。しかしながら，日本企業には，伝統的にメインバンクなどの債権者，企業系列，終身雇用制度のもとでの従業員など，株主以外に有力なステークホルダーが存在する。すなわち，日本企業をめぐっては，コントロール権が複雑に絡み合っており，ストック・オプションのインセンティブ・スキームが機能しにくい状況にあると解釈できる。

第2章「日本企業の多角化，分社化動向とコーポレート・ガバナンス」では，企業による事業活動の多角化（corporate diversification）を分析対象としている。多角化によって，企業は成長分野や将来有望な分野に進出し，新たな収益源を確保することが可能となり，旧事業と新事業を兼業することによって従来とは違った顧客層を取り込むなどの相乗効果も期待できる。しかしながら，多角化は必ずしもプラス面の効果ばかりを生み出すとは限らない。一般的に，多角的

な経営を進めている企業は，そうでない企業に比べて過度な勢力拡大を目指す帝国建設，過大投資そして内部補助といった資源配分上のロスを生じさせることが多いことが指摘されている。また，多角化企業は組織形態が複雑であり，外部投資家と企業経営者との間の情報の非対称性の問題は深刻であり，それだけ経営者が自己の利得を増進させるための経営に陥りやすい。これらの多角化のデメリットは，コーポレート・ガバナンスの問題に起因しており，本章では，コーポレート・ガバナンスと多角化の問題に焦点を当て，所有構造などのコーポレート・ガバナンスの企業別特徴が，多角化の程度にどのような影響を及ぼしているのか，またさまざまな要素によって規定された多角化が，企業のパフォーマンスにどのような影響を及ぼしているのかを日本の上場企業データに基づき定量的に分析する。

　第2章での一連の計測結果からは，日本企業の多角化や分社化は，アメリカで多くみられる研究結果とは異なり，必ずしもマイナスの影響ばかりを惹起しているわけではなく，全体的にみるとプラス面とマイナス面の効果が併存しているという結果が得られている。すなわち，多角化実施企業における連結決算と単体決算との比較分析からは，多角化や分社化を進めることによって，単体決算ベースに比べて連結決算ベースの収益性が向上するようなプラスの効果が観察されている計測ケースもみられる。一方，連結子会社を持つ企業と持たない企業との比較からは，多角化や分社化は収益性に対してマイナスの効果を及ぼしているばかりではなく，所有構造に関する変数のガバナンス効果を大きく減衰させているというネガティブな効果が得られた。もっとも，多角化のマイナス効果がコーポレート・ガバナンスの脆弱性に起因しているとすれば，多角化や分社化を積極的に進めている企業ほどそのマイナス効果が大きくなるはずであるが，ここでの結果では多角化や分社化を控えめにしている企業と積極的に展開している企業との間には，ほとんど差異がみられないという仮説とは異なる結果が得られている。

　第2章の実証分析からは，アメリカ型のコーポレート・ガバナンスの問題に起因するような過度な多角化のマイナスの側面が，日本企業においては必ずしも顕著に表れているわけではないことが明らかになっている。換言すれば，日本企業の経営者は，全体的にみれば帝国建設や過大投資などの企業価値を毀損

するような行動を明示的にとっているわけではない。もっとも，軽微な多角化や分社化でさえ収益性に対してマイナスの効果を生んでいるという事実は，日本の多角化や分社化が必ずしも短期的な利益を引き上げることを目的とするものではなく，長期的な企業の存続を目指したものである可能性をうかがわせるものである。

第3章「企業投資の多様化とコーポレート・ガバナンス」は，近年の設備投資動向を概観するとともに，その低迷の一因ともなっている投資行動のグローバル化や多様化について考察し，加えてコーポレート・ガバナンスと投資行動との関係を実証的に考察することによって，いかなるガバナンスの要因が積極的な投資を促すかについて考察する。

設備投資のグローバル化を，日本政策投資銀行産業調査部「設備投資計画調査」に基づきみると，内外の設備投資に占める海外設備投資の割合である海外投資比率は，2000年代に総じて上昇し，2013年度には全産業で39.4％また製造業では54.8％とピークに達している。このように，近年の国内設備投資低迷の一因は，企業活動のグローバル化の必然の結果としての海外における設備投資の増加である。また，設備投資の低迷の背景として，昨今M&AとR&Dといった設備投資に類似する投資的支出の重要性が増しつつあるとの見方がある。実際，設備投資がバブル期をピークにその後長期低迷が際立つなか，M&AとR&Dは，総じて増加傾向を示している。つまり，近年日本企業は，相対的に設備投資を抑制しているものの，一方でR&DおよびM&Aといった投資的支出はむしろ趨勢としては増加しており，それらを合算した広義の投資でみると，近年にはバブルのピークに近い支出がなされていることがわかる。

投資行動とコーポレート・ガバナンスとの関係については，企業が生産する製品の市場競争の要素に着目し，投資行動への影響を考察した。その結果，売上高上位5社集中度に関しては，有意な結果は得られていないものの，輸出入比率は，設備投資モデルに加え広義の投資モデルのすべてのケースで，統計的に極めて高い有意水準でプラスの係数を示している。つまり，グローバルな競争条件にさらされている業種に属する企業では，供給能力拡大，新製品開発および設備の更新などの目的で，設備投資，M&AそしてR&Dといった各種の投資活動が積極的に展開されているのである。

7.2 第2部

　第2部「中国のコーポレート・ガバナンス」では，長期にわたる高度経済成長の結果，東アジアのみならず地球規模で影響力を増しつつある中国に焦点を当てて，政府が極めて重要なステークホルダーであるガバナンス構造のもとでの企業の財務パフォーマンスおよび機関投資家が企業経営に及ぼす影響を，それぞれ分析している。

　第4章「市場社会主義下のコーポレート・ガバナンスと企業パフォーマンス―中国上場企業に関する実証分析―」では，社会主義国家であると同時に市場経済体制をとっている中国において，政府がコーポレート・ガバナンスの面でいかなる影響力を及ぼしているのかを，実証的に分析している。

　中国では，1978年に改革開放政策に移行してから，経済の高度成長を持続してきた。奇跡の高度経済成長を成し遂げた中国の改革開放政策は，2つの段階に分けられる。第1段階の1978～92年は，農村部の改革が中心であり，集団農業を主体とする人民公社の制度から家族を主体とする生産責任制に変える改革であった。そして1992年に開催された中国共産党第14回全国代表大会において，政治的には社会主義を堅持し，経済的には市場経済を目指す「社会主義市場経済」を基本方針に設定し，改革開放の第2段階に入った。それ以降，国有以外の多種類の企業所有制度が認められ，固有企業の民営化改革や固有企業の「固有国営体制」から「現代企業制度」への転換など，重要な改革が始まった。

　第1の実証分析では，1999，2006，2013年の3時点のクロスセクション分析を通じて，株主としての政府と企業パフォーマンスとの関係の再検証を行った。国内法人を国有法人と民営法人に分けて，政府持株比率（国家と国有法人の持株比率）と民営法人持株比率（民営企業の持株比率）の2つの変数を作成するという先行研究と比べて細分化された処理方法で，ガバナンス変数を作成した。その結果として，政府が株主として主に「横領の手」の役割を果たして企業パフォーマンスに悪影響を及ぼしているが，「援助の手」を演じる場合もあるという事実が得られた。具体的にいうと，経済成長が鈍化する以前に，中央国有企業系と絶対支配権を持っている地方国有企業に対して，パフォーマンスを向上させる効果が観察された。しかし，成長にかげりが見え始めた2013

年頃（「新常態」）においては，「援助の手」の効果が消えて，政府株主がもたらすエージェンシー問題が深刻になり，企業のパフォーマンスが損なわれることが観察された。

第2の実証分析では，取締役会の中での政府のプレゼンスと企業パフォーマンスとの関係を定量的に分析した。サンプル企業のCEOおよび独立取締役を，政府と関係を有しているか否かという基準で分類し，その属性と企業活動の関係を実証分析することによって，株主としての政府の影響力の経路を分析した。その結果，1990年代では政府との関係があるCEOが企業パフォーマンスを悪化させる傾向がみられるものの，ガバナンス関連の改革が行われてから，特に2006年に第2回目の民営化改革が完了された以降は，政府との関係があるCEOは，政府の影響を受けて企業パフォーマンスを向上させるようになった。しかし，一連のガバナンス関連改革が政府出身役員たちのエージェンシー問題を根本的に解決できなかったため，2013年前後に中国経済が「新常態」に入ると，政府出身CEOの悪影響が再び顕在化した。一方，独立取締役の属性の影響は軽微であった。

第5章「中国のコーポレート・ガバナンスにおける機関投資家の役割」では，急速に拡大しつつある中国の資本市場における機関投資家の役割に焦点を当てている。現在，中国の資本市場で一定の規模を有する代表的な機関投資家としては，証券投資基金，保険会社，年金基金そして適格外国機関投資家（QFII）があるが，このような機関投資家のプレゼンスがますます大きくなる環境の中で，機関投資家の投資先企業に対するコーポレート・ガバナンス面での関与およびその影響といった問題が，中国において大きく注目され，学問的にも政策的にも研究の意義が高まってきている。第5章は，機関投資家のコーポレート・ガバナンスにおける役割に焦点を当て，中国において機関投資家の持株比率と企業パフォーマンスの関係に関する実証分析を通じて，その役割を考察することを目的とする。

実証分析によって，次の事実が明らかになった。機関投資家全体の持株比率は，収益性や成長性といった企業パフォーマンスにプラスの影響があることが確認された。一方，機関投資家を主要な主体別に細分化してその効果をみると，証券投資基金の持株比率は，収益性や成長性といった企業パフォーマンスに高

い有意性でプラスの影響を及ぼしていることが観察された。これに対して，保険会社の持株比率は，総じて企業のパフォーマンスにマイナスの影響が及ぶという計測結果であった。また，年金基金の持株比率に関しては，モデルによってプラスとマイナスの異なる結果が得られた。さらに，QFII の持株比率は，ROE に対しては 1% 水準で有意にプラスとなっているものの，そのほかの指標に対しては有意な係数は得られなかった。

中国はまだ資本市場の発展の初期段階にあり，成熟した市場と比べると，中国資本市場は法制度や規範意識そして市場参加者の競争力および規制枠組みの点で遅れている。また，中国資本市場の発展は，まだ完全に中国の経済発展の要請を満たしているわけではない。企業のガバナンスを改善するという面における機関投資家の役割が，十分に発揮されるようになるためには，不合理な株主構成，機関投資家のインセンティブ不足そして機関投資家の株式への投資制限などの問題を解決していくことが重要であろう。

7.3 第 3 部

第 3 部「ESG：環境と障害者雇用」では，ESG の中でも環境（E）分野の中心的課題である地球温暖化対策としての温室効果ガス削減と財務パフォーマンスとの関係そして社会（S）領域の重要課題である障害者雇用という 2 つの経済社会のサステナビリティに関わるテーマを取り上げ，企業がそのような行動を積極的に追及する意義や背景を明らかにする。

第 6 章「ESG と財務パフォーマンス―日本の製造業の財務指標と気候変動要因に関する分析―」では，近年盛り上がりをみせている ESG 投資の動向を概観し，国連の PRI，京都議定書とパリ協定を解説するとともに，地球温暖化問題に対する対応度合いと企業の財務パフォーマンスとの関係性に関する 2 種類の実証分析を実施する。第 1 は，温室効果ガス排出量に関する Thomson Reuters Datastream 社の ASSET4 ESG DATA に基づく分析であり，第 2 は，「温室効果ガス排出量算定・報告・公表制度」のデータに基づく分析である。

第 1 の分析では，東証第一部上場製造業のうち，TOPIX-17 における業種区分にしたがって，自動車・輸送機，素材・化学，電機・精密，機械の 4 つの産業に分類される企業のうち温室効果ガス排出量等のデータが取得可能であっ

た企業を対象に，温室効果ガス排出規模の3年間の増減が，その翌年の各企業の財務パフォーマンス指標（ROA, ROE, ROS, トービンのQ）と連関性があるか否かについて産業別に回帰分析を実施した．

この分析から，自動車・輸送機産業と機械産業では，中期的な温室効果ガス排出規模の削減が大きい企業ほど，パフォーマンス指標が優れているとの結果が得られた．つまり，これらの産業では，温室効果ガス削減の企業行動と企業の収益性には正の連関があり，さらには，金融市場でもそれが評価されているということである．一方，素材・化学産業と電機・精密機器産業では，温室効果ガス削減と企業パフォーマンスはポジティブな関係であるという証拠はみられないものの，ネガティブな相関も存在しないとの結果となった．自動車・輸送機産業と機械産業において，温室効果ガス削減の企業行動と企業の収益性に正の連関が観察された背景としては，製品そのものが温室効果ガス排出との関連が高く，国際的な気候変動への意識の高まりとともに，特に企業努力が必要とされている業種であったことが考えられる．

第2の分析では，環境省と経済産業省によって公表されている主要企業の温室効果ガス排出量と企業収益との関係を考察している．具体的には，2006年から2013年の期間のデータに基づき，製造業に属する企業を対象に，(1)温室効果ガス排出量を売上高で基準化した比率，(2)同比率の2006年時点と2013年時点の長期的変化，(3)同比率の各年の変化をそれぞれ算出し，同比率が高いグループと低いグループ，または同比率が低下したグループと上昇したグループで，企業収益（ROAおよびROE）の水準や変化に，有意な差異があるか否かを明らかにするために，t検定を実施する．加えて，企業の温室効果ガス排出規模は短期的にまた長期的に企業のパフォーマンスにどのような影響を及ぼすのかについて，全産業（金融・保険業を除く）ベースで回帰分析を実施する．

t検定の分析からは，製造業の中長期的な分析において，環境要因を重視した経営姿勢が収益性を悪化させているという関係は，総じて観察されないという結果が得られた．また，回帰分析からは，短期モデルにおいては，温室効果ガスの排出抑制に取り組んでいる企業ほど，パフォーマンスが優れていること，また長期モデルの推計結果からは，企業の温室効果ガス抑制への取り組みは，長期的な視点からみても，企業パフォーマンスに良い影響を与えていることが，

それぞれ明らかにされている。

　第6章は，伝統的にはトレードオフの関係にあるようにみられがちであった環境対策への積極的な取り組みと良好な企業パフォーマンスとが，両立しうるということの証拠の一端を明らかにした点で，機関投資家などが運用戦略を練る一助となると思われる。

　第7章「日本企業の障害者雇用－決定要因と影響に関する分析－」では，ESGの中でも社会（S）の重要な要素である障害者雇用の問題に焦点を当てる。障害者と健常者とが相互に人格と個性を尊重し合いながら共生する社会を実現することは喫緊の課題であり，本章では，雇用面において障害者がどのような状況にあるのかを，各種のデータ分析で明らかにする。

　日本では，障害者雇用に積極的に取り組み，法定雇用率を達成している企業と，障害者雇用に消極的で法定雇用率を下回っている企業とが併存する。本章での実証分析によると，障害者雇用に積極的に取り組んでいる企業の属性としては，収益が良好，社外取締役比率，海外法人等持株比率および筆頭株主持株比率がそれぞれ高い，従業員の平均勤続年数が長い，従業員数および連結子会社数が多い，上場してからの経過年数が長い，そして競争的な産業に属しているなどがあげられる。つまり，高収益でガバナンスが優れ，職場環境が良好で知名度が高く，競争的なセクターに属する大企業ほど，障害者雇用に積極的に取り組んでいるという傾向が観察されている。

　また，障害者の低雇用率，中雇用率および高雇用率企業の比較では，社外取締役比率が高いことが，高雇用率グループになることの条件であり，また海外法人等持株比率が高いことおよび従業員の平均勤続年数が長いことが，低雇用率グループに陥らないための要素であることが明らかにされる。さらに，従業員数および連結子会社数の多さそして上場してからの経過年数の長さは，低雇用率の企業になりにくい条件となっている。さらに，障害者雇用と企業パフォーマンスとの関係をマッチングサンプルに基づき定量的に分析すると，法定雇用率の達成は企業の収益性に有意な影響を与えていないことが明らかとなっている。

　近年においては障害者と健常者とが相互に人格と個性を尊重し合いながら共生する社会を実現しようとする理念の広まりがみられ，企業経営をめぐる価値

観の多様化と相まって，障害者雇用は増加しつつある。しかしながら，障害者雇用の増加は，障害者雇用制度の拡充に追随して進展しつつあるという側面が大きく，企業の自主的あるいは自発的動機に基づいて障害者雇用が自生的に進展しているという側面は，未だ大きいとはいえない。したがって，障害者と健常者との真の共生社会の実現のためには，企業経営者，従業員そして企業を取り巻く多様なステークホルダーが，障害者に対して本質的な理解を深めるとともに，一層の支援を提供していくことが必要である。

参考文献

Aoki, Masahiko (1994), "Monitoring Characteristics of the Main Bank System: An Analytical and Developmental View," in Masahiko Aoki and Hugh Patrick (eds.), *The Japanese Main Bank System: Its Relevance for Developing and Transforming Economies*, Oxford University Press, 109-141.

Aoki, Masahiko and Hugh Patrick (eds.) (1994), *The Japanese Main Bank System: Its Relevance for Developing and Transforming Economies*, Oxford University Press.

Berle, Adolf A. and Gardiner C. Means (1932), *The Modern Corporation and Private Property*, Transaction Publishers.（森杲訳『現代株式会社と私有財産』北海道大学出版会 2014年）

Global Sustainable Investment Alliance, *Global Sustainable Investment Review*, 2012, 2014, 2016, 2018年版。

Hanazaki, Masaharu and Akiyoshi Horiuchi (2000), "Is Japan's Financial System Efficient?" *Oxford Review of Economic Policy*, 16, 61-73.

Hanazaki, Masaharu and Akiyoshi Horiuchi (2004), "Can the Financial Restraint Theory Explain the Postwar Experience of Japan's Financial System?" in Joseph P. H. Fan, Masaharu Hanazaki and Juro Teranishi (eds.), *Designing Financial Systems in East Asia and Japan*, Chapter 1, 19-46, RoutledgeCurzon.

Hellmann, Thomas, Kevin Murdock and Joseph Stiglitz (1996), "Financial Restraint: Toward a New Paradigm," in Masahiko Aoki, Hyung-Ki Kim and Masahiro Okuno-Fujiwara (eds.), *The Role of Government in East Asian Economic Development: Comparative Institutional Analysis*, Oxford University Press, 163-207.

Hellmann, Thomas F., Kevin C. Murdock and Joseph E. Stiglitz (2000), "Liberalization, Moral Hazard in Banking, and Prudential Regulation: Are Capital Requirements Enough?" *American Economic Review*, 90(1), 147-165.

Hoshi, Takeo, Anil Kashyap and David Scharfstein (1990), "The Role of Banks in Reducing the Costs of Financial Distress in Japan," *Journal of Financial Economics*, 27, 67-88.

Hoshi, Takeo, Anil Kashyap and David Scharfstein (1991), "Corporate Structure, Liquidity, and Investment: Evidence from Japanese Industrial Groups," *Quarterly Journal of Economics*, 106, February 33-60.

Jensen, Michael C. (1986), "Agency Costs of Free Cash Flow, Corporate Finance, and Takeovers," *American Economic Review*, 76, 323-329.

Jensen, Michael C. (1989), "Eclipse of the Public Corporation," *Harvard Business Review*, Sept.-Oct. 61-74.

Jensen, Michael C. and William H. Meckling (1976), "Theory of the Firm: Managerial Behavior, Agency Costs and Ownership Structure," *Journal of Financial Economics*, 3, 305-360.

Smith, Adam (1776), *An Inquiry into the Nature and Causes of the Wealth of Nations*, (水田洋監訳, 杉山忠平訳『国富論3』, 岩波文庫, 2001年)

Task Force on Climate-related Financial Disclosures (2017), *Final Report: Recommendations of the Task Force on Climate-related Financial Disclosures*.

Tirole, Jean (2001), "Corporate Governance," *Econometrica*, 69(1), 1-35.

東京証券取引所（2017），『東証上場企業コーポレート・ガバナンス白書2017』。

日本政策投資銀行産業調査部「設備投資計画調査」各年版。

花崎正晴（2008），『企業金融とコーポレート・ガバナンス―情報と制度からのアプローチ―』東京大学出版会。

花崎正晴（2014），『コーポレート・ガバナンス』岩波新書。

花崎正晴・堀内昭義（2005），「日本の金融システムは効率的だったか？」伊丹敬之・藤本隆宏・岡崎哲二・伊藤秀史・沼上幹編『リーディングス　日本の企業システム　第Ⅱ期　第2巻　企業とガバナンス』有斐閣，第6章。

堀内昭義・花崎正晴（2000），「メインバンク関係は企業経営の効率化に貢献したか―製造業に関する実証研究―」『経済経営研究』Vol. 21-1, 日本政策投資銀行設備投資研究所。

堀内昭義・花崎正晴（2004），「日本企業のガバナンス構造―所有構造，メインバンク，市場競争―」『経済経営研究』Vol. 24-1, 日本政策投資銀行設備投資研究所。

第 1 部　企業行動の多様化，グローバル化と
　　　　コーポレート・ガバナンス

第1章　ストック・オプションの導入と企業パフォーマンス*

花崎正晴

1. はじめに

　所有と経営との分離が進んだ企業組織において，いかにして所有者である株主と企業経営者との利害を調整し，企業のパフォーマンスを向上させることができるかは，コーポレート・ガバナンスの分野の重要課題である。

　そのメカニズムの一つとして，企業経営者等に対して主に金銭的なインセンティブを付与するスキームがある。具体的には，ストック・オプション，経営者による自社株保有などである。このうちストック・オプションは，アメリカでは1960年代以降広く利用されてきているが，日本で制度として認められたのは1997年5月である。それからおよそ10年が経ち，制度の整備や改革が進んだこともあり，日本でもストック・オプションを導入する企業はかなりの数に達している。

　本章では，ストック・オプションの理論的整理や日本での制度の紹介に加え，企業レベル・データを用いた各種の実証分析を実施する。具体的には，どのような性質を持った企業がストック・オプションを導入しているのか，またストック・オプションが実際に企業の収益性の向上に効果を発揮しているのか，またストック・オプションと業績連動型報酬制度および経営者による自社株保有との比較，ストック・オプション導入企業のリスク・テイキング行動の有無な

---

*　本章は，花崎・松下（2010, 2014）をもとに，加筆，修正したものである。原論文で，データ収集，処理の作業をしていただいた松下佳菜子氏に，深く感謝の意を表したい。

どが分析される。とりわけ，ストック・オプションを導入している企業としていない企業との比較にとどまらず，個別企業のオプション価格評価額を，ブラック・ショールズ・モデルおよび二項モデルを用いて算定し，オプション価格評価額自体が企業の収益性にどのような影響を及ぼしているのかを分析している点が，本章のオリジナリティのある部分である。

本章での実証分析の結果，海外法人の株式所有割合が高い企業およびレバレッジが低い企業がストック・オプションを導入する傾向が強いこと，ストック・オプションの導入によって企業の収益性が向上する効果は限定的であること，ストック・オプション導入と経営者による自社株保有とを比較すると，経営者による自社株保有はストック・オプションに比較して，企業の収益性向上に総じて有効であること，そしてストック・オプションが企業のリスク・テイキングを助長する効果は必ずしも観察されないこと，などの結果がそれぞれ得られている。

本章の構成は次の通りである。まず第2節では，ストック・オプションの理論，制度および先行研究を概観する。本章の主要節である第3節から第8節にかけては，日本の企業データを用いて，ストック・オプションに関連した各種の実証分析が展開される。第9節は，本章の主要な結果とその解釈をまとめたものである。

2. ストック・オプションの理論と制度

2.1 ストック・オプションとは何か

ストック・オプション等に関する会計基準において，ストック・オプションとは「自社株式オプションのうち，特に企業がその従業員等に報酬として付与するものをいう」と規定されている。ここで，自社株式オプションとは，自社の株式を原資産とするコール・オプションを意味し，現行の会社法のもとでは新株予約権[1]がこれに該当する。

---

1) 新株予約権とは，株式会社に対して行使することにより当該株式会社の株式の交付を受けることができる権利をいう（会社法第2条第21号）。

第1章 ストック・オプションの導入と企業パフォーマンス

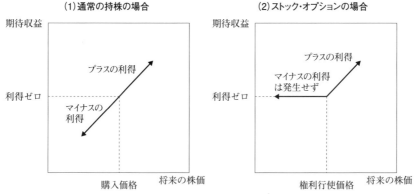

図1.1 ストック・オプションと通常の持株の収益の比較

　これを一般的な用語で言い換えれば、ストック・オプションとは、企業が役員や従業員等に対して、あらかじめ決められた価格（権利行使価格）で自社の株式を取得できる権利を与えるものである[2]。周知の通り、オプションとは元来選択権を意味し、権利を有するものがその権利を行使するか否かは、全く自由である。実際の株価が権利行使価格を下回っている限りにおいては、権利行使は明らかに損失をもたらすことから、その権利が行使されるのは、少なくとも実際の株価が権利行使価格を上回ることが条件となる。

　これらの性質から明らかなように、図1.1に示されている通り自社株であろうが他社の株式であろうが通常の株式保有の場合には、購入価格に比して株価が上昇すればキャピタルゲインが生じ、逆に株価が下落すればキャピタルロスを蒙るのに対して、ストック・オプションの場合には、権利行使時点[3]の株価が権利行使価格を上回ればキャピタルゲインを享受できる一方、ある時点

---

[2]　ストック・オプションを付与された役員等は、コール・オプションの買い（ロング・コール）の状態にある。また、通常のオプション取引の場合には、コール・オプションの買方はプレミアムを支払うが、ストック・オプションの場合には、無償で付与されるのが一般的である。
[3]　ストック・オプションの権利行使時点に関しては、行使期間の満了日等のあらかじめ決められた時点に行使されるべきもの（ヨーロピアン・タイプという）と権利行使期間内であれば権利保有者の意思で自由に時点を選べるもの（アメリカン・タイプという）とがある。日本ではアメリカン・タイプが主流である。

の株価が権利行使価格を下回れば権利を行使しないことから，ダウンサイドのリスクを負担する必要がないという特徴がある[4]。

アメリカでは，ストック・オプションは1960年代から経営者の報酬体系の一部として広く使われている。アメリカにおける792の大企業のCEO報酬を調べたYermack（1995）によれば，ストック・オプションによる報酬価値額[5]が報酬全体に占める割合は，1984年には20％，また90年には35％に達している。

2.2　ストック・オプションの理論的背景

ストック・オプションが付与されて新株予約権が行使されると株式が希薄化（dilution）し，所与の利益水準のもとではストック・オプションが付与されていない一般株主は不利益を蒙る。しかしながら，一般の株主が同意してストック・オプションが導入されるのは，一般株主が企業の収益増や株価上昇，ひいては自らの利得の増加を期待するからである。

そのような期待が醸成される背景にあるのが，ストック・オプションのインセンティブ・メカニズムである。すなわち，株主と経営者や従業員などの企業の内部者との間のエージェンシー問題が存在する状況下で，企業のパフォーマンスが向上すれば経営者や従業員の実質的な報酬が増えるスキームであるストック・オプションを導入することによって，経営者や従業員の努力水準を引き上げ，結果として株主の利益を向上させる施策であると理解される。

ストック・オプションが，このようなインセンティブ・スキームとしての性格を有することから，理論的にみてその効果がさまざまな条件のもとで変化することが指摘されている。第1に，株主と経営者との間のエージェンシー問題を緩和する手法の一つとしてストック・オプションの意義を理解すれば，両者間の情報の非対称性の程度が高い場合には，株主による経営者のモニタリング

---

[4]　図1.1のストック・オプションは，無償で付与されるケースすなわちオプション・プレミアムがゼロのケースを想定している。プレミアムの支払いがある場合には，株価が権利行使価格に達しない場合に，コール・オプション購入者はプレミアム相当額の損失を蒙る。

[5]　ストック・オプションによる報酬額は，Black and Scholes（1973）フォーミュラを用いて，算出されたものである。

は困難の度合いが強まることから，ストック・オプションのインセンティブ効果は，逆に高まることが予想される。そのような企業とは，将来的に大きな成長機会[6]が見込まれるような企業（Smith and Watts 1992; Gaver and Gaver 1993; Mehran 1995），あるいは会計上の利益にノイズが多く含まれていて，外部から実態がわかりにくい企業（Lambert and Larcker 1987; Yermack 1995）などである。

第2に，ストック・オプションが，このようなインセンティブ・スキームの一種である役員などの持株と併用されるとすれば，役員持株比率が上がれば，そちらでインセンティブ・メカニズムが作用することから，ストック・オプション自体のインセンティブ効果は，薄れると考えられる（Mehran 1995）。

第3に，役員は退職時期が近づけば，自分に利益をもたらさない長期的な投資やR&Dのプロジェクトに熱心には取り組まないようになるかもしれない。このような状況において，退職が近い役員に対してストック・オプションが導入されれば，本人退職後の長期的な視点に立った意思決定が期待できる（Smith and Watts 1992; Murphy and Zimmerman 1993）。

第4に，企業のレバレッジ比率が高まれば高まるほど，ストック・オプションは利用されなくなることが予想される。なぜならば，一般に債権者は，経営者がリスキーなプロジェクトを選択することを恐れて，高いリスク・プレミアムを要求するが，レバレッジが上がり，ハイリスク，ハイリターン型の企業行動がなされる可能性が高まると，債権者は一層高いリスク・プレミアムを要求しようとする。それは一種のエージェンシー・コストであり，株主としてはそのようなコストを引き下げるために，経営者のインセンティブをむしろ引き下げようとすると考えられる（John and John 1993）。

第5に，規制産業においては，経営者の自由裁量の余地は乏しいことから，ストック・オプションのインセンティブ・メカニズムはなじみにくいと考えられる（Smith and Watts 1992; Demsetz and Lehn 1985; Yermack 1995）。

このようにインセンティブ・メカニズムを期待するストック・オプションには，さまざまな論点がありうるが，企業がストック・オプションを導入する理

---

[6] 成長機会を表す変数は，多くの場合トービンのQあるいは資産の時価簿価比率である。

由は,インセンティブ・メカニズムのみにあるわけではない。そのほかの要因の第1は,キャッシュフロー制約の問題である。収益の悪化等でキャッシュフローが不足気味の企業の場合には,役員報酬に占めるストック・オプションの比率が高くなる傾向がある。なぜならば,金銭で役員報酬を支払うとその分キャッシュフローが減るのに対して,ストック・オプションの付与であれば当面のキャッシュフローには影響を及ぼさないからである (Yermack 1995)。

租税に関する問題も,ストック・オプションの導入に影響を及ぼす要因の一つである。通常の役員報酬が,課税所得から控除できるのに対して,アメリカなどの従来の制度ではストック・オプションではそのような取り扱いができないので,利益を計上している企業にとっては,通常の報酬で支払うのが好まれる。そのような制度的特徴を勘案すると,租税の損金繰り越しがある企業などのように,限界税率が低い企業では,役員報酬に占めるストック・オプションの比率が高くなることが予想される。ただし,逆の関係も考えられる。つまり,利益をかさ上げすることによって株価を短期的に引き上げたい企業は,通常の役員報酬よりもストック・オプションを選択するというのである (Oyer and Schaefer 2005)。

前述の通り,ストック・オプションは,経営者や従業員などに対して付与され,彼らのインセンティブを高める手段である。そして,今までの理論的背景の考察は,主として役員向けのストック・オプションを対象とするものであった。次には,従業員向けに固有なストック・オプションの効果を考察する。Oyer and Schaefer (2005) は,従業員向けストック・オプションには,選別 (sorting) の効果があることを指摘している。すなわち,企業の将来性に関して楽観的な見方をしている従業員は,通常の給料に比べてストック・オプションを選択しようとする。そして,そのような従業員は,firm-specific human capital に積極的に投資し,そうでない従業員に比べて生産性も高いと考えられる。ストック・オプションの制度は,そのような当該企業にとって優れた従業員を選別する効果を発揮するのである。さらに,ストック・オプションを付与されている従業員は,離職のコストが相対的に高いことから,企業に長くとどまる可能性がある。したがって,ストック・オプションの従業員への付与は,企業にとって雇用を確保する効果が期待できる (Oyer 2004)。

2.3 日本におけるストック・オプション制度の変遷

　伝統的には，日本ではストック・オプションは認められていなかった。その背景としては，旧商法において，企業が自己資本を充実させることが重要であるとの認識から自己株式の取得が制限されていたこと，また既存株主を保護するという考え方のもとに，株式の時価を下回る価格での発行には，株主総会での特別決議が必要とされ，しかもその効力は6か月までとされていたことなどが，指摘できる。

　ようやく1997年5月の商法改正で，ストック・オプション制度がはじめて導入されることとなった。そこでは，2つの方式が採用されていた。第1は，自己株式方式と呼ばれ，会社が取締役または使用人に対して，会社が保有する自己株式をあらかじめ定められた価格で購入することができる権利を付与するものである。第2は，新株引受権方式であり，会社が取締役または使用人に対して，あらかじめ定められた価格で新株を購入できる権利を付与し，その権利が行使される際に新株を発行するものである。

　付与するためには，前者では定時株主総会の普通決議が求められるが，後者では定款に定めを設けたのち，株主総会の特別決議が必要とされた。また，権利行使期間は，両者とも株主総会の議決日から2年以上10年以内である。なお，同一企業で，前者と後者を併用することは認められなかった。

　その後，2001年11月の商法改正で新株予約権制度が創設され，ストック・オプションは新株予約権の有利発行[7]という位置づけとなった。そして，従来の付与対象が自社の取締役と従業員に限られていたのに対して，子会社等の役職員，顧問弁護士など，対象が広がった。また，付与議決は株主総会の特別決議が必要とされたが，定款の定めは不要となった。さらに，権利行使期間の制限も撤廃された[8]。

　一方，ストック・オプションの濫用を防ぐことを目的に，2005年12月にはストック・オプション等に関する会計基準が公表され，2006年5月の会社法施行日以降にストック・オプションが付与された場合には，費用（株式報酬費

---

[7] 時価を下回る価格での発行。
[8] ただし，議決日から2年以上10年以内に優遇税制が適用される。

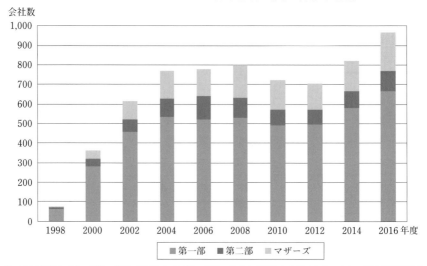

図1.2 ストック・オプション導入会社数の推移（東証市場別）

注：2004年度までは，花崎・松下（2010）に基づき，累計の社数を算出した結果である。また，2006年度以降は東京証券取引所「コーポレートガバナンス白書」に基づく結果であり，算出方法に違いがある。

用）を計上することが義務づけられた。すなわち，この制度計画以前にはストック・オプションには何ら費用を計上する必要はなかったものの，これ以降ストック・オプションは取締役や従業員の労働に対する対価として付与されるとの基本認識が導入され，費用計上が義務づけられたのである。

日本の東証上場企業を対象としたストック・オプションの導入状況が，図1.2に示されている。導入会社数は，1997年度の制度導入から顕著な増加傾向を辿り，2004年度には771社に達した。その後，上述のストック・オプション付与時の費用計上義務化の制度改革を受けて，新規に導入する企業が激減し，導入会社数は2012年度には707社まで落ち込んだ。しかしながら，その後は再び増勢を回復し，2016年度には967社と高水準に達している。

なお，近年には権利行使価格を1円に設定する新型のストック・オプションが増加している。これは，役員退職慰労金を現金で支払う代わりに株式報酬として支払うものであり，付与対象者は，たとえ株価が将来下落したとしても会社が存続する限りは1円の権利行使価格は上回ることから，権利を行使するこ

とによって何らかの報酬を得ることができる。通常このような株式報酬型ストック・オプションの場合には，権利行使期間が10年から20年以上の長期に設定されるのが特徴である。

東証の市場別にみると，1990年代には第一部上場企業のウェイトが圧倒的に高かったものの，2000年代に入ると第二部およびマザーズ上場企業の間にも，ストック・オプションが広まっていることがわかる。東証『コーポレート・ガバナンス白書2017』によると，2016年度においては，ストック・オプションを導入する企業は，東証第一部で34.0％，第二部で19.7％となっているが，マザーズでは82.0％という高水準であり，新興市場企業ではストック・オプションが一般的に利用されていることがわかる。

ストック・オプション導入会社数と上場会社数とを業種別および東証市場別のマトリックスで整理した表1.1をみると，製造業では電気機器，輸送用機器などの機械系業種に加え，化学・医薬品，ガラス・土石製品などの業種で3割を超える会社が，ストック・オプションを導入していることがわかる。マザーズ上場企業が多い非製造業では，ストック・オプションを導入している企業の割合はさらに高まり，情報・通信業，サービス業，不動産業，小売業などでは5割以上に達している。

2.4　日本に関する先行研究

日本企業を対象としたストック・オプションに関する研究は，1997年の制度解禁以降盛んとなった。それらは，どのような企業がストック・オプション制度を導入しているかという観点のものが多いが，ストック・オプション制度導入の効果を考察したものも一部みられる。以下では，代表的な研究を概観する。

Nagaoka（2005）は，1997年から2000年の期間において，日本の上場企業3,176社（うちストック・オプション導入企業391社）を対象にストック・オプション制度導入の決定要因を分析している。ストック・オプションを導入している企業を1，非導入企業を0とするプロビット・モデルから，ストック・オプション制度は，社齢が浅い企業ほど，株価のボラティリティが高い企業ほど，またR&Dが盛んな業種や成長性の高い企業ほど，それぞれ導入されやす

表1.1 市場別・業種別ストック・オプション制度導入会社数

(単位：社)

	東証市場第一部		東証市場第二部		東証マザーズ		東証全市場		業種別導入比率(%)
	導入会社数	上場会社数	導入会社数	上場会社数	導入会社数	上場会社数	導入会社数	上場会社数	
製造業	256	862	38	250	21	25	315	1,137	27.7
食料品	17	73	2	28	2	2	21	103	20.4
繊維製品	13	46	3	15	0	0	16	61	26.2
パルプ・紙	2	12	3	5	1	1	6	18	33.3
化学	43	121	3	28	0	0	46	149	30.9
医薬品	10	35	1	1	4	4	15	40	37.5
石油・石炭製品	2	11	0	2	0	0	2	13	15.4
ゴム製品	5	12	0	5	0	0	5	17	29.4
ガラス・土石製品	10	30	2	10	0	0	12	40	30.0
鉄鋼	6	35	0	9	0	0	6	44	13.6
非鉄金属	5	25	3	10	0	0	8	35	22.9
金属製品	6	38	0	20	0	0	6	58	10.3
機械	26	121	6	40	1	2	33	163	20.2
電気機器	64	166	9	39	8	10	81	215	37.7
輸送用機器	25	64	1	17	0	1	26	82	31.7
精密機器	8	26	2	9	2	2	12	37	32.4
その他製品	14	47	3	12	3	3	20	62	32.3
非製造業	348	869	72	226	142	164	562	1,259	44.6
水産・農林業	3	6	1	1	0	0	4	7	57.1
鉱業	0	6	0	0	0	0	0	6	0.0
建設業	16	104	6	27	1	2	23	133	17.3
電気・ガス業	0	17	0	6	1	1	1	24	4.2
陸運業	5	34	2	10	0	0	7	44	15.9
海運業	2	10	1	4	0	0	3	14	21.4
空運業	0	4	0	1	1	1	1	6	16.7
倉庫・運輸関連業	3	18	0	9	1	1	4	28	14.3
情報・通信業	63	93	10	20	55	63	128	176	72.7
卸売業	51	144	14	43	8	9	73	196	37.2
小売業	72	142	17	47	15	19	104	208	50.0
銀行業	22	86	0	2	0	0	22	88	25.0
証券・商品先物取引業	13	21	1	1	0	0	14	22	63.6
保険業	5	8	0	0	1	1	6	9	66.7
その他金融業	14	34	3	4	2	2	19	40	47.5
不動産業	29	54	6	17	11	12	46	83	55.4
サービス業	50	88	11	34	46	53	107	175	61.1
合計	604	1,731	110	476	163	189	877	2,396	36.6
市場別導入比率(%)	34.9	—	23.1	—	86.2	—	36.6	—	—

注：2007年5月25日時点の日本企業の情報である。
出所：東京証券取引所　コーポレート・ガバナンス情報サービス http://www.tse.or.jp/listing/corpgov/index.html

いなどの結果が得られている。加えて，社齢の効果は，ストック・オプションが役員のみならず従業員にまで付与された場合に，増幅されるとの結果も出ている。

これらの結果は，広範囲の投資機会に直面する企業が，有益な情報を有する従業員との情報の非対称性の問題を緩和して，適切な投資プロジェクトを選択するための手段として，ストック・オプションを用いていることを示唆するものであると解釈される。すなわち，Nagaoka（2005）は，日本においてストック・オプション制度が，経営者へ経営努力を促すという理由（incentive view）からよりもむしろ，適切な投資機会の選択の際の情報の非対称性の問題の緩和という理由（selection view）により，導入される傾向が強いことを指摘している。

Uchida（2006）は，2000年時点における東証第一部上場企業782社（うちストック・オプション導入企業109社）を対象に，ストック・オプション導入企業を1，非導入企業を0とするダミー変数を被説明変数としてプロビット・モデルを推計している。全サンプルに基づく推計では，レバレッジ比率は有意にマイナスであり，系列企業やメインバンクを有する企業では，そのマイナスの係数が一層高くなる傾向が示されている。その解釈として，Uchida（2006）は，日本企業は負債による調達が主流であり，負債のエージェンシー・コストを軽減するために，高いレバレッジを有する企業はストック・オプション導入に慎重になると論じている[9]。

阿萬（2002）は，1997年から1999年に付与された117件のストック・オプションを対象に，ストック・オプション依存度[10]を被説明変数とするトービット推定を実施し，役員持株比率と金融機関持株比率の係数が，それぞれ有意にマイナスとなることを明らかにしている。これらの結果について，役員による自社株保有はストック・オプションと類似の機能を果たし，両者は一定の代

---

[9] また，企業規模がプラスの効果を発揮しており，Uchida（2006）は，大企業では法律，会計，税制などの専門家が揃っており，新しい制度であるストック・オプションを導入しやすい環境にあったと解釈している。
[10] 権利付与枚数対発行済み株式総数比率，およびストック・オプション価値額対株式時価総額比率をストック・オプション依存度と定義している。

替関係を持つこと,および金融機関の株主としての権限強化は,不確実性の高まるストック・オプションに対しては抑制的に働くためと解釈されている。

Kato et. al (2005) では,1997年から2001年の期間において,東証上場企業(うちストック・オプション導入企業344社)を対象に,ストック・オプション制度導入の決定要因と付与後の変化などが分析されている。まず,株価のイベントスタディによると,ストック・オプション付与が公表された日取りの前後5日間で,およそ2%の累積超過収益率(CAR)が発生しているとの結果が得られている。そのCARは,取締役会メンバーへのストック・オプション付与率が上がると高まり,従業員への付与率が上がると低くなる傾向が観察される。

また,決定要因については,パネルデータに基づくロジット・モデルの推計の結果,成長機会が豊富な企業あるいはそれゆえに流動性制約に直面する企業(高い時価簿価比率に対応)はストック・オプションを積極的に導入し,レバレッジの高い企業は導入に消極的であることなどが,明らかにされている。さらに,各企業の所有構造,配当政策,株価のボラティリティ,収益性に関して,ストック・オプション導入前後3年間で導入企業と非導入企業とを比較すると,導入企業については役員持株比率が上昇するものの,配当や株価のボラティリティには有意な差はなく,ROAで測った収益性は相対的に上昇していることがわかる。このような結果から,Kato et. al (2005) は,ストック・オプション制度が,より高い株主価値を創造するためのインセンティブ・メカニズムとして機能していると結論づけている。

Kubo and Saito (2008) は,サラリーとボーナスといった通常の金銭報酬に,ストック・オプションや役員持株を含めた経営者報酬の包括的な分析を施している。日経225の対象企業から抽出された115社の社長について,付与されているストック・オプション価値額を2000年時点で算出すると1社当たり平均486万円となる。これは,社長報酬総額の平均4,529万円の1割強の水準である。株価で測った企業価値の変化が,社長報酬の変化に及ぼす感応度を測ると,1977年時点で1,000円の企業価値向上は0.85円の社長報酬の上昇をもたらすに過ぎない。しかも,その感応はその後低下基調を辿り,1992年にはわずか0.20円の上昇にとどまっている。Kubo and Saito (2008) は,その主たる要因

として,社長の持株比率が低下傾向を辿ったことをあげている。

3. ストック・オプション価格評価額の算定

本章の以下では,日本企業のストック・オプションに関して,計測モデルを用いてその導入の要因や効果などに関する多面的な実証分析を実施する。対象企業は,東京証券取引所の第一部上場,第二部上場およびマザーズ上場企業を基本とし,推計期間は1997年度から2006年度とする。

3.1 基本モデル

本節では,日本企業が導入したストック・オプションの価値額を,ブラック・ショールズのオプション価格評価モデル[11]と二項モデル(binomial modelまたはtree model)[12]という2つのモデルを用いて算出する[13]。

本章で用いるブラック・ショールズ・モデルに基づくオプション価格の算定式は,次式の通りである。

$$OP = e^{-qt}SN(d_1) - e^{-rt}KN(d_2) \tag{1}$$

ただし,

$$d_1 = [\ln(S/K) + (r-q+\sigma^2/2)t]/\sigma\sqrt{t}$$
$$d_2 = d_1 - \sigma\sqrt{t}$$

ここで,

　OP:ストック・オプションの価値額
　S:株価

---

[11] Black and Scholes (1973) および Merton (1973) を参照。本章では配当率を加味したものを用いている。
[12] Cox, Ross and Rubinstein (1979) が二項モデルによるオプション価格に関しての定式化を行っているが,本章ではそれに配当率を加味したものを用いている。
[13] ブラック・ショールズ・モデルと二項モデルを比較すると,前者は権利行使が満期日に限定されるヨーロピアン・タイプを前提とした評価モデルであるのに対して,後者は権利行使期間中であればいつでも権利行使できるアメリカン・タイプに適用可能であるという違いがある。

K：権利行使価格

t：残存期間

σ：株価のボラティリティ

r：リスクフリー利子率

q：配当率（年度の1株当たり配当額を年度平均株価（各月平均株価から算出）で除したもの）

N( )：標準正規分布の累積密度関数

e：指数関数

ln：自然対数関数

である[14]。

また，二項モデルとは，現在の株価が，将来の株価の上昇を期待する投資家と下落を期待する投資家の行動によって決まるという考え方に基づくものである。

すなわち，株価が上昇する確率をp，株価上昇度合いをu，株価下落度合いをdとすると，現在の株価Sは，次式で表される。

$$S = e^{-rt} \times \{uS \times p + dS \times (1-p)\} \tag{2}$$

オプション市場で決まるオプション価格は，将来の株価上昇と下落の期待を反映した水準に決まる。また，ストック・オプションの権利を有する者は，権利行使価格を超えた株価上昇によって利得を得る一方で，株価が下落すると権利を行使せずに一切利得を得ることができないことから，次式が成り立つ。

$$OP = e^{-rt} \times \{(uS-K) \times p + 0 \times (1-p)\} \tag{3}$$

ここで，(2)式から，株価上昇確率pは次式の通り，

$$p = \frac{e^{rt} - d}{u - d} \tag{4}$$

となることから，この(4)式を(3)式に代入することによって，オプション価格OP[15]が算出される[16]。

---

[14] 主要な変数の基本統計量が，付表1.1に整理されている。

3.2 算定方法

　前項のモデルに基づき，本章では東証上場企業を対象にストック・オプション価値額を算定する。主な変数の作成方法は，次の通りである。原資産としての株式の価格（S）は，ストック・オプション議決年月日が含まれた月の高値と安値の平均値を用い，株価のボラティリティ（σ）は，株価（S）と同じ方式で議決年月日を含む年度における各月の株価を求め，その各月の変化率の標準偏差を年率換算することによって求めたヒストリカル・ボラティリティを用いている。また，リスクフリー利子率（r）は，国債流通利回り（10年）について議決年月日を含む年度における各月平均値から年度平均値を求めている。さらに，権利行使価格（K），残存期間（t），ストック・オプション付与株式数および配当率（q）については，当該企業の有価証券報告書あるいはコーポレート・ガバナンス報告書の情報を用いている。なお，同日に複数件のストック・オプションの議決があった場合には，個々のケースを合算して価値額を算出する。また，途中で株式分割を行った企業においては，有価証券報告書の記載にしたがい所要の調整[17]を行う。

3.3 算定結果

　表1.2は，ブラック・ショールズ・モデル（以下BS）と二項モデル（以下CRR）により算定したストック・オプション価値額と当該企業の役員（取締役と監査役）報酬額および株式時価総額とを年度別に集計したものである。

　ストック・オプションの導入が本格化した2000年度時点では，全産業でBSモデルでは935億円（内訳，製造業：262億円，非製造業：673億円），CRR

---

15) 本章の二項モデルでは，ストック・オプションの残存期間を1,000期間に分割した場合に得られるオプション価格を算出する。

16) (4)式の株価上昇度合い（u）と株価下落度合い（d）は，Cox, Ross and Rubinstein (1979) にしたがい，次式を用いて導出した。

$$u = e^{\sigma\sqrt{t/n}}, \quad d = e^{-\sigma\sqrt{t/n}} \quad n：期間分割数$$

17) 例えば，ストック・オプション導入後しばらくして2分割された場合については，株価は半値，ストック・オプション付与株式数は2倍になるが，実際の株価データはストック・オプション議決日を含む月の値が用いられるために，付与株式数も分割前の値を用いている。

表1.2 ストック・オプション価値額と役員報酬額，時価総額の推移

(単位：億円，倍，％)

	ストック・オプション総価値額		役員報酬額との比率（倍）		時価総額との比率（％）		役員報酬額	時価総額	社数
	BSモデル	CRRモデル	BSモデル	CRRモデル	BSモデル	CRRモデル			
(1)製造業									
1997	14.57	14.58	0.70	0.70	0.010	0.010	20.83	143,743.90	4
1998	90.94	90.97	1.49	1.49	0.055	0.055	60.91	164,615.90	23
1999	156.26	156.07	1.62	1.62	0.054	0.054	96.52	288,407.35	40
2000	261.97	262.21	1.02	1.03	0.044	0.044	255.67	596,409.02	108
2001	257.78	257.52	0.95	0.95	0.053	0.053	271.54	482,589.77	115
2002	623.52	620.18	1.59	1.59	0.115	0.114	391.16	542,962.48	168
2003	535.26	536.03	1.40	1.40	0.089	0.089	382.28	601,030.66	158
2004	444.86	446.16	1.14	1.15	0.065	0.065	389.35	684,504.75	164
2005	502.36	496.35	1.24	1.23	0.079	0.078	403.86	632,547.92	158
2006	280.62	281.18	0.71	0.71	0.045	0.045	394.61	628,702.50	108
全期間	3,168.14	3,161.25	1.19	1.19	0.066	0.066	2,666.72	4,765,514.24	1,046
(2)非製造業									
1997	16.66	16.67	0.95	0.95	0.525	0.525	17.52	3,172.67	12
1998	53.88	53.82	1.00	1.00	0.431	0.431	54.09	12,494.88	35
1999	213.65	211.80	2.48	2.46	0.215	0.213	86.12	99,488.05	62
2000	672.68	663.56	2.65	2.61	0.276	0.272	254.21	243,589.57	170
2001	637.60	633.92	2.31	2.30	0.348	0.346	275.90	183,206.40	164
2002	843.28	836.56	2.33	2.32	0.413	0.410	361.23	204,116.45	233
2003	859.44	834.86	2.46	2.39	0.301	0.292	349.20	285,622.97	238
2004	1,059.68	1,044.56	2.12	2.09	0.295	0.291	500.02	359,531.97	248
2005	985.71	977.00	2.60	2.58	0.263	0.260	378.83	375,244.36	252
2006	216.51	213.83	1.03	1.02	0.085	0.084	209.99	253,901.63	89
全期間	5,559.08	5,486.58	2.24	2.21	0.275	0.272	2,487.11	2,020,368.95	1,503
(3)全産業									
1997	31.22	31.25	0.81	0.82	0.021	0.021	38.35	146,916.57	16
1998	144.82	144.80	1.26	1.26	0.082	0.082	115.00	177,110.79	58
1999	369.91	367.87	2.03	2.01	0.095	0.095	182.63	387,895.41	102
2000	934.65	925.77	1.83	1.82	0.111	0.110	509.88	839,998.58	278
2001	895.38	891.44	1.64	1.63	0.134	0.134	547.44	665,796.16	279
2002	1,466.81	1,456.75	1.95	1.94	0.196	0.195	752.39	747,078.93	401
2003	1,394.69	1,370.88	1.91	1.87	0.157	0.155	731.48	886,653.63	396
2004	1,504.55	1,490.72	1.69	1.68	0.144	0.143	889.37	1,044,036.71	412
2005	1,488.07	1,473.35	1.90	1.88	0.148	0.146	782.69	1,007,792.28	410
2006	497.13	495.01	0.82	0.82	0.056	0.056	604.60	882,604.14	197
全期間	8,727.22	8,647.83	1.69	1.68	0.129	0.127	5,153.83	6,785,883.19	2,549

注1：東証上場企業について，各年度に新規に導入されたストック・オプション価値額と新規導入企業の当該年度における役員報酬額および時価総額を集計したものである。
注2：金融・保険業は除く。
注3：石油・石炭製品，水産・農林業，鉱業は，サンプル期間においてストック・オプション議決実績なし。

モデルで926億円（内訳，製造業：262億円，非製造業：664億円）となっている。その後，2002年度にBSモデルで1,467億円，CRRモデルで1,457億円と大幅に増加し，以降2005年度まで一進一退の推移を示している。一転2006年度には，BSモデルで497億円，CRRモデルで495億円と大きな落ち込みとなっているが，これは，ストック・オプション付与の際，費用計上が義務づけられたという制度的変化を反映しているものと考えられる。なお，ストック・オプション導入企業の1社当たり年平均のストック・オプション価値額を全期間で算定すると，製造業で3.0億円，非製造業で3.7億円，全産業ベースで3.4億円と概算される。

また，ストック・オプションを導入している企業を対象に，ストック・オプション価値額を役員報酬額と株式時価総額でそれぞれ標準化した比率でみると，総じて製造業に比べて非製造業において，高率になっていることがみてとれる。すなわち，役員報酬額との比率では，サンプル期間平均で，製造業では1.2倍であるが，非製造業では2.2倍に達している。また，株式時価総額に対する比率では，サンプル期間平均で，製造業では0.07％弱にとどまっているが，非製造業では0.27％程度と4倍もの高率となっている[18]。

続いて，ストック・オプションの価値額が，導入年度のみならず権利行使期間が満了するまで維持されるという考え方に基づき，各年度の新規分を累積することによって残高価値額を算出した[19]。その結果を整理した表1.3をみると，当然のことながら価値額は概ね増加基調を辿り，2005年度にほぼ7,800億円と，役員報酬額の5倍を上回る水準に達した。

さらに，株価とオプション価値との関係を定量的に捉えてみよう。つまり，ブラック・ショールズ・モデルと二項モデルの算出式から明らかな通り，スト

---

18) なお，ストック・オプション価値額を東証市場全体の株式時価総額との比率でみると，2002年度のピーク時で0.05％程度にとどまっている。
19) 本来であれば，権利行使されたストック・オプションは残高価値から差し引かれるべきであるが，実際になされた権利行使に関する情報が得られないため，ここではストック・オプションが権利行使期間満了時に行使されるという前提で残高価値額を算出している。換言すれば，権利行使が満期日に限定されるヨーロピアン・タイプを想定した残高価値額であるといえる。また，価値額算定式に登場する株価，株価のボラティリティ等の多くのパラメータは，時間の経過とともに変化しているものの，ここでは便宜上議決年月日時点の固定情報に基づき，権利行使期間満了までの価値額を算出している。

表1.3 ストック・オプション残高価値額と役員報酬額，時価総額の推移

(単位：億円，倍，%)

	ストック・オプション残高価値額		役員報酬額との比率（倍）		時価総額との比率（％）		役員報酬額	時価総額
	BSモデル	CRRモデル	BSモデル	CRRモデル	BSモデル	CRRモデル		
(1)製造業								
1997	14.57	14.58	0.70	0.70	0.010	0.010	20.83	143,743.90
1998	106.32	106.37	1.73	1.73	0.065	0.065	61.50	164,739.01
1999	325.78	325.65	2.68	2.68	0.104	0.104	121.58	314,283.16
2000	626.08	626.22	2.17	2.17	0.099	0.100	288.29	629,227.48
2001	964.32	964.26	2.66	2.66	0.182	0.182	362.37	530,182.02
2002	1,555.13	1,551.86	3.18	3.18	0.260	0.260	488.58	597,772.18
2003	2,138.57	2,135.51	3.93	3.92	0.317	0.316	544.46	675,535.20
2004	2,385.74	2,384.35	4.21	4.20	0.300	0.299	567.05	796,523.47
2005	2,719.91	2,712.41	4.21	4.20	0.272	0.272	646.26	998,930.56
2006	2,737.72	2,730.52	3.63	3.62	0.216	0.215	754.84	1,268,985.68
(2)非製造業								
1997	16.66	16.67	0.95	0.95	0.693	0.694	17.52	2,401.95
1998	94.43	94.44	1.37	1.37	0.640	0.640	69.10	14,746.54
1999	401.08	398.51	3.16	3.14	0.361	0.359	127.09	111,092.20
2000	1,112.12	1,100.40	3.56	3.52	0.413	0.408	312.55	269,520.94
2001	1,848.16	1,833.13	4.54	4.51	0.783	0.776	406.80	236,160.07
2002	2,917.24	2,892.67	5.61	5.57	1.176	1.166	519.62	248,123.70
2003	3,802.73	3,753.49	6.38	6.30	1.024	1.011	596.20	371,403.24
2004	4,555.63	4,493.68	5.95	5.87	0.961	0.948	765.09	474,059.68
2005	5,134.00	5,064.44	6.28	6.20	0.865	0.853	817.47	593,666.52
2006	4,962.15	4,895.27	5.77	5.69	0.734	0.724	860.63	675,690.54
(3)全産業								
1997	31.22	31.25	0.81	0.82	0.021	0.021	38.35	146,145.85
1998	200.75	200.81	1.54	1.54	0.112	0.112	130.60	179,485.55
1999	726.87	724.16	2.92	2.91	0.171	0.170	248.67	425,375.37
2000	1,738.20	1,726.62	2.89	2.87	0.193	0.192	600.84	898,748.42
2001	2,812.48	2,797.39	3.66	3.64	0.367	0.365	769.17	766,342.09
2002	4,472.37	4,444.53	4.44	4.41	0.529	0.525	1,008.20	845,895.88
2003	5,941.30	5,889.00	5.21	5.16	0.567	0.562	1,140.66	1,046,938.43
2004	6,941.38	6,878.03	5.21	5.16	0.546	0.541	1,332.14	1,270,583.15
2005	7,853.90	7,776.85	5.37	5.31	0.493	0.488	1,463.72	1,592,597.07
2006	7,699.87	7,625.79	4.77	4.72	0.396	0.392	1,615.47	1,944,676.22

注1：東証上場企業について，各年度に残存するストック・オプション価値額を足し合わせ，また残高価値を有する企業の各年度における役員報酬額および時価総額を集計したものである。
注2：金融・保険業は除く。
注3：石油・石炭製品，水産・農林業，鉱業は，サンプル期間においてストック・オプション議決実績なし。

ック・オプション価値額は，株価の関数である。そして，オプションを付与されている者に対するインセンティブという観点からすると，株価が上昇した場合にオプション価値額がどの程度増加するかという観点が重要となる。表1.4では，その関連の2つの指標を整理している。すなわち，株価が1%上昇した場合のオプション価値増加額と増加率，すなわち弾性値である。

全期間の1社当たり平均でそれらの値をみると，新規価値ベースの価値増加額は製造業で565万円程度，非製造業で501万円程度である。また，新規価値ベースの弾性値は製造業で約2.2，非製造業で約1.8である。一方，残高価値ベースでみると，価値増加額は製造業で1,090万円程度，非製造業で1,050万円程度であり，弾性値は製造業で約2.2，非製造業で約1.8である。

次に，表1.5で2006年度を対象に，業種別動向を概観しよう。ストック・オプション残高価値額が高い業種は，製造業では，電気機械（約1,100億円），化学（約360億円），輸送用機械（約320億円）などであり，非製造業では，サービス業（約2,850億円），小売業（約720億円），不動産業（約450億円）である。

一方，役員報酬額に対するストック・オプション価値額の比率については，製造業では，ガラス・土石製品（9倍超），電気機械（7倍超）などが高く，非製造業では，電気・ガス・水道（8倍前後），不動産業（7倍超），サービス業（7倍超）などが高い。逆に，製造業ではパルプ・紙，鉄鋼，金属製品など，また非製造業では建設業や卸売業などで，同比率が低いことがわかる。

4. どのような企業がストック・オプションを導入しているのか

4.1 計測モデルと仮説

ストック・オプションを経営者や従業員に対するインセンティブ・スキームであると理解すれば，どのような所有構造の場合にストック・オプションが導入される傾向にあるのか，またどのような企業パフォーマンスである場合に，ストック・オプションが導入されやすいのか，さらにメインバンクなど日本に特有といわれるコーポレート・ガバナンスのメカニズムは，ストック・オプションの導入にどのような影響を及ぼしているのであろうか。このような問題意

表 1.4　株価上昇に伴うストック・オプション増加価値（1 社当たり）の推移

(単位：千円)

	新規価値増分		同左弾性値		残高価値増分		同左弾性値	
	BS モデル	CRR モデル	BS モデル	CRR モデル	BS モデル	CRR モデル	BS モデル	CRR モデル
(1)製造業								
1997	8679.7	8850.1	2.27	2.31	8700.0	8700.0	2.26	2.26
1998	6216.1	6213.2	2.14	2.12	7863.5	7822.6	2.15	2.14
1999	5533.1	5482.6	1.95	1.95	7689.4	7394.4	1.99	1.98
2000	4637.1	4711.5	2.15	2.25	7189.2	7127.5	2.12	2.19
2001	3453.0	3374.2	2.05	2.04	7664.7	7488.6	1.98	2.03
2002	6117.0	6066.7	2.46	2.43	9877.9	9920.1	2.19	2.24
2003	5801.7	5882.0	2.43	2.39	12519.8	12432.3	2.26	2.27
2004	5834.0	5938.7	2.39	2.39	14260.2	14255.7	2.22	2.21
2005	5588.4	5589.5	2.25	2.22	16050.9	15967.6	2.19	2.18
2006	4623.5	4628.1	1.94	1.94	17660.2	17147.3	2.14	2.13
全期間	5648.4	5673.7	2.20	2.20	10947.6	10825.6	2.15	2.16
(2)非製造業								
1997	1704.2	1770.0	1.45	1.51	1707.7	1817.6	1.45	1.57
1998	2514.3	2702.3	1.84	1.90	2567.4	2879.2	1.81	1.86
1999	4809.2	4936.0	1.50	1.49	5565.3	5712.3	1.45	1.45
2000	6452.6	6225.2	1.95	1.91	8354.2	8094.5	1.89	1.85
2001	6046.5	6082.6	1.88	1.88	10632.6	10027.0	1.90	1.87
2002	5976.1	6005.8	1.92	1.91	11090.3	10705.3	1.87	1.83
2003	5351.5	5238.0	1.87	1.87	11214.8	11237.7	1.86	1.82
2004	6576.6	6527.2	1.81	1.80	14231.8	14559.3	1.84	1.81
2005	6464.0	6419.6	1.88	1.86	17416.8	17529.8	1.76	1.74
2006	4163.6	4263.4	2.15	2.17	22569.7	22646.6	1.75	1.75
全期間	5005.9	5017.0	1.82	1.83	10535.1	10520.9	1.76	1.76
(3)全産業								
1997	3697.2	3792.9	1.69	1.74	3705.5	3784.0	1.68	1.77
1998	4050.9	4159.6	1.96	1.99	4685.9	4856.6	1.95	1.97
1999	5112.8	5165.2	1.69	1.69	6459.7	6420.5	1.68	1.67
2000	5631.7	5540.7	2.04	2.06	7823.7	7654.2	1.99	2.00
2001	4850.4	4833.4	1.96	1.95	9270.8	8856.9	1.94	1.95
2002	6040.5	6033.6	2.17	2.15	10541.1	10349.6	2.01	2.01
2003	5548.6	5520.0	2.11	2.10	11794.4	11768.3	2.03	2.02
2004	6265.0	6280.2	2.05	2.05	14244.1	14427.5	2.00	1.99
2005	6123.3	6096.7	2.02	2.00	16890.8	16928.2	1.93	1.91
2006	4421.2	4467.7	2.03	2.04	20625.8	20469.2	1.91	1.90
全期間	5174.2	5189.0	1.97	1.98	10604.2	10551.5	1.91	1.92

注1：導入企業の株価が1%上昇した場合のストック・オプション価値の増加額と残高増加額およびそれぞれの弾性値を算出したものである。

表 1.5　業種別オプション価値額と役員報酬額　（2006 年度）

（単位：億円，倍）

業　種	ストック・オプション残高価値額 BS モデル		ストック・オプション残高価値額 CRR モデル		役員報酬額
製造業	2,737.72	(3.54)	2,730.52	(3.53)	774.07
食料品	80.93	(1.62)	80.47	(1.61)	50.06
繊維製品	47.28	(1.63)	47.37	(1.63)	29.08
パルプ・紙	8.01	(0.55)	8.05	(0.55)	14.53
化学	365.35	(2.72)	364.75	(2.72)	134.26
ガラス・土石製品	307.67	(9.40)	300.02	(9.17)	32.72
鉄鋼	12.95	(1.31)	12.94	(1.31)	9.86
非鉄金属	28.06	(2.05)	28.07	(2.05)	13.67
金属製品	18.59	(1.43)	18.72	(1.44)	12.98
機械	215.27	(2.28)	215.90	(2.28)	94.54
電気機械	1,101.65	(7.33)	1,101.19	(7.33)	150.22
輸送用機械	321.13	(2.18)	324.94	(2.21)	147.24
精密機械	48.39	(2.42)	48.21	(2.41)	19.99
その他製品	182.44	(2.81)	179.90	(2.77)	64.92
非製造業	4,962.15	(5.54)	4,895.27	(5.47)	894.94
建設業	100.48	(2.46)	100.93	(2.47)	40.87
電気・ガス・水道業	39.00	(8.43)	35.51	(7.68)	4.63
運輸・通信業	361.63	(5.96)	341.45	(5.63)	60.68
卸売業	408.31	(2.66)	409.18	(2.67)	153.28
小売業	723.14	(4.18)	715.26	(4.14)	172.84
不動産業	460.47	(7.61)	447.09	(7.39)	60.51
サービス	2,869.12	(7.13)	2,845.85	(7.08)	402.13
合　計	7,699.87	(4.61)	7,625.79	(4.57)	1,669.01

注1：東証上場企業について，ストック・オプション価値額およびストック・オプションを導入している企業の役員報酬額を集計したものである。
注2：ストック・オプション価値額は，議決年度から権利行使終了年度まで同額をカウントした値を用いて集計している。また，役員報酬額もそれに伴う調整を行っている。
注3：金融・保険業は除く。
注4：括弧内は役員報酬額に対するストック・オプション価値額の比率。

識に基づき，被説明変数を，ストック・オプションを導入した企業を 1，非導入企業を 0 とするダミー変数 *StockD* とするプロビット・モデルを推計する[20]。

推計モデルおよび各変数の定義は，次式の通りである。

$$StockD_{it} = const. + \alpha_1 SC10_{i(t-1)} + \alpha_2 FI_{i(t-1)} + \alpha_3 EC_{i(t-1)} + \alpha_4 BM_{i(t-1)}$$
$$+ \alpha_5 LEV_{i(t-1)} + \alpha_6 SALE_{i(t-1)} + \alpha_7 ASSET_{i(t-1)} + \alpha_8 ROA_{i(t-1)}$$
$$+ \alpha_9 ROE_{i(t-1)} + \alpha_{10} MAIN_i + \alpha_{11} D06 + \varepsilon_{it} \tag{5}$$

$SC10$：上位10株主持株比率
FI：金融機関持株比率
EC：海外法人等持株比率
BM：役員持株比率
LEV：負債総資産比率
$SALE$：売上高伸び率
$ASSET$：企業規模（総資産の対数）
ROA：総資産利益率
ROE：株主資本利益率
$MAIN$：メインバンク・ダミー
$D06$：2006年度年次ダミー
添え字のうち，i は企業，t は年度を表す。

なお，本章で使用する各企業の財務データは，日本政策投資銀行「企業財務データバンク」から抽出している。

これらの変数のうち，最初の4つが各企業の持株関連指標すなわち所有構造を示す変数である。一般的に，株主が十分な情報を有し，経営者や従業員を有効にモニターできる場合には，情報の非対称性の問題は軽微であるから，株主がストック・オプションを導入するインセンティブは乏しいと考えられる。したがって，これらの持株関連指標の係数およびその有意性は，株主のモニタリングの有効性に関する情報を顕示しているといえるかもしれない。

なお，役員持株比率については，ストック・オプションと類似のインセンティブ効果を持つことから，ストック・オプションの導入とは代替的な関係にあるという見方ができるかもしれない。その場合には，係数の予想される符号条

---

20) なお，ある企業がストック・オプションをはじめて導入した場合に，ダミー変数 StockD は，導入年度に1，それ以前は0，また導入年度以降は，サンプルから除外するという手続きをとっている。

件はマイナスである。しかし，逆にインセンティブ・スキームの効力を信頼し，複数のスキームを導入しようとする企業もあるかもしれない。その場合には，符号はプラスとなるであろう。

次に，LEV から $ASSET$ までが企業の財務，収益および規模を表す指標である。このうち負債総資産比率（LEV）については，それが高まるとただでさえ企業行動が一か八かのリスキーなものになりがちであり，ストック・オプションによる追加的なインセンティブ供与には慎重になると考えられることから，符号条件はマイナスである。また，売上高伸び率（$SALE$）は，将来に向けての成長機会を表すという考え方に立てば，符号条件はプラスとなる。なぜならば，将来の成長性が高い企業は，情報の非対称性の問題が深刻であり，かつ高水準の投資により資金制約も強い可能性があるからである。

一方，収益性（ROA および ROE）が，ストック・オプションに及ぼす効果は，理論的にさまざまな経路がありえるものの，全体としては必ずしもはっきりしない[21]。本章では，ストック・オプションを導入しようとする企業の事前の収益性が，ストック・オプションを利用しない企業に比べて，勝っているのか，あるいは劣っているのかを確認することによって，どのような効果が支配的であるのかを推測する材料を提示しようとするものである。さらに，企業規模（$ASSET$）も，プラス面とマイナス面を合わせ持つ。まず，大企業の場合には，多くのセグメントを抱え，内部の機構も複雑であり，外部者と内部者との間の情報の非対称性の問題は，相対的に深刻であると考えられる。そうであれば，企業規模はストック・オプション導入にはプラスの方向で作用するであろう。逆に，伝統的かつ健全な大企業は経営に安定感がある一方で，企業規模が相対的に小さい新興企業は，社歴が乏しいこともあり外部者からみて将

21）例えば，高収益性が，情報の非対称性の問題やエージェンシー問題が軽微で，企業価値向上の面で適切な経営がなされていることを反映するものであるとすれば，ストック・オプション導入にはマイナスとなる。また，高収益性が潤沢なキャッシュフローを生み出すとすれば，金銭での報酬支払いに支障がないから，同じくストック・オプションにはマイナスの効果が及ぶであろう。逆に，ストック・オプション付与の際に費用計上が義務づけられている現制度のもとでは，高収益企業は，ストック・オプションを積極的に付与して，当面の支払い税額を引き下げようとするかもしれない。したがって，この面での効果はプラスである。さらに，高収益性が将来に向けての高い成長機会を表すとすれば，上述の理由によりストック・オプション導入には同じくプラスの効果が及ぶと考えられる。

来に向けて未知数の部分が大きいかもしれない。そうであれば，企業規模はストック・オプションに対してマイナスに作用するであろう。

　MAIN は，メインバンクが安定している企業を1，そうでない企業を0とするダミー変数である。周知の通り，メインバンクが顧客企業を有効にモニターするというメインバンク・システムは，日本的なコーポレート・ガバナンスのメカニズムであると考えられている（Aoki and Patrick eds. 1994）。もっとも，メインバンク関係をどのように定義するべきかという問題自体，必ずしも容易ではなく，コンセンサスが得られているわけではない。先行研究においても，最も融資額が多額な銀行をメインバンクとしたものや融資に加えて株式保有を重要視したもの，あるいは金融系列を陽表的あるいは暗黙的にメインバンク関係とみなしたものなど，さまざまである。

　Aoki, Patrick and Sheard（1994）が指摘するように，メインバンクは取引先企業に対して，融資のみならず株式保有，役員派遣，財務危機に陥った際の諸対応など，多様な役割を果たしている。このような見方からすると，メインバンク関係を融資などの単一の要素のみで定義することは，必ずしも適当とはいえない。このような考え方から，本章では，堀内・花崎（2000, 2004）と同様に，社団法人経済調査協会『年報　系列の研究』を基礎資料にメインバンク関係を定義している[22]。

　本資料をもとに，本章ではサンプル企業の金融系列関係の長期的な動向を整理して，メインバンク関係を定義，分類している。具体的には，各企業の金融系列を1960, 65, 70, 75, 80, 85, 90, 94, 96, 97年の10時点について調べ，それらの情報に基づき，少なくとも1975年時点から最近時点まで金融系列が変わらない企業を「メインバンク関係が安定している企業」と定義し，それに該当する企業を1，それ以外の企業を0とするメインバンク・ダミーを導出している。

　株主が，メインバンクが企業経営者に対するモニタリングを適切に実施していると信じているならば，ストック・オプションを導入する必要性は低くなる。

---

22) 『年報　系列の研究』では，「派遣役員，系列持株，系列融資，旧来からの結合関係その他等から総合的に判断」して各企業の金融系列を特定化している。

したがって，メインバンク・ダミーの期待される符号条件はマイナスである。

最後に，2006年5月以降のストック・オプション付与の際には，費用計上が義務づけされたという会計処理の変更を考慮して，2006年度ダミーを導入している。

4.2 計測結果

全サンプルを製造業と非製造業とに分けた計測結果が，表1.6に整理されている。まず，4種類の持株比率の係数をみると，製造業，非製造業とも，海外法人等持株比率（EC）の係数がプラス有意であり，海外法人等によって多くの株式が所有される企業ほど，ストック・オプションを導入する傾向にあるという結果が得られた。これは，海外法人等のモニタリングの不十分さや困難さを反映するというよりはむしろ，ストック・オプションの制度が日本国内に比べてアメリカなど海外で広く普及しているため，海外法人等が高率の株式を保有している企業では，ストック・オプションを違和感なく積極的に導入しているという事情があるものと思われる。

役員持株比率（BM）の係数も，同様に有意にプラスである。すなわち，ストック・オプションと役員持株とは，代替関係ではなく補完関係にあり，役員持株比率が高い企業は，ストック・オプションをも積極的に導入することによって，インセンティブ効果を高めていることがうかがい知れる。上位10株主持株比率および金融機関持株比率については，有意な係数は得られなかった。

負債総資産比率（LEV）は，製造業，非製造業とも有意にマイナスである。これは，Uchida (2006) および Kato et al. (2005) などの先行研究と整合的であり，John and John (1993) の議論の通り，レバレッジが高い状況では経営者がリスキーな行動をとりたがる傾向にあることから，ストック・オプション導入による追加的なインセンティブ付与にはむしろ慎重になる傾向があるという仮説が支持されたと解釈できる。

売上高伸び率（$SALE$）の係数は，非製造業のみ有意にプラスである。高い成長性は顕著な非対称情報の存在を意味するとの仮説にしたがえば，この計測結果は，同等の成長性を前提とした場合に，製造業に比べて非製造業で情報の非対称性の問題が総じて深刻であることを示唆するものと解釈することができ

表1.6 ストック・オプション導入企業の特性（プロビット・モデル）

説明変数	製造業	非製造業
上位10株主持株比率	−0.0011	−0.0009
	(−0.43)	(−0.30)
金融機関持株比率	−0.0008	0.0001
	(−0.28)	(0.03)
海外法人等持株比率	0.0128***	0.0189***
	(3.69)	(4.22)
役員持株比率	0.0138***	0.0125***
	(3.89)	(4.67)
負債総資産比率	−0.0046**	−0.0041**
	(−2.56)	(−2.02)
売上高伸び率	−0.0001	0.0036***
	(−0.07)	(2.97)
総資産（対数）	0.0843**	−0.0497
	(2.55)	(−1.49)
ROA	0.0096	−0.0028
	(1.07)	(−0.32)
ROE	−0.0018	0.0056
	(−0.55)	(1.40)
メインバンク・ダミー	−0.0601	−0.1980*
	(−0.84)	(−1.74)
06年度ダミー	−0.2636**	−0.5428***
	(−2.25)	(−3.70)
定数項	−3.3272***	−0.8423
	(−5.81)	(−1.43)
データ数	8820	6063

注1：被説明変数：ストックオプション導入前を0，導入年度を1とするダミー（導入年度以降のサンプルは削除）。
注2：推計期間：1997〜2006年度。
注3：説明変数は，すべて1期ラグ値。
注4：***，**，*は，それぞれ1%水準，5%水準，10%水準で有意であることを示す。括弧内はz値。

る。企業規模（$ASSET$）の係数は，逆に製造業のみ有意にプラスである。これを情報の非対称性の問題から解釈すると，製造業の方がむしろその問題が深刻であることになり，成長性での解釈と矛盾する。企業規模の効果は，Uchida (2006) が指摘するように，伝統的な大企業が多い製造業では，法律，会計，税制などの専門家が充実していて，複雑な制度であるストック・オプションを

導入しやすい状況にあるという解釈が妥当するように思われる。
　ROA および ROE の収益性指標からは，いずれも有意な係数は得られていない。これは，前述の通り，収益性とストック・オプションとの関係は単純ではなく，さまざまな経路が複雑に絡み合っているために，明確な結果が得られなかったものと思われる。
　メインバンク・ダミー（$MAIN$）は，非製造業で有意にマイナスの係数が検出された。これは，上述の仮説と整合的であり，メインバンクによるモニタリングとストック・オプションのインセンティブ効果とが，相互補完的な機能を果たしていることがうかがわれる。
　最後に，2006年度ダミーの係数をみると，統計的に有意にマイナスとなっており，オプション付与に伴う費用計上を反映して，構造的に付与率が低下したことがみてとれる。

5. ストック・オプション導入により企業の収益性は改善したか

5.1　導入企業ダミーによる計測

　前述の通り，ストック・オプションを導入する主目的は，経営者や従業員の労働意欲を高めて，企業の業績を向上させることにある。そのような方向性が実現しているか否かを，企業パフォーマンスを被説明変数とするモデルを推計することによって確かめてみよう。ここで用いるパフォーマンス指標は，ROA と ROE という2種類の代表的な収益性指標であり，説明変数は企業の財務経営指標，ガバナンス変数，マクロ変数に加えて，ストック・オプションを導入している企業を1，導入していない企業を0とするダミー変数 $Dstock$ である[23]。
　推計モデルは，$Dstock$ を単独で説明変数とする（6）式と $Dstock$ とその他の説明変数との交差項を加えた（7）式の2つである。

---

23)　なお，当ダミー変数においては，ストック・オプション導入企業に関しては，導入時点以降の各期に1が入っているが，導入以前は0となっている。

$$PA_{it} = const. + \alpha_1 Dstock_{it} + \alpha_2 SC10_{it} + \alpha_3 FI_{it} + \alpha_4 EC_{it} + \alpha_5 LEV_{it}$$
$$+ \alpha_6 SALE_{it} + \alpha_7 ASSET_{it} + \alpha_8 MAIN_i + \alpha_9 DI_t + \varepsilon_{it} \quad (6)$$

$$PA_{it} = const. + \alpha_1 Dstock_{it} + \alpha_2 SC10_{it} + \alpha_3 SC10_{it} * Dstock_{it} + \alpha_4 FI_{it}$$
$$+ \alpha_5 FI_{it} * Dstock_{it} + \alpha_6 EC_{it} + \alpha_7 EC_{it} * Dstock_{it} + \alpha_8 LEV_{it}$$
$$+ \alpha_9 LEV_{it} * Dstock_{it} + \alpha_{10} SALE_{it} + \alpha_{11} SALE_{it} * Dstock_{it} + \alpha_{12} ASSET_{it}$$
$$+ \alpha_{13} ASSET_{it} * Dstock_{it} + \alpha_{14} MAIN_i + \alpha_{15} MAIN_i * Dstock_{it}$$
$$+ \alpha_{16} DI_t + \alpha_{17} DI_t * DStock_{it} + \varepsilon_{it} \quad (7)$$

ただし，

PA：企業の収益性（ROA または ROE）

DI：景気動向一致指数

実際の推計作業では，上式に業種ダミーを加えたランダム・エフェクト・モデルの手法を用いて，製造業と非製造業別に計測している。

表1.7で示されているランダム・エフェクト・モデルの推計結果をみると，(6)式のモデルでは $Dstock$ の係数は，製造業，非製造業とも ROA と ROE を用いたすべてのケースにおいてマイナスで，かつ製造業で ROA を被説明変数としたモデルでは有意性が高い結果となっている。

一方，$Dstock$ とその他の説明変数との交差項を加えた(7)式のモデルでは，製造業で ROA を説明させるケースで，$Dstock$ の係数がプラスで有意となっている。また，製造業を中心に金融機関持株比率 FI や海外法人等持株比率 EC といった所有構造を表す変数がパフォーマンスに与えるプラスの効果がストック・オプション導入によって増幅され，また負債総資産比率 LEV のマイナス効果が一部相殺されるなどの効果が観察される。ただし，非製造業では，ROA と ROE の双方で，$Dstock$ の係数がマイナスで有意である。

以上の通り，ストック・オプション導入が企業収益に及ぼす効果はまちまちであり，収益増をもたらす効果は，かなり限定されたものであることを示唆している。

5.2 オプション価格評価額に基づく計測

前項では，ストック・オプション付与の効果を検証するために，ストック・

表1.7 ストック・オプションと企業収益(ストック・オプション導入ダミーを用いた変量効果モデル)
(1)製造業

	ROA		ROE	
ストック・オプション導入ダミー	-0.3903***	3.3818*	-0.1058	5.1007
	(-3.38)	(1.85)	(-0.29)	(0.88)
上位10株主持株比率	0.0298***	0.0282***	0.1005***	0.0926***
	(6.32)	(5.77)	(8.24)	(7.14)
交差項		-0.0007		0.0273
		(-0.08)		(0.97)
金融機関持株比率	0.0577***	0.0534***	0.0785***	0.0574***
	(12.02)	(10.50)	(5.88)	(4.01)
交差項		0.0290***		0.1236***
		(3.09)		(3.88)
海外法人等持株比率	0.0869***	0.0786***	0.0963***	0.0798***
	(16.82)	(14.13)	(6.06)	(4.48)
交差項		0.0344***		0.0771**
		(3.64)		(2.37)
負債総資産比率	-0.0583***	-0.0622***	-0.1082***	-0.1212***
	(-17.06)	(-17.62)	(-12.87)	(-13.67)
交差項		0.0227***		0.0980***
		(3.76)		(4.86)
売上高伸び率	0.0684***	0.0813***	0.1355***	0.1745***
	(39.68)	(39.12)	(20.83)	(21.83)
交差項		-0.0395***		-0.1139***
		(-10.88)		(-8.39)
総資産(対数)	-0.1839**	-0.1496*	-0.3651**	-0.2414
	(-2.18)	(-1.74)	(-2.22)	(-1.36)
交差項		-0.3356***		-0.9138***
		(-3.16)		(-2.67)
メインバンク・ダミー	-0.7239***	-0.7545***	0.4847	0.6617*
	(-2.99)	(-3.12)	(1.27)	(1.69)
交差項		0.2862		-1.2744
		(1.04)		(-1.39)
景気動向指数	0.0043***	0.0029**	0.0232***	0.0158***
	(3.56)	(2.30)	(4.89)	(3.15)
交差項		0.0030		0.0369**
		(0.75)		(2.33)
定数項	7.4192***	7.3545***	5.2509*	5.1027*
	(4.95)	(4.80)	(1.85)	(1.67)
$\overline{R}^2$	0.1953	0.1951	0.1721	0.1861
データ数	10369	10369	10263	10263

表 1.7 ストック・オプションと企業収益(ストック・オプション導入ダミーを用いた変量効果モデル)(つづき)
(2)非製造業

	ROA		ROE	
ストック・オプション導入ダミー	−0.1868	−4.0944*	−0.3063	−16.7380***
	(−1.29)	(−1.89)	(−0.73)	(−2.70)
上位10株主持株比率	0.0724***	0.0522***	0.1973***	0.1784***
	(12.04)	(7.60)	(12.90)	(10.10)
交差項		0.0566***		0.0506*
		(5.86)		(1.78)
金融機関持株比率	0.0670***	0.0471***	0.0654***	0.0319
	(10.11)	(6.44)	(3.62)	(1.58)
交差項		0.0675***		0.1235***
		(5.93)		(3.47)
海外法人等持株比率	0.0784***	0.0735***	0.1771***	0.2065***
	(10.97)	(8.23)	(8.47)	(7.58)
交差項		0.0141		−0.0787**
		(1.15)		(−2.08)
負債総資産比率	−0.0534***	−0.0506***	−0.0424***	−0.0492***
	(−12.55)	(−10.52)	(−3.80)	(−3.84)
交差項		−0.0061		0.0296
		(−0.98)		(1.54)
売上高伸び率	0.0289***	0.0225***	0.0518***	0.0553***
	(18.00)	(10.06)	(9.87)	(7.53)
交差項		0.0114***		−0.0048
		(3.74)		(−0.47)
総資産(対数)	−0.3396***	−0.3891***	−0.2892	−0.5772**
	(−3.42)	(−3.67)	(−1.42)	(−2.54)
交差項		−0.0265		0.6034*
		(−0.21)		(1.68)
メインバンク・ダミー	−0.3043	−0.4602	1.0821	1.3635*
	(−0.61)	(−0.96)	(1.43)	(1.78)
交差項		1.0106**		0.1088
		(2.06)		(0.07)
景気動向指数	−0.0003	−0.0001	0.0183***	0.0162***
	(−0.19)	(−0.08)	(3.21)	(2.58)
交差項		−0.0022		−0.0004
		(−0.51)		(−0.02)
定数項	1.0163	3.2671	−12.8641	−6.4793
	(0.19)	(0.65)	(−1.62)	(−0.82)
$\bar{R}^2$	0.2482	0.2769	0.2133	0.2335
データ数	8387	8387	8249	8249

注1:推計期間:1997〜2006年度。
注2:表中の「交差項」とは,それぞれの1段上の各説明変数とストックオプション導入ダミーとの交差項を意味する。
注3:上記説明変数以外に,業種ダミーを用いているが,その結果の表示は省略している。
注4:***,**,*は,それぞれ1%水準,5%水準,10%水準で有意であることを示す。括弧内はz値。

オプションを導入している企業を1，導入していない企業を0とするダミー変数 $Dstock$ を用いて計測した．本節ではその代わりに，第3節において算出したストック・オプション残高価値額 SOV（すなわち BS：ブラック・ショールズ・モデルにより算出した価値額，または CRR：二項モデルにより算出した価値額）の対数を説明変数に入れて，次式に基づき計測する．

$$PA_{it} = const. + \alpha_1 SOV_{it} + \alpha_2 SC10_{it} + \alpha_3 FI_{it} + \alpha_4 EC_{it} + \alpha_5 LEV_{it}$$
$$+ \alpha_6 SALE_{it} + \alpha_7 ASSET_{it} + \alpha_8 MAIN_i + \alpha_9 DI_t + \varepsilon_{it} \quad (8)$$

表1.8は，ストック・オプション導入企業と非導入企業を加えた全サンプルに基づくランダム・エフェクト・モデルでの推計結果である．その結果をみると，ストック・オプション価値額は，製造業の ROA，ROE および非製造業の ROA，ROE のいずれのケースにおいても，プラスの効果はみられず，むしろ製造業の ROA モデルでは，統計的に有意にマイナスとなっている．

一方，導入企業で付与がなされかつ価値額が継続している年度のみをサンプルにして計測した結果（表1.9）では，ストック・オプション価値額は，製造業では有意な効果を発揮していないものの，非製造業では ROA，ROE の両ケースにおいて，有意にプラスの効果を発揮しているという結果が得られた．

ストック・オプションの導入は，非導入企業を含めた計測では，収益性向上のインセンティブ効果を生み出しているとは言い難いが，非製造業に限定されているものの，導入企業の中の比較では，価値額が大きいほど，収益性の向上効果を発揮していることが明らかにされた．

5.3 オプション価格評価額と役員報酬額との比率に基づく計測

前項では，ストック・オプション価値額そのものを説明変数に入れたが，本項ではストック・オプションの効果は，その価値額と役員報酬額との相対関係で決まるという考え方に基づき，次式の通り，ストック・オプション価値額と役員報酬額との比率 $SOVC$ を説明変数に入れた計測を試みる．

$$PA_{it} = const. + \alpha_1 SOVC_{it} + \alpha_2 SC10_{it} + \alpha_3 FI_{it} + \alpha_4 EC_{it} + \alpha_5 LEV_{it}$$
$$+ \alpha_6 SALE_{it} + \alpha_7 ASSET_{it} + \alpha_8 MAIN_i + \alpha_9 DI_t + \varepsilon_{it} \quad (9)$$

表1.8 ストック・オプションと企業収益(ストック・オプション価値額を用いた変量効果モデル)

	ROA		ROE	
	BS	CRR	BS	CRR
(1)製造業				
ストック・オプション価値額(対数)	-0.0348***	-0.0346***	-0.0129	-0.0127
	(-3.71)	(-3.70)	(-0.43)	(-0.42)
上位10株主持株比率	0.0298***	0.0298***	0.1005***	0.1005***
	(6.33)	(6.33)	(8.24)	(8.24)
金融機関持株比率	0.0576***	0.0576***	0.0784***	0.0784***
	(12.00)	(12.00)	(5.87)	(5.87)
海外法人等持株比率	0.0873***	0.0873***	0.0967***	0.0967***
	(16.88)	(16.88)	(6.07)	(6.07)
負債総資産比率	-0.0582***	-0.0582***	-0.1083***	-0.1083***
	(-17.04)	(-17.04)	(-12.89)	(-12.89)
売上高伸び率	0.0684***	0.0684***	0.1355***	0.1355***
	(39.68)	(39.68)	(20.84)	(20.84)
総資産(対数)	-0.1797**	-0.1798**	-0.3633**	-0.3633**
	(-2.13)	(-2.13)	(-2.20)	(-2.20)
メインバンク・ダミー	-0.7304***	-0.7303***	0.4827	0.4828
	(-3.01)	(-3.01)	(1.27)	(1.27)
景気動向指数	0.0044***	0.0044***	0.0233***	0.0233***
	(3.59)	(3.59)	(4.91)	(4.90)
定数項	7.3399***	7.3413***	5.2265*	5.2271*
	(4.89)	(4.90)	(1.84)	(1.84)
$\bar{R}^2$	0.1956	0.1957	0.1720	0.1720
データ数	10369	10369	10263	10263
(2)非製造業				
ストック・オプション価値額(対数)	-0.0047	-0.0057	-0.0090	-0.0012
	(-0.41)	(-0.49)	(-0.27)	(-0.04)
上位10株主持株比率	0.0726***	0.0726***	0.1974***	0.1974***
	(12.07)	(12.07)	(12.92)	(12.92)
金融機関持株比率	0.0674***	0.0674***	0.0660***	0.0661***
	(10.17)	(10.17)	(3.65)	(3.66)
海外法人等持株比率	0.0777***	0.0778***	0.1756***	0.1748***
	(10.85)	(10.86)	(8.37)	(8.33)
負債総資産比率	-0.0531***	-0.0531***	-0.0421***	-0.0419***
	(-12.48)	(-12.49)	(-3.77)	(-3.75)
売上高伸び率	0.0289***	0.0289***	0.0517***	0.0517***
	(17.99)	(17.99)	(9.86)	(9.85)
総資産(対数)	-0.3418***	-0.3415***	-0.2817	-0.2783
	(-3.45)	(-3.44)	(-1.39)	(-1.37)
メインバンク・ダミー	-0.2913	-0.2928	1.0863	1.0901
	(-0.59)	(-0.59)	(1.44)	(1.44)
景気動向指数	-0.0006	-0.0005	0.0179***	0.0177***
	(-0.35)	(-0.33)	(3.14)	(3.11)
定数項	1.0380	1.0333	-12.9842	-13.0339
	(0.20)	(0.20)	(-1.63)	(-1.64)
$\bar{R}^2$	0.2491	0.2490	0.2140	0.2144
データ数	8387	8387	8249	8249

注1:推計期間:1997~2006年度。
注2:上記説明変数以外に,業種ダミーを用いているが,その結果の表示は省略している。
注3:***,**,*は,それぞれ1%水準,5%水準,10%水準で有意であることを示す。括弧内はz値。

表 1.9 ストック・オプションと企業収益（導入企業のみのサンプルに基づくストック・オプション価値額を用いた変量効果モデル）

	ROA		ROE	
	BS	CRR	BS	CRR
(1)製造業				
ストック・オプション価値額(対数)	-0.0123	-0.0113	0.0223	0.0236
	(-0.28)	(-0.26)	(0.20)	(0.21)
上位10株主持株比率	0.0405***	0.0405***	0.1211***	0.1211***
	(2.77)	(2.77)	(3.95)	(3.95)
金融機関持株比率	0.0834***	0.0834***	0.1767***	0.1768***
	(6.06)	(6.07)	(5.72)	(5.72)
海外法人等持株比率	0.1254***	0.1254***	0.2086***	0.2085***
	(8.69)	(8.68)	(6.44)	(6.44)
負債総資産比率	-0.0580***	-0.0580***	-0.0846***	-0.0846***
	(-5.52)	(-5.52)	(-3.77)	(-3.77)
売上高伸び率	0.0386***	0.0386***	0.0604***	0.0604***
	(11.54)	(11.54)	(7.08)	(7.08)
総資産（対数）	-0.3089	-0.3092	-1.0464**	-1.0468**
	(-1.32)	(-1.33)	(-2.43)	(-2.43)
メインバンク・ダミー	-1.3253*	-1.3249*	-0.8715	-0.8710
	(-1.79)	(-1.79)	(-0.70)	(-0.70)
景気動向指数	0.0051	0.0051	0.0459***	0.0459***
	(1.25)	(1.25)	(4.26)	(4.26)
定数項	8.3534**	8.3483**	10.3843	10.3766
	(2.01)	(2.01)	(1.38)	(1.38)
$\bar{R}^2$	0.0848	0.0848	0.0911	0.0911
データ数	1596	1596	1589	1589
(2)非製造業				
ストック・オプション価値額(対数)	0.5226***	0.4911***	0.8916***	1.2288***
	(4.01)	(3.81)	(3.60)	(5.00)
上位10株主持株比率	0.1095***	0.1099***	0.1944***	0.1937***
	(7.26)	(7.29)	(6.66)	(6.66)
金融機関持株比率	0.1650***	0.1651***	0.1943***	0.1939***
	(8.62)	(8.62)	(5.12)	(5.12)
海外法人等持株比率	0.0681***	0.0690***	0.0468	0.0374
	(3.94)	(3.99)	(1.34)	(1.07)
負債総資産比率	-0.0824***	-0.0820***	-0.0311	-0.0276
	(-8.05)	(-8.00)	(-1.46)	(-1.31)
売上高伸び率	0.0273***	0.0273***	0.0424***	0.0420***
	(8.47)	(8.48)	(5.80)	(5.77)
総資産（対数）	-0.5769**	-0.5721**	-0.0684	-0.1668
	(-2.41)	(-2.39)	(-0.16)	(-0.40)
メインバンク・ダミー	-1.2609	-1.2994	0.3141	0.6019
	(-0.88)	(-0.91)	(0.15)	(0.28)
景気動向指数	-0.0046	-0.0044	0.0130	0.0116
	(-0.80)	(-0.77)	(0.96)	(0.87)
定数項	1.6201	1.9515	-25.8680***	-28.7995***
	(0.29)	(0.34)	(-2.79)	(-3.11)
$\bar{R}^2$	0.2487	0.2500	0.2045	0.2074
データ数	2212	2212	2186	2186

注1：推計期間：1997～2006年度。
注2：上記説明変数以外に，業種ダミーを用いているが，その結果の表示は省略している。
注3：***，**，*は，それぞれ1％水準，5％水準，10％水準で有意であることを示す。括弧内はz値。

同比率がプラスで有意の効果を発揮しているのは，ストック・オプション導入企業のみのサンプルに基づく計測の中の，非製造業の一部（ROAとBSの組み合わせ）に限られており，役員報酬額との比率でみた場合でも，ストック・オプションは，収益性向上に効果を発揮しているとは言い難い[24]。

5.4 オプション価格評価額と時価総額との比率に基づく計測

オプション価値額の大きさは報酬の観点からすると前項の役員報酬額との比率が適切な指標であるが，株式価値という観点からみると各企業の時価総額との比率が意味を持つ。その考え方に基づき，次式の通り，ストック・オプション価値額と時価総額との比率 $SOVM$ を説明変数に入れた計測を実施する。

$$PA_{it} = const. + \alpha_1 SOVM_{it} + \alpha_2 SC10_{it} + \alpha_3 FI_{it} + \alpha_4 EC_{it} + \alpha_5 LEV_{it}$$
$$+ \alpha_6 SALE_{it} + \alpha_7 ASSET_{it} + \alpha_8 MAIN_i + \alpha_9 DI_t + \varepsilon_{it} \quad (10)$$

同比率の係数は，ストック・オプション導入企業と非導入企業を合わせた計測と導入企業のみに限定した計測のすべてのケースでマイナスとなっており，しかもその多くは有意性が高い。ここでも，ストック・オプションが企業収益を向上させる効果は，検出されていない[25]。

5.5 株価上昇に伴うオプション価値増加額を用いた計測

前述の通り，ストック・オプションを付与されている個人にとっては，オプション価値額そのものよりも，株価上昇に伴うオプション価値増加額が，インセンティブの観点から重要であるといえるかもしれない。ここでは，その考えに基づき，先にみた当該企業の株価が1%上昇する場合のオプション価値増加額（対数）$MSOV$ を説明変数とする次式のモデルを推計する。

$$PA_{it} = const. + \alpha_1 MSOV_{it} + \alpha_2 SC10_{it} + \alpha_3 FI_{it} + \alpha_4 EC_{it} + \alpha_5 LEV_{it}$$
$$+ \alpha_6 SALE_{it} + \alpha_7 ASSET_{it} + \alpha_8 MAIN_i + \alpha_9 DI_t + \varepsilon_{it} \quad (11)$$

---

[24] 具体的な結果については，花崎・松下（2010）の表7-1および表7-2を参照。
[25] 具体的な結果については，花崎・松下（2010）の表8-1および表8-2を参照。

第1章　ストック・オプションの導入と企業パフォーマンス　　　　　73

　非製造業のストック・オプション導入企業に限定した計測で，$MSOV$ の係数が概ね有意にプラスとなっているものの，非導入企業を含んだ計測では製造業，非製造業とも，ROA を被説明変数とするモデルにおいて $MSOV$ の係数は有意にマイナスとなるなど，収益増の効果は限定的にしか観察されていない[26]。

　なお，本項ではパネル分析の中の変量効果モデルの結果を表示している。花崎・松下（2010）では，加えて固定効果モデル，ダイナミック・パネル・モデル，権利行使価格が100円超のケースに限定したモデル，景気動向指数を除外したモデルおよび2006年度ダミーを入れたモデルを，それぞれ推計しているが，いずれのモデルにおいても，ストック・オプションが収益増をもたらす効果は検出されていない。

6. その他のインセンティブ・スキームとの比較

　経営者のインセンティブを高めるスキームとしては，ストック・オプションのほかには，業績連動型報酬制度（Jensen and Murphy 1990; Hall and Liebman 1998）や役員による自社株保有がある。以下では，企業パフォーマンスの観点からストック・オプション制度と業績連動型報酬制度および役員による自社株保有との比較を定量的に実施する。

6.1　業績連動型報酬制度との比較

　一般に，業績連動型報酬制度とは，ある対象期間内に定量化された業績目標に対して，組織の個人（役員および従業員）または部署が実際にあげた業績について評価し，その評価に基づき報酬を支払う制度である[27]。企業が業績連動型報酬制度を導入しているか否かの情報は，東証のコーポレート・ガバナンス情報[28]によって入手でき，同制度を導入しかつ日本政策投資銀行「企業財

---

26) 具体的な結果については，花崎・松下（2010）の表9-1および表9-2を参照。
27) 同様の制度に成果主義型報酬制度があるが，これは従業員とその上司との面談によって設定された目標と，実際にその従業員が上げた成果についての評価に基づき，報酬を支払うもので，目標と成果は定量的なものだけではなく定性的なものも含まれる。

務データ」と結合可能な320社（内訳，製造業197社，非製造業123社，東証第一部286社，第二部28社，マザーズ6社）を抽出することができた。

なお，業績連動型報酬制度を導入しているか否かの情報は，時系列では利用できないため，日本政策投資銀行「企業財務データ」の2006年度と統合し，製造業，非製造業別に次式に基づくクロスセクション推計を行った。サンプルは，東証上場企業である。

$$PA_i = const. + \alpha_1 Dstock_i + \alpha_2 Dcp_i + \alpha_3 SC10_i + \alpha_4 FI_i + \alpha_5 EC_i$$
$$+ \alpha_6 LEV_i + \alpha_7 SALE_i + \alpha_8 ASSET_i + \alpha_9 MAIN_i + \varepsilon_{it} \tag{12}$$

ただし，Dcp：業績連動型報酬制度導入ダミー（制度を導入している企業を1，非導入の企業を0)[29]。

(12)式に業種ダミーを加えた推計の結果（表1.10）をみると，業績連動型報酬制度導入ダミー（Dcp）の係数は，ストック・オプション導入ダミーの係数と同様に，すべての計測モデルにおいて有意性がない。したがって，業績連動型報酬制度は企業パフォーマンスの向上にほとんど寄与していないと考えられる。

6.2 経営者による自社株保有との比較

役員による自社株保有は，ストック・オプションとは異なり，アップサイドの収益に加え，ダウンサイドの損失リスクをも負担するのが大きな特徴である。

アメリカ企業を対象としたMorck, Shleifer and Vishny（1988）の実証研究によれば，役員による持株は，トービンのQと，持株比率が低いときには正，同比率が高まると負，より一層高まるとやや正にそれぞれ相関するという非線型の関係にあることが明らかにされている。McConnell and Servaes（1990,

---

28) 具体的には，東京証券取引所のサイトにある「コーポレート・ガバナンス情報サービス」（http://www.tse.or.jp/tseHpFront/HPCGDS0701.do?method=init）において，業績連動型報酬制度を導入している企業の場合には，「インセンティブ関係」の欄にその旨の記載がある。

29) 業績連動型報酬制度とストック・オプションとを併用している企業が多いと，(12)式の推計には多重共線性の問題が発生する。しかし，データをチェックしたところ，両者を併用している企業は必ずしも多くはないため，(12)式の計測には問題がないと思われる。ちなみに，両者の相関係数は，製造業で0.16，非製造業で0.07である。

表1.10 業績連動型報酬制度と企業収益(クロスセクション推計)

(1)製造業

	ROA	ROE
ストック・オプション導入ダミー	-0.2275 (-0.70)	-1.0369 (-1.39)
業績連動型報酬制度導入ダミー	0.3576 (0.92)	0.7504 (0.85)
上位10株主持株比率	0.0618*** (5.29)	0.0847*** (3.16)
金融機関持株比率	0.0799*** (5.47)	0.1590*** (4.76)
海外法人等持株比率	0.0669*** (4.34)	0.0555 (1.57)
負債総資産比率	-0.0559*** (-6.87)	-0.0036 (-0.19)
売上高伸び率	0.0780*** (10.02)	0.1159*** (6.49)
総資産(対数)	-0.1047 (-0.69)	0.1756 (0.50)
メインバンク・ダミー	-0.5011 (-1.52)	-0.9473 (-1.25)
定数項	3.7172 (1.46)	-6.2374 (-1.07)
$\overline{R^2}$	0.2557	0.1091
データ数	1092	1089

(2)非製造業

	ROA	ROE
ストック・オプション導入ダミー	-0.5684 (-1.33)	-0.1205 (-0.13)
業績連動型報酬制度導入ダミー	0.3041 (0.51)	-0.5596 (-0.44)
上位10株主持株比率	0.1510*** (10.53)	0.2003*** (6.57)
金融機関持株比率	0.0809*** (4.10)	0.1166*** (2.79)
海外法人等持株比率	0.1089*** (5.27)	0.0838* (1.92)
負債総資産比率	-0.0609*** (-6.06)	-0.0407* (-1.84)
売上高伸び率	0.0405*** (6.42)	0.0598*** (4.48)
総資産(対数)	-0.1061 (-0.58)	1.2415*** (3.15)
メインバンク・ダミー	0.6823 (1.09)	0.7270 (0.55)
定数項	-5.9296 (-0.88)	-30.3139** (-2.13)
$\overline{R^2}$	0.2409	0.1060
データ数	1023	1009

注1:推計年度:2006年度。
注2:上記説明変数以外に,業種ダミーを用いているが,その結果の表示は省略している。
注3:***,**,*は,それぞれ1%水準,5%水準,10%水準で有意であることを示す。括弧内はt値。

1995)も,同様にトービンのQとの非線型の関係(40%から50%まで正,その後やや負)を指摘し,加えて低成長企業では,役員持株比率等の影響が大きいことも明らかにしている[30]。

以下では,企業パフォーマンスの観点からストック・オプション制度と役員による自社株保有との比較を定量的に実施する。

---

30) 日本企業を対象にしたLichtenberg and Pushner(1994)によれば,役員持株比率はTFPに対して正の関係があることが指摘されている。

表 1.11 役員の持株状況

(1)製造業

年度	社数	うち，役員が自社株を保有している会社	うち，役員が自社株を保有し，かつストック・オプションを導入している会社	役員持株比率（％）
1997	997	981	5	4.51
1998	1,011	995	21	4.56
1999	1,028	1,009	49	4.47
2000	1,038	1,026	122	4.58
2001	1,046	1,036	158	4.45
2002	1,064	1,043	204	4.33
2003	1,088	1,060	234	4.21
2004	1,105	1,086	260	4.26
2005	1,111	1,105	285	4.15
2006	1,111	1,102	303	3.78

(2)非製造業

年度	社数	うち，役員が自社株を保有している会社	うち，役員が自社株を保有し，かつストック・オプションを導入している会社	役員持株比率（％）
1997	683	656	12	9.05
1998	722	677	38	8.48
1999	773	716	69	8.82
2000	818	762	148	9.49
2001	858	801	191	9.89
2002	898	849	259	9.56
2003	964	873	298	9.18
2004	1,023	933	346	9.16
2005	1,083	983	398	9.66
2006	1,101	1,036	450	9.76

注：社数は東証上場企業のうち今回の分析に用いることのできた会社数。
出所：日本政策投資銀行財務データバンクシステム，東京証券取引所コーポレート・ガバナンス情報サービス http://www.tse.or.jp/listing/corpgov/index.html，有価証券報告書。

有価証券報告書の情報に基づき，役員の持株状況を10年にわたり整理すると（表1.11），ほとんどの企業で役員が自社株を保有していることがわかる。また，役員による自社株保有とストック・オプション導入を併存させている企

業は，近年においては製造業で3割弱，非製造業で約4割である。さらに，発行済み株式総数に占める役員持株の比率の推移をみると，製造業では4％台で推移していたものが2006年度には3.78％に低下している。一方，非製造業では，長期的にみて8〜9％台と製造業に比べて高い水準で推移しており，2006年度には9.76％となっている。

続いて，ストック・オプション導入ダミーと収益性との関係を探る(6)式と(7)式に，役員持株比率を説明変数に加えて推計した。そのランダム・エフェクト・モデルの推計結果をみると（表1.12），役員持株比率の係数は，製造業および非製造業のROAとROEのすべてのケースにおいて1％水準でプラス有意となっている。一方，さきにみた結果と同様に，ストック・オプション導入ダミーの係数は，製造業で交差項を含んだROAのモデルで有意にプラスとなっている以外は，むしろマイナスが主体となっている。

次に，経営者による自社株保有が企業パフォーマンスに及ぼす効果と比較するのに，今度はストック・オプション導入ダミーの代わりにストック・オプション価値額を説明変数として用いたランダム・エフェクト・モデルの推計を行う。推計結果をみると（表1.13），役員持株比率の係数は，表1.12と同様に，製造業および非製造業のROAとROEのすべてのケースにおいて1％水準でプラス有意となっている。一方，ストック・オプション価値額の係数は，すべてマイナスとなっている。

さらに，ストック・オプション価値額と役員報酬額との比率を説明変数に入れた計測および株価上昇に伴うオプション価値増加額を用いた計測においても，役員持株比率は有意なプラス効果を発揮しているものの，ストック・オプションからは，有意にプラスの効果は検出されていない[31]。

本項の推計結果より，経営者による自社株保有はストック・オプションに比較して，総じて収益性を向上させるうえで優れたインセンティブ効果を発揮している可能性がうかがわれる。その背景としては，今回の計測期間が，バブル崩壊後の景気の低迷や深刻な金融危機に見舞われた時期に合致し，経営者の意識としては，アップサイドの収益を期待するよりもむしろダウンサイドの損失

---

[31] 具体的な結果については，花崎・松下（2010）の表14および表15を参照。

表 1.12 役員による自社株所有とストックオプションの効果比較（ストック・オプション導入ダミーを用いた変量効果モデル）

(1)製造業

	ROA		ROE	
ストック・オプション導入ダミー	−0.3430***	4.7249**	−0.1360	5.1796
	(−2.98)	(2.54)	(−0.37)	(0.86)
役員持株比率	0.0690***	0.0733***	0.0486***	0.0521***
	(9.71)	(9.96)	(2.65)	(2.61)
交差項		−0.0340***		−0.0155
		(−2.70)		(−0.39)
上位10株主持株比率	0.0216***	0.0200***	0.0950***	0.0872***
	(4.55)	(4.07)	(7.70)	(6.65)
交差項		0.0000		0.0264
		(−0.01)		(0.92)
金融機関持株比率	0.0602***	0.0561***	0.0809***	0.0598***
	(12.58)	(11.08)	(6.05)	(4.17)
交差項		0.0257***		0.1249***
		(2.73)		(3.88)
海外法人等持株比率	0.0896***	0.0810***	0.0971***	0.0795***
	(17.41)	(14.63)	(6.11)	(4.47)
交差項		0.0334***		0.0791**
		(3.54)		(2.43)
負債総資産比率	−0.0576***	−0.0612***	−0.1059***	−0.1188***
	(−16.97)	(−17.46)	(−12.53)	(−13.35)
交差項		0.0202***		0.0977***
		(3.33)		(4.80)
売上高伸び率	0.0678***	0.0804***	0.1347***	0.1735***
	(39.42)	(38.78)	(20.70)	(21.68)
交差項		−0.0389***		−0.1132***
		(−10.74)		(−8.33)
総資産（対数）	−0.0908	−0.0538	−0.3031*	−0.1804
	(−1.08)	(−0.63)	(−1.82)	(−1.01)
交差項		−0.3813***		−0.9118***
		(−3.56)		(−2.62)
メインバンク・ダミー	−0.5370**	−0.5505**	0.5796	0.7682*
	(−2.24)	(−2.30)	(1.52)	(1.95)
交差項		0.1329		−1.3826
		(0.48)		(−1.51)
景気動向指数	0.0053***	0.0040***	0.0241***	0.0168***
	(4.31)	(3.15)	(5.06)	(3.34)
交差項		0.0020		0.0362**
		(0.51)		(2.29)
定数項	5.4845***	5.3227***	3.8649	3.7162
	(3.67)	(3.49)	(1.34)	(1.20)
$\bar{R}^2$	0.2204	0.2169	0.1740	0.1892
データ数	10363	10363	10257	10257

表 1.12 役員による自社株所有とストックオプションの効果比較（ストック・オプション導入ダミーを用いた変量効果モデル）（つづき）

(2)非製造業

	ROA		ROE	
ストック・オプション導入ダミー	−0.1363	−4.4429**	−0.5068	−16.0882***
	(−0.95)	(−2.04)	(−1.22)	(−2.57)
役員持株比率	0.0557***	0.0620***	0.1192***	0.1423***
	(10.20)	(9.23)	(8.34)	(7.82)
交差項		−0.0170*		−0.0423
		(−1.92)		(−1.63)
上位10株主持株比率	0.0652***	0.0438***	0.1779***	0.1594***
	(10.84)	(6.38)	(11.68)	(9.10)
交差項		0.0600***		0.0480*
		(6.11)		(1.66)
金融機関持株比率	0.0695***	0.0516***	0.0757***	0.0439**
	(10.58)	(7.11)	(4.23)	(2.21)
交差項		0.0615***		0.1224***
		(5.43)		(3.45)
海外法人等持株比率	0.0817***	0.0771***	0.1847***	0.2051***
	(11.50)	(8.73)	(8.90)	(7.61)
交差項		0.0113		−0.0645*
		(0.93)		(−1.71)
負債総資産比率	−0.0550***	−0.0521***	−0.0421***	−0.0495***
	(−13.06)	(−10.97)	(−3.83)	(−3.94)
交差項		−0.0058		0.0312
		(−0.94)		(1.63)
売上高伸び率	0.0270***	0.0215***	0.0465***	0.0515***
	(16.80)	(9.64)	(8.77)	(6.99)
交差項		0.0099***		−0.0074
		(3.23)		(−0.72)
総資産（対数）	−0.1153	−0.1791*	0.0860	−0.1881
	(−1.16)	(−1.69)	(0.42)	(−0.83)
交差項		0.0111		0.5931
		(0.09)		(1.64)
メインバンク・ダミー	−0.2850	−0.4073	1.0320	1.4300*
	(−0.59)	(−0.86)	(1.41)	(1.93)
交差項		0.7595		−0.3309
		(1.57)		(−0.22)
景気動向指数	0.0012	0.0016	0.0225***	0.0212***
	(0.74)	(0.90)	(3.94)	(3.36)
交差項		−0.0031		−0.0021
		(−0.73)		(−0.14)
定数項	−2.0320	0.4898	−17.6852**	−11.5789
	(−0.40)	(0.10)	(−2.29)	(−1.50)
$\overline{R^2}$	0.2803	0.3094	0.2500	0.2764
データ数	8349	8349	8211	8211

注1：推計期間：1997〜2006年度．
注2：表中の「交差項」とは，それぞれの1段上の各説明変数とストック・オプション導入ダミーとの交差項を意味する．
注3：上記説明変数以外に，業種ダミーを用いているが，その結果の表示は省略している．
注4：***，**，*は，それぞれ1%水準，5%水準，10%水準で有意であることを示す．括弧内はz値．

表1.13 役員による自社株所有とストックオプションの効果比較（ストック・オプション価値額を用いた変量効果モデル）

	ROA		ROE	
	BS	CRR	BS	CRR
(1) 製造業				
ストック・オプション価値額（対数）	-0.0310***	-0.0309***	-0.0160	-0.0158
	(-3.32)	(-3.31)	(-0.53)	(-0.53)
役員持株比率	0.0689***	0.0689***	0.0488***	0.0488***
	(9.70)	(9.70)	(2.66)	(2.66)
上位10株主持株比率	0.0217***	0.0217***	0.0950***	0.0950***
	(4.56)	(4.56)	(7.70)	(7.70)
金融機関持株比率	0.0601***	0.0601***	0.0807***	0.0807***
	(12.56)	(12.56)	(6.03)	(6.03)
海外法人等持株比率	0.0900***	0.0900***	0.0975***	0.0975***
	(17.46)	(17.46)	(6.13)	(6.13)
負債総資産比率	-0.0575***	-0.0575***	-0.1060***	-0.1059***
	(-16.96)	(-16.96)	(-12.55)	(-12.55)
売上高伸び率	0.0678***	0.0678***	0.1348***	0.1348***
	(39.42)	(39.42)	(20.71)	(20.71)
総資産（対数）	-0.0869	-0.0870	-0.3006*	-0.3007*
	(-1.04)	(-1.04)	(-1.81)	(-1.81)
メインバンク・ダミー	-0.5432**	-0.5430**	0.5774	0.5774
	(-2.27)	(-2.27)	(1.51)	(1.51)
景気動向指数	0.0053***	0.0053***	0.0242***	0.0242***
	(4.35)	(4.35)	(5.08)	(5.08)
定数項	5.4135***	5.4147***	3.8284	3.8292
	(3.62)	(3.62)	(1.33)	(1.33)
$\overline{R^2}$	0.2208	0.2208	0.1740	0.1740
データ数	10363	10363	10257	10257
(2) 非製造業				
ストック・オプション価値額（対数）	-0.0008	-0.0016	-0.0267	-0.0188
	(-0.07)	(-0.14)	(-0.81)	(-0.57)
役員持株比率	0.0559***	0.0559***	0.1189***	0.1187***
	(10.24)	(10.24)	(8.32)	(8.30)
上位10株主持株比率	0.0653***	0.0653***	0.1781***	0.1781***
	(10.86)	(10.85)	(11.69)	(11.70)
金融機関持株比率	0.0698***	0.0698***	0.0762***	0.0764***
	(10.64)	(10.63)	(4.26)	(4.27)
海外法人等持株比率	0.0810***	0.0811***	0.1836***	0.1827***
	(11.38)		(11.39)	(8.82)
負債総資産比率	-0.0547***	-0.0547***	-0.0418***	-0.0417***
	(-12.98)	(-12.99)	(-3.80)	(-3.79)
売上高伸び率	0.0271***	0.0271***	0.0465***	0.0464***
	(16.80)	(16.80)	(8.77)	(8.76)
総資産（対数）	-0.1168	-0.1166	0.0927	0.0954
	(-1.18)	(-1.17)	(0.46)	(0.47)
メインバンク・ダミー	-0.2723	-0.2736	1.0339	1.0377
	(-0.56)	(-0.57)	(1.41)	(1.42)
景気動向指数	0.0010	0.0010	0.0221***	0.0219***
	(0.60)	(0.61)	(3.87)	(3.83)
定数項	-2.0140	-2.0174	-17.7960**	-17.8381**
	(-0.40)	(-0.40)	(-2.30)	(-2.31)
$\overline{R^2}$	0.2808	0.2807	0.2500	0.2501
データ数	8349	8349	8211	8211

注1：推計期間：1997～2006年度．
注2：上記説明変数以外に，業種ダミーを用いているが，その結果の表示は省略している．
注3：***，**，*は，それぞれ1%水準，5%水準，10%水準で有意であることを示す．括弧内はz値．

リスクに備える経営が指向されており，結果として自社株保有の規律づけメカニズムあるいは負のインセンティブ・メカニズムが効果を発揮したといえるかもしれない。

　経営者による自社株保有に関しては，上述の通り，アメリカ企業を対象とする研究では比率が低い時には正であるが高まると負という非線型の関係が指摘されている。日本の役員持株比率の水準は平均的にみれば必ずしも高くはないことはすでにみた通りでもあり，本章で得られた効果が，一般性，普遍性を有しているかどうかを今後さらに考察する必要があろう。

7. 市場別の比較

　周知の通り，東京証券取引所には，株主数，流通株式数，時価総額などに応じて，上場規定が定められている3つの市場が存在する。大企業に適した第一部市場，中堅企業でも上場可能な第二部市場，そして新興企業をターゲットとしたマザーズである。これらの市場別に，ストック・オプションの効果を計測する。

　ストック・オプション導入企業ダミーを用いた推計モデル（(6)式および(7)式に役員持株比率を加えたもの）を市場別に計測した結果が，表1.14に整理されている。東証第一部上場企業をサンプルとする計測では，ストック・オプション導入ダミーとその他の説明変数との交差項を入れたモデルで，ストック・オプション導入ダミーが，プラスで有意な係数を示していることが注目される。また，金融機関持株比率のプラスの効果がストック・オプションの導入によって増幅され，レバレッジのマイナス効果が部分的に相殺されるなどの効果も，それぞれ検出されている。

　一方，東証第二部上場企業では，ストック・オプション導入ダミーは，理論とは異なりすべてマイナスの係数を示している。ただし，説明変数に交差項を入れたモデルでは，交差項の一部が，有意となっている。また，マザーズ上場企業では，ストック・オプション導入ダミーそのものに加え，交差項においても有意なものはほとんどみられない。

　なお，役員持株比率に関しては，第一部と第二部のすべてのモデルにおいて

表1.14 市場別の比較（ストック・オプション導入ダミーを用いた変量効果モデル）

(1)東証第一部上場企業

	ROA		ROE	
ストック・オプション導入ダミー	-0.0275	7.7466***	0.4117	14.0455***
	(-0.30)	(5.11)	(1.50)	(3.10)
役員持株比率	0.0656***	0.0680***	0.1081***	0.1189***
	(13.66)	(12.64)	(8.90)	(8.31)
交差項		-0.0065		-0.0279
		(-0.88)		(-1.23)
上位10株主持株比率	0.0418***	0.0382***	0.1242***	0.1270***
	(10.34)	(8.89)	(12.46)	(11.72)
交差項		0.0149**		-0.0170
		(2.20)		(-0.81)
金融機関持株比率	0.0568***	0.0502***	0.0596***	0.0495***
	(14.53)	(11.87)	(5.69)	(4.32)
交差項		0.0275***		0.0483**
		(3.78)		(2.08)
海外法人等持株比率	0.0939***	0.0835***	0.1516***	0.1424***
	(21.93)	(17.21)	(12.25)	(9.65)
交差項		0.0381***		0.0302
		(5.24)		(1.29)
負債総資産比率	-0.0530***	-0.0557***	-0.0727***	-0.0857***
	(-17.73)	(-17.59)	(-10.33)	(-11.16)
交差項		0.0114**		0.0711***
		(2.55)		(5.16)
売上高伸び率	0.0459***	0.0492***	0.0858***	0.0990***
	(33.87)	(29.41)	(18.43)	(17.17)
交差項		-0.0103***		-0.0387***
		(-3.70)		(-4.03)
総資産（対数）	-0.4182***	-0.3078***	-0.5395***	-0.3422**
	(-6.09)	(-4.35)	(-4.11)	(-2.39)
交差項		-0.5423***		-0.9531***
		(-6.41)		(-3.75)
メインバンク・ダミー	-0.3574*	-0.4021*	0.9240***	1.0055***
	(-1.66)	(-1.88)	(2.75)	(2.89)
交差項		0.5921**		0.0363
		(2.56)		(0.05)
景気動向指数	0.0036***	0.0044***	0.0210***	0.0198***
	(3.43)	(3.86)	(5.57)	(4.86)
交差項		-0.0067**		0.0012
		(-2.26)		(0.11)
定数項	10.6957***	9.2350***	5.5653**	2.8377
	(8.53)	(7.16)	(2.36)	(1.11)
R^2	0.4025	0.4054	0.3335	0.3350
データ数	14255	14255	14112	14112

第1章 ストック・オプションの導入と企業パフォーマンス

表1.14 市場別の比較(ストック・オプション導入ダミーを用いた変量効果モデル)(つづき)

(2)東証第二部上場企業

	ROA		ROE	
ストック・オプション導入ダミー	-0.4562**	-18.6154***	-0.7887	-35.6269**
	(-2.04)	(-4.09)	(-0.98)	(-2.02)
役員持株比率	0.0615***	0.0581***	0.1037***	0.0746***
	(7.74)	(6.73)	(4.13)	(2.64)
交差項		0.0011		0.0844
		(0.08)		(1.56)
上位10株主持株比率	0.0350***	0.0241***	0.1051***	0.0805***
	(4.82)	(3.17)	(4.62)	(3.34)
交差項		0.0670***		0.1236**
		(4.43)		(2.07)
金融機関持株比率	0.0681***	0.0521***	0.0767**	0.0413
	(6.52)	(4.84)	(2.21)	(1.14)
交差項		0.1102***		0.2900***
		(4.87)		(3.12)
海外法人等持株比率	0.0652***	0.0731***	0.0187	0.0287
	(5.79)	(5.87)	(0.44)	(0.62)
交差項		-0.0460*		-0.0901
		(-1.78)		(-0.81)
負債総資産比率	-0.0517***	-0.0525***	-0.0999***	-0.1132***
	(-10.72)	(-10.40)	(-6.41)	(-6.91)
交差項		-0.0020		0.0614
		(-0.20)		(1.40)
売上高伸び率	0.0635***	0.0666***	0.1846***	0.2117***
	(21.19)	(19.17)	(13.42)	(13.19)
交差項		-0.0085		-0.0871***
		(-1.24)		(-2.80)
総資産(対数)	-0.1113	-0.3233*	0.5608	0.2688
	(-0.69)	(-1.94)	(1.31)	(0.60)
交差項		0.7865***		1.1400
		(2.82)		(1.03)
メインバンク・ダミー	-0.4715	-0.4391	1.0020	1.3601
	(-0.98)	(-0.93)	(1.05)	(1.42)
交差項		-0.3141		-5.4284
		(-0.31)		(-1.28)
景気動向指数	0.0051**	0.0042**	0.0263***	0.0204**
	(2.48)	(1.97)	(2.76)	(2.06)
交差項		0.0022		0.0317
		(0.29)		(0.87)
定数項	4.7914*	9.2671***	-11.9216*	-4.0631
	(1.75)	(3.27)	(-1.68)	(-0.55)
$\overline{R}^2$	0.3727	0.3859	0.2112	0.2267
データ数	4012	4012	3921	3921

表 1.14 市場別の比較（ストック・オプション導入ダミーを用いた変量効果モデル）（つづき）

(3)東証マザーズ上場企業

	ROA		ROE	
ストック・オプション導入ダミー	−0.6526	10.5512	−0.6526	−15.5504
	(−0.35)	(0.30)	(−0.35)	(−0.27)
役員持株比率	0.0533*	0.1890***	0.0533*	0.1185
	(1.85)	(2.95)	(1.85)	(0.98)
交差項		−0.1755**		−0.0899
		(−2.47)		(−0.68)
上位10株主持株比率	0.1903***	0.0598	0.1903***	0.3669*
	(4.80)	(0.57)	(4.80)	(1.93)
交差項		0.1592		0.0043
		(1.40)		(0.02)
金融機関持株比率	0.2795**	0.2518	0.2795**	1.2041
	(2.41)	(0.63)	(2.41)	(1.51)
交差項		0.0411		−0.4642
		(0.10)		(−0.56)
海外法人等持株比率	−0.0056	0.1407	−0.0056	0.1344
	(−0.08)	(0.66)	(−0.08)	(0.31)
交差項		−0.1789		−0.1037
		(−0.79)		(−0.23)
負債総資産比率	−0.0856***	−0.0761	−0.0856***	0.1138
	(−3.40)	(−1.52)	(−3.40)	(1.20)
交差項		−0.0065		−0.2199**
		(−0.12)		(−2.08)
売上高伸び率	0.0185***	0.0138	0.0185***	−0.0006
	(2.73)	(1.02)	(2.73)	(−0.02)
交差項		0.0082		0.0304
		(0.54)		(0.96)
総資産（対数）	0.9177	2.0369	0.9177	−0.8344
	(1.16)	(0.96)	(1.16)	(−0.25)
交差項		−1.3533		0.7895
		(−0.60)		(0.22)
景気動向指数	0.0664**	0.0360	0.0664**	0.1698
	(2.08)	(0.57)	(2.08)	(1.26)
交差項		0.0535		0.1188
		(0.73)		(0.75)
定数項	−34.8821**	−44.6411	−34.8821**	−33.5638
	(−2.50)	(−1.36)	(−2.50)	(−0.64)
$\overline{R^2}$	0.3130	0.3509	0.3130	0.3214
データ数	445	445	435	435

注1：推計期間：1997～2006年度．
注2：表中の「交差項」とは，それぞれの1段上の各説明変数とストック・オプション導入ダミーとの交差項を意味する．
注3：上記説明変数以外に，業種ダミーを用いているが，その結果の表示は省略している．
注4：***，**，*は，それぞれ1％水準，5％水準，10％水準で有意であることを示す．括弧内はz値．

1%水準で有意となっているのをはじめ,マザーズでもほぼプラスで有意な結果が得られている。

このように,ストック・オプションのインセンティブ効果は,新興企業や中堅企業よりも,大企業や伝統的な企業にとって,相対的に有効であることが明らかになった[32]。

8. ストック・オプションはリスク・テイキング行動を助長しているか

ストック・オプションは,アップサイドの収益のみを追求し,ダウンサイドのリスクを負担しないため,リスク・テイキング行動を助長する可能性がある。事実,Lekse and Zhao (2008) によれば,アメリカ企業では経営者がストック・オプションを付与されている場合には,M&Aプロセスにおいて過度にリスクをテイクしていることが明らかにされている。

果たして日本企業では,ストック・オプションの導入によって,リスク・テイキング行動が助長されているのであろうか。本節では,2つの手法でそれを検証する。第1は,ストック・オプション導入企業と非導入企業との各年度データに基づくクロスセクションでの比較である。すなわち,ROAとROEに関して,導入企業と非導入企業の基本統計量を算出し,もし導入企業の標準偏差や変動係数が非導入企業のそれらに比べて大きければ,ストック・オプションの導入によって,リスキーな企業行動がとられていると解釈しようとするものである。

表1.15の導入企業と非導入企業との基本統計量の各年度比較表をみると,製造業と非製造業に共通して,総じて導入企業の平均的な収益性(ROAとROE)が非導入企業のそれらを上回っていることがみてとれる。また,それらの標準偏差や変動係数を導入企業と非導入企業とで比較すると,それらの結果はまちまちであり,クロスセクションでみた導入企業のリスク度合いが非導

---

[32] 市場別の比較の観点で,オプション価格評価額を用いたモデル,株価上昇に伴うオプション価値増加額を用いたモデルおよび株価上昇に伴うオプション価値増加額を用いた計測については,それぞれ花崎・松下 (2010) の表16-2, 表16-3および表16-4を参照。

表 1.15　ストック・オプション導入企業と非導入企業との基本統計量比較

(1)製造業

		ROA			ROE		
		導入	非導入	t検定	導入	非導入	t検定
1997年	平均値	8.124	4.332	**	6.248	3.068	**
	標準偏差	2.674	4.014		2.578	9.731	
	変動係数	0.329	0.927		0.413	3.172	
	企業数	5	992		5	986	
1998年	平均値	6.524	3.368	***	4.897	-0.554	***
	標準偏差	4.065	4.289		6.129	13.132	
	変動係数	0.623	1.273		1.251	-23.685	
	企業数	22	990		22	977	
1999年	平均値	6.015	3.937	***	3.845	-0.006	***
	標準偏差	3.623	4.390		5.181	12.132	
	変動係数	0.602	1.115		1.347	-2098.405	
	企業数	50	979		50	966	
2000年	平均値	6.378	4.490	***	3.864	0.540	***
	標準偏差	4.048	4.402		6.915	12.231	
	変動係数	0.635	0.981		1.790	22.638	
	企業数	123	914		123	902	
2001年	平均値	-4.167	2.834	***	0.256	-2.621	**
	標準偏差	5.111	4.394		11.966	13.832	
	変動係数	-1.226	1.551		46.832	-5.277	
	企業数	159	886		158	875	
2002年	平均値	4.491	3.576	**	2.771	0.392	***
	標準偏差	5.260	3.821		10.137	12.084	
	変動係数	1.171	1.068		3.658	30.829	
	企業数	211	850		211	834	
2003年	平均値	5.806	4.207	***	5.357	3.482	***
	標準偏差	6.099	3.776		9.402	11.030	
	変動係数	1.051	0.897		1.755	3.168	
	企業数	245	842		243	832	
2004年	平均値	6.216	5.064	***	5.842	4.962	
	標準偏差	6.107	4.416		7.786	11.349	
	変動係数	0.982	0.872		1.333	2.287	
	企業数	268	838		267	833	
2005年	平均値	5.690	5.093	*	4.828	4.561	
	標準偏差	5.509	4.528		11.040	10.128	
	変動係数	0.968	0.889		2.287	2.221	
	企業数	289	823		289	813	
2006年	平均値	6.056	5.280	**	4.790	5.313	
	標準偏差	6.027	5.281		13.230	10.213	
	変動係数	0.995	1.000		2.762	1.922	
	企業数	307	806		307	803	
合計	平均値	5.641	4.190	***	4.226	1.814	***
	標準偏差	5.606	4.402		10.458	11.950	
	変動係数	0.994	1.051		2.475	6.587	
	サンプル数	1679	8920		1675	8821	

表1.15 ストック・オプション導入企業と非導入企業との基本統計量比較（つづき）
(2)非製造業

		ROA			ROE		
		導入	非導入	t検定	導入	非導入	t検定
1997年	平均値	8.838	4.981	**	7.529	3.208	**
	標準偏差	5.849	4.448		6.701	10.814	
	変動係数	0.662	0.893		0.890	3.371	
	企業数	12	671		12	664	
1998年	平均値	9.112	5.194	***	7.177	3.241	***
	標準偏差	6.364	5.263		5.604	13.330	
	変動係数	0.698	1.013		0.781	4.113	
	企業数	44	678		44	666	
1999年	平均値	9.433	5.284	***	7.423	3.559	***
	標準偏差	6.369	4.997		7.371	10.923	
	変動係数	0.675	0.946		0.993	3.069	
	企業数	81	694		81	683	
2000年	平均値	7.986	5.274	***	5.866	2.313	***
	標準偏差	8.193	5.242		12.875	14.318	
	変動係数	1.026	0.994		2.195	6.190	
	企業数	165	653		163	637	
2001年	平均値	7.877	4.995	***	5.355	1.830	***
	標準偏差	8.779	5.497		13.487	16.149	
	変動係数	1.114	1.101		2.518	8.827	
	企業数	212	645		209	636	
2002年	平均値	7.535	4.763	***	6.048	2.874	***
	標準偏差	9.108	4.748		15.360	12.838	
	変動係数	1.209	0.997		2.540	4.467	
	企業数	284	614		279	597	
2003年	平均値	8.737	4.981	***	7.987	4.988	***
	標準偏差	9.255	4.924		16.482	11.393	
	変動係数	1.059	0.989		2.064	2.284	
	企業数	347	619		347	607	
2004年	平均値	8.526	5.174	***	8.015	4.674	***
	標準偏差	9.079	5.442		16.180	14.434	
	変動係数	1.065	1.052		2.019	3.088	
	企業数	401	629		399	617	
2005年	平均値	8.273	5.343	***	8.593	5.124	***
	標準偏差	8.786	4.923		15.182	12.135	
	変動係数	1.062	0.921		1.767	2.368	
	企業数	455	633		456	619	
2006年	平均値	7.045	5.552		5.780	5.503	
	標準偏差	9.273	4.990		15.018	11.584	
	変動係数	1.316	0.899		2.598	2.105	
	企業数	474	633		463	629	
合計	平均値	8.062	5.156	***	7.067	3.716	***
	標準偏差	8.889	5.057		14.941	12.932	
	変動係数	1.103	0.981		2.114	3.480	
	サンプル数	2475	6469		2453	6355	

注：***は1％水準で有意，**は5％水準で有意，*は10％水準で有意であることを示す．

入企業のそれに比べて，必ずしも高いとはいえないことがわかる。

　第2の手法は，個々の企業の ROA および ROE の推移を時系列で捉え，それらをストック・オプション導入企業群と非導入企業群に分類して，平均値，標準偏差および変動係数を算出し，それらの分布を明らかにするとともに，平均値の差の有意性検定（t検定）を実施したものである。なお，ストック・オプション導入企業群と非導入企業群の分類は，2002年度までにストック・オプションを導入した企業を前者，2006年度まで導入していない企業を後者とし，各指標の算出期間を，2002年度から2006年度までとしている。

　それらの結果を示した表1.16をみると，表1.15の結果と同様に，平均値では製造業と非製造業の ROA および ROE の4つのケースのいずれにおいても，導入企業の値が非導入企業の値を，統計的に有意に上回っていることがわかる。

　しかしながら，導入企業と非導入企業における収益性の変動度合いの結果はまちまちである。すなわち，ROA の標準偏差をみると，製造業と非製造業ともに，導入企業の値が非導入企業の値に比べて有意に高いという結果であるが，逆に製造業の ROE に関しては，標準偏差と変動係数の両方で，非導入企業の数値が導入企業の数値を有意に上回る結果となっている。また，製造業および非製造業の ROA の変動係数および非製造業の ROE の標準偏差と変動係数に関しては，両者の間に統計的に有意な差は存在しないという結果である。

　このように，日本企業にストック・オプションが導入されたケースをリスク・テイキング行動の観点から分析すると，ストック・オプションがリスキーな行動を助長しているとの確固たる証拠は，必ずしも観察されない。

9. おわりに

　本章では，日本で1997年に制度化されたストック・オプションに焦点を当て，理論的整理，制度の紹介およびオリジナルな実証分析を実施した。本章で得られた主な結果は，次の通り要約できる。

　第1に，日本のストック・オプション導入会社数は，1997年度に制度化されて以降順調に増加し，2004年度には771社に達した。その後，ストック・

表 1.16 ストック・オプション導入企業と非導入企業とのリスク比較

(1) 製造業 *ROA*
① 平均値

	導入企業数	非導入企業数	t 検定
0 以下	8	37	
0 より大 1 以下	6	36	
1 より大 2 以下	12	88	
2 より大 3 以下	18	105	
3 より大 4 以下	25	114	
4 より大 5 以下	29	112	
5 より大 6 以下	21	77	
6 より大 7 以下	26	63	
7 より大 8 以下	18	39	
8 より大 9 以下	18	30	
9 より大 10 以下	4	20	
10 より大 11 以下	3	15	
11 より大 12 以下	8	12	
12 より大 13 以下	5	5	
13 より大 14 以下	3	4	
14 より大 15 以下	4	3	
16 以上	3	16	
平均値	5.618	4.611	***
企業数	211	776	

② 標準偏差

	導入企業数	非導入企業数	t 検定
0 より大 1 以下	51	234	
1 より大 2 以下	80	279	
2 より大 3 以下	36	121	
3 より大 4 以下	16	63	
4 より大 5 以下	11	31	
5 より大 6 以下	6	27	
6 より大 7 以下	7	5	
8 以上	4	16	
平均値	2.207	2.001	*
企業数	211	776	

③ 変動係数

	導入企業数	非導入企業数	t 検定
0 より大 0.5 以下	154	490	
0.5 より大 1 以下	33	161	
1 より大 1.5 以下	8	44	
1.5 より大 2 以下	1	15	
2 より大 2.5 以下	1	5	
3 以上	5	21	
平均値	0.492	0.562	
企業数	202	736	

注1：***は1％水準，**は5％水準，*は10％水準でそれぞれ有意であることを示す。
注2：変動係数は異常値を削除したものである。

(2) 製造業 *ROE*
① 平均値

	導入企業数	非導入企業数	t 検定
0 以下	20	129	
0 より大 1 以下	8	42	
1 より大 2 以下	9	56	
2 より大 3 以下	17	75	
3 より大 4 以下	19	80	
4 より大 5 以下	32	81	
5 より大 6 以下	22	65	
6 より大 7 以下	16	69	
7 より大 8 以下	16	38	
8 より大 9 以下	13	25	
9 より大 10 以下	7	23	
10 より大 11 以下	9	13	
11 より大 12 以下	6	12	
12 より大 13 以下	4	9	
13 より大 14 以下	3	6	
14 より大 15 以下	3	7	
16 以上	5	18	
平均値	5.057	3.577	***
企業数	209	748	

② 標準偏差

	導入企業数	非導入企業数	t 検定
0 より大 1 以下	20	87	
1 より大 2 以下	55	150	
2 より大 3 以下	41	132	
3 より大 4 以下	23	79	
4 より大 5 以下	21	54	
5 より大 6 以下	7	46	
6 より大 7 以下	3	24	
8 以上	39	176	
平均値	4.623	5.726	**
企業数	209	748	

③ 変動係数

	導入企業数	非導入企業数	t 検定
0 より大 0.5 以下	102	294	
0.5 より大 1 以下	54	174	
1 より大 1.5 以下	10	48	
1.5 より大 2 以下	8	12	
2 より大 2.5 以下	0	18	
3 以上	10	46	
平均値	0.713	0.898	**
企業数	184	592	

注1：***は1％水準，**は5％水準，*は10％水準でそれぞれ有意であることを示す。
注2：変動係数は異常値を削除したものである。

表 1.16　ストック・オプション導入企業と非導入企業とのリスク比較（つづき）

(3)非製造業 ROA
①平均値

	導入企業数	非導入企業数	t 検定
0 以下	19	16	
0 より大 1 以下	6	26	
1 より大 2 以下	25	61	
2 より大 3 以下	19	83	
3 より大 4 以下	20	95	
4 より大 5 以下	23	67	
5 より大 6 以下	22	49	
6 より大 7 以下	19	28	
7 より大 8 以下	19	22	
8 より大 9 以下	17	18	
9 より大 10 以下	12	15	
10 より大 11 以下	10	17	
11 より大 12 以下	12	11	
12 より大 13 以下	13	12	
13 より大 14 以下	7	4	
14 より大 15 以下	4	6	
16 以上	35	17	
平均値	7.524	5.002	***
企業数	282	547	

②標準偏差

	導入企業数	非導入企業数	t 検定
0 より大 1 以下	59	263	
1 より大 2 以下	85	154	
2 より大 3 以下	41	81	
3 より大 4 以下	31	29	
4 より大 5 以下	16	6	
5 より大 6 以下	12	6	
6 より大 7 以下	8	0	
8 以上	30	8	
平均値	3.124	1.469	***
企業数	282	547	

③変動係数

	導入企業数	非導入企業数	t 検定
0 より大 0.5 以下	196	433	
0.5 より大 1 以下	41	54	
1 より大 1.5 以下	8	18	
1.5 より大 2 以下	5	7	
2 より大 2.5 以下	3	6	
3 以上	7	11	
平均値	0.449	0.438	
企業数	260	529	

(4)非製造業 ROE
①平均値

	導入企業数	非導入企業数	t 検定
0 以下	39	100	
0 より大 1 以下	8	26	
1 より大 2 以下	15	33	
2 より大 3 以下	13	33	
3 より大 4 以下	17	50	
4 より大 5 以下	19	49	
5 より大 6 以下	14	44	
6 より大 7 以下	21	28	
7 より大 8 以下	13	28	
8 より大 9 以下	17	24	
9 より大 10 以下	16	26	
10 より大 11 以下	10	11	
11 より大 12 以下	10	19	
12 より大 13 以下	10	10	
13 より大 14 以下	2	7	
14 より大 15 以下	9	7	
16 以上	37	20	
平均値	6.406	4.132	***
企業数	270	515	

②標準偏差

	導入企業数	非導入企業数	t 検定
0 より大 1 以下	28	109	
1 より大 2 以下	53	117	
2 より大 3 以下	35	61	
3 より大 4 以下	29	42	
4 より大 5 以下	18	21	
5 より大 6 以下	23	25	
6 より大 7 以下	12	18	
8 以上	72	122	
平均値	6.316	5.693	
企業数	270	515	

③ROE の変動係数

	導入企業数	非導入企業数	t 検定
0 より大 0.5 以下	140	239	
0.5 より大 1 以下	50	136	
1 より大 1.5 以下	11	34	
1.5 より大 2 以下	7	12	
2 より大 2.5 以下	2	14	
3 以上	17	32	
平均値	0.743	0.660	
企業数	227	467	

注1：***は1％水準，**は5％水準，*は10％水準でそれぞれ有意であることを示す。
注2：変動係数は異常値を削除したものである。

注1：***は1％水準，**は5％水準，*は10％水準でそれぞれ有意であることを示す。
注2：変動係数は異常値を削除したものである。

オプション付与時の費用計上義務化の制度改革を受けて，新規に導入する企業が激減し，導入会社数は2012年度には707社まで落ち込んだ。しかしながら，その後は再び増勢を回復し，2016年度には967社と高水準に達している。

　第2に，ブラック・ショールズ・モデルと二項モデルを用いて算定したストック・オプション価値額に基づき，各年度で新たに付与されたストック・オプション価値額の推移をみると，2000年度に900億円を上回る水準に達したのち，2002年度から2005年度にかけては，概ね1,400億円台の高水準で推移した。また，ストック・オプション価値額を役員報酬額との比率でみると，オプション価値額は金銭による報酬額を凌駕していることがみてとれるが，株式時価総額との比率でみると，0.1～0.3％程度の低水準にとどまっている。さらに，株価の変化に対するストック・オプション価値額の変化の弾力性を算出すると，平均で2.0程度の比較的高い値となった。業種別にみると，ストック・オプション価値額が多い業種は，製造業では，電気機械，化学，輸送用機械などであり，非製造業では，サービス業，小売業，不動産業などである。

　第3に，どのような企業がストック・オプションを導入する傾向にあるのかを，企業の所有構造，財務構造，収益性，メインバンク関係などの諸変数を用いて調べると，製造業，非製造業とも，海外法人等持株比率が高い企業ほど，またレバレッジ比率が低い企業ほど，ストック・オプションを導入する傾向にあるなどの結果が得られた。

　第4に，ROAやROEといった企業の収益性指標にストック・オプションの導入自体がどのような効果を及ぼしているのかを計測すると，ストック・オプション導入によって他の変数の効果が増幅されるといった傾向は一部観察されるものの，収益性を直接的に引き上げる効果は乏しかった。

　第5に，ストック・オプション価値額が収益性に及ぼす効果を計測すると，非導入企業も含んだサンプルではプラスの効果は観察されないものの，ストック・オプション導入企業に限ったサンプルでは，非製造業において収益性を有意に向上させる効果がみられた。また，ストック・オプション価値額と役員報酬額との比率および時価総額との比率あるいは株価上昇に伴うオプション価値増加額を，それぞれ説明変数とする計測では，一部を除いて収益性に対する有意にプラスの効果は観察されなかった。

第6に，ストック・オプションとその他のインセンティブ・スキームとの比較をすると，業績連動型報酬制度は企業パフォーマンスの向上にほとんど寄与していないことが明らかになった。一方，役員による自社株保有は，ROA と ROE に対して総じて有意にプラスの効果が観察され，役員持株の方がストック・オプションに比較して，インセンティブ・スキームとして優れている可能性がうかがわれる。

　第7に，サンプルを東証第一部，第二部，マザーズに分けて計測し，その違いをみると，東証第一部上場企業では，必ずしもロバストとはいえないものの，ストック・オプション導入によって収益が増加した効果が観察された。一方，東証第二部上場企業やマザーズ上場企業では，ストック・オプション導入の効果は観察されなかった。

　第8に，理論的にはストック・オプションが導入されると，アップサイドの収益のみが追求され，ダウンサイドのリスクを負担しないため，リスク・テイキング行動が助長される可能性があるが，収益性のクロスセクションでのばらつきと時系列での変動度合いをストック・オプション導入企業と非導入企業とで比較した分析によると，ストック・オプションがリスキーな行動を導いているとの証拠は，必ずしも観察されなかった。

　このように，本章での実証分析によれば，日本企業に対するストック・オプションは，収益性を向上させるというプラスの効果がみられない一方で，リスク・テイキング行動を助長させるというネガティブな副作用を及ぼしているわけではないという，いわば「毒にも薬にもならない」結果が得られた。

　この結果を，どのように解釈することができるであろうか。第1に，制度の歴史的期間の問題があるかもしれない。アメリカでは，ストック・オプションは1960年代から普及し，80年代から90年代にかけて，大幅に増加した。一方，日本であまねく導入されるようになったのは2000年代に入ってからであり，経営者や従業員にインセンティブ効果を生み出すのには，現状では期間が短すぎるのに加えて，価値額自体が十分に高いとはいえないかもしれない。

　第2に，計測期間独特の問題があるのかもしれない。1997年度から2006年度という期間は，必ずしも定常的な状態ではなく，企業部門は90年代初頭に破裂したバブルの記憶も鮮明であり，また一部の企業はその後遺症に苦しんで

いた時期でもある。加えて、当該期間には何度か深刻な金融危機が顕在化し、一部の企業やセクターを除けば、企業部門は総じて財務リストラを積極化させ、攻めの経営を推進しにくい環境であった。このような時代背景により、ストック・オプションの効果が希薄化したといえるかもしれない。

第3に、日本企業とアメリカ企業とのコーポレート・ガバナンスの違いが影響しているのかもしれない。本章の第2節で概観したように、ストック・オプションは、株主と経営者との間のエージェンシー問題を解決あるいは緩和するための、仕組みの一つであると理解することができる。換言すれば、ストック・オプションは、企業価値の向上に伴う株価の上昇により、株主の利得を引き上げることを目指すものである。しかしながら、花崎（2008）で整理されている通り、日本企業には、伝統的にメインバンクなどの債権者、企業系列、終身雇用制度のもとでの従業員など、株主以外に有力なステークホルダーが存在する。すなわち、日本企業をめぐっては、コントロール権が複雑に絡み合っており、ストック・オプションのインセンティブ・スキームが機能しにくい状況にあるのかもしれない。

ストック・オプションは、日本においても急速に普及しつつあるのは事実であるが、アメリカ型のコーポレート・ガバナンスの有力な手段の一つとしての同制度が、その所期の効果を発揮することができるかどうかについては、今しばらくの期間にわたりデータや情報の蓄積をしながら、多面的な考察が加えられるべきであろう。

参考文献

Aoki, Masahiko and Hugh Patrick (eds.) (1994), *The Japanese Main Bank System: Its Relevance for Developing and Transforming Economies*, Oxford University Press.

Aoki, Masahiko, Hugh Patrick and Paul Sheard (1994), "The Japanese Main Bank System: An Introductory Overview," in Masahiko Aoki and Hugh Patrick (eds.), *The Japanese Main Bank System: Its Relevance for Developing and Transforming Economies*, Oxford University Press, 3-50.

Black, Fischer and Myron Scholes (1973), "The Pricing of Options and Corporate Liabilities," *Journal of Political Economy*, Vol. 81, No. 3, 637-654.

Cox, John C., Stephen A. Ross and Mark Rubinstein (1979), "Option Pricing: A Simplified

Approach," *Journal of Financial Economics*, Vol. 7, Issue 3, 229-263.

Demsetz, Harold and Kenneth Lehn (1985), "The Structure of Corporate Ownership: Causes and Consequences," *Journal of Political Economy*, Vol. 93, No. 6, 1155-1177.

Gaver, Jennifer J. and Kenneth M. Gaver (1993), "Additional Evidence on the Association between the Investment Opportunity Set and Corporate Financing, Dividend, and Compensation Policies," *Journal of Accounting and Economics*, Vol. 16, 125-160.

Hall, Brian J. and Jeffrey B. Liebman (1998), "Are CEOs Really Paid like Bureaucrats?" *Quarterly Journal of Economics*, Vol. 113, Issue 3, 653-691.

Jensen, Michael C. and Kevin J. Murphy (1990), "Performance Pay and Top-Management Incentives," *Journal of Political Economy*, Vol. 98, No. 2, 225-264.

John, Teresa A. and Kose John (1993), "Top-Management Compensation and Capital Structure," *Journal of Finance*, Vol. 48, No. 3, 949-974.

Kato, Hideaki Kiyoshi, Michael Lemmon, Mi Luo and James Schallheim (2005), "An Empirical Examination of the Costs and Benefits of Executive Stock Options: Evidence from Japan," *Journal of Financial Economics*, Vol. 78, Issue 2, 435-461.

Kubo, Katsuyuki and Takuji Saito (2008), "The Relationship between Financial Incentives for Company Presidents and Firm Performance in Japan," *Japanese Economic Review*, Vol. 59, No. 4, 401-418.

Lambert, Richard A. and David F. Larcker (1987), "An Analysis of the Use of Accounting and Market Measures of Performance in Executive Compensation Contracts," *Journal of Accounting Research*, 25, Suppl., 85-125.

Lekse, William J. and Mengxin Zhao (2008), "Executive Risk Tasking and Equity Compensation in M&A Process," unpublished manuscript.

Lichtenberg, Frank R. and George M. Pushner (1994), "Ownership Structure and Corporate Performance in Japan," *Japan and the World Economy*, 6, 239-261.

McConnell, John J. and Henri Servaes (1990), "Additional Evidence on Equity Ownership and Corporate Value," *Journal of Financial Economics*, 27, 595-612.

McConnell, John J. and Henri Servaes (1995), "Equity Ownership and the Two Faces of Debt," *Journal of Financial Economics*, Vol. 39, No. 1, 131-157.

Mehran, Hamid (1995), "Executive Compensation Structure, Ownership, and Firm Performance," *Journal of Financial Economics*, Vol. 38, No. 2, 163-184.

Merton, Robert C. (1973), "The Theory of Rational Option Pricing," *Bell Journal of Economics and Management Science*, Vol. 4, No. 1, 141-183.

Morck, Randall, Andrei Shleifer and Robert W. Vishny (1988), "Management Ownership and Market Valuation," *Journal of Financial Economics*, 20, 293-315.

Murphy, Kevin J. and Jerold L. Zimmerman (1993), "Financial Performance Surrounding CEO Turnover," *Journal of Accounting and Economics*, 16, 273-315.

Nagaoka, Sadao (2005), "Determinants of the Introduction of Stock Options by Japanese

Firms: Analysis from the Incentive and Selection Perspectives," *Journal of Business*, Vol. 78, No. 6, 2289-2315.

Oyer, Paul (2004), "Why Do Firms Use Incentives That Have No Incentive Effects?" *Journal of Finance*, Vol. 59, No. 4, 1619-1649.

Oyer, Paul and Scott Schaefer (2005), "Why Do Some Firms Give Stock Options to All Employees?: An Empirical Examination of Alternative Theories," *Journal of Financial Economics*, Vol. 76, Issue 1, 99-133.

Smith, Jr., Clifford W. and Ross L. Watts (1992), "The Investment Opportunity Set and Corporate Financing, Dividend, and Compensation Policies," *Journal of Financial Economics*, Vol. 32, No. 3, 263-292.

Uchida, Konari (2006), "Determinants of Stock Option Use by Japanese Companies," *Review of Financial Economics*, Vol. 15, 251-269.

Yermack, David (1995), "Do Corporations Award CEO Stock Options Effectively?" *Journal of Financial Economics*, Vol. 39, 237-269.

阿萬弘行 (2002),「ストックオプションと株式所有構造」『現代ファイナンス』No. 11, 43-59.

花崎正晴・松下佳菜子 (2010),「ストック・オプションと企業パフォーマンス―オプション価格評価額に基づく実証分析―」『経済経営研究』, Vol. 30, No. 4, 日本政策投資銀行設備投資研究所.

花崎正晴・松下佳菜子 (2014),「ストック・オプションおよび事業の多角化, 分社化―近年の企業経営の変化と効果の実証分析」堀内昭義・花崎正晴・中村純一編『日本経済 変革期の金融と企業行動』第1章, 東京大学出版会, 53-103.

堀内昭義・花崎正晴 (2000),「メインバンク関係は企業経営の効率化に貢献したか―製造業に関する実証研究―」『経済経営研究』Vol. 21-1, 日本政策投資銀行設備投資研究所.

堀内昭義・花崎正晴 (2004),「日本企業のガバナンス構造―所有構造, メインバンク, 市場競争―」『経済経営研究』Vol. 24-1, 日本政策投資銀行設備投資研究所.

付表 1.1 ストック・オプションの基本構造に関する諸変数の基本統計量（東証全市場）

	製造業				非製造業			
	平均値	中央値	最大値	最小値	平均値	中央値	最大値	最小値
(1)権利行使期間								（単位：年）
1997	4.83	4.00	9.00	2.75	5.04	4.99	10.00	3.00
1998	4.16	4.00	8.00	2.00	3.71	3.00	9.00	1.00
1999	4.09	4.00	8.00	1.00	4.29	3.58	8.00	0.92
2000	3.94	3.75	10.00	1.00	4.19	3.71	10.00	2.00
2001	3.95	3.79	10.00	1.00	4.22	3.75	10.00	1.00
2002	4.16	4.00	10.00	1.00	4.47	4.00	10.00	0.92
2003	4.13	4.00	10.00	1.00	4.67	4.00	10.00	0.75
2004	4.50	4.00	20.00	1.00	5.10	4.82	19.75	1.00
2005	6.44	4.00	30.00	1.00	5.70	5.00	30.00	0.17
2006	10.11	5.00	30.00	2.00	6.73	5.00	30.00	0.08
(2)据え置き期間								（単位：年）
1997	0.80	1.00	2.00	0.00	0.98	1.00	3.00	0.00
1998	1.38	1.76	2.00	0.00	1.57	2.00	3.00	0.00
1999	1.74	2.00	5.00	0.00	1.74	2.00	4.00	0.00
2000	1.72	2.00	4.00	0.00	1.64	2.00	4.00	0.00
2001	1.77	2.00	3.00	0.00	1.75	2.00	3.00	0.00
2002	1.80	2.00	3.00	0.00	1.88	2.00	4.00	0.00
2003	1.87	2.00	4.00	0.00	1.82	2.00	4.00	0.00
2004	1.79	2.00	4.00	0.00	1.82	2.00	4.00	0.00
2005	1.64	2.00	7.00	0.00	1.80	2.00	7.00	0.00
2006	1.50	1.76	3.00	0.00	1.70	2.00	3.00	0.00
(3)ストック・オプション議決時点の株価と権利行使価格との比率								
1997	1.09	0.96	1.56	0.89	1.71	1.14	4.68	0.55
1998	1.28	0.92	9.43	0.51	1.97	0.96	17.81	0.26
1999	0.99	0.94	2.84	0.50	1.64	0.95	11.22	0.20
2000	9.96	0.94	904.76	0.27	1.79	0.96	38.02	0.16
2001	1.06	0.98	4.79	0.64	4.44	1.00	218.18	0.00
2002	1.72	0.99	44.99	0.01	11.91	1.10	932.50	0.08
2003	1.07	0.93	7.16	0.10	2.98	0.98	52.41	0.03
2004	12.32	0.96	1278.50	0.63	2139.79	0.99	207500.00	0.33
2005	183.29	0.95	5545.00	0.35	1035.06	0.95	188500.00	0.10
2006	419.55	0.95	7620.00	0.48	247.79	0.96	9800.00	0.01
(4)ボラティリティ								
1997	0.42	0.34	0.82	0.23	0.73	0.73	1.12	0.42
1998	0.52	0.47	1.52	0.23	0.70	0.65	1.50	0.19
1999	0.62	0.55	1.49	0.16	1.00	0.80	3.95	0.26
2000	0.54	0.47	1.55	0.12	0.77	0.59	3.96	0.14
2001	0.59	0.53	2.06	0.17	0.75	0.54	2.40	0.11
2002	0.51	0.37	9.93	0.10	0.70	0.54	3.33	0.12
2003	0.50	0.41	3.30	0.07	0.92	0.63	9.41	0.11
2004	0.47	0.37	3.30	0.06	0.81	0.58	4.24	0.08
2005	0.47	0.36	4.08	0.08	0.74	0.59	3.77	0.11
2006	0.41	0.39	1.18	0.14	0.54	0.44	2.35	0.11

(5)権利行使価格の分布（全産業）

権利行使価格	1円	2円〜100円	101円〜1,000円	1,001円〜10,000円	10,000円より大
サンプル数	73	17	747	856	434

注：ボラティリティは、議決年月日を含む年度における各月の株価を求め、その各月の変化率の標準偏差を年率換算することによって算出した。

第2章 日本企業の多角化，分社化動向と
コーポレート・ガバナンス*

花崎正晴

1. はじめに

　企業による事業活動の多角化（corporate diversification）は，企業が存続していくうえで必要な成長，発展プロセスを実現するための有力な手段となりうる。多角化という手段によって，企業は成長分野や将来有望な分野に進出し，新たな収益源を確保することが可能となり，旧事業と新事業を兼業することによって従来とは違った顧客層を取り込むなどの相乗効果も期待できる。さらに，社内の間接部門を有効に利用することによって，製品単位当たりのコストを引き下げることが可能となるかもしれない。

　しかしながら，多角化は必ずしもプラス面の効果ばかりを生み出すとは限らない。一般的に，多角的な経営を進めている企業は，そうでない企業に比べて過度な勢力拡大を目指す帝国建設（empire building），過大投資（overinvestment）そして内部補助（cross-subsidization）といった資源配分上のロスを生じさせることが多いことが指摘されている。また，多角化企業は組織形態が複雑であり，外部投資家にとっては実態把握が難しい。換言すれば，外部投資家と企業経営者との間の情報の非対称性の問題は深刻であり，それだけ経営者が自己の利得（private benefit）を増進させるための経営に陥りやすい。

　これらの多角化のデメリットは，コーポレート・ガバナンスの問題に起因す

---

*　本章は，花崎・松下（2014a, 2014b）をもとに，加筆，修正したものである。原論文で，データ収集，処理の作業をしていただいた松下佳菜子氏に，深く感謝の意を表したい。

るものであると理解することができる。本章では，コーポレート・ガバナンスと多角化の問題に焦点を当て，所有構造などのコーポレート・ガバナンスの企業別特徴が，多角化の程度にどのような影響を及ぼしているのか，またさまざまな要素によって規定された多角化が，企業のパフォーマンスにどのような影響を及ぼしているのかを日本の上場企業データに基づき定量的に分析する。

もっとも，各企業の多角化の程度や実態を具体的にどのように捉えることができるのかは，極めて難しい課題である。本来であれば，セグメント情報に基づく分析がなされるべきであるが，現状ではセグメント情報を開示していない企業も多く，開示していたとしても企業によって精粗まちまちであるという問題がある。そこで，本章ではセグメント情報に基づく分析のみならず，子会社形態による多角化行動を分析する。このアプローチも，純粋な分社化のケースを排除できないという問題が内在しているが，連結対象子会社を有するすべての企業が，連結決算と単体決算を開示しているという大きなメリットがある。さらに，本章では1997年に解禁された純粋持株会社に関しても，一般の事業会社の分析とは切り離して，分析している。

本章での一連の計測結果からは，日本企業の多角化は，アメリカで多くみられる研究結果とは異なり，必ずしもマイナスの影響ばかりを惹起しているわけではなく，全体的にみるとプラス面とマイナス面の効果が併存しているという結果が得られている。その背景としては，売上高や総資産の連単倍率で示されている通り，日本企業の多角化は，全体としてみると未だそれほど進んでいるとは言い難く，また経営者が単一の小規模ビジネスよりも，大規模かつ広範囲のビジネスを好んで勢力を拡大させようとするいわゆる帝国建設的な要素が，強くみられるとはいえないという事情があげられる。

以下，第2節では多角化の理論と各種の先行研究をサーベイしたのち，第3節では，日本企業の多角化の実態を明らかにし，第4節ではコーポレート・ガバナンスと多角化の関係に関する仮説を提示する。第5節以下では，実証分析が展開される。このうち，第5節と第6節は，子会社形態による多角化および分社化の分析，第7節はセグメント情報に基づく分析，そして第8節は純粋持株会社を対象とした分析である。第9節で，主な結果とその解釈を示し，全体的な結論を述べる。

2. 多角化の意義と限界

2.1 理論面での分析

　企業が事業を多角化することによって，収益性を高めて企業価値を向上させることができるかどうかは，伝統的に企業論の主たる関心事項の一つであった。Chandler, Jr. (1977, 1990) が指摘するように，理論的にはある事業のノウハウが別の事業に生かせる，あるいは複数の事業を営む上で間接部門を共有できるなどの収益面またはコスト面のメリットがある場合には，いわゆる範囲の経済 (economy of scope) が存在すると解釈され，事業の多角化が便益をもたらすことになる。

　事業の多角化の効果は，コーポレート・ファイナンスの分野でも，しばしば論じられてきた。Lewellen (1971) は，企業の結合によるコングロマリット化は，リスク分散が可能であることから，負債の利用可能性が高まり結果として節税効果も大きくなるという議論を展開している。また，Diamond (1984) は，事業会社の多角化を理論モデルで分析し，金融仲介機関にとってリスクを細分化する多角化とリスクをむしろ増幅する多角化があることを指摘している。さらに，Stein (1997) は，多角化企業においては本社が内部資本市場を通じて資金を有効に配分することによって，効率的な経営が実現することを理論モデルで示している。

　次に，多角化の便益と限界がそれぞれ論じられている Tirole (2006) の Chapter 4 の主な論点を紹介する。2 つのプロジェクトを一つの企業が負債を調達して実施するような多角化のケースを想定すると，一方のプロジェクトから発生する収益は，もう一方のプロジェクトに対する担保としてそれぞれ利用可能となる (cross-pledging)。そして，2 つのプロジェクトが相互に独立の関係にある場合には，多角化に伴う便益が発生することになる。なぜならば，一方のプロジェクトが失敗しても，他方のプロジェクトが成功すれば，その収益で失敗したプロジェクトの損失をカバーできることから資金調達の可能性が広がるからである。

　しかしながら，借り手である企業経営者がプロジェクトを選択できるとする

と,事情は異なる。その場合には,企業経営者は,相互に独立ではなく連関性のある2つのプロジェクトを選択するインセンティブがある。なぜならば,企業経営者の有する請求権は,株式と同様にコール・オプションの性質を持ち,リスク・テイキングを好む性癖がある[1]。そして,連関性のあるプロジェクトを選択することによって,平均値は変わらないものの,分散が拡大する効果[2]が発揮されるため,企業経営者によって選好される。このように,企業経営者によって連関性のあるプロジェクトが選択される場合には,多角化は歪んだ形態となり,本来の便益は発揮されなくなる。

Tirole (2006) の Chapter 4 では,多角化の限界として,次の諸点も指摘されている。第1は,限られた専門性という問題である。多くの企業では,得意とするビジネスが限られている。そして,その本業に近いビジネス分野へ進出するような多角化であれば,本業と類似の産業別ショックに見舞われ,リスク分散にはならない。他方,本業から遠く離れたビジネスへの新規参入では,かなりの質および量の人的あるいは物的資源を新たに投入しなければ成功しないという意味で,非効率性とならざるをえない。このように,専門分野が限定されている以上,本業に近い分野への進出も遠い分野への参入も,問題点を伴うというジレンマがある。

第2は,プロジェクト把握力の低下である。一般に多角化は,実行プロジェクト数の増加を意味する。企業経営者にとって,多くのプロジェクトの動向を適切かつ迅速に監視,把握することは容易ではない[3]。また,他人にその監視を委託するのは,エージェンシー問題を惹起して,結果的にコスト高になるという側面もある。

2.2 多角化の負の効果

アメリカ企業を対象とする多くの実証分析では,多角化が企業価値を下げているという結果が得られている(いわゆる diversification discount)。初期の

---

1) これは,asset substitution と呼ばれ,元来危険選好度がリスク・ニュートラルでも,この性癖が発揮される。
2) いわゆる mean preserving spread の効果である。
3) 企業のマネジャーが直接管理できる業務分野や部下の数を,span of control という。

代表的研究である Wernerfelt and Montgomery (1988) は，1976年時点のトービンの Q をパフォーマンス指標として用い，どのような要素がパフォーマンスに寄与しているのかを実証分析している。多角化の効果に関していえば，幅広く多角化している企業は，そうでない企業に比べてパフォーマンスが劣るという結果が得られている。

このような多角化のマイナス面の背景を探る研究も多い。それらは，部門間の内部補助（cross-subsidization）に伴う非効率性に着目したもの（Berger and Ofek 1995; Rajan, Servaes and Zingales 2000），収益の期待できないプロジェクトへの投資行動の弊害を強調したもの（Jensen 1986），そして企業内の各部門の長が自らの地位を利用して，私的な利益を追求する行動（rent-seeking behavior）をとる結果，内部資本市場に歪みが生じることを指摘したもの（Scharfstein and Stein 2000）などがある。

実際に，主にアメリカ企業を対象にした実証研究によると，多角的に事業を営んでいる企業は，過大投資や収益部門から不採算部門への内部補助，また内部資本市場の非効率性などの問題があり，単一事業を営む企業に比べて総じて企業価値や効率性の面で劣るという結論が得られている[4]。これは，多角化に伴う投資が過度に拡張主義的であり，効率的にはなされていないことを示唆するものである。

1997年に深刻な通貨危機を経験した東アジア企業を対象とした実証分析においても，多角化が非効率性をもたらし，企業のパフォーマンスにマイナスの影響を及ぼしていることが示されている[5]。このうち花崎・劉（2003）では，インドネシア，韓国，マレーシア，フィリピン，タイの5か国の企業データを対象に，ROA や ROE で示されるパフォーマンス指標に関して，1994年から2000年までの推移が整理されている。そして，多角的に事業を営んでいる企業は，そうでない企業に比べて，経営が非効率であるために，アジア通貨危機の影響をより強く受けるという仮説が立てられ，その仮説を支持する実証結果

---

[4] Berger and Ofek (1995), Lang and Stulz (1994), Comment and Jarrell (1995), Servaes (1996), Denis, Denis and Sarin (1997), Shin and Stulz (1998), Denis, Denis and Yost (2002), Mansi and Reeb (2002) を参照。

[5] Claessens, Djankov, Fan and Lang (2004) および Mitton (2001) を参照。

が示されている[6]。

2.3 diversification discount の再検討

　このような多角化のマイナス面を指摘する研究に関しては，果たして多角化が原因でパフォーマンスの悪化が結果であるという因果関係が正しいのかどうかという疑問もある。そして，そもそも多角化がマイナスの効果を持つとすれば，なぜ株主はそれを認めるのであろうか。株主である投資家は，自己のポートフォリオを多様化させることによって，リスク分散を図ることが可能であり，自己の投資先である企業の多角化が企業価値の向上につながらないとすれば，自己の利益とならない多角化を当然拒むはずである。

　このような問題意識により，diversification discount の問題を再検討しようという動きが，2000年代に入ってみられる。Campa and Kedia（2002）は，多角化した企業の価値が低いのは，必ずしも多角化が企業価値を毀損することを意味するものではないという主張を展開する。むしろ，多角化企業の自己選択（self-selection）の結果として，企業価値が下がるというのである[7]。多角化決定に伴うこのような内生性の問題，あるいはサンプル・セレクション・バイアスの問題をコントロールすることによって，diversification discount は低減され，むしろ premium が発生する場合もあるというのが，彼らの主張である。

　また，Graham, Lemmon and Wolf（2002）は，企業買収を通じた多角化行動に着目し，なぜそのような行動が企業価値の低下をもたらすのかを考察した。その結果，買収企業の多くは，もとから企業価値が低い事業を買収する傾向が強く，多角化が企業価値を低下させたわけではないという分析結果が導かれている。

---

[6] 企業の多角化の指標としては，企業が営む事業（セグメント）数が使われている。
[7] その具体的なメカニズムは，次の通りである。第1に，技術進歩に乗り遅れて業績が悪化しつつある企業は，別の産業に進出するための機会費用が低いであろうから，多角化を進めようとするであろう。その場合には，低い企業価値と多角化が同時に発生しているものの，多角化によって企業価値が下がったのではなく，業績悪化が低い企業価値につながっているのである。第2に，特殊な組織能力を持ち合わせている企業が，多角化を進めてその能力にマッチするような産業を探すプロセスにあると想定すると，その企業は多角化していない企業に比べて企業価値が低いことがありえるが，それは多角化自体が原因ではないといえる。

さらに，Villalonga（2004）は diversification discount が先行研究で広く使われている COMPUSTAT の segment data の不正確性によってもたらされていると主張している。彼女は，COMPUSTAT の代わりに全米企業を対象にした新しいセンサス・データベースである Business Information Tracking Series（BITS）の企業データを用い，代表的な先行研究の一つである Lang and Stulz（1994）と共通のサンプル企業および手法を用いて再推計し，多角化企業が単一事業企業に比べてむしろプレミアムを発生していることを明らかにしている。

2.4 コーポレート・ガバナンスと多角化

コーポレート・ガバナンスの問題の出発点は，株主と企業経営者とのエージェンシー問題をどのように解決して，企業経営者に株主利益に合致した経営をやらせることができるかである[8]。両者間のエージェンシー問題が野放しになると，企業経営者は自己の利益を増進させるような行動をとる。外部株主が把握しやすい金銭的報酬ではなく，贅沢なオフィス環境，豪華なレストランでの会食，高価なイベントの入場券といった私的便益に直結する非金銭的報酬（non-pecuniary rewards）[9] を享受しようとするかもしれない。

また，企業経営者は，一般的に単一の小規模ビジネスよりも，大規模かつ広範囲のビジネスを好む傾向がある（empire building）。そして，営むビジネスの規模と範囲が拡大する過程で，収益の割引現在価値がプラスとはならないようなプロジェクトにまで手を出してしまう性癖がある（overinvestment）[10]。さらに，企業経営者は，プロジェクト選択において，多くの経営者によって運営可能なプロジェクトよりも，自分の特殊技能や経験が生きるプロジェクトを選択する傾向がある（entrenching investment）。

---

[8] ただし，これはコーポレート・ガバナンスの問題の出発点に過ぎず，企業は誰のものか，各種のステークホルダーの利害をいかに調整するかなど，コーポレート・ガバナンスをめぐる論点は，多様かつ複雑である。詳しくは，花崎（2008）の第1章および第6章を参照。
[9] これらは，一般に perks または perquisites という。
[10] 潤沢なフリーキャッシュフローを有している企業では，overinvestment のリスクが高まることが，Jensen（1986, 1989）によって指摘されている。

株主利益を毀損しかねないこのような企業経営者の行動は，多角化を通じて具体化されることも多い。したがって，株主と企業経営者との間のエージェンシー問題が深刻である状況においては，多角化は経営の非効率性を惹起し，企業価値を減じることとなる。

コーポレート・ガバナンスの脆弱性に起因するこのような多角化のマイナス面を制御するためには，経営者の行動を有効にモニターするメカニズムが必要である。それは，第一義的には，株主とりわけ企業に対するコントロール権を有する支配株主や企業価値に関する利害が大きい大口株主のモニタリング能力にかかっているといえる。また，フリーキャッシュフロー問題を緩和するためには，Jensen（1986）は株式の代わりに負債を発行させたり，自社株買いのために負債を発行させたりするのが有効であると論じている[11]。

本章では，このようなコーポレート・ガバナンスと多角化との関係を中心に仮説を設定して，実証分析を試みる。

3. 日本企業の多角化行動

3.1 先行研究

日本企業を対象とした多角化行動の分析は，アメリカのそれに比べれば多くはないものの，有意義な知見が蓄積されつつある。

吉原・佐久間・伊丹・加護野（1981）は，企業財務データを用いて，高度成長期の日本企業の多角化戦略とその成果を分析し，採用される戦略によって収益性や成長性といった成果に違いが生じることなどを明らかにしている。清水・宮川（2003）は，工業統計の事業所データを用いて，1990年代前半の産業別多角化の実態を明らかにするとともに，範囲の経済性が働いているか否かを分析している。その結果，類似商品に関する多角化を進めている事業所の多く

---

[11] Jensen（1986）によれば，経営者にとって配当のカットは比較的容易であるのに対して，負債の元利返済は契約によって規定されており，約定の返済が滞ると裁判所で破綻手続きをとらなくてはならない恐れがある。このような負債の性質が，経営者に対して効率的な経営に対するインセンティブを高め，また将来にわたって，負債の元利払いを継続することによって，資金使途に関する経営者の自由裁量の余地を減らすことが可能となる。

で，労働投入に関して範囲の経済性が観察されるという実証結果が導かれている。

また，森川（1998a, 1998b）は，「企業活動基本調査」の企業レベルデータを用いて，1992 年と 1995 年の 2 時点の企業の事業展開を分析している。その結果，企業本体での新規事業への進出および既存事業からの撤退は，ともに幅広く観察されること，子会社を通じた新規事業への進出および既存事業からの撤退も活発であり，活発度合いにおいて後者の方が相対的に激しいことから，リスクの高い事業を子会社で行う傾向があると結論している。

一方，宮島・稲垣（2003）は，1980 年代後半以降の日本企業の事業・組織構造およびそれらと企業統治構造改革の関係に関する包括的な分析を試みている。その中で，同一企業内での多角化，子会社形態での多角化（グループ化）に関して，アンケート調査に基づく実態の整理と実証分析も数多くなされている。

事業戦略，すなわち多角化と集中化に関する分析では，多角化戦略の具体例，アンケート調査による企業の実感としての多角化のメリットとデメリットを紹介しているほか，定量分析としては，多角化の程度を示す指標としてハーフィンダール指数を被説明変数とし，1990 年代における多角化の決定要因と連結 ROA またはトービンの Q といった企業パフォーマンス指標への影響，さらに，これらパフォーマンス指標の標準偏差を代理変数として多角化のリスク分散効果を検証している。

アンケート調査結果からは，実際に企業が感じている多角化のメリットは，「売上高成長性の向上」，「リスク分散効果」があげられ，一方デメリットとしては「非中核事業を抱えてしまう」，「戦略の統一性欠如」があげられている。

多角化の決定要因の分析では，事業リスクが大きいほど，主力事業の市場成長性が低い企業（成熟企業）ほど，さらに企業規模が大きいほど，多角化する傾向があることなどが確認されている。企業パフォーマンスへの影響をみる分析では，多角化の程度を進出分野数により「低」，「中」，「高」に分類し推計した結果，高多角化企業は中・低多角化企業に比べ低位な企業パフォーマンスを導くが，リスク分散効果を有することが確認されている。また，サンプルを専業企業，関連多角化企業と非関連多角化企業に分け，これら各企業の ROA を用いて企業パフォーマンスとリスク分散効果をみたものでは，非関連多角化企

業は専業企業や関連多角化企業に比べ，企業パフォーマンスが低いことが示唆された。リスク分散効果については，非関連多角化が最も高く，さらに関連多角化企業にはリスク低減効果があることが示唆された。

グループ化に関する分析では，売上高連単倍率の推移により，1980年代後半以降，トレンドとして，グループ経営の傾向が強まっていること，特に，製造業では，精密機械，輸送用機器，化学，繊維，非製造業では，通信と陸運でその傾向が強いことなどが示された。ただし，別な代理変数，すなわち関係会社数によりグループ化を捉えると，1985年以降は買収や分社化を通じてグループ化を積極的に進める企業と，整理（集中化）を進める企業に2極分化している様子もうかがえる。また，グループ化の決定要因としては，従来からの人事処遇の差別化，事業の多様性，異質性への対応に加え，1990年代では企業の海外進出，同業他社との事業統合といった要因が注目されるようになり，決定要因が多様化したことが示唆されている。

定量分析では，子会社売上高（連結売上高－単体売上高）をグループ化の水準を示す代理変数として，1990年代におけるグループ化の決定要因を検証している。さらに，売上高の連単倍率をグループ化の代理変数として，コストとリスク，子会社への権限委譲に関してグループ化への効果を検証した。その結果，企業規模が大きいほど，賃金コストが大きいほど，収益変動リスクが大きいほど，さらに多角化が進展するほど，グループ化が進むという事実が確認された。また，グループ化の効果を検証する分析では，グループ化を進めている企業ほど親会社の人件費を抑制できる，子会社への権限委譲が進展している，ということなどが明らかにされている。なお，グループ化のリスク分散効果は確認されなかった。また，グループ化が進展するほど管理経費の重複が起きていることが示唆され，間接部門をいかに集約化，効率化することができるかがグループ展開を成功させる一つの要因といえる。

また，これまでの実証分析に企業統治変数（負債比率と外国人持株比率）を加えることによって，企業統治構造の変化が多角化，グループ化に与えた効果も分析されている。推計結果により，負債は1990年代前半に多角化を促進させ，外国人持株比率は90年代前半においては集中化・グループ化の縮小を促し，90年代後半では多角化・グループ化を促したことが確認されている。

さらに，伊藤（2002, 2006）は，日本企業の多角化戦略に関する定型化された事実として，1970年代以降多角化が進んでいること，関連事業への進出が多いこと，M&Aではなく内部成長による多角化が多いことを指摘している。伊藤・菊谷・林田（2003）は，事業の多角化の結果として生まれる親子会社間の関係を分析対象とし，親会社が子会社に対して，外部市場を利用しつつ，子会社経営者のモニタリングを通じて多面的なガバナンス機能を発揮していることを明らかにしている。

一方，1990年代の日本企業の新規事業への参入と既存事業からの退出をリストラクチャリングの観点から考察したKikutani, Itoh and Hayashida（2007）は，事業の多角化か選択と集中かという二者択一のアプローチが誤解を生むこと，企業グループに関する視点が重要であることを強調している。そして，「企業活動基本調査」の企業レベルデータを用いた分析により，多くの企業が参入と退出を同時に実施しており，そのような製造業企業のパフォーマンスが改善していることなどを明らかにしている。

さらに，純粋持株会社を対象として多角化度合いを分析した研究としては塘（2008）がある。純粋持株会社の多角化度合いについてエントロピー指数を用いて分析した結果，純粋持株会社の多角化度は，競合する専業メーカーよりは大きいものの，複数事業を営む競合企業よりは低い傾向にあるという結果を得ている。その理由としては，純粋持株会社では「事業の選択と集中」を目指して事業を整理統合しているからであると指摘している。

また，純粋持株会社の経営について分析した研究として，上野（2001）では，日本企業の多くは事業部制を採用しているが，資本責任の状況は欧米型の自立的事業部制とはかなり異なったものであることから，日本の純粋持株会社の解禁は，企業における組織選択の自由度の増加という観点からは評価できるが，経営成果に良い影響を及ぼすとは考えがたいと論じている。さらに，頼（2009）でも，欧米の理論では説明しきれない日本型の純粋持株会社の存在を指摘している。その特徴としては，分社化していても親会社の強い影響力のもとに集権化されていること，経営と業務執行を分離しない場合があること，従業員や顧客などを株主と同等かそれ以上重視している場合もあり，必ずしも株主価値最大化を前提としないことなどがあげられている。

3.2 多角化の実態をどう捉えるか

　企業の多角化行動の実態をどのように捉えることができるかは、分析上最もエッセンシャルな課題である。そして、上述の先行研究を含めて、多くの場合には、事業セグメント情報が多角化の指標となる。事業セグメントとは、企業の構成単位のうち、企業経営者によって資源が配分され、収益および費用が発生し、当該事業の財務情報が得られるものを指す[12]。セグメント情報の開示は1988年9月に義務づけられ、1993年3月には開示情報が拡充されるとともに、監査の対象となるなどの進展をみた。

　図2.1は、日本政策投資銀行「企業財務データバンク」に基づき、実際のセグメント開示情報から1990年度から2010年度までのセグメント数の推移を、5年ごとに整理したものである[13]。まず、各年の円グラフの下には、開示企業数が示されているが、1990年度と95年度はその数は極めて低く、2000年度にようやく1,800社近くに達していることがわかる。ただし、その後は2005年度におよそ1,900社と伸び悩み、2010年度になってようやく2,079社と2,000社を超えている。つまり、近年においてもようやく上場企業のおよそ2/3の会社で、セグメント情報が開示されているという状況である[14]。

　1,000社以上の開示情報が利用可能な2000、2005、2010年度のセグメント情報に基づいて多角化の動向をみると、セグメント数2の企業と3の企業を合わせて、2000年度と2005年度には66％、2010年度には57％と過半を占めていることがわかる。一方、セグメント数が5以上の積極的に多角化を進めている企業は、2000年度と2005年度には14％にとどまっていたが、2010年度には19％とそのウェイトが高まっている。また、開示企業全体の平均セグメント数は、2000年度の3.2から、2005年度には3.3、2010年度には3.5へと増加している。このように、セグメント情報から日本企業の多角化は徐々に進みつつ

---

12) 詳細は、企業会計基準委員会「セグメント情報等の開示に関する会計基準」（最終改正2009年3月27日）参照。
13) ただし、図2.1では純粋持株会社については、後述するため除外されている。
14) 円谷（2010）は、現行のセグメント情報開示基準があいまいで恣意性が入る余地があり、不採算部門の隠蔽に利用される可能性があることを指摘するとともに、2007年度の全上場企業を対象とする分析で、半数近い企業がセグメント情報の開示を省略していることを明らかにしている。

第 2 章　日本企業の多角化，分社化動向とコーポレート・ガバナンス

図 2.1　セグメント数の推移

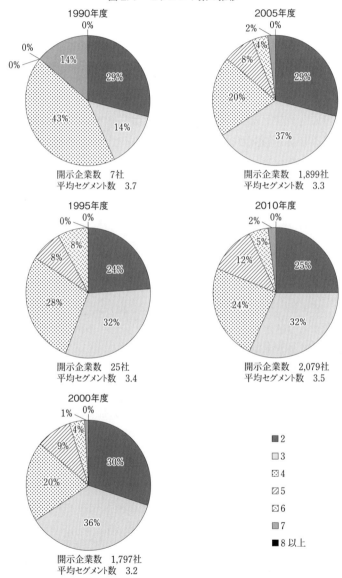

出所：日本政策投資銀行「企業財務データバンク」2012 年版より作成。

あることがみてとれる。

もっとも前述の通り，近年においても多角化の情報開示は，全上場企業の2/3程度にとどまっている。このことは，多角化が成功している企業は，セグメント情報を開示しているものの，多角化がうまくいっていない企業や不都合な情報がある企業は情報開示をしていない可能性があるという意味で，一種のサンプル・セレクション・バイアスの問題が内在していると思われる[15]。

このような背景により，本章では別の視点にも着目して多角化行動を分析する。それは，子会社形態による多角化という視点である。すなわち，企業が子会社を保有する背景としては，別事業への参入のために子会社を設立するケースや既存企業を買収して子会社化するようなケースがある。

子会社を利用した多角化の具体例として，図2.2では（株）日立製作所を示している。日立製作所は，情報・通信システム，社会・産業システムおよび電子装置・システムの3つを親会社の事業セグメントとする一方で，情報・通信システム，社会・産業システム，電子装置・システム，建設機械，高機能材料，オートモティブシステム，生活・エコシステム，その他という8つのセグメントに，879という多数の連結子会社を有している。子会社は，親会社の事業を分社化する目的と親会社の事業とは異なる分野へ多角化する目的の両面で利用されているのが実態である。

親会社が子会社を通じて事業の多角化を図る行動は，単体財務諸表と連結財務諸表との関係を分析することによって把握することができる。連結財務諸表は，親会社およびその会社が実質的に支配する子会社とからなる企業集団を単一の組織とみなして，財務および経営状態を示すものであり，親会社のみの単体財務諸表と連結財務諸表とを比較することによって，子会社を通じた多角化の実態を明らかにすることができる[16]。

---

15) アメリカでは，経営者が決定した事業の構成単位に基づくマネジメント・アプローチを導入して，これらの問題を改善した経験がある。日本でも，マネジメント・アプローチが2010年4月1日以降始まる会計年度から適用されており，今後はセグメント情報開示の充実が期待される。

16) 日本では伝統的に単体財務諸表が重視されてきたが，1977年4月より連結財務諸表の作成が始まり，1991年4月には連結財務諸表が有価証券報告書本体に組み込まれ，1999年4月以降に始まる事業年度からは連結決算中心の開示制度となった。

第2章 日本企業の多角化，分社化動向とコーポレート・ガバナンス

図2.2 （株）日立製作所の本体および子会社のセグメント情報

親会社　日立製作所のセグメント
1　情報・通信システム
2　社会・産業システム
3　電子装置・システム

各セグメントと主要な連結子会社

連結子会社数：879社

出所：株式会社日立製作所「有価証券報告書」2018年3月期より作成．

　もっとも，親子関係を通じて多角化行動を明らかにしようとするアプローチにも限界がある．第1に，本業や既存の事業の一部を子会社にも担当させるような企業行動は，多角化ではなく分社化である．第2に，子会社設立の目的が，多角化や事業の分社化ばかりではなく，親会社内部で使われるIT関係のシステム開発およびそのメインテナンス，自社ビル管理，社員食堂，福利厚生施設の運営など，従来社内でなされていた業務を，新たに子会社を設立して運営させるといったものが含まれる．これらは，親会社向けサービス業務といえるような性格のものであり，事業の多角化とは異質のものである．ところが，第1のケースも第2のケースも，セグメント情報開示が不十分な現状では，純粋な多角化行動と峻別することは極めて困難である．

このような限界はあるものの，第2の親会社向けサービス業務を担当する子会社に関しては，それが設立されても売上高や総資産の連単倍率には基本的に反映されないため，連単倍率を多角化指標とする分析では特に問題はないと思われること，第1の分社化の問題に関しても，上述の日立製作所の例から示唆されるように，海外生産のために現地法人が設立される事例が多いものの，現地ニーズに合致した差別化された製品を主に生産するなど，多角化的な要素も多分に含んだ分社化である場合も多いことなどから，親子関係を通じた多角化行動のアプローチに内在する問題点は軽減されると考えられる。

加えて，上述の通り，従来の研究で主に用いられているセグメント情報に基づく分析が，その開示が現状必ずしも満足のいく水準にあるとはいえず，サンプル・セレクション・バイアスの問題が懸念されるのに対して，連結決算と単体決算の比較に関しては，連結対象子会社を有するすべての企業の情報が開示されているという大きなメリットがある。このような諸事情により，本章ではセグメント情報に基づく多角化動向分析に加えて，連結対象子会社の情報に基づき，分社化および多角化行動を考察する。

3.3 子会社形態による多角化および分社化動向

本章で使用するデータは，日本政策投資銀行「企業財務データバンク」に収録されている日本の新興市場を含む上場企業（除，金融業）データである。データ期間は，連結決算が本格的に利用され始めた1990年度から2009年度までの20年間である。なお，1997年に解禁となった純粋持株会社および事業持株会社の中でも純粋持株会社に近い性格を有するものに関しては，ここでの分析サンプルから除外し，純粋持株会社については別途分析している。

多角化動向を捉える指標としては，各事業分野の売上高構成比をもとに，産業組織論の分野で市場集中度の指標としてしばしば使われるハーフィンダール指数やエントロピー指数を応用したものなどがある[17]。しかしながら，これらは自社内あるいは事業所内での多角化動向を測る際にはある程度適切であるが，子会社形態での多角化の場合には，売上高の中に親会社との取引が多く含

---

17) 清水・宮川（2003）第4章参照。

第2章 日本企業の多角化,分社化動向とコーポレート・ガバナンス

まれているケースなどがあり,適当とはいえないであろう。

本節では,連結子会社数と売上高および総資産の連単倍率という指標で,多角化および分社化の実態を捉えることとする。なお,連結子会社数と連単倍率との間には必ずしも比例関係はない点には,留意する必要がある。それは,親会社向けサービス等を提供する100%子会社などのケースである。例えば,従来内部でなされていた社屋の清掃業務を,別会社化したとする。その場合には,連結子会社数は1社増加するが,その子会社が親会社向けサービスのみを提供している場合には,売上高および総資産の連単倍率は基本的には上がらない。

図2.3で連結子会社数の分布を5年ごとにみると,初年度である1990年度には,子会社形態での多角化および分社化を一切進めていない連結子会社数が0の企業は,全体の43%に達し,子会社数1,2,3の企業の割合は,それぞれ9%,9%,6%となっている。その後,次第に連結子会社数が0の企業の割合が低下する一方,子会社数の多い企業の割合が増加しつつある。2010年度には,連結子会社数が0の企業の比率は19%にとどまる一方,積極的に多角化を進めている10社から49社の連結子会社を有する企業は,全体の23%を占めるに至っている。

ちなみに,全社平均の子会社数の推移をみると,1990年度には6.7社であったが,95年度に10.5社と2桁の大台に乗り,2010年度には14.3社に達している。

次に,多角化および分社化の実質的な側面を捉える目的で,売上高および総資産の連単倍率の動向をみてみよう(図2.4および図2.5)。まず,売上高の連単倍率の推移を帯グラフでみると,分社化を一切していない倍率1の企業の割合が総じて低下傾向を示す一方で,相対的に倍率の高い企業の割合が上昇していることがみてとれる。サンプル企業平均の連単倍率は,1990年度で1.1,また近年で1.4という水準である。この水準を高いとみるか低いとみるかは,必ずしも即断できないが,図2.3でみた連結子会社数の動向と比較すると,必ずしも高い水準であるとはいえないであろう。総資産の連単倍率についても,同様に倍率の上昇傾向が観察される。ただし,サンプル企業の平均値は,1.10～1.16の範囲内にあり,売上高の連単倍率に比べても,低い水準にとどまっている。

114　第1部　企業行動の多様化，グローバル化とコーポレート・ガバナンス

図2.3　連結子会社数の推移

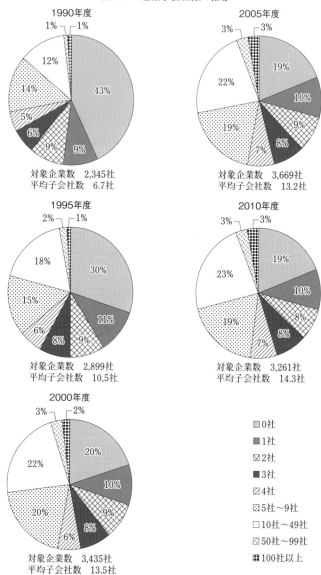

出所：日本政策投資銀行「企業財務データバンク」2012年版より作成。

第2章 日本企業の多角化, 分社化動向とコーポレート・ガバナンス 115

図2.4 売上高連単倍率の構成比推移

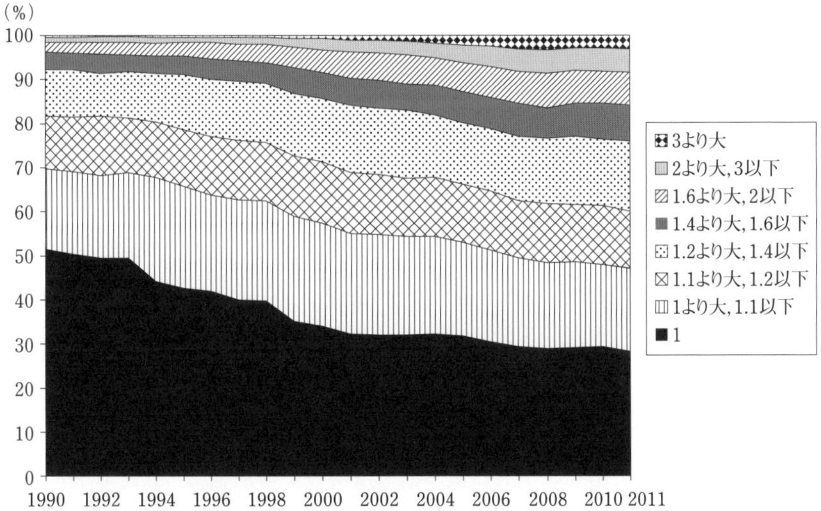

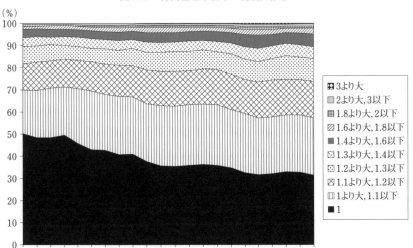

出所：日本政策投資銀行「企業財務データバンク」2012年版より作成。

図2.5 総資産連単倍率の構成比推移

出所：日本政策投資銀行「企業財務データバンク」2012年版より作成。

子会社数に比べて連単倍率が低めに推移しているという事実は、子会社形態による多角化が、新事業への進出ばかりではなく、上述の通り、従来社内でなされていた本業のサポート業務などを、別会社として独立させて運営するようになったことなどの事情が、かなり影響していると思われる。その意味で、日本企業の多角化および分社化行動は、全体としてみると過度に拡張主義的な行動を意味するものとはいえないという解釈がありえるかもしれない。そのあたりの問題意識を踏まえて、後ほど実証分析が展開される。

　2011年度のデータに基づき、連結子会社数の分布を業種別に整理したものが、表2.1である。何らかの連結子会社を持っているかどうかについてみると、製造業では精密機械、繊維、輸送用機械、電気機械、鉄鋼の各業種、また非製造業では不動産、運輸通信の各業種で、9割を上回る企業が連結子会社を有していることが確認された。また、各産業に属する企業の平均的な連結子会社数を算出すると、製造業では電気機械、輸送用機械、非鉄金属、また非製造業では、運輸通信、不動産の各業種で、それぞれ30社前後の多くの連結子会社を抱えていることが明らかとなった。逆に、小売、金属製品、電気・ガス・水道、サービスほかの業種では、連結子会社数は10社未満にとどまっている。

　さらに、上場している市場別に整理すると（表2.2）、一部上場企業では、9割以上の企業が連結子会社を有し、平均的な連結子会社数も、製造業で34社、非製造業で22社となっている。一方、新興市場に属する企業では、総じて平均子会社数は3社程度と少なめである。

3.4　多角化と企業パフォーマンス

　日本の企業財務データを用いた多角化に関する定量分析の端緒として、多角化に関連してグループ分けされた2つのグループ間で、各種のパフォーマンス指標の平均値が有意に異なるか否かの統計的な検定（univariate test）を実施する。

　第1のグループ分けは、単体決算と連結決算との比較である。連結対象子会社を有する会社は、単体決算に加えて連結決算の開示が義務づけられている。そして、各種のパフォーマンス指標に関して、単体と連結とを比較することによって、子会社形態での多角化が当該企業のパフォーマンスを向上させている

表 2.1 産業別多角化動向（2011 年度）

業種	0社	1社	2社	3社	4社	5社~9社	10社~49社	50社~99社	100社以上	連結子会社を持つ会社数	平均連結子会社数	対象企業数
製造業	181	113	105	103	92	303	451	72	49	1,288 (87.68)	18.6	1,469
食料品	20	14	13	7	13	23	26	6	1	103 (83.74)	12.2	123
繊維	2	3	3	7	4	13	16	1	1	48 (96.00)	13.4	50
木材・木製品, 紙パルプ	4	5	2	4	2	7	14	0	1	35 (89.74)	12.4	39
化学工業, ゴム製品	32	23	17	14	10	45	74	11	8	202 (86.32)	17.5	234
石油精製	1	0	1	0	0	1	2	1	0	5 (83.33)	22.2	6
窯業・土石製品	7	6	4	0	4	9	23	2	3	58 (89.23)	18.4	65
鉄鋼	4	2	6	5	7	17	8	2	2	49 (92.45)	16.7	53
非鉄金属	7	3	0	2	2	4	11	4	2	28 (80.00)	28.3	35
金属製品	21	13	6	9	6	11	15	1	0	61 (74.39)	5.3	82
一般機械	32	15	17	15	19	41	60	15	8	190 (85.59)	19.1	222
電気機械器具	19	13	15	17	10	67	89	11	11	233 (92.46)	33.1	252
輸送用機械器具	5	3	4	6	5	21	58	11	8	116 (95.87)	32.4	121
精密機械器具	2	0	4	2	4	18	15	4	1	48 (96.00)	16.9	50
その他製造業, 印刷出版	25	13	13	8	6	26	40	3	3	112 (81.75)	12.4	137
非製造業	384	217	165	142	111	302	304	38	24	1303 (77.24)	13.5	1,687
建設	23	16	8	19	9	43	33	5	1	134 (85.35)	10.0	157
不動産	2	0	2	1	0	5	11	4	2	25 (92.59)	30.2	27
運輸通信	12	10	5	6	8	29	46	13	9	126 (91.30)	32.1	138
卸売	45	38	28	35	20	60	71	7	7	266 (85.53)	15.7	311
小売	98	51	41	21	17	44	37	0	0	211 (68.28)	3.7	309
電気・ガス・水道	57	23	7	8	7	26	11	3	2	87 (60.42)	6.5	144
サービスほか	147	79	74	52	50	95	95	6	3	454 (75.54)	7.9	601
合計	565	330	270	245	203	605	755	110	73	2,591 (82.10)	14.8	3,156

注：括弧内は連結子会社を持つ会社の比率（％）。
出所：日本政策投資銀行「企業財務データバンク」2012 年版。

表 2.2 市場別多角化動向 (2011 年度)

	0社	1社	2社	3社	4社	5社~9社	10社~49社	50社~99社	100社以上	連結子会社を持つ会社数	平均連結子会社数	対象企業数
一部上場	83	67	64	71	81	283	604	107	72	1,349 (94.20)	28.3	1,432
製造業	27	24	23	31	36	146	383	72	49	764 (96.59)	33.8	791
非製造業	56	43	41	40	45	137	221	35	23	585 (91.26)	21.6	641
二部上場	124	86	70	74	56	139	72	1	0	498 (80.06)	4.3	622
製造業	67	42	43	36	31	85	39	0	0	276 (80.47)	4.3	343
非製造業	57	44	27	38	25	54	33	1	0	222 (79.57)	4.3	279
新興市場上場	330	170	126	96	66	176	69	2	0	705 (68.12)	3.1	1,035
製造業	80	47	35	33	25	69	24	0	0	233 (74.44)	3.6	313
非製造業	250	123	91	63	41	107	45	2	0	472 (65.37)	3.0	722
地方上場他	28	7	10	4	0	9	10	0	4	41 (59.42)	5.5	69
製造業	7	0	4	3	0	3	5	0	2	15 (68.18)	4.6	22
非製造業	21	7	6	1	0	6	5	0	2	26 (55.32)	6.9	47
合計	565	330	270	245	203	607	755	110	76	2,593 (82.11)	14.8	3,158

注1：括弧内は連結子会社を持つ会社の比率 (％)。
注2：第一部上場：東証，大証，名証
　　　第二部上場：東証，大証，名証
　　　新興市場上場：ジャスダック，マザーズ，セントレックス，アンビシャス，Qボード
　　　地方上場他：福岡，札幌，2012年4月以降上場廃止企業
出所：日本政策投資銀行「企業財務データバンク」2012年版。

のか，はたまた悪化させているのかを概観することができる[18]。

単体決算と連結決算の両方の開示がなされている企業，すなわち何らかの多角化をしている企業を対象にした比較検定（表2.3）では，連結決算の値が単体決算のそれらに比べて，高い収益性（ROA, ROE），高い配当性向，低い平均支払金利（利子対有利子負債比率）そして高い成長性（売上高伸び率，総資産伸び率）を，それぞれ示していることがわかる。一方，財務の健全性（負債比率）については単体が連結より優れ，将来の成長を期待して実施される設備投資については，単体が連結よりも有形固定資産比率でみて上回っていることがみてとれる。なお，これらの両者の差異は，すべて統計的に有意である。

第2のグループ分けは，連結子会社を持たない企業と持つ企業との比較である。連結子会社を全く持たない企業と1社でも有する企業との比較検定（表2.4の(1)では，収益性，財務の健全性，成長性，設備投資比率で前者が後者を上回り，配当と支払金利では逆に後者が前者を上回っている。また，連結子会社を全く持たない企業と5社以上の子会社を有する企業との比較も実施したが，結果は全く同様であった（表2.4の(2)）。

各種のパフォーマンス指標を用いて多角化の効果を考察した本節の結果からは，収益性や成長性などで単体決算に比べて連結決算が勝っており，その意味で多角化が効果的であるとみられなくもないが，他方で同じ収益性と成長性の指標で，多角化や分社化を進めていない企業のパフォーマンスが多角化や分社化を進めている企業のパフォーマンスを上回っており，多角化や分社化によって企業パフォーマンスが劣化したとも解釈できる。その意味で，本項の結果は，必ずしも明確ではなく二面性を有するものである。

3.5 純粋持株会社の動向

一般に，ほかの会社の株式を所有することにより，その会社の事業活動を支配することを事業とする会社を持株会社（holding company）という。具体的に

---

[18] 親会社の損失を子会社に移転させて，親会社の見かけ上の決算を良くするという経理操作（「飛ばし」）は，単体決算中心の時代にはしばしばみられたが，連結決算が制度化されてからは，そのような経理処理をすれば単体決算に比べて連結決算が極度に悪くなることから，有用性が薄れたものと考えられる。

表2.3 単体決算と連結決算との比較

		平均値	標準偏差	サンプル数
ROA	単体	4.468	5.511	43,056
	連結	5.184	5.824	43,056
	t検定	***		
ROE	単体	2.221	13.699	41,790
	連結	3.520	14.488	41,790
	t検定	***		
負債比率	単体	54.428	21.983	47,399
	連結	57.562	21.765	47,399
	t検定	***		
配当性向	単体	37.444	60.873	29,439
	連結	50.102	78.767	29,439
	t検定	***		
利子対有利子負債比率	単体	3.314	5.026	44,108
	連結	3.014	4.012	44,108
	t検定	***		
設備投資比率	単体	21.091	44.035	31,201
	連結	19.504	39.764	31,201
	t検定	***		
売上高伸び率	単体	1.478	20.890	44,726
	連結	2.969	21.158	44,726
	t検定	***		
総資産伸び率	単体	2.731	20.490	44,758
	連結	3.435	23.890	44,758
	t検定	***		

注1:各指標の算出式は次の通り。
　　ROA:(事業損益/((前期末の総資産+当期末の総資産)/2))×100
　　ROE:(税引後当期純利益/((前期末の自己資本+当期末の自己資本)/2))×100
　　負債比率:(負債/総資産)×100
　　配当性向:(配当金/税引後当期純利益)×100
　　利子対有利子負債比率:(支払利息・割引料等/((前期末の有利子負債+当期末の有利子負債)/2))×100
　　設備投資比率:(設備投資/((前期末の有形固定資産+当期末の有形固定資産)/2))×100
　　売上高伸び率:売上高の((当期-前期)/前期)×100
　　総資産伸び率:資産合計の((当期-前期)/前期)×100
注2:***は1%水準で有意,**は5%水準で有意,*は10%水準で有意であることを示す。
注3:純粋持株会社および売上高連単倍率10倍以上の事業持株会社を除く。

表2.4 連結子会社の有無の比較

(1)単純な連結子会社有無の比較

		平均値	標準偏差	サンプル数
ROA	連結子会社なし	5.721	7.327	14,823
	連結子会社あり	5.195	5.860	43,991
	t検定	***		
ROE	連結子会社なし	4.186	14.312	14,616
	連結子会社あり	3.537	14.534	43,271
	t検定	***		
負債比率	連結子会社なし	53.015	22.659	16,137
	連結子会社あり	57.567	21.764	47,361
	t検定	***		
配当性向	連結子会社なし	36.357	65.137	12,153
	連結子会社あり	50.539	83.503	31,451
	t検定	***		
利子対有利子負債比率	連結子会社なし	4.869	8.125	14,602
	連結子会社あり	3.048	4.241	44,276
	t検定	***		
設備投資比率	連結子会社なし	27.437	55.161	13,926
	連結子会社あり	19.857	41.062	34,889
	t検定	***		
売上高伸び率	連結子会社なし	4.765	26.604	14,841
	連結子会社あり	2.980	21.162	44,723
	t検定	***		
総資産伸び率	連結子会社なし	7.277	30.436	14,843
	連結子会社あり	3.455	23.968	44,724
	t検定	***		

注1：***は1%水準で有意，**は5%水準で有意，*は10%水準で有意であることを示す。
注2：各指標の算出式については，表2.3に同じ。
注3：純粋持株会社および売上高連単倍率10倍以上の事業持株会社を除く。

は，総資産に占める子会社株式の比重が50%を超える会社をいう。また，株式保有以外の何らかの事業を行わない会社を純粋持株会社，何らかの事業を行う会社を事業持株会社という。つまり，純粋持株会社とは，持株会社の中でもグループ各社の株式を所有することにより，それらの会社の事業活動を支配することを主事業とする会社のことを指す。

伝統的に日本では，独占禁止法によって純粋持株会社の設立は禁止されてい

表2.4 連結子会社の有無の比較（つづき）

(2)連結子会社なしの企業と5社以上の連結子会社を有する企業との比較

		平均値	標準偏差	サンプル数
ROA	連結子会社なし 連結子会社あり t検定	5.721 5.099 ***	7.327 5.416	14,823 24,872
ROE	連結子会社なし 連結子会社あり t検定	4.186 3.453 ***	14.312 14.527	14,616 24,470
負債比率	連結子会社なし 連結子会社あり t検定	53.015 59.770 ***	22.659 21.027	16,137 26,440
配当性向	連結子会社なし 連結子会社あり t検定	36.357 52.521 ***	65.137 87.175	12,153 18,091
利子対有利子負債比率	連結子会社なし 連結子会社あり t検定	4.869 2.939 ***	8.125 3.540	14,602 25,895
設備投資比率	連結子会社なし 連結子会社あり t検定	27.437 16.799 ***	55.161 31.692	13,926 19,503
売上高伸び率	連結子会社なし 連結子会社あり t検定	4.765 3.131 ***	26.604 21.028	14,841 25,961
総資産伸び率	連結子会社なし 連結子会社あり t検定	7.277 3.379 ***	30.436 24.770	14,843 25,961

注1：当サンプルは，5社以上の連結子会社を持つ会社と連結子会社を持たない会社とを比較したものである。
注2：各指標の算出式については，表2.3に同じ。
注3：***は1％水準で有意，**は5％水準で有意，*は10％水準で有意であることを示す。
注4：純粋持株会社および売上高連単倍率10倍以上の事業持株会社を除く。

たが，1997年に持株会社を解禁する独占禁止法の改正が実施され，事業支配力が過度に集中する場合を除いて，設立が解禁された。

純粋持株会社の設立には，3パターンある。第1は，自らの事業を子会社に移し（または，会社分割し），持株会社となる抜殻方式，第2は，持株会社を株式移転により新規に設立する株式移転方式，そして第3は，株式交換によっ

て既存会社を持株会社とする株式交換方式である。なお，設立の目的[19]，企業再編のタイプ[20]，そして果たす機能や支配力の強さは，企業によりさまざまである。

一般に，純粋持株会社方式への移行のメリットとしては，本来，合併であればかかるはずの人事等の管理部門の統合にかかる合併コストが発生することなく組織再編を可能にすること，事業については各子会社に権限委譲するため意思決定の迅速化を図れること，親会社は経営戦略の立案・調整，グループ会社の監督・監査に専念できるといったことがある。一方で，デメリットとしては，グループ内各社の独立性が高いため組織が変更しにくい，関連性の少ない事業が乱立することにより株式市場からの評価を得られにくくなる，いわゆるコングロマリット・ディスカウントの発生がある。

本項では，株式保有以外の事業を全く行わない会社に加えて，当該持株会社の単体売上高が連結ベースの売上高の1割以下の持株会社をも純粋持株会社の範疇に加えて，その動向を考察する。

図2.6，図2.7は，そのような定義に基づく純粋持株会社の推移を表したものである。まず，製造業，非製造業別にみると（図2.6），2000年度に製造業，非製造業それぞれ2社が移行したのを始まりに，2011年度の264社まで着実に増加していることがわかる。特に非製造業においては，2006年度から2008年度にかけて急増し，2011年度には上場企業のおよそ1割に達する178社が純粋持株会社である。

次に，上場市場別の推移を概観する（図2.7）。その結果，第一部上場企業と新興市場企業を中心に，純粋持株会社数は増加傾向にあることがわかる。また，各市場上場企業に占める純粋持株会社の割合は，2011年度には，第一部上場企業で8.8％，新興市場企業では7.0％に達している。一方，第二部上場

---

19) 設立の目的には，敵対的M&Aから経営権を守るため，収益性向上を目指したリストラクチュアリングのため，企業文化の違いを乗り越えて融合するため，ビジネスモデルの違う企業を傘下に置くため，顧客市場の構造的変化に対応するため，といった目的がある（頼2009）。
20) 同一企業内の事業再編：事業部門を別法人化してその子会社を持株会社が管理する「分社子会社管理型」と，他企業間の再編：傘下企業が共同出資するなどして企業同士が統合する「合併代替型」の2つに分類できる（宮島・稲垣2003）。

図 2.6　純粋持株会社の推移（製造業・非製造業別）

注：純粋持株会社には，売上高連単倍率 10 倍以上の事業持株会社も含めてカウントしている。
出所：日本政策投資銀行「企業財務データバンク」2012 年版。

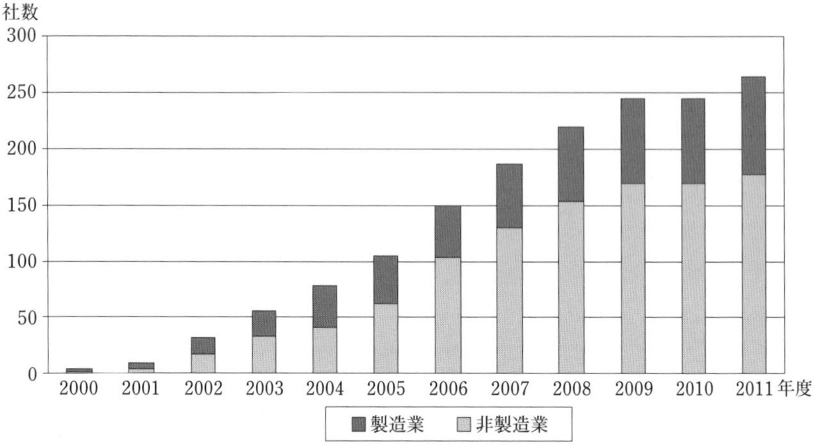

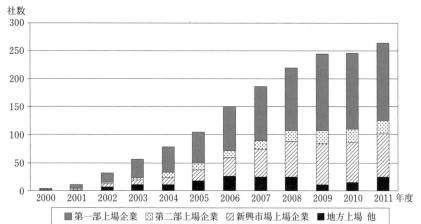

図 2.7　純粋持株会社の推移（市場別）

注：純粋持株会社には，売上高連単倍率 10 倍以上の事業持株会社も含めてカウントしている。
出所：日本政策投資銀行「企業財務データバンク」2012 年版。

第2章　日本企業の多角化，分社化動向とコーポレート・ガバナンス　　　125

企業では，その比率は 3.7% と相対的に低位である。

4. 仮　　説

　本節では，主にコーポレート・ガバナンスと多角化および分社化行動との関係に焦点を当て，仮説を提示する。上述の通り，理論的には事業の多角化は，範囲の経済性やリスク分散などのメリットを生みだし，企業経営にプラスの効果を発揮させる余地がある。

　しかしながら，株主と企業経営者との間のエージェンシー問題が深刻な状況においては，経営者が会社の資源を浪費するような過度な多角化や分社化を推進する可能性がある。その場合には，当然の帰結として，多角化および分社化によって企業業績は悪化する。したがって，そのようなエージェンシー問題を回避あるいは緩和するためには，株主が企業経営者を適切にモニターする仕組みが必要となる。そのような仕組みをどのように効果的に構築することができるかが，コーポレート・ガバナンスの問題の出発点である。

　本節では，コーポレート・ガバナンスの代表的なメカニズムに焦点を当て，その各企業の属性と多角化および分社化度合いおよび企業パフォーマンスとの関係に関する仮説を立てて検証する。

　最初の仮説は，大株主のガバナンスに関するものである。日本に関する実証研究では，大株主のガバナンス面での役割を肯定的に捉えているものが多い。例えば，Kaplan and Minton (1994) および Kang and Shivdasani (1995) は，大株主を有する企業は，そうでない企業に比べて企業パフォーマンスが悪化した場合に，経営者の交代が起こりやすいことを明らかにしている。また，Yafeh and Yosha (2003) によれば，大株主は広告，R&D または交際費などの経営者の恣意性が入りやすい支出を抑制する効果があるとされている。さらに，Prowse (1992) および Berglof and Perotti (1994) のように，日本の企業ではヨーロッパ大陸や東アジアの国々に比べて，所有は集中化してはいないものの，大株主が銀行であることが多いことから，企業経営が有効にモニターされているとの議論もある。

　このような先行研究の結果をふまえれば，株式の所有集中度と多角化および

分社化行動との間には，次の仮説が設定できる。

仮説1：「所有集中度が高い場合には，多角化および分社化を控えめにして，かつ，内部資本市場が効率的に機能し，多角化がプラスの成果をもたらす。」

　また，近年日本では，株主利益を重視した欧米型のコーポレート・ガバナンスへの移行を進めようという動きがみられる。換言すれば，そのような議論の背景には，欧米流のガバナンスの仕組みが日本のものより勝っている，そして欧米における株主が日本の株主に比べて効果的に企業経営をモニターしているという見方がある。このような見方が適切であるとすれば，海外法人等持株比率の高さは，企業経営の効率性にプラスの効果を及ぼす可能性がある。そのような考え方に基づく仮説は，次の通りである。

仮説2：「海外の所有比率が高い場合には，多角化および分社化を控えめにして，かつ，多角化がプラスの成果をもたらす。」

　このような所有構造の観点とは離れて，負債契約が企業経営に対して規律づけの効果を発揮するという考え方が，Jensen (1986, 1989) によって提示されている。すなわち，経営者が自由裁量で使うことができるフリーキャッシュフローを潤沢に有している企業では，それらの資金が経営者にとってのperquisitesを高めるなどの効率性の乏しい用途に使われる可能性がある。そのような問題を回避するためには，当該企業にある程度の債務を負担させることによって，効率的な経営が実現する。このようなフリーキャッシュフロー問題に関連して，次のような仮説を導くことができる。

仮説3：「フリーキャッシュフローが発生している企業では，負債総資産比率が高ければ高いほど，負債による規律づけが働くことから，多角化および分社化を控えめにして，かつ，多角化がプラスの成果をもたらす。」

　株主と経営者との間のエージェンシー問題が解決されず，経営者が自己の欲

求を満たすための経営を指向する場合には，多角化および分社化は次の仮説の通り，過大投資というマイナス効果を惹起する。

仮説4：「多角化および分社化は，過大投資をもたらし，収益を悪化させる。」

5. 実証分析：多角化および分社化実施企業における連結決算と単体決算との比較

本節では，前節で提示された多角化および分社化に関する各仮説を，多角化および分社化実施企業における連結決算と単体決算とのパフォーマンスの差異に着目して検証する。データセットは，1990年度から2009年度までの企業財務データをもとに作成したパネルデータである。基本的なデータは，日本政策投資銀行「企業財務データバンク」によっている。

計測手法としては，パネル分析の固定効果モデルを用いている。各仮説に共通に登場する多角化および分社化度合いの代理変数としては，売上高連単倍率，総資産連単倍率そして連結子会社数を用いる。また，多角化がポジティブな効果を発揮しているか否かについては，ROAとROEという2つの収益性指標に着目し，それぞれ連結決算での数値と単体決算での数値との差分をとることによって捉えている。なお，多角化および分社化度合いの決定要因を探るとともに，多角化および分社化度合いと収益性連単差分指標との間に存在すると考えられる内生性の問題を緩和するなどの利用により，各仮説の推計作業において二段階最小二乗法の手法が用いられている。

以下では，仮説ごとに計測結果を紹介して，仮説の妥当性を検証する。

前述の仮説1で鍵となる所有集中度を表す代理変数としては，上位10株主持株比率（$SC10$）を，また仮説2では海外法人等持株比率（EC），そして仮説3では負債総資産比率（LEV）を，それぞれ用いる。

第1段階として，多角化および分社化度合いを示す変数（DIV）である売上高連単倍率，総資産連単倍率および連結子会社数をそれぞれ被説明変数，また上位10株主持株比率，海外法人等持株比率，そして負債総資産比率を主要な説明変数，そして企業規模，収益性，およびタイムトレンドをコントロール変

数とする計測を実施する。第2段階として，ROAとROEの連単差分をそれぞれ被説明変数（PA），第1段階の計測から求められた3種類の多角化度合いを示す変数の推計値（EDIV）を説明変数，そして企業規模，成長性，財務の健全性およびマクロの景気要因をコントロール変数とする計測を実施する。

第1段階の基本推計式は次の通りである。

$$DIV_{it} = const. + \alpha_1 SC10_{it} + \alpha_2 EC_{it} + \alpha_3 LEV_{it} + \alpha_4 ASSET_{it} + \alpha_5 ROA_{it} + \alpha_6 TT_{it} + \varepsilon_{it} \quad (1)$$

ただし，DIV：多角化および分社化度合い（売上高連単倍率，総資産連単倍率そして連結子会社数），$SC10$：上位10株主持株比率，EC：海外法人等持株比率，LEV：負債総資産比率，$ASSET$：総資産（対数），ROA：ROA（連結），TT：タイムトレンド，i：企業，t：年度。

また，第2段階の基本推計式は次の通りである。

$$PA_{it} = const. + \alpha_1 EDIV_{it} + \alpha_2 GSALE_{it} + \alpha_3 EMP_{it} + \alpha_4 CR_{it} + \alpha_5 CI_t + \varepsilon_{it} \quad (2)$$

ただし，PA：多角化パフォーマンス（ROAまたはROEの連単差分），$EDIV$：多角化度合い（(1)式から得られた推計値），$GSALE$：売上高伸び率，EMP：従業員数（対数），CR：流動比率，CI：景気動向指数（一致系列）。

計測結果を整理した表2.5をみると，第1段階の計測では，売上高連単倍率が被説明変数のケースでは，所有集中度が高いほど，また負債総資産比率が高いほど，多角化および分社化度合いが有意に低いという仮説とは逆の結果が観察されている。また，総資産連単倍率が被説明変数であるケースでは，所有集中度の係数は，仮説通り有意にプラスであるものの，海外法人等持株比率と負債総資産比率の係数は，仮説とは逆にマイナスとなっている。他方，連結子会社数が被説明変数であるケースでは，海外法人等持株比率と負債総資産比率の係数が，有意にプラスと仮説を支持する結果となっている。

また，第1段階の計測から得られた多角化の推計値を用いた第2段階の計測からは，連結子会社数の推計値が増加すると，ROAおよびROEの連単差分がそれぞれ改善するという多角化のプラスの効果が観察されるのをはじめとして，総資産連単倍率の推計値が上がるとROAの連単差分が改善するという効果も観察される。しかしながら，売上高連単倍率には，そのような効果は観察

表2.5　コーポレート・ガバナンスと多角化

(1)多角化度合いへの効果

説明変数＼被説明変数	売上高連単倍率	総資産連単倍率	連結子会社数
上位10株主持株比率	-0.0008**	0.0003*	0.0032
	(-2.28)	(1.68)	(0.22)
海外法人等持株比率	0.0006	-0.0008***	0.3458***
	(1.58)	(-4.34)	(21.76)
負債総資産比率	-0.0011***	-0.0010***	0.0567***
	(-4.79)	(-9.11)	(5.82)
総資産（対数）	0.2256***	0.1966***	8.6417***
	(30.38)	(54.00)	(27.39)
ROA	-0.0017***	-0.00002	-0.0495***
	(-3.95)	(-0.11)	(-2.76)
タイムトレンド	0.0183***	0.0036***	0.8587***
	(41.56)	(16.57)	(45.82)
定数項	-2.8250***	-2.3241***	-152.3429***
	(-20.81)	(-34.93)	(-26.42)
$\overline{R^2}$	0.0067	0.0572	0.2279
データ数	40,439	41,143	41,143

(2)多角化度合いとパフォーマンス

説明変数＼被説明変数	ROAの差分			ROEの差分		
売上高連単倍率（推計値）	0.0068			0.9694		
	(0.02)			(1.12)		
総資産連単倍率（推計値）		1.9155***			2.2209	
		(3.47)			(1.26)	
連結子会社数（推計値）			0.0196***			0.0747***
			(3.62)			(4.41)
売上高伸び率	-0.0579***	-0.0584***	-0.0578***	-0.1153***	-0.1151***	-0.1132***
	(-35.84)	(-36.22)	(-35.74)	(-22.10)	(-22.24)	(-21.81)
従業員数（対数）	-0.3000***	-0.3702***	-0.2728***	-1.2518***	-1.3305***	-1.1245***
	(-3.21)	(-3.90)	(-2.91)	(-4.19)	(-4.42)	(-3.78)
流動比率	0.0004	0.0003	0.0004	-0.0030***	-0.0031***	-0.0031***
	(1.33)	(1.18)	(1.32)	(-3.36)	(-3.42)	(-3.47)
景気動向指数	-0.0851***	-0.0891***	-0.0916***	-0.2082***	-0.2037***	-0.2244***
	(-16.55)	(-17.88)	(-17.70)	(-12.82)	(-13.01)	(-13.81)
定数項	10.6891***	9.2742***	10.7811***	28.6939***	27.4039***	29.2998***
	(12.54)	(10.11)	(13.21)	(10.56)	(9.37)	(11.34)
$\overline{R^2}$	0.0377	0.0255	0.0301	0.031	0.0299	0.0197
データ数	39,101	39,729	39,729	37,987	38,590	38,590

注1：パネル分析の固定効果モデルを用いて計測している。
注2：推計期間：1990～2009年度。
注3：ROAの差分＝ROA(連結)－ROA(単体)，ROEの差分＝ROE(連結)－ROE(単体)。
注4：総資産（対数），ROA，ROE，売上高伸び率，流動比率は連結の値を用いている。
注5：***，**，*は，それぞれ1％水準，5％水準，10％水準で有意であることを示す。括弧内はt値。

されない。

次に，仮説4の第1段階の基本推計式は次の通りである。

$$I/K_{it} = const. + \alpha_1 DIV_{it} + \alpha_2 ROA_{it} + \alpha_3 INT_{it} + \alpha_4 LEV_{it} + \alpha_5 ASSET_{it} + \alpha_6 GSALE_{it} + \varepsilon_{it} \tag{3}$$

ただし，I/K：設備投資比率，INT：利子対有利子負債比率。

上式の推計結果から，設備投資比率（I/K）の決定に多角化および分社化度合いがいかなる影響を及ぼしているのかをみると（表2.6の(1)），3種類の多角化および分社化の代理変数を用いたケースのいずれにおいても，有意な効果は観察されない。すなわち，多角化および分社化によって投資が増加するという仮説をロバストに支持する結果は得られていない。

もっとも，設備投資比率が過大か否かは，その結果生み出される収益性で判断されるべきであろう。そこで，赤字企業および債務超過に陥っている企業を1，それ以外の企業を0とするロジットモデルに基づき，多角化および分社化の効果を計測してみよう。基本推計式は次の通りである。

$$Logit[P(DPA_{it}=1)] = \log\left(\frac{P(DPA_{it}=1)}{1-P(DPA_{it}=1)}\right)$$
$$= const. + \alpha_1 DIV_{it} + \alpha_2 E(I/K)_{it} + \varepsilon_{it} \tag{4}$$

ただし，DPA：企業の収益性（ROAがマイナスの企業ダミーまたは，負債比率が100%を超える企業ダミー），$E(I/K)$：設備投資比率（(3)式から得られた推計値）。

表2.6の(2)のROAが赤字である企業ダミーを被説明変数とするロジットモデルの結果をみると，連結子会社数の係数が有意にマイナスとなっている。すなわち，連結子会社数で測った多角化および分社化の進展は，企業の赤字化を防ぐという結果である。一方，その他の赤字企業ダミーを被説明変数とするモデルおよび債務超過企業に関するモデルでは，多角化および分社化を示す変数の係数の有意性は低い。

第2章 日本企業の多角化, 分社化動向とコーポレート・ガバナンス

表2.6 設備投資と多角化

(1) 多角化が設備投資に及ぼす効果

説明変数＼被説明変数	設備投資比率		
売上高連単倍率	−0.8463* (−1.78)		
総資産連単倍率		0.7006 (0.66)	
連結子会社数			−0.0083 (−0.81)
ROA	0.1459*** (3.81)	0.1574*** (4.16)	0.1566*** (4.14)
利子対有利子負債比率	−0.0176 (−0.38)	−0.0249 (−0.54)	−0.0295 (−0.63)
負債総資産比率	0.0188 (0.92)	0.0195 (0.96)	0.0196 (0.96)
総資産（対数）	−1.6888** (−2.49)	−2.0995*** (−3.06)	−1.8650*** (−2.77)
売上高伸び率	−0.0145 (−1.61)	−0.0128 (−1.43)	−0.0127 (−1.42)
定数項	48.5914*** (4.05)	53.8760*** (4.50)	50.6844*** (4.24)
$\overline{R^2}$	0.0216	0.0324	0.0288
データ数	32,066	32,598	32,598

注1：推計期間：1990～2009年度。
注2：固定効果モデルを用いて計測している。
注3：ROA, 利子対有利子負債比率, 負債比率, 総資産（対数）, 売上高伸び率は連結の値を用いている。
注4：***, **, *は, それぞれ1％水準, 5％水準, 10％水準で有意であることを示す。括弧内はt値。

(2) 多角化と財務危機

① 赤字

説明変数＼被説明変数	ROAがマイナスの企業ダミー		
売上高連単倍率	−0.0080 (−0.17)		
総資産連単倍率		−0.2024 (−1.62)	
連結子会社数			−0.0084*** (−5.94)
設備投資比率 （推計値）	−0.0486*** (−6.24)	−0.0560*** (−7.16)	−0.0851*** (−9.32)
定数項	−2.8552*** (−11.08)	−2.4435*** (−8.30)	−2.0327*** (−7.65)
データ数	32,066	32,598	32,598

② 債務超過

説明変数＼被説明変数	負債比率が100％を超える企業ダミー		
売上高連単倍率	0.1763 (1.37)		
総資産連単倍率		−0.0158 (−0.05)	
連結子会社数			0.0015 (0.35)
設備投資比率 （推計値）	0.1035*** (4.02)	0.0887*** (3.73)	0.1060*** (4.03)
定数項	−14.8755*** (−8.62)	−13.9533*** (−8.33)	−14.3935*** (−8.59)
データ数	32,066	32,598	32,598

注1：推計期間：1990～2009年度。
注2：ロジットモデルを用いて計測している。
注3：ROAの差分＝ROA（連結）−ROA（単体），ROEの差分＝ROE（連結）−ROE（単体）。
注4：ROA, ROE, 売上高伸び率, 流動比率は連結の値を用いている。
注5：上記以外に業種別ダミーを加えて計測している。
注6：***, **, *は, それぞれ1％水準, 5％水準, 10％水準で有意であることを示す。括弧内はt値。

6. 実証分析：連結子会社を持つ企業と持たない企業との比較

　多角化および分社化の実証分析の第2のアプローチは，連結子会社を持つ企業と全く持たない企業とのパフォーマンス比較である。もっとも，子会社を有する企業といっても，1社や2社有する企業と10社以上有する企業とを，多角化および分社化企業という観点から同列に論じるのは，違和感があるかもしれない。そこで，本節では，多角化および分社化を進める企業を，子会社の数において1社〜4社の企業と5社以上の企業とにグループ分けして，それぞれ連結子会社を全く持たない企業と比較する。いうまでもなく，子会社が1社〜4社の企業は，慎重に多角化および分社化に乗り出している企業であり，子会社を5社以上有する企業は，積極的に多角化および分社化を進めている企業である。

　また，両者のパフォーマンス比較は，ROAとROEという2つの収益性指標を用いる。推計モデルとしては，2つの収益性指標を被説明変数として，収益性に影響を及ぼす要因として，所有構造，財務構成，企業規模，成長性，マクロ環境といった変数に，連結子会社を1社〜4社有する企業を表すダミー変数（$DUMA$）と連結子会社を5社以上有する企業を表すダミー変数（$DUMB$）を加味したモデルを用いる。つまり，推計される2つのダミー変数の係数は，それぞれが示す多角化および分社化度合いが，収益性にプラスの影響を及ぼしているのか，あるいはマイナスの影響を及ぼしているのかを表すと理解することができる。

　推計式は，次の通りである。

$$PA_{it} = const. + \alpha_1 DUMA_{it} + \alpha_2 DUMB_{it} + \alpha_3 SC10_{it} + \alpha_4 FI_{it} + \alpha_5 EC_{it} + \alpha_6 LEV_{it}$$
$$+ \alpha_7 ASSET_{it} + \alpha_8 GSALE_{it} + \alpha_9 CI_t + \varepsilon_{it} \quad (5)$$

　また，所有構造と財務構成を示す変数と多角化および分社化を示す2つのダミー変数との交差項を設けて，係数がどのように変化するのかを示す推計も実施している。具体的な推計式は，次の通りである[21]。

$$PA_{it} = const. + \alpha_1 SC10_{it} + \alpha_2 SC10DUMA_{it} + \alpha_3 SC10DUMB_{it} + \alpha_4 FI_{it} + \alpha_5 FIDUMA_{it}$$
$$+ \alpha_6 FIDUMB_{it} + \alpha_7 EC_{it} + \alpha_8 ECDUMA_{it} + \alpha_9 ECDUMB_{it} + \alpha_{10} LEV_{it}$$
$$+ \alpha_{11} LEVDUMA_{it} + \alpha_{12} LEVDUMB_{it} + \alpha_{13} ASSET_{it} + \alpha_{14} GSALE_{it} + \alpha_{15} CI_t + \varepsilon_{it} \quad (6)$$

(5) 式の結果を示した表2.7から明らかなように，2種類の多角化および分社化企業ダミーの係数は，有意にマイナスの値を示しており，多角化および分社化企業は，多角化および分社化していない企業に比べて，収益性が劣っていることがみてとれる。また，DUMAとDUMBとのマイナスの係数の大きさを比べると，DUMAの方がDUMBに比べてマイナス幅が若干大きいことがみてとれる。もし，コーポレート・ガバナンスの問題で，多角化および分社化が非効率性を生じるとすれば，それは積極的に多角化および分社化を進めている企業の方が，慎重に多角化および分社化に乗り出している企業に比べて，収益へのマイナスの影響が大きいはずである。しかしながら，本節での計測結果はむしろ逆である。

次に，交差項を用いた (6) 式の計測結果を示す表2.8から，上位10株主持株比率，金融機関持株比率，海外法人等持株比率といった所有構造を示す変数は，いずれも収益性に対して有意にプラスの効果を発揮している。しかしながら，それぞれの変数とDUMAおよびDUMBとの交差項は，いずれもマイナスであり，しかも多くの場合それらの有意性は高い。これは，全く多角化および分社化していない企業では，3つの所有構造を示す変数は収益性を高める効果を持つが，多角化および分社化している企業ではその効果が大幅に減衰することを意味している。一方，負債総資産比率は，全く多角化および分社化していない企業では，収益性にマイナスの効果を持つが，多角化および分社化している企業では，概ねそれらのマイナス効果を相殺するほどのプラス効果が観察される。また，興味深いことに，それぞれの交差項の大きさを比較すると，DUMAとの交差項とDUMBとの交差項とは，総じて同程度の大きさか，む

---

21) (5) 式と (6) 式とを合体させて，DUMAおよびDUMBの生の系列と交差項を同じ式で推計することも考えられるが，生の系列と交差項との間には，0.8～0.9という強い相関関係が観察されるために，分けて推計することとした。

表2.7 連結子会社を持つ企業と持たない企業との比較:定数項ダミーのケース

説明変数＼被説明変数	ROA	ROE
DUMA	−0.9194***	−1.5168***
	(−10.62)	(−6.53)
DUMB	−0.8648***	−1.5084***
	(−8.32)	(−5.42)
上位10株主持株比率	0.0222***	0.0432***
	(5.79)	(4.19)
金融機関持株比率	0.0326***	0.0331***
	(8.12)	(3.08)
海外法人等持株比率	−0.0044	−0.0039
	(−1.03)	(−0.34)
負債総資産比率	−0.0071***	−0.0291***
	(−2.85)	(−4.26)
総資産(対数)	−0.3854***	−0.4687**
	(−4.62)	(−2.08)
売上高伸び率	0.0303***	0.0526***
	(28.76)	(18.83)
景気動向一致指数(CI)	0.0191***	0.0442***
	(5.38)	(4.65)
定数項	9.3960***	7.3053*
	(6.36)	(1.84)
$\overline{R^2}$	0.0593	0.0330
データ数	57,295	57,060

注1:DUMA:連結子会社を1社から4社保有する企業=1,その他の企業=0とするダミー変数。
　　　DUMB:連結子会社を5社以上保有する企業=1,その他の企業=0とするダミー変数。
注2:推計期間:1990～2009年度。
注3:パネル分析の固定効果モデルを用いて計測している。
注4:***,**,*は,それぞれ1%水準,5%水準,10%水準で有意であることを示す。括弧内はt値。

しろDUMAとの交差項のマイナス幅がDUMBとの交差項のそれを若干上回っているケースも多い。これも,表2.7の結果と同様に,積極的な多角化および分社化のケースと慎重な多角化および分社化のケースで,それほどマイナスの効果に差がないことを示している。

このように,連結子会社を持つ企業と持たない企業との比較分析からは,総じて多角化および分社化が企業収益に対してプラスの効果を及ぼしているとは言い難く,むしろ多角化および分社化によって,収益性が低下しているという

表 2.8 連結子会社を持つ企業と持たない企業との比較：係数ダミー（交差項）のケース

説明変数＼被説明変数	ROA	ROE
上位 10 株主持株比率	0.0799***	0.1006***
	(18.03)	(8.29)
上位 10 株主持株比率×$DUMA$	−0.0749***	−0.0694***
	(−23.86)	(−8.10)
上位 10 株主持株比率×$DUMB$	−0.0712***	−0.0732***
	(−19.19)	(−7.24)
金融機関持株比率	0.0800***	0.0674***
	(14.24)	(4.39)
金融機関持株比率×$DUMA$	−0.0595***	−0.0401***
	(−10.78)	(−2.65)
金融機関持株比率×$DUMB$	−0.0573***	−0.0417***
	(−10.13)	(−2.69)
海外法人等持株比率	0.0580***	0.0545**
	(6.56)	(2.27)
海外法人等持株比率×$DUMA$	−0.0797***	−0.0923***
	(−8.51)	(−3.64)
海外法人等持株比率×$DUMB$	−0.0641***	−0.0546**
	(−6.62)	(−2.08)
負債総資産比率	−0.0694***	−0.0766***
	(−20.40)	(−7.90)
負債総資産比率×$DUMA$	0.0855***	0.0600***
	(26.02)	(6.55)
負債総資産比率×$DUMB$	0.0780***	0.0592***
	(21.86)	(5.97)
総資産（対数）	−0.2203***	−0.2828
	(−2.64)	(−1.25)
売上高伸び率	0.0296***	0.0520***
	(28.28)	(18.61)
景気動向一致指数（CI）	0.0216***	0.0463***
	(6.13)	(4.87)
定数項	5.3138***	2.4744
	(3.56)	(0.61)
$\overline{R}^2$	0.1098	0.0466
データ数	57,295	57,060

注1：$DUMA$：連結子会社を1社から4社保有する企業＝1，その他の企業＝0とするダミー変数。
　　$DUMB$：連結子会社を5社以上保有する企業＝1，その他の企業＝0とするダミー変数。
注2：推計期間：1990〜2009年度。
注3：パネル分析の固定効果モデルを用いて計測している。
注4：***，**，*は，それぞれ1％水準，5％水準，10％水準で有意であることを示す。括弧内はt値。

実証結果が得られている。ただし，多角化および分社化を控えめにしている企業と多角化および分社化を積極的にしている企業との間には，収益性の低下に関して，ほとんど差異がみられないという事実も観察されている。

7. 主な結果

　コーポレート・ガバナンスが脆弱であると，企業経営者は株主価値を犠牲にして私的便益を追求するような経営に走る傾向が強まる。その典型的な行動が，多角化に伴うempire building やoverinvestmentなどの企業行動である。
　そのような問題を解決あるいは緩和する手段としては，株主によるモニタリングや負債の規律づけなどがある。本章では，所有集中度，金融機関および海外法人等の持株比率などの所有構造や負債比率に着目し，それらの要素が子会社を通じた多角化の度合いにどのような影響を及ぼしているのか，そしてそれらの結果としての多角化度合いが，企業の収益性にいかなる効果を与えているのかを定量的に分析した。また，多角化が収益の変動を抑制する効果を発揮しているのか否かも検証した。
　本章の実証分析から得られた結果を要約すると，次の通りである。
　第1に，子会社形態での多角化および分社化実施企業における連結決算と単体決算との比較分析からは，
　1) 所有集中度，海外法人等持株比率そして負債比率が，それぞれ多角化および分社化度合いに及ぼす影響については，多角化指標によって異なる結果であり，安定した関係は観察されない。
　2) 二段階推計に基づく多角化の収益に対する影響をみると，連結子会社数が増加すると，ROAおよびROEの連単差分がそれぞれ改善するという多角化のプラスの効果が観察されるのをはじめとして，総資産連単倍率が上がるとROAの連単差分が改善するという効果も観察される。
　3) 多角化および分社化によって投資が増加するという結果は得られていない。また，多角化および分社化の進展によって，収益が赤字になることを防ぐ効果が一部で観察される。
　第2に，連結子会社を持つ企業と持たない企業との比較では，

4）収益性を被説明変数とするパネル分析で多角化および分社化の効果を分析すると，多角化および分社化企業は，多角化および分社化していない企業に比べて，収益性が劣っているという結果が得られている。

5）上位10株主持株比率，金融機関持株比率，海外法人等持株比率といった所有構造を示す3変数は，全く多角化および分社化していない企業では，収益性を高める効果を持つが，多角化および分社化している企業ではその効果が大幅に減衰している。

6）多角化および分社化を控えめにしている企業と多角化および分社化を積極的にしている企業との間には，それらのマイナス効果に関して，ほとんど差異がみられない。

なお，多角化分析で伝統的に採用されているセグメント情報に基づく分析結果は，紙面の制約で割愛した。その主要な結果は，次の通りである[22]。

7）所有集中度と金融機関持株比率は，ともにセグメント数を抑制する効果を発揮しているものの，その結果としてのセグメント数は，収益に有意にプラスの効果を発揮しているわけではない。また，海外法人持株比率は，セグメント数に影響を及ぼしてはいない。

8）負債の規律づけ仮説とは逆に，負債総資産比率はセグメント数とプラスに相関し，またその結果としての多角化度合いは，収益増に寄与していない。

9）セグメント数の増加は設備投資比率の上昇を導き，その結果としての設備投資比率は赤字を誘発している。つまり，赤字企業に関しては過大投資仮説と整合的な結果である。

さらに，純粋持株会社のみを対象にした分析の結果も割愛した。その主要な結果は，次の通りである[23]。

10）所有集中度が多角化に及ぼす抑制効果は限定的にしか観察されず，また金融機関が与える抑制効果は一切観察されない。さらに，それらの結果としての多角化度合いが収益に及ぼす効果は，連結子会社数を通じるチ

---

22) 結果の詳細は，花崎・松下（2014a）第7節を参照。
23) 結果の詳細は，花崎・松下（2014a）第8節を参照。

ャネルにおいて，所有集中度ではプラス，金融機関持株比率ではマイナスとなっている。
11) 海外法人等は，多角化を抑制する効果をセグメント数に対しては発揮しているものの，その結果としての多角化度合いが収益に及ぼす効果は，連結子会社数を通じるチャネルにおいてのみ有意にプラスである。
12) 負債が多角化を抑制するという規律づけ効果は，観察されない。
13) 多角化が純粋持株会社の設備投資を押し上げている効果は検出されず，多角化度合いを加味した設備投資が経営困難を導くかどうかの計測も，モデルにより結果が異なりロバストなものとはいえない。
14) 純粋持株会社は，一般事業会社に比較して収益性は低く，金融機関などの規律づけ効果を減衰させる傾向を示している。

8. 結果の解釈

　本章で展開された実証分析には，二面性のある微妙な結果が多く含まれており，その解釈は一筋縄ではいかないものがある。
　多角化実施企業における連結決算と単体決算との比較分析からは，多角化を進めることによって，単体決算ベースに比べて連結決算ベースの収益性が向上するようなプラスの効果が観察されている計測ケースもみられる。これは，親会社の決算を良くするために子会社を利用するような，ある種の利益操作が広く行われていることを否定する結果であると解釈できる。しかしながら，この結果は，多角化そのものが収益増をもたらしていることを，必ずしも意味するものではない。なぜならば，連結決算と比較している単体決算も，多角化企業の決算の一部であり，その単体決算そのものにも多角化行動のさまざまな影響が反映されている可能性があるからである。
　一方，連結子会社を持つ企業と持たない企業との比較からは，多角化の効果がより明確に捉えられると考えられるかもしれない。そして，多角化は収益性に対してマイナスの効果を及ぼしているばかりではなく，所有構造に関する変数のガバナンス効果を大きく減衰させているというネガティブな効果を惹起しているという分析から得られた結果は，日本企業の多角化行動に何らかの稚拙

さや問題点があることを示唆している，と解釈できるかもしれない。もっとも，多角化のマイナス効果がコーポレート・ガバナンスの脆弱性に起因しているとすれば，多角化を積極的に進めている企業ほどそのマイナス効果が大きくなるはずであるが，本章の結果では多角化を控えめにしている企業と積極的に展開している企業との間には，ほとんど差異がみられないという仮説とは異なる結果が得られている。

　本章では，日本企業に関する実証分析により，コーポレート・ガバナンスに関する標準的な仮説が概ね成り立たないという結果が得られたが，それはどのように解釈されるべきであろうか。その有力な要因は，日本とアメリカとのコーポレート・ガバナンスの違いであろう。本章で提示された仮説の多くは，アメリカ型のコーポレート・ガバナンスを前提としたものである。

　そして，本章の実証分析からは，アメリカ型のコーポレート・ガバナンスの問題に起因するような過度な多角化のマイナスの側面が，必ずしも顕著に表れているわけではないといえるのではないであろうか。換言すれば，日本企業の経営者は，全体的にみれば empire building や overinvestment などの企業価値を毀損するような行動を明示的にとっているわけではないと解釈することができる。あるいは，私的便益に関心が高い企業経営者が長期にわたり君臨するような企業は淘汰されてしまい，ゴーイング・コンサーンとして存在する企業は，多くの場合には効率的な経営に努めている企業であると解釈すべきなのかもしれない。もっとも，軽微な多角化でさえ収益性に対してマイナスの効果を生んでいるという事実は，日本の多角化や分社化が必ずしも短期的な利益を引き上げることを目的とするものではなく，長期的な企業の存続を目指したものである可能性をうかがわせるものである。

　本章第3節での実態分析において，日本企業の多角化は，連単倍率という量的な指標からみると，決して高い水準にあるとはいえないであろうと述べた。本章の実証分析の結果は，その事実とある程度整合的であるように思われる。

　最後に本章で残された課題について述べる。

　第1に，本章では所有構造等のコーポレート・ガバナンスの要素が，多角化行動にどのような影響を及ぼし，その結果どのような成果をあげているのかを検証した。しかしながら，前者と後者は逆の因果関係にあるかもしれない。す

なわち，ある企業の多角化行動の実態とその成果をみて株主になるものや逆に株を売るものがいて，その結果としてその企業の所有構造が決まるという関係である。このような内生性の問題を，どのように処理するかは今後の課題としたい。

第2に，本章では本業に隣接した分野あるいは同じ業種内の新分野への進出と業種を超えた全く新しい分野への進出とを峻別していない。両者は，その意図や効果が大きく異なる可能性があり，両者を峻別したよりきめ細かい分析が，今後必要とされよう。

第3に，企業の多角化戦略には，自社内での多角化と子会社形態での多角化とがあるが，本章ではその決定要因には触れられていない。どのような属性を有する企業がどちらをより選択するのか，経済環境や産業特性などがその選択に影響を与えているのか否かなど，重要な観点が抜け落ちており，今後の課題としたい。

参考文献

Berger, Philip G. and Eli Ofek (1995), "Diversification's Effect on Firm Value," *Journal of Financial Economics* 37, 39-65.

Berglöf, Erik and Enrico Perotti (1994), "The Governance Structure of the Japanese Financial Keiretsu," *Journal of Financial Economics*, 36, 259-284.

Campa, Jose Manuel and Simi Kedia (2002), "Explaining the Diversification Discount," *Journal of Finance*, 57(4), 1731-1762.

Chandler, JR. and Alfred D. (1977), *The Visible Hand - The Managerial Revolution in American Business-*, Belknap Press of Harvard University Press.

Chandler, JR. and Alfred D. (1990), *Scale and Scope - The Dynamics of Industrial Capitalism -*, Belknap Press of Harvard University Press.

Claessens, Stijn, Simeon Djankov, Joseph P. H. Fan and Larry H. P. Lang (2004), "The Benefits and Costs of Internal Markets: Evidence from Asia's Financial Crisis," in Joseph P. H. Fan, Masaharu Hanazaki and Juro Teranishi (eds.), *Designing Financial Systems in East Asia and Japan*, RoutledgeCurzon, Chapter 8, 204-224.

Comment, Robert and Gregg A. Jarrell (1995), "Corporate Focus and Stock Returns," *Journal of Financial Economics*, 37, 67-87.

Denis, David J., Diane K. Denis and Atulya Sarin (1997), "Agency Problems, Equity Ownership, and Corporate Diversification," *Journal of Finance*, 52(1), 135-160.

Denis, David J., Diane K. Denis and Keven Yost (2002), "Global Diversification, Industrial Diversification, and Firm Value," *Journal of Finance*, 57(5), 1951-1979.

Diamond, Douglas W. (1984), "Financial Intermediation and Delegated Monitoring," *Review of Economic Studies*, 51, 393-414.

Graham, John R., Michael L. Lemmon and Jack G. Wolf (2002), "Does Corporate Diversification Destroy Value?" *Journal of Finance*, 57(2), 695-720.

Jensen, Michael C. (1986), "Agency Costs of Free Cash Flow, Corporate Finance and Takeovers," *American Economic Review*, 76, 323-329.

Jensen, Michael C. (1989), "Eclipse of the Public Corporation," *Harvard Business Review*, Sept.-Oct., 61-74.

Kang, Jun-Koo and Anil Shivdasani (1995), "Firm Performance, Corporate Governance, and Top Executive Turnover in Japan," *Journal of Financial Economics*, 38, 29-58.

Kaplan, Steven N. and Bernadette A. Minton (1994), "Appointments of Outsiders to Japanese Boards: Determinants and Implications for Managers," *Journal of Financial Economics*, 36, 225-258.

Kikutani, Tatsuya, Hideshi Itoh and Osamu Hayashida (2007), "Business Portfolio Restructuring of Japanese Firms in the 1990s: Entry and Exit Analysis," in Masahiko AOKI, Gregory Jackson and Hideaki Miyajima (eds.), *Corporate Governance in Japan-Institutional Change and Organizational Diversity*, Oxford University Press, Chapter 8, 227-256.

Lang, Larry H. P. and Rene M. Stulz (1994), "Tobin's q, Corporate Diversification, and Firm Performance," *Journal of Political Economy*, 102(6), 1248-1280.

Lewellen, Wilbur G. (1971), "A Pure Financial Rationale for the Conglomerate Merger," *Journal of Finance*, 26, 521-537.

Mansi, Sattar A. and David M. Reeb (2002), "Corporate Diversification: What Gets Discounted?" *Journal of Finance*, 57(5), 2167-2183.

Mitton, Todd (2001), "A Cross-Firm Analysis of the Impact of Corporate Governance on the East Asian Financial Crisis," unpublished manuscript.

Prowse, Stephen D. (1992), "The Structure of Corporate Ownership in Japan," *Journal of Finance*, 47, 1121-1140.

Rajan, Raghuram, Henri Servaes and Luigi Zingales (2000), "The Cost of Diversity: The Diversification Discount and Inefficient Investment," *Journal of Finance*, 55(1), 35-80.

Scharfstein, David S. and Jeremy C. Stein (2000), "The Dark Side of Internal Capital Markets: Divisional Rent-Seeking and Inefficient Investment," *Journal of Finance*, 55(6), 2537-2564.

Servaes, Henri (1996), "The Value of Diversification During the Conglomerate Merger Wave," *Journal of Finance*, 51(4), 1201-1225.

Shin, Hyun-Han and Rene M. Stulz (1998), "Are Internal Capital Markets Efficient?" *Quarterly Journal of Economics, 113, 531-552.

Stein, Jeremy C. (1997), "Internal Capital Markets and the Competition for Corporate Resources," Journal of Finance, 52(1), 111-133.

Tirole, Jean (2006), *The Theory of Corporate Finance*, Princeton University Press.

Villalonga, Belén (2004), "Diversification Discount or Premium? New Evidence from the Business Information Tracking Series," *Journal of Finance*, 59(2), 479-506.

Wernerfelt, Birger and Cynthia A. Montgomery (1988), "Tobin's q and the Importance of Focus in Firm Performance," *American Economic Review*, 78(1), 246-250.

Yafeh, Yishay and Oved Yosha (2003), "Large Shareholders and Banks: Who Monitors and How?" *Economic Journal*, 113, 128-146.

伊藤秀史 (2002), 「日本企業の組織再編：事業部制組織の経済分析」大塚啓二郎・中山幹夫・福田慎一・本多佑三編『現代経済学の潮流2002』東洋経済新報社, 第3章, 47-72.

伊藤秀史 (2006), 「日本企業の組織再編　事業部制組織の経済分析」伊丹敬之・藤本隆宏・岡崎哲二・伊藤秀史・沼上幹編『リーディングス日本の企業システム第2期第1巻　組織とコーディネーション』有斐閣, 第14章, 396-418.

伊藤秀史・菊谷達弥・林田修 (2003), 「親子会社間の多面的関係と子会社ガバナンス」花崎正晴・寺西重郎編『コーポレート・ガバナンスの経済分析―変革期の日本と金融危機後の東アジア―』東京大学出版会, 第2章, 51-80.

上野恭裕 (2001), 「純粋持株会社解禁後の日本企業の組織構造」『大阪府立大学経済研究』第47巻第1号, 53-71.

清水雅彦・宮川幸三 (2003), 『参入・退出と多角化の経済分析　工業統計データに基づく実証理論研究』慶應義塾大学出版会.

円谷昭一 (2010), 「事業セグメント情報にみるディスクロージャー制度の展望-IRを踏まえた基準作成の必要性―」プロネクサス総合研究所レポート第4号, 3-12.

花崎正晴 (2008), 『企業金融とコーポレート・ガバナンス―情報と制度からのアプローチ』東京大学出版会.

花崎正晴・劉群 (2003), 「アジア危機とコーポレート・ガバナンス」花崎正晴・寺西重郎編『コーポレート・ガバナンスの経済分析―変革期の日本と金融危機後の東アジア―』東京大学出版会, 第13章, 339-368.

花崎正晴・松下佳菜子 (2014a), 「コーポレート・ガバナンスと多角化行動―日本の企業データを用いた実証分析―」『経済経営研究』Vol. 34, No. 5, 日本政策投資銀行設備投資研究所.

花崎正晴・松下佳菜子 (2014b), 「ストック・オプションおよび事業の多角化, 分社化―近年の企業経営の変化と効果の実証分析」堀内昭義・花崎正晴・中村純一編『日本経済変革期の金融と企業行動』東京大学出版会, 第1章, 53-103.

宮島英昭・稲垣健一 (2003), 『日本企業の多様化と企業統治―事業戦略・グループ経営・分権化組織の分析―』財務省財務総合政策研究所.

森川正之 (1998a), 「新規事業への進出と既存事業からの撤退―日本企業の実証分析―」通

商産業研究所ディスカッションペーパー 98-DOJ-87。

森川正之（1998b），「親会社の事業展開と子会社の事業展開－日本企業の多角化・集中化の要因と効果に関する実証分析－」『通産研究レビュー』第2号，124-161。

吉原英樹・佐久間昭光・伊丹敬之・加護野忠男（1981），『日本企業の多角化戦略　経営資源アプローチ』日本経済新聞社。

頼誠（2009），「純粋持株会社の実態と課題」『商大論集』第61巻第1号，95-126，兵庫県立大学政策科学研究所。

第3章　企業投資の多様化とコーポレート・ガバナンス

花崎正晴・羽田徹也・鄭晶潔

1. はじめに

　1950年代後半から1970年代初頭にかけての日本の高度成長期に，日本経済を力強く牽引したのは，企業の設備投資であった。まさに，「投資が投資を呼ぶ」経済成長が長期にわたって実現し，日本経済は概ね二桁の高い成長率を達成してきたのである。その後1970年代における2度のオイルショックや固定為替相場制から変動為替相場制への移行などにより，企業を取り巻く経営環境は激変し，設備投資の伸びは大幅に鈍化した。しかし，1980年代に入って設備投資は再び増勢を回復し，名目GDPに占める設備投資の比率はバブルの絶頂期であった1990年度には20.4%と，高度成長期以来の20%の大台超えを記録した。
　しかしながら，バブル期に増勢を回復した設備投資は，1990年代初頭のバブル崩壊とともに，一転急落することとなった。しかも，その設備投資の低迷は長期化し，最近時点における設備投資の水準は，未だ1991年度のピーク時に遠く及ばない低水準にある。
　本章では，近年の設備投資動向を概観するとともに，その低迷の一因ともなっている投資行動のグローバル化や多様化について考察し，加えてコーポレート・ガバナンスと投資行動との関係を実証的に考察することによって，いかなるガバナンスの要因が積極的な投資を促すかについて考察する。
　本章の構成は，次の通りである。第2節および第3節で設備投資および関連指標の動向を概観したのち，第4節では設備投資のグローバル化，そして第5

節では投資の多様化という現象について解説する。第6節は，投資の多様化に関する先行研究の紹介である。そして，第7節と第8節では，堀内・花崎のコーポレート・ガバナンス論を概観するとともに，ガバナンスとしての市場競争の有効性に関する実証結果を紹介する。第9節では，投資行動とコーポレート・ガバナンスとの関係に関するオリジナルな実証分析を実施しており，第10節では本章全体を総括している。

2. 近年の設備投資動向

設備投資は，企業レベルでみれば将来の発展の成否を左右する重要な行動であるとともに，マクロ経済の観点からみれば，一国全体の供給力を増進させるというサプライサイドの効果とともに総需要を高めるというディマンドサイドの効果を発揮する。

ディマンドサイドとサプライサイドの相乗効果により「投資が投資を呼ぶ」と表現された高度成長期が終焉し増勢が鈍化した設備投資は，1980年代に再び盛り上がった。GDPベースの名目設備投資額は，1980年度の39.7兆円から85年度には54.1兆円，さらに91年度のピークには92.7兆円に達した。

1980年代後半の設備投資の増勢は，バブル現象に起因するものであることはいうまでもないが，バブル崩壊後の設備投資の反動減は，際立っている。すなわち，ピークからわずか3年後の1994年度には76.0兆円にまで落ち込み，その後は一進一退を繰り返したのち，リーマン・ショック後の2009年度には67.5兆円にまで急落し，その後は回復基調を辿っているものの，直近の2017年度においても87.0兆円と，四半世紀以上前のピークに達しない水準にとどまっている。

図3.1には，1995年度から2017年度までの国民経済計算ベースの実質設備投資増減率，実質GDP増減率そして実質GDPの増減に対する実質設備投資寄与度が示されている。バブル崩壊以降今日に至るまで，日本の経済成長率は極めて低位にとどまっていることは周知の事実であり，当該期間においてGDP成長率が3％を上回ったのは，1995年度（3.5％）と2010年度（3.2％）の2回のみである。一方，マイナス成長に陥ったのは，1998年度（-0.8％），

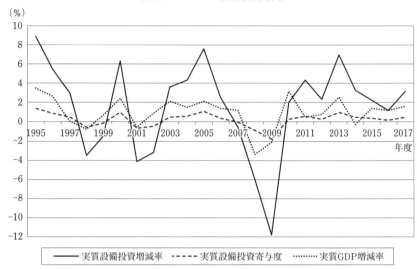

図3.1 マクロの設備投資動向

原データ：内閣府「国民経済計算」。

2001年度（−0.6％），08年度（−3.4％），09年度（−2.2％），14年度（−0.3％）と5回にも達している。

一方，設備投資動向は，GDPに比べて変動性が極めて大きいのが特徴である。すなわち，円高による交易条件の向上が企業収益を改善させて9.0％という大幅増となった1995年度，グローバルな好況に支えられて7.6％増となった2005年度，そしてアベノミクスが始まりその期待感が広がって7.0％増となった2013年度では，いずれも高い伸びを記録した。逆に，伸び率がマイナスに陥ったのは，1995年度以降7回にも達し，とりわけ2008年9月のリーマン・ショックが世界金融危機へと急速に波及した2009年度には−11.9％と，バブル崩壊後の1993年度以来の二桁のマイナスの減少に陥った。

設備投資がGDPに占める比率は，近年15％程度にとどまっているが，その乱高下する性質ゆえに，GDPの増減に対する設備投資の寄与度は，総じて高い。例えば，上述した2009年度についてみると，GDP増減率は−2.2％であるが，そのうち−1.8％は設備投資の落ち込みによってもたらされているの

3. 資本係数の推移

　設備投資の長期的動向を反映する指標として重要な意味を持つのが、資本係数である。資本係数は、設備投資をストック化した概念である資本ストックとGDPとの比率であり、産出係数の逆数である。資本係数は、古典的な経済成長理論において重要な役割を演じ、ハロッド＝ドマー理論ではその固定性が前提とされていたのに対して、ソローやスワンなどの新古典派理論では、資本係数は資本・労働比率の水準に応じて変化すると考えられている。

　また、1950年代末期に、下村治氏は当時の経済企画庁の「新長期経済計画」で想定されていた6.5%という経済成長率を過小であるとして、資本係数の逆数である産出係数が1の近傍に保たれることなどから、10%程度の高度成長が持続可能であると主張した。そして、下村氏の予測通り、日本経済は1970年代初頭まで概ね10%程度の高度成長を持続させ、その間産出係数は1に近いレベルに保たれていたのである。

　本章では、1980年から2016年までの資本係数の推移を考察する（図3.2）。資本係数の分子となる「民間企業資本ストック」の価値額[1]は、1980年時点では381兆円にとどまっていたが、1985年には522兆円と500兆円を超え、1998年には1,023兆円と初めて1,000兆円の大台に達している。その後は、伸びは緩やかになったものの、2008年には1,208兆円と1,200兆円を突破し、2016年には1,331兆円に達している。このように、資本ストックの増加額が、長期的にみてGDPの伸びを上回っているため、資本係数の値は趨勢的に上昇していることがみてとれる。すなわち、1980年時点の資本係数の値は1.42で

---

[1]　具体的には、平成17年平均価格評価の実質値の進捗ベースにおける全産業の有形固定資産の暦年末の価値額を採用している。なお、内閣府によって公表されてきた「民間企業資本ストック」の価値額は、減価償却を反映しない粗概念である。その粗概念に基づく「民間企業資本ストック」については、2016年4-6月期をもって公表がとりやめられているため、図3.2の2016年については、2016年4-6月期の数値を用いている。なお、その後内閣府によって公表されている「固定資本ストック」は、減価償却反映後の純概念であり、従来の粗概念の系列とは接続できない。

図3.2 資本係数の推移

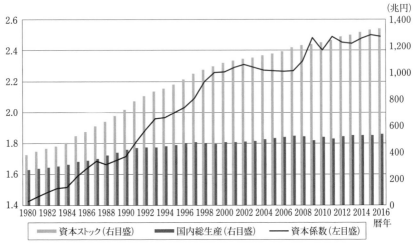

注1：資本係数＝資本ストック／国内総生産。
注2：資本ストック，国内総生産ともに，平成17年平均価格評価の実質値に換算して計算している。
原データ：内閣府「民間企業資本ストック統計」，「国民経済計算」。

あるが，1995年に2.0の大台に乗り，2002年には初めて2.31と2.3を上回っている。その後2006年頃までは，グローバルな景気拡大に牽引される形でGDPが資本ストックの伸びを上回る形で拡大し，資本係数は低下した。その後2008年9月に勃発した世界金融危機の影響により，GDPが大きく落ち込んだことにより，2009年には資本係数が2.4を上回り，それ以降2016年まで変動を伴いながら，2.5近辺で推移している（2016年：2.49）。

このような資本係数の推移は，どのように解釈すべきであろうか。第1に，資本係数が近年2.5程度で推移しているという事実は，高度成長期には1.0近傍であった事実と比較すれば，明らかに高い水準に転化したといえる。資本係数の上昇は，高度成長期が終焉して低成長そしてゼロ成長経済に移行し，資本ストックが産出の増加に結びつきにくいという意味での生産性や効率性の低下を反映するものである。より具体的には，2度のオイルショックや地球環境問題に直面して，日本企業が省資源・省エネルギー投資，代替エネルギー投資，環境関連投資など，生産に直結しない性質の投資の割合が増加してきたこと，

企業間競争あるいは産業間競争の熾烈化の中で，企業間格差の拡大や産業間の盛衰が顕著になり，資本ストックの水準と付加価値の水準が釣り合わない事例も増えていることなども，背景にあると考えられる。

第2に，資本係数の上昇トレンドの背景には，設備の陳腐化の進行という要因が指摘できる。堀内・花崎・松下（2014）は，資本ストックの平均的な年齢（ヴィンテージ）を試算している。それによると，日本の製造業のヴィンテージは，1980年の9.23年から総じて上昇トレンドを示し，1993年には11年，99年には13年そして2009年には15年をそれぞれ上回り，2012年には16.10年にも達している。

新しい機械設備ほど新しい技術が体化されているという考え方に立つと，ヴィンテージの上昇は，設備の陳腐化を意味し，既存の資本ストックが生み出す付加価値を減少させ，結果的に資本係数を上昇させる悪影響を及ぼすと解釈できる。その意味で，更新投資や新製品製造設備の導入などの積極的な投資は，資本ストックの上昇以上に付加価値を高める効果が期待できる。

4. 設備投資のグローバル化

上述の通り，1950年代後半から1970年代初頭にかけては，設備投資主導の経済成長が実現した。その一つの背景として，当時の日本企業の設備投資はほとんど国内で実行され，直接的に国内の需要を喚起するとともに，国内の供給力を高める効果を発揮したという事情がある。

しかしながら，1970年代以降，日本経済の国際化およびグローバル化の進展とともに，日本企業は海外での活動を着実に増やし，当然の帰結として海外での設備投資も増加しつつある。日本企業が海外進出に伴い海外における設備投資を増加させている主な理由は，次の4つである。

第1に，1970年代後半以降，日本の貿易黒字が大幅に増加するなか，その反対に赤字が拡大したアメリカをはじめとする先進諸国との貿易摩擦が激化した[2]。その結果，海外マーケットに製品を豊富に供給するためには輸出への依

---

2) 詳細は，花崎（1996）を参照。

存を低下させ，かわりに海外での現地生産を拡大させる戦略への転換を余儀なくされ，海外での設備投資が拡大することとなった。自動車業界がその代表である。第2に，1990年代以降，いく度となく繰り返された急激な円高により，日本国内の労働コストが相対的に割高となり，東アジアを中心とする発展途上国における豊富で安価な労働力に対する関心が高まり，国内生産から海外生産への移行を目指す企業が増え，海外における設備投資増に結びついた。繊維，食品，精密機械などの相対的に労働集約的な製造業で，その傾向が観察される。第3は，サプライチェーン維持に伴う海外進出である。つまり，完成品製造の企業が，上述の背景により現地生産を拡大すると，部品や中間財のサプライヤーも，取引維持の観点から同様に海外進出を図る動きが活発化する。自動車や電気機械などの産業に，主にみられる特徴である。そして，第4の要因として，バブル崩壊以降の日本経済の低迷の中で，新興国の経済発展に伴うマーケットとしての魅力の高まりに呼応した海外進出が観察される。製造業に加えて小売，運輸，ホテルなどの業種でその傾向がみられる。

　もっとも，日本企業の海外での設備投資動向を正確に把握するのは容易ではない。本章では，日本政策投資銀行産業調査部が毎年実施している「設備投資計画調査」に基づき，その動向を明らかにする。同調査は，資本金10億円以上の大企業を対象とする設備投資に関する多面的なアンケート方式の調査であり，毎年回答企業数は異なるものの，2018年6月に実施され，同年8月に公表された最新の調査では，海外における設備投資実績に関して743社から回答が得られている[3]。

　各年の同調査結果に基づき，2003年度以降2017年度までの海外投資増減率と海外投資比率の実績の推移を，全産業と製造業に関して示したのが図3.3である[4]。

　一般的に，設備投資は個人消費などと比較して時系列でみた場合に変動が大きいのが特徴であるが，図3.3から海外投資は一層変動が激しいことがみて

---

[3] なお，2018年調査の対象企業数は3,240社であり，主要調査項目である設備投資全体に関する有効回答会社数は2,059社（回答率63.5％）であった。
[4] ここで，海外投資とは企業の連結ベースの海外設備投資であり，海外投資比率は，（連結海外設備投資÷（単体国内設備投資＋連結海外設備投資））×100で算出されている。

第3章　企業投資の多様化とコーポレート・ガバナンス

図3.3　海外における設備投資動向
(1)全産業

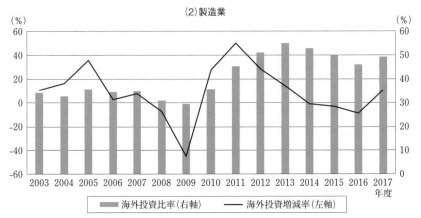

(2)製造業

注：海外投資比率＝連結海外設備投資/(単体国内設備投資＋連結海外設備投資)×100。
原データ：日本政策投資銀行「設備投資計画調査」。

とれる。海外投資増減率は，内外経済が好調であった2005年度には，全産業で前年度比34.2％増，また製造業では同35.4％増となった。一方，有力投資銀行であったリーマン・ブラザーズの破綻（2008年9月）を境に世界金融危機に突入した2008，09年度には，一転海外投資増減率はマイナスに転じ，とりわけ2009年度には，全産業で38.2％減，製造業では44.9％減を，それぞれ記

録した。

　その後 2010 年度から為替レートは円高方向へと動き，2011 年 7 月から 2012 年 2 月にかけて 1 ドル＝80 円を上回る未曾有の円高局面が現出すると，国内から海外に拠点を移す日本企業の動きが活発化し，海外投資は大幅増となった。すなわち 2011 年度には，全産業で 42.2％ 増，製造業では 49.6％ 増と，それぞれ海外における設備投資の調査開始以来最高の伸びを記録した。なお，2013 年度以降には，為替レートが 1 ドル＝100 円台を回復したこともあり，それ以前の急激な海外進出は影を潜め，海外投資は落ち着いた推移を示している。

　このような海外投資の動向を反映して，海外投資比率もダイナミックな推移を示している。全産業についてみると，2003 年度時点では同比率は 16.8％ にとどまっているが，2006 年度には 20.4％ と 2 割を超え，2012 年度には 32.2％ と 3 割を上回っている。ピークは，2013 年度の 39.4％ である。一方，製造業では全産業に比べて，より一層海外投資比率が高水準で推移している。製造業の同比率は，2003 年度にすでに 34.3％ に達し，2012 年度から 2014 年度にかけては 5 割を上回っている。ピークは，2013 年度の 54.8％ である。

　日本政策投資銀行の調査から海外における設備投資の地域別動向をみると，2017 年度実績に関しては，北米が 38.5％ と最も高く，中国を除くアジア 24.9％，ヨーロッパ 13.5％ の順番となっている[5]。

　日本企業の海外における設備投資の増加は，企業活動のグローバル化の必然の結果であり，今後もそのトレンドは強まることはありえるものの，弱まることはないように思われる。しかしながら，日本の経済成長という観点からみると，単純に日本企業が国内における設備投資を減らして，海外での設備投資を増やしているとすれば，明らかにマイナスとなる。したがって，国内での設備投資と海外での設備投資との関係が，代替的なのか補完的なのか，あるいは両者はそれぞれ独立な要因によって決定されているものなのかといった観点から，今後一層の研究の蓄積が望まれる。

5）　残りは，その他／不明 16.1％ および中国 7.0％ である。

5. 投資の多様化

　昨今設備投資に類似する投資的支出の重要性が増しつつある。本節では，それらの中でも M&A と R&D について考察する。

　上述の通り，企業が実施する設備投資は，経済全体にとっての有効需要となるばかりではなく，将来の財やサービスの供給能力を高めるというサプライサイドにも重要な効果を発揮する。設備投資を実施しなければ，企業が中長期的に成長していく余地は限定されることとなる。

　しかしながら，例えば海外での工場新設といった設備投資をする場合には，現地法人の設立，土地の取得，設備工事への着手から竣工，従業員の雇用，製品の販売チャネルの構築や顧客の確保といった多くの困難な事態を，段階的に克服していかなければならない[6]。このような設備投資およびその結果としての企業価値向上の実現には，長期の時間を要するのは，明らかである。

　企業の成長性を確保するための投資行動という性格を有するとともに，長期の時間を要する設備投資の効果を代替し，短期間で機械設備等を取得することができる施策がある。それが，M&A である。M&A は，すでに創業実績のある企業を M&A の対象とすることによって，グリーンフィールド型の設備投資に比べて，相対的に短期間のうちに，成果をあげることができる。また，自社で保有していない企業設備に加えて新たな経営資源を取り込むことによって，企業価値の向上を実現できる可能性がある[7]。このように，M&A は，企業の生産力を高め，将来の企業価値を高める効果を発揮する。

　設備投資が物的資産を蓄積することによって，将来の供給力を増加させ，企業成長を促進しようとする企業行動であるのに対して，R&D は基礎研究，応用研究そして開発・実用化研究の各段階を経て，新製品を市場に投入すること

---

6) このような性質を有する投資は，何も存在しない原野を取得して，工場等の建物を建設するという意味で，グリーンフィールド投資と呼ばれる。
7) M&A が成功して企業価値が向上する主たる要因としては，同業他社との M&A では規模の経済性 (economies of scale)，そして異業種企業との M&A では範囲の経済性 (economies of scope) の実現があげられる。

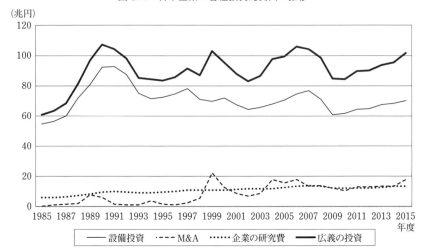

図3.4 日本企業の各種投資的支出の推移

出所:花崎・羽田(2017)。

によって将来の企業成長を図ろうとする企業行動である。その意味で，R&D活動に伴う支出である研究開発費は，設備投資と同様に投資的性格の支出であるとみなすことができる。

ただし，両者には，大きな差異もある。すなわち，設備投資とは，工場の建設や機械の導入など，企業による有形固定資産の増加行動であり，ハードな投資ということができる。一方，研究開発費には，研究開発活動に係る人件費，原材料費，有形固定資産の購入費，無形固定資産（ソフトウェア等）の購入費，リース料およびその他の経費が含まれ，会計処理上はかなりの割合が費用計上されることから，ソフトな投資と呼ぶことができる。

このようなM&AとR&Dを設備投資と比較して分析した研究が，花崎・羽田（2017）である。その中の図3.4では，1985年度から2015年度までのおよそ30年間を対象に，日本企業のそれらの3種類の投資額の推移を示している。同図により設備投資がバブル期をピークにその後長期低迷が際立つなか，M&AとR&Dは，総じて増加傾向を示していることがみてとれる。また，それら3種類の投資的支出を合算した広義の投資動向の推移をみると，設備投資

と同様に，1990年度のバブル期に107.1兆円とピークを記録するものの，その後の落ち込みはそれほど顕著とはいえず，1999年度には102.9兆円，また2006年度には105.8兆円と，それぞれピークにかなり近づき，その後一旦減少するものの，2015年度には101.5兆円と，再びピークに接近している。

また，3種類の投資的支出の構成比を算出すると，1985年度当初は設備投資がおよそ9割の圧倒的なシェアを示すものの，次第にそのシェアは低下し，M&Aが顕著に増加した1999年度以降は8割を割り込み，2015年度には設備投資が69.0％，M&Aは17.5％，そしてR&Dは13.5％を，それぞれ占めている。

このように，近年日本企業は，相対的に設備投資を抑制しているものの，一方でR&DおよびM&Aといった投資的支出は，むしろ趨勢としては増加しており，広義の投資でみると，バブルのピークに近い支出がなされていることがわかる。

6. 投資の多様化を考慮した先行研究

上述のように，近年における日本の設備投資の低迷の有力な背景として，M&AやR&Dといった設備投資に類似した投資的支出の増加がある。本節では，その点に着目した実証分析を展開した花崎・羽田（2017）の概要を紹介する。

花崎・羽田（2017）の分析の背景にある問題意識としては，バブル崩壊後の設備投資の低迷を説明する2つの仮説の妥当性を，検証することにある。すなわち，第1の仮説は，バブル崩壊後の日本企業は，設備投資などのリスクテイキング行動を過度に抑制し，内部資金を投資のために使うよりは社内に留保するとともに，それらを現預金として保蔵することを好む。つまり，日本企業には，過度な安全志向（enjoying the quiet life; Bertrand and Mullainathan 2003）の風潮が蔓延しているというものである。第2の仮説は，設備投資は低迷しているものの，M&AやR&Dといったそれ以外の投資的支出は増加しており，それらを合算した広義の投資概念でみた場合には，それほど投資活動は低迷していないというものである。この広義の投資へのシフト仮説によれば，企業は

投資収益率などに基づき，合理的に広義の投資水準を判断し，実行しているということとなる。

これらの2つの仮説を，被説明変数を設備投資とした場合と被説明変数を設備投資にM&AとR&Dを加えた広義の投資とした場合のそれぞれの投資関数を，企業レベルのデータを用いて，推計する。その計測モデルの基本的は，次の通りである。

$$I/K = F(ROFA, R, CF/K, CASH/TA, DEBT, YD) \qquad (1)$$

または，

$$BI/K = F(ROFA, R, CF/K, CASH/TA, DEBT, YD) \qquad (2)$$

ただし，I：設備投資，BI：広義の投資（設備投資＋M&A＋R&D），$ROFA$：資本収益率（営業利益/固定資産），R：資本コスト（支払利息割引料/期首期末平均有利子負債），CF：キャッシュフロー（税引後当期利益＋減価償却費－配当金支払い－自己株式取得額），$CASH$：現預金または現預金＋短期有価証券，$DEBT$：負債総資産比率，K：固定資産（期首期末平均），TA：総資産，YD：世界金融危機時に対応する年次ダミー（2008および2009年度），である。

(1), (2) 式の説明変数の意味を概観すると，上述の通り資本収益率と資本コストは，それぞれトービンのQの構成要素である資本の限界生産性と資本コストの代理変数であり，キャッシュフローと手元流動性（現預金または現預金＋短期有価証券）によって不完全な金融市場のもとでの資金調達の問題を加味している。

また，負債総資産比率に関しては，いくつかの仮説が考えられる。第1の仮説は，企業の信用リスクに関するものである。一般に，企業の株主にとってのリスクとしては，事業リスク（business risk）と財務リスク（financial risk）があるが，負債比率は後者の代理変数であると理解することができる。すなわち，事業リスクを所与とした場合に，負債比率の高い企業はハイリスクであり，外部資金調達の困難性が質的あるいは量的な面で高まることから，その分投資が制約される可能性が指摘できる。

第2の仮説は，debt-overhangの問題に関するものである。すなわち，企業

が過剰な債務を負っていると，新規の投資がプラスの収益を生み出すことが予想される場合でも，その収益が既存債務の返済に優先的に充当されるため，当該投資が実行されなくなる状況が，debt-overhang の問題である[8]。このような考え方に基づくと，負債比率が高い企業は debt-overhang の問題が発生しやすいため，投資にマイナスの影響が出ることが予想される。

　第3は，フリーキャッシュフロー仮説[9] である。同仮説は，負債契約が企業経営に及ぼす規律づけのメカニズムを指摘している。すなわち，多額のフリーキャッシュフローを有する企業は，債権者から効果的にモニターされることによってはじめて，効率的な経営が実現すると考えられる。そして効率経営が投資を促進すると考えれば，負債比率が高い企業は負債による規律づけが有効に作用し，投資水準も高いという結果が予想される。

　このように負債と投資との関係に関しては，代替的ないくつかの仮説が考えられ，第1と第2の仮説に基づくと，負債比率に関わるパラメータの符号条件はマイナスとなるが，第3の仮説の場合には，プラスとなる。したがって，本章で導出される計測結果から，負債に関していずれの仮説が支持されるのかが明らかとなることが期待される。

　ここで，検証に用いられる企業レベルの投資関連データについて解説する。設備投資は，連結決算ベースの有形固定資産の前期末から当期末にかけての増分に当期の減価償却を加えたものから，次に述べる M&A に伴う有形固定資産の増分を差し引いて算出している。また，M&A に関しては，単体決算の関係会社株式[10] の前期末から当期末にかけての増分を用いている。さらに，R&D については，連結損益決算書の注記事項となっている研究開発費を用いている。そして，広義の投資は，以上のようにして算出された設備投資，M&A および R&D の合計額である。

---

8) Myers (1977), Myers and Majluf (1984) を参照。
9) Jensen (1986, 1989) を参照。
10) 関係会社株式は，子会社（50% 超の議決権のある株式保有などによって実質的な支配下にある会社）と関連会社（20% 以上の議決権のある株式保有などによって経営に重要な影響を及ぼすことができる会社）の株式保有分を指す。なお，連結決算では，子会社株式がバランスシートに表れないため，単体決算のデータを用いている。

企業の財務データは，日本政策投資銀行「企業財務データバンク」から収集，加工されている。分析期間は，21世紀に入って景気の拡張が始まった2002年度を始期として，2014年度までの13年間である。分析対象は，はん用・生産用・業務用機械，電気機械，自動車・同部品，繊維，化学，鉄鋼，非鉄金属そして金属製品に属する東証第一部および第二部上場企業であり，全体の社数は939社である[11]。

　広義の投資およびその構成要素である設備投資，R&DそしてM&Aを対象とした推計結果が，表3.1に示されている。全般的な結果については，次の通りである。第1に，トービンのQの構成要素である資本収益率と資本コストの係数は，設備投資と広義の投資に関しては理論通り前者が有意にプラス，後者が有意にマイナスである。他方，R&DとM&Aに関しては，前者は理論通り有意にプラスであるものの，後者では有意な係数が得られていない。第2に，キャッシュフロー比率および2種類の手元流動性比率は，多くのモデルで有意にプラスの係数が得られている[12]。第3に，負債比率は概ね有意にマイナスの符号を示している。これは，高い負債比率はハイリスクを意味し，外部資金調達が困難になるために投資が制約されるという仮説を支持する結果であるといえる。第4に，世界金融危機時の年次ダミーは，R&Dを除くすべてのモデルで有意にマイナスの係数をとっており，当該期間の投資行動が落ち込んでいたことを示している。換言すれば，R&Dは世界金融危機の影響を受けなかったと解釈できる。

　次に，設備投資関数と広義の投資関数の計測結果の比較に焦点を当ててみよう。両者の違いとして，次の3点をあげることができる。第1に，自由度修正

---

11) 分析対象業種は，日本銀行が作成，公表している輸出物価指数の対象業種のおよそ9割を占めている。また，日本政策投資銀行産業調査部「設備投資計画調査」2015年版によれば，2014年度の日本企業全体に占めるこれらの業種の国内設備投資シェアは約25.4%，海外での設備投資シェアは約47.6%である。さらに，総務省「科学技術研究調査」によると，2014年度における（金属・同製品と繊維品を除いた）これらの業種の研究開発費のシェアは約52.7%である。
12) これは，Fazzari, Hubbard and Petersen (1988) に基づくと，投資が資金制約に直面していると解釈される。しかしながら，花崎・羽田 (2017) は，資金余剰企業と資金不足企業との比較分析によって，この現象は，必ずしも投資が資金制約にさらされているわけではないことを明らかにしている。

第3章 企業投資の多様化とコーポレート・ガバナンス

表 3.1 投資関数の推計結果

(1)固定効果モデル

説明変数＼被説明変数	設備投資		M&A		R&D		広義の投資	
資本収益率(-1)	0.1548***	0.1548***	0.0167***	0.0165***	0.0212***	0.0207***	0.1932***	0.1925***
	(19.93)	(19.94)	(2.64)	(2.60)	(7.39)	(7.23)	(18.05)	(18.02)
資本コスト(-1)	-0.1365***	-0.1394***	0.0329	0.0311	-0.0154	-0.0153	-0.1226**	-0.1273**
	(-3.03)	(-3.09)	(0.89)	(0.84)	(-0.93)	(-0.92)	(-1.97)	(-2.05)
CF	0.0342***	0.0353***	0.0135**	0.0140**	0.0078***	0.0075***	0.0568***	0.0581***
	(4.54)	(4.69)	(2.19)	(2.29)	(2.82)	(2.69)	(5.46)	(5.61)
現預金(-1)	0.1024***	—	0.0713***	—	0.0098	—	0.1858***	—
	(5.67)		(4.83)		(1.47)		(7.46)	
現預金＋短期有価証券(-1)	—	0.0986***	—	0.0807***	—	0.0360***	—	0.2166***
		(5.82)		(5.84)		(5.77)		(9.29)
負債総資産比率(-1)	-0.0855***	-0.0822***	-0.0558***	-0.0518***	-0.0096**	-0.0056	-0.1509***	-0.1397***
	(-7.64)	(-7.28)	(-6.11)	(-5.63)	(-2.33)	(-1.34)	(-9.79)	(-9.00)
年次ダミー(2008 & 2009)	-0.0145***	-0.0146***	-0.0060***	-0.0059***	0.0012	0.0015*	-0.0193***	-0.0190***
	(-6.49)	(-6.51)	(-3.28)	(-3.23)	(1.47)	(1.79)	(-6.26)	(-6.17)
定数項	0.1117***	0.1148***	0.0294***	0.0251***	0.0676***	0.0619***	0.2141***	0.2017***
	(16.25)	(16.22)	(5.22)	(4.35)	(26.53)	(23.75)	(22.49)	(20.71)
$\bar{R}^2$	0.0522	0.0500	0.0028	0.0031	0.0293	0.0485	0.0600	0.0630
データ数	8179	8179	8179	8179	8179	8179	8179	8179

表 3.1 投資関数の推計結果（つづき）

(2)変量効果モデル

説明変数 \ 被説明変数	設備投資	M&A	R&D	広義の投資	
資本収益率(−1)	0.1393***	0.1396***	0.0153***	0.0149***	0.0226***	0.0220***	0.1959***	0.1950***
	(19.19)	(19.23)	(2.74)	(2.66)	(7.91)	(7.73)	(18.94)	(18.87)
資本コスト(−1)	−0.1542***	−0.1554***	0.0319	0.0303	−0.0110	−0.0110	−0.1109*	−0.1156**
	(−3.87)	(−3.90)	(1.06)	(1.01)	(−0.66)	(−0.67)	(−1.89)	(−1.97)
CF	0.0584***	0.0591***	0.0066	0.0069	0.0077***	0.0074***	0.0598***	0.0607***
	(8.12)	(8.23)	(1.18)	(1.23)	(2.79)	(2.67)	(5.91)	(6.01)
現預金(−1)	0.0447***	—	0.0281***	—	0.0126*	—	0.1475***	—
	(3.13)		(2.69)		(1.92)		(6.58)	
現預金＋短期有価証券(−1)	—	0.0293**	—	0.0339***	—	0.0391***	—	0.1729***
		(2.19)		(3.48)		(6.37)		(8.26)
負債総資産比率(−1)	−0.0227***	−0.0233***	−0.0101**	−0.0075	−0.0094**	−0.0050	−0.0833***	−0.0720***
	(−3.21)	(−3.21)	(−2.03)	(−1.46)	(−2.37)	(−1.24)	(−6.80)	(−5.78)
年次ダミー(2008 & 2009)	−0.0114***	−0.0115***	−0.0062***	−0.0061***	0.0013	0.0016*	−0.0175***	−0.0172***
	(−5.10)	(−5.15)	(−3.51)	(−3.45)	(1.63)	(1.95)	(−5.69)	(−5.60)
定数項	0.1301***	0.1316***	0.0163***	0.0139***	0.0583***	0.0528***	0.2199***	0.2091***
	(20.23)	(19.97)	(3.69)	(3.06)	(7.68)	(6.95)	(17.28)	(16.22)
$\bar{R}^2$	0.1428	0.1426	0.0064	0.0067	0.1697	0.1759	0.1650	0.1668
データ数	8179	8179	8179	8179	8179	8179	8179	8179

注1：推計期間：2002〜2014年度。
注2：***，**，*は，それぞれ1％水準，5％水準，10％水準で有意であることを示す。括弧内は，それぞれ t 値（固定効果モデル），z 値（変量効果モデル）を示す。
注3：現預金と現預金＋短期有価証券は総資産で基準化。CF および設備投資，広義の投資，M&A，R&D は期首期末固定資産で基準化されている。
注4：変量効果モデルでは，業種ダミーが加えられている。
注5：Hausman 検定の結果，すべてのモデルで，固定効果モデルが採択されている。
出所：花崎・羽田 (2017)

済みの決定係数の水準をみると，いずれのモデルにおいても広義の投資の計測式が設備投資のそれを上回っている。第2に，投資関数の中でも最も基本的な説明変数である資本収益率の係数は，いずれのモデルにおいても，広義の投資における係数が設備投資におけるそれらを上回っている。第3に，内部資金的要素を示すキャッシュフロー比率および2種類の手元流動性比率の係数および財務リスクを表す負債比率の係数は，いずれのモデルにおいても，広義の投資における係数が設備投資におけるそれらを，絶対値でみて総じて大きく上回っている。

このように，広義の投資の計測モデルの全般的な説明力が高く，多くの説明変数の係数値が高いという事実は，企業が設備投資のみの意思決定に比べて，M&AとR&Dを加えた広義の投資を，企業経営にとってより重要性の高いものとして総体として意思決定する傾向にあることを示唆するものと解釈することができる。

花崎・羽田（2017）は，提示した2つの仮説について，次の通りの評価を下している。まず，広義の投資が設備投資のみに比べて，総じて関数のパフォーマンスが優れているという事実は，広義の投資へのシフト仮説の妥当性を，ある程度裏づけるものである。もっとも，その広義の投資概念でみても，日本企業の投資水準は長期的にみて増勢を回復できていない。そして，トービンのQのみならず，キャッシュフローや手元流動性水準といった資金要因が，強く投資水準の決定に影響を及ぼしているという事実は，安全志向仮説も根強く妥当していることを示唆している。

7. 日本における各種コーポレート・ガバナンスの有効性

序章でも触れた通り，系列とメインバンクは，日本に特有なコーポレート・ガバナンスの要素として1980年代以降注目を浴びている。

しかしながら，堀内昭義教授と花崎の一連の研究（堀内・花崎 2000, 2004；Hanazaki and Horiuchi 2000, 2004；花崎・堀内 2005）は，系列やメインバンクが企業経営を効果的に規律づけしてきたという主張に疑問を呈して，次のような代替的な仮説を提示している。すなわち，日本の銀行は金融自由化以前の時期

においても，メインバンク論が強調するような有効なモニタリング機能を企業に対して果たしていたわけではない．しかし，高度成長期には銀行の主な顧客は製造業に属する大企業であり，それらの企業の経営は，銀行によるモニタリングが必ずしも有効でなくても，厳しい市場競争圧力とりわけグローバルな競争から有効な規律を与えられていた．それが製造業の発展や生産性向上の要因の一つとなり，結果的に銀行部門の安定性や収益性に寄与した．

このような仮説を検証するために，堀内・花崎の一連の研究では，コーポレート・ガバナンスを広義に企業経営に対する外部からの規律づけのメカニズムと定義し，株主による規律づけ，メインバンクによる規律づけ，負債による規律づけ，そして市場競争圧力による規律づけという各種の規律づけのメカニズムの有効性を，実際のデータに基づき分析している．計測の基本的な考え方を理解するために，いくつかの代表的な仮説を説明することにしよう．

7.1 株式の所有構造

一般的に企業の株主と経営者との間には，情報の不確実性や非対称性に起因して，エージェンシー問題が発生する．そして，株式が分散所有されている場合に比べて大株主によって集中的に所有されている場合には，エージェンシー問題は緩和されると考えられる．なぜならば，企業に対する支配力を持った大株主は，自分と利害が衝突したり，また軋轢を起こしたりしかねない経営者を追放するとともに，自分の意に沿った経営をとり行うであろう人物を経営者に据える権力を有するからである．また，機関投資家に代表される資金力のある大口株主は，情報面でも優位性があることから，企業経営を効果的にモニターすることができると考えられる．さらに，投資金額が膨らめば膨らむほど投資家の利害は大きくなることから，企業経営をモニターするインセンティブも高まるであろうことが予想される．

このような議論を踏まえれば，株式の所有集中度の高さと企業経営の効率性との間には，次の仮説が設定できる．

仮説1：「上位10株主持株比率が高ければ高いほど，株主と経営者との間のエージェンシー問題は緩和され，企業経営の効率性は高まる．」

続いて，株式の所有主体別のガバナンスを考察する。まず，伝統的なメインバンク論に基づく議論によると，長期的な取引関係を構築して取引先に対する各種の情報を蓄積している銀行等の金融機関は，企業モニタリングの面で優れた特性を有していると考えられてきた。このような考え方に立脚すると，次の仮説が導き出される。

仮説2：「金融機関持株比率が高ければ高いほど，株主と経営者との間のエージェンシー問題は緩和され，企業経営の効率性は高まる。」

また，近年日本では，株主利益を重視した英米型のコーポレート・ガバナンスへの移行を進めようという動きがみられる。換言すれば，そのような議論の背景には，英米流のガバナンスの仕組みが日本のものより勝っている，そして英米における株主が日本の株主に比べて効果的に企業経営をモニターしているという見方がある。このような見方が適切であるとすれば，海外法人等持株比率の高さは，企業経営の効率性にプラスの効果を及ぼす可能性がある。しかしながら，逆の因果関係も考えられる。すなわち，海外からの株式投資は収益性を重視したものが多く，良好なパフォーマンスを示す企業に向けられる。したがって，かりに海外法人等持株比率の係数がプラスであったとしても，ガバナンスの効果なのか投資先選択の効果なのか識別するのは困難である。

一方，個人株主は機関投資家などと比べて情報力で劣るため，企業経営を効果的にモニターすることは難しい。したがって，個人その他持株比率が高いことは，企業経営の効率性にとってはマイナスの要素となるかもしれない。しかしながら，海外法人等持株比率の場合と同様に，別の因果関係もありえる。すなわち，近年企業経営の透明性を高めることが，企業価値の向上につながるとの見方が企業経営者の間で浸透しつつある。その一環で，不透明性の高い法人間の株式持合を解消し，そのかわりとして個人投資家を増やす努力をしている企業もある。このような観点からすると，効率性や収益性を追求する企業経営努力が，個人投資家を呼び込むという関係が観察されるかもしれない。このように，個人等持株比率に関しては，複合的な要素が絡み合っており，先験的に符号条件に関する仮説を立てることは難しい。

さらに，金融以外の事業法人についても，二面性を指摘できる。すなわち，相互持合や安定株主対策として株式を保有している法人の場合には，典型的な silent shareholders であるとみなすことができる。しかしながら，純粋に投資目的で株主となっている法人の場合には，企業経営への関心は高い。したがって，この両者ではガバナンス機能の面で差異が存在すると考えるのが妥当であり，企業経営の効率性と非金融法人持株比率の関係についても，先験的な特定化は容易ではない。

7.2 メインバンクと負債の役割

前述の通り，通説としてのメインバンク論が語るところによれば，最も本質的な機能はモニタリングにある。したがって，次の仮説が立てられる。

仮説3：「安定的なメインバンク関係を有する企業は，そうでない企業に比べて，メインバンクによるガバナンスが有効に機能していることから，企業経営の効率性は高まる。」

この仮説を検証するために，その企業に安定的なメインバンクが存在するか否かを特定化する必要がある。堀内・花崎では，各企業のメインバンク関係の分類の基礎資料として社団法人経済調査協会『年報　系列の研究』を用いて，同資料に基づき1960年または掲載開始年から1996年までに金融系列が不変である企業を安定的なメインバンク関係を有する企業と定義している。

このようなメインバンクのガバナンス機能とは離れて，負債契約そのものが企業経営に対して規律づけの効果を発揮するという考え方が，フリーキャッシュフロー仮説である。すなわち，経営者が自由裁量で使うことができるフリーキャッシュフローを潤沢に有している企業では，それらの資金が経営者本人にとっての個人的な利得を高めるなどの効率性の乏しい用途に使われる可能性がある。そのような問題を回避するためには，当該企業にある程度の債務を負担させることによって，効率的な経営が実現する。このようなフリーキャッシュフロー問題に関連して，次のような仮説を導くことができる。

仮説4:「フリーキャッシュフローが発生している企業では，負債総資産比率が高ければ高いほど，企業経営の効率性は高まる。」

8. ガバナンスとしての市場競争

堀内・花崎の一連の研究では，前節のようなコーポレート・ガバナンスに関する標準的な理論仮説に加えて，新たなコーポレート・ガバナンスの要素を導入している。それが，企業によって提供される製品やサービスの市場競争の要素が，企業経営に及ぼす規律づけのメカニズムである。

8.1 市場競争の規律づけメカニズム

製品やサービスの市場の競争条件が，企業経営に対して有効な規律づけのメカニズムとなりえるか否かについては，理論的にも実証的にも未だ定説はない。

例えば，ライベンシュタイン (Leibenstein 1966) は，製品市場が不完全競争である場合には，企業内部に無視しえない"X非効率性"が発生することを明らかにしている。そのメカニズムに関しては，必ずしも理論的には解明されていないものの，当該組織運営上の問題，とりわけ経営上の怠慢が，主な要因であることが述べられている。換言すれば，ライベンシュタインは，市場の競争条件が高まれば高まるほど，そのような経営上の問題は緩和されることを示唆している。

もっとも，その後の各種研究において，市場の競争条件と企業経営の効率性との関係は，プラスの関係とマイナスの関係の両面があることが指摘されている。すなわち，厳しい市場競争によって倒産して清算に追い込まれる恐れが増すことが，企業経営者の努力水準を引き上げるとすれば，プラスの効果が発揮される。他方，競争が経営努力に伴うコスト削減の効果を相殺する以上に利潤を引き下げるとすれば，結果としての企業経営の効率性にはマイナスとなるであろう。

イギリスのニッケル教授のグループによる実証分析 (Nickell, Wadhwani and Wall 1992; Nickell 1996; Nickell, Nicolitsas and Dryden 1997) では，同業者の数やレントの水準を競争の程度を表す指標として利用し，競争が企業レベルの生産

性の向上と関連していることを示している。また，市場集中度が技術革新に対してマイナスの影響を及ぼしている，換言すれば競争が技術革新を促進するとの実証結果もある (Blundell, Griffith and Van Reenen 1995)。

　市場競争が企業の経営，ひいては企業パフォーマンスに及ぼす効果には，未だ定説があるわけではない。しかしながら，いかなる経営のやり方が成功につながるか失敗に帰するのかを事前的に断定することは往々にして困難であり，株主による規律づけや債権者による規律づけなどと同様に，製品やサービスの市場の競争条件が，企業経営に対する規律づけの機能を果たすというのは，概ね妥当な考え方であろう。

8.2 市場競争指標と仮説

　堀内・花崎の一連の研究では，市場競争の程度を表す変数として，次の2つが用いられている。第1は，売上高上位5社集中度である。企業が生産する製品の市場シェアは，製品の市場競争の程度を直接的に示す変数であろう。すなわち，製品の生産が数社に集中している場合には，当該製品市場は寡占的あるいは独占に近く，逆に製品の市場集中度が低い場合には市場は完全競争的であるとみなすことができる。

　もっとも，売上などの市場シェアが産業の競争を測る尺度として有用であるかどうかは，疑問の余地も少なくない。実際，埋没費用が低く参入と退出の自由度が高い市場においては，市場シェアが高くても潜在的には競争的であるという関係がみられることが指摘されている (Baumol, Panzar and Willig 1982)。そのような考え方に基づけば，競争圧力が大きいか小さいかは，現存する企業の市場シェアではなく，その産業への参入・退出の容易さによって規定される。したがって，売上高上位5社集中度には，競争度合いを示す変数としての限界があるのも事実である。

　第2の指標は，輸出入比率である。市場競争の程度を総合的に評価するためには，国内での競争のみならず国際的な競争にさらされているか否かを考慮に入れることは重要な意味を持つ。とりわけ製造業においては，多くの製品が貿易という経路を通じて，直接的に他国の製品と競争関係に置かれていることから，国際競争の意味は極めて大きいといえる。

堀内・花崎の実証分析では，製造業部門の輸出と輸入に着目して国際競争の程度を定量化している。具体的には，産業レベルの輸入浸透度（輸入を国内見掛け消費（生産＋輸入－輸出）で除した比率）と輸出比率（輸出を総供給（生産＋輸入）で除した比率）とを足しあわせた系列を輸出入比率と呼び，製造業に関する国際競争の程度を示す変数として使用している。つまり，輸入浸透度と輸出比率が高いということは，輸出入が管理されていないことや製品特性が貿易に適していることなどの条件を反映して，当該産業が内外市場において国際競争にさらされていることを示していると解釈するのである。

市場競争に関する仮説は，次の2つである。

仮説5：「売上高上位5社集中度が高い業種は寡占的あるいは非競争的であり，市場競争による規律づけのメカニズムが脆弱であることから，当該業種に属する企業経営の効率性は高まらない。」

仮説6：「製造業において，輸出入比率が高い業種は競争的であり，国際競争圧力による規律づけのメカニズムが働いていることから，当該業種に属する企業経営の効率性は高まる。」

8.3 計測モデルと計測結果

以下では，企業レベルのマイクロデータを用いたパネル分析によって，企業の経営効率に対する上述のメインバンク関係や市場競争要因などの影響を実証分析した結果を報告する。計測は，個々のデータの入手可能性などを考慮して，1957-70年，1971-80年，1981-90年，1991-96年という4つの標本期間に分割して行われた。第1期（1957-70年）や第2期（1971-80年）には，金融・資本市場や製品市場の競争状態を示す変数で利用可能なものが限られており，すべての変数が揃うのは第3期（1981-90年）からである。なお，持株比率に関するデータが利用可能になるのは第2期からであるが，それらのデータには相互に連関性が観察されることから，各計測作業においてはそれぞれ1種類の持株比率に関する変数を説明変数として入れている。したがって，持株比率に関する変数の数を反映して，第2期では2種類，第3期と第4期には5種類の計測

結果が得られている。

また，計測モデルの左辺の被説明変数は，労働生産性変化率すなわち労働者1人当たり実質付加価値の変化率である。また，主な統計量をすべて計測結果の表に盛り込むと極めて大がかりな表になることから，計測結果に関する表3.2の数値は，t値と決定係数などにとどめている。

計測モデルを再掲すると，次式となる。

$$\dot{VA}/VA - \dot{L}/L = a[\dot{K}/K - \dot{L}/L] + \dot{T}/T \tag{3}$$

ここで，労働生産性変化率の推計に際しては，コブ＝ダグラス型の生産関数を仮定しているが，個々の業種によって生産関数の形状が異なっている可能性を考慮して，右辺の資本労働比率の変化率（KL）に関わる生産関数のパラメータ a には，製造業の14業種を識別する業種ダミーとの交差項を説明変数に加えてある。ただし，それらの説明変数の結果をすべて表示すると長大になることから，表3.2ではその表示を割愛している。

各企業の生産性の変化率を被説明変数，各種のガバナンス関連指標および生産性の変化に影響を及ぼすその他の変数を説明変数とする製造業を対象とした回帰分析の結果を整理した表3.2によると，まず，株主による規律づけの効果の中の所有構造の集中度合いの効果を上位10株主持株比率の係数でみると，1970年代から80年代を対象としたモデルでは，仮説1と整合的な有意にプラスの係数が検出されている。

所有主体別の効果をみると，金融機関の株主としての効果はマイナスとなっており，仮説2は成立していないことがわかる。また，海外法人等の影響については，プラスで有意な係数が導かれている。ただし，上述の通り，その結果を海外からの投資家によるガバナンス効果と単純に解釈するのは正しくないであろう。さらに，個人その他持株比率の係数は，有意ではない。一方，非金融法人企業については，1990年代のモデルで有意にマイナスの係数が得られている。

次に，メインバンクによる規律づけの有効性をメインバンク関係が安定している企業に関するダミー変数の係数で評価すると，1980年代を除いては有意ではないものの，すべてマイナスの係数が検出されている。すなわち，仮説3

第3章 企業投資の多様化とコーポレート・ガバナンス

表3.2 生産性モデルの推計結果

	1957-70年		1971-80年		1981-90年		1991-96年	
SA5	-4.20 **		-0.20		-0.28		0.78		0.91		0.85		0.79		0.78		0.60		0.64		0.65		0.62
EP	19.75 **		18.95 **		18.83 **		8.91 **		8.77 **		8.98 **		8.83 **		8.87 **		8.33 **		8.29 **		8.38 **		8.16 **		8.33 **
XI			3.55 **		3.58 **		5.18 **		5.07 **		5.26 **		5.23 **		5.20 **		3.52 **		3.38 **		3.52 **		3.43 **		3.52 **
DA	5.52 **		1.27		1.72 **		0.15		0.58		0.05		0.34		0.38		3.44 **		3.94 **		3.44 **		3.76 **		3.47 **
SC10							1.93 *																	
EC			2.87 **		2.74 **				2.20 **		-2.18 **						-0.90		4.76 **					
FI													0.00											
CO															0.59								-3.04 **	
PS																					-0.37			
DUMM	-0.39		-0.64		-1.00		-1.81 *		-2.37 **		-1.45		-2.23 **		-2.12 **		-0.52		-0.59		-0.14		-0.81		-0.18
DI	11.52 **		6.80 **		6.87 **		15.30 **		15.44 **		15.42 **		15.36 **		15.38 **		13.43 **		12.97 **		13.42 **		13.37 **		13.43 **
KL	8.62 **		7.40 **		7.34 **		3.17 **		3.15 **		3.20 **		3.10 **		3.11 **		1.58		1.62		1.62		1.58		1.61
定数項	-1.67 *		-1.29		-0.26		-5.28 **		-5.27 **		-4.02 **		-4.88 **		-4.76 **		-4.13 **		-7.05 **		-5.76 **		-4.84 **		-5.94 **
$\bar{R}^2$	0.0901		0.0527		0.0530		0.0541		0.0542		0.0542		0.0537		0.0538		0.0539		0.0559		0.0536		0.0553		0.0538
社数(データ数)	959(9804)		962(7336)				1347(10117)						1579(8109)											

注：本表数値はt値。**は5％水準で有意。*は10％水準で有意。変数名は以下の通り

SA5：売上高上位5社集中度	FI：金融機関持株比率
EP：超過利潤率	CO：非金融法人持株比率
XI：輸出入比率	PS：個人その他持株比率
DA：負債総資産比率	DUMM：ダミー（メインバンク関係が安定している企業）
SC10：上位10株主持株比率	DI：景気動向指数一致系列
EC：海外法人等持株比率	KL：資本労働比率変化率

出所：堀内・花崎（2000）。

は支持されない。一方，負債による規律づけの機能の有効性を負債総資産比率の係数によって評価すると，1980年代を除いて，プラスで有意な効果が得られている。これは，仮説4を支持する結果である。

最後に，市場競争による規律づけの効果をみると，売上高上位5社集中度に関しては，1957-70年の高度成長期には，理論通りマイナスの効果が検出されている。一方，その他の期間では，有意な結果は得られていない。したがって，仮説5は支持されたとはいえない。次に輸出入比率の効果をみると，すべてのモデルで有意性の高いプラスの符号が検出され，仮説6が強く支持されていることがわかる。

このように，製造業においては，輸出入比率によって表される市場競争の要因は，大口株主による規律づけや負債による規律づけなどとともに，企業経営の効率性にとって有効性の高い規律づけのメカニズムとなっていることがわかる。

本節では，堀内・花崎の研究結果を紹介する形で，企業の実質的なコントロール権を握っているのは誰かというコーポレート・ガバナンスに関するアプローチに基づき，日本の製造業の企業データを用いて，長期的な企業経営の効率性の向上にいかなるガバナンスの要素が寄与してきたのかを，実証的に検討した。

その結果，アングロ・サクソン型の基本的メカニズムである株主による規律づけは，大口株主に一定の役割が観察されるものの，個別主体別にはロバストな結果が得られてはいない。また，伝統的な日本型モデルともいえるメインバンクのモニタリング効果についても，肯定的な結果を導出することはできなかった。つまり，日本の企業システムにおいて，個別の株主や債権者は，企業経営によって生み出される成果の分配には関心を払ってきたかもしれないが，成果そのものを引き上げるうえでは，有効な機能を果たすことができなかったことを示唆するものである。

一方，実証分析モデルにおいて企業経営に対して有効な規律づけを与えているとみられるのは，製造業部門における輸出入の程度によって表されるグローバルな市場競争の要因である。この事実は，コーポレート・ガバナンスを企業経営の効率性を引き上げる各種のメカニズムと理解すれば，日本の長期的な経

済発展過程において，アングロ・サクソン型モデルや通説としての日本型モデルでは十分に説明されていないコーポレート・ガバナンスのメカニズムが，主に製造業部門に対して機能していた可能性を示唆するものである。

9. 投資行動とコーポレート・ガバナンス

本章の最後には，花崎・羽田（2017）で分析された製造業の 8 業種を対象として，投資決定にコーポレート・ガバナンスの要素が，どのように関わっているのかを検証する。

上述の通り，日本の設備投資は，長期にわたって低迷を続けており，設備投資に M&A と R&D を加えた広義の投資でみると若干改善はするものの，それでも日本経済を活性化するような活発な投資活動が展開されているとは言い難い。その背景には，日本企業には，リスクテイクを極力避けて，過度な安全志向（enjoying the quiet life, Bertrand and Mullainathan 2003）の風潮が蔓延しているというものである。

このような現状認識からすると，本節で考察すべき課題は，積極的に投資的支出を増加させることができるガバナンスはいかなるものかというものである。もちろん，これには反論もあろう。すなわち，脆弱なコーポレート・ガバナンス（weak corporate governance）のもとでは，企業経営者は，経済性を十分に検討することなく大規模かつ広範囲のビジネスに着手して帝国を建設する（empire building）性癖があり，加えて営むビジネスの規模と範囲が拡大する過程で，過大投資（overinvestment）により将来収益の割引現在価値がプラスとはならないようなプロジェクトにまで手を出してしまう傾向があることが指摘されている。

事実日本においても 1980 年代後半から 90 年代初頭にかけてのバブル期にはこのような無謀な投資がなされ，その結果財やサービスの需給バランスが崩れて，1990 年代に大幅なリストラを余儀なくされたことは記憶に新しい。しかしながら，そのような経験もあり，1990 年代半ば以降今日までの日本企業は，総じて過度に慎重な投資姿勢に転じている。このような背景により，今回計測期間としている 2002 年度から 2014 年度については，積極的な投資を導くガバ

ナンスが何であるのかを考察するのが妥当と考えている。

9.1 コーポレート・ガバナンス指標

本章で導入するコーポレート・ガバナンス指標は，所有構造と市場競争条件である。このうち，所有構造に関する変数としては，金融機関持株比率，非金融法人持株比率，海外法人等持株比率，個人その他持株比率，そして上位10株主持株比率を用いている。なお，これらの変数は相互に相関性が高いため，計測モデルではそれぞれ1種類の変数を導入している。

市場競争条件を表す変数としては，前節で紹介した売上高上位5社集中度および輸入浸透度と輸出比率を合算した輸出入比率である。いうまでもなく，売上高上位5社集中度は，低ければ低いほど当該製品市場が競争的であり，輸出入比率は高ければ高いほど当該製品市場が競争的であることを，それぞれ意味する。

売上高上位5社集中度は，分析対象8業種を22業種に細分化し，それぞれの業種全体の売上高に占める上位5社売上高の比率を算出したものである。また，輸出入比率については，分析対象8業種を21業種に細分化して算出した。算出の際に必要とされる業種別の生産額のデータは，経済産業省の生産動態統計，鉱工業出荷内訳表そして鉱工業総供給表から，また輸出額と輸入額のデータは，財務省の貿易統計から，それぞれ取得した。

今回利用した各変数の記述統計は表3.3，また各年の売上高上位5社集中度および輸出入比率は表3.4に，それぞれ表示されている。

表3.4の(1)の2014年度の売上高上位5社集中度について業種別にみると，産業用電子応用装置（0.954），民生用通信用機器（0.938）および事務民生用機械（0.936）では，それぞれ90%を上回る高い5社集中度を示しており，寡占的な状況にあることがわかる。逆に，自動車部品では0.475と唯一50%を下回っているのをはじめ，有機化学工業製品（0.508），金属加工機械（0.588）そして金属製品（0.596）では，それぞれ60%を下回っており，相対的に競争的であることがみてとれる。

次に，表3.4の(2)の輸出入比率の面で産業の競争性を測った結果をみてみよう。元来各種の財を生産，販売する製造業は，サービスを提供する非製造業に

表3.3　各変数の記述統計

	平均	標準偏差	最大値	最小値	中央値	観測数
設備投資	0.1028	0.0813	1.0747	0.0000	0.0839	8179
広義の投資	0.1830	0.1327	1.6828	0.0000	0.1536	8179
資本収益率(−1)	0.1215	0.1322	0.9994	−0.7027	0.1013	8179
資本コスト(−1)	0.0288	0.0247	0.1955	0.0010	0.0210	8179
CF	0.1299	0.1249	2.2373	−2.5828	0.1249	8179
現預金(−1)	0.1231	0.0795	0.7204	0.0002	0.1073	8179
現預金＋短期有価証券(−1)	0.1360	0.0883	0.7224	0.0002	0.1186	8179
負債総資産比率(−1)	0.5219	0.1804	1.2502	0.0638	0.5294	8179
金融機関持株(−1)	0.2809	0.1364	0.7159	0.0000	0.2744	8176
非金融法人持株(−1)	0.2440	0.1742	0.9809	0.0014	0.2020	8176
海外法人持株(−1)	0.1162	0.1209	0.8793	0.0000	0.0753	8176
個人その他持株(−1)	0.3589	0.1761	0.9834	0.0000	0.3380	8176
上位10株主持株(−1)	0.4596	0.1403	0.9726	0.0340	0.4283	8176
売上高上位5社集中度	0.6465	0.1373	0.9752	0.4372	0.6351	6948
輸出入比率	0.4704	0.3009	2.3509	0.0044	0.3892	7571

注：設備投資および広義の投資，CFは期首期末固定資産で基準化，現預金と現預金＋短期有価証券は総資産で基準化されている。

くらべて，グローバルな競争にさらされやすいという性質がある。しかしながら，その製造業の各業種間でも，その程度には大きな違いが存在する。2014年度の数値でみると，医薬品が0.008と極端に低い数値を示している。これは，医薬品にはその性格上，その製造販売の前段階で治験を行って有効性が示されなければ承認されないという法制度上の制約がある。このような制度要因により，輸出入はその産業規模に比較して限定されていると考えられる。また，金属製品（0.191）および鉄鋼（0.279）も，グローバルな競争に晒されている程度が低い業種である。逆に，電気計測機器では輸出入比率が2.283という極めて高い数値を示しており，激しいグローバル競争に晒されていることがみてとれる。加えて，原動機，ポンプ，遠心分離機（1.568），音響映像機器（1.329），半導体等，電子部品，電子回路等の機器（1.057），繊維機械（1.007）においても，それぞれ同比率が1.0を上回っており，相対的にグローバル競争が激しい状態にあると理解することができる。

　なお，売上高上位5社集中度と輸出入比率はともに，各業種の市場競争の程度を表す変数ではあるが，いくつかの業種では大きく結果が異なるのは注目さ

表 3.4　業種別市場競争変数の推移

(1)売上高上位 5 社集中度

年度	2002	2003	2004	2005	2006	2007	2008	2009	2010	2011	2012	2013	2014
繊維	0.541	0.556	0.559	0.583	0.581	0.592	0.591	0.582	0.619	0.633	0.626	0.638	0.738
無機化学工業製品	0.550	0.574	0.623	0.642	0.636	0.632	0.652	0.673	0.668	0.673	0.677	0.687	0.682
有機化学工業製品	0.453	0.474	0.482	0.487	0.501	0.500	0.499	0.485	0.510	0.508	0.511	0.511	0.508
油脂石鹸塗料	0.718	0.718	0.714	0.703	0.692	0.697	0.687	0.684	0.671	0.660	0.657	0.681	0.668
医薬品	0.437	0.460	0.455	0.581	0.582	0.573	0.573	0.591	0.583	0.589	0.587	0.601	0.601
鉄鋼	0.731	0.718	0.716	0.722	0.716	0.709	0.726	0.750	0.741	0.734	0.780	0.793	0.795
非鉄金属	0.663	0.661	0.635	0.636	0.637	0.651	0.669	0.682	0.613	0.617	0.626	0.668	0.654
金属製品	0.492	0.495	0.524	0.541	0.540	0.535	0.529	0.547	0.580	0.577	0.566	0.597	0.596
精密機械器具	0.547	0.536	0.564	0.586	0.601	0.646	0.652	0.662	0.638	0.634	0.639	0.646	0.627
金属加工機械	0.509	0.522	0.504	0.492	0.513	0.540	0.551	0.586	0.549	0.558	0.557	0.593	0.588
一般産業用機械	0.705	0.728	0.727	0.725	0.717	0.717	0.719	0.712	0.726	0.724	0.717	0.722	0.713
事務民生用機械	0.866	0.895	0.899	0.895	0.892	0.900	0.907	0.915	0.926	0.923	0.924	0.937	0.936
一般機械部品	0.759	0.707	0.687	0.713	0.730	0.742	0.731	0.754	0.757	0.745	0.752	0.774	0.776
特殊産業用機械	0.730	0.727	0.740	0.750	0.762	0.758	0.744	0.759	0.801	0.799	0.767	0.791	0.775
化学機械	0.747	0.727	0.737	0.747	0.756	0.778	0.758	0.724	0.717	0.719	0.741	0.766	0.777
産業用通信機器	0.564	0.582	0.578	0.595	0.613	0.625	0.591	0.607	0.629	0.643	0.666	0.676	0.689
産業用電気機器具	0.870	0.861	0.849	0.851	0.849	0.854	0.853	0.863	0.854	0.852	0.840	0.841	0.835
産業用電子応用装置	0.975	0.975	0.972	0.965	0.962	0.961	0.962	0.966	0.962	0.959	0.959	0.956	0.954
民生用通信用機器	0.863	0.869	0.875	0.878	0.882	0.892	0.914	0.916	0.920	0.940	0.940	0.939	0.938
集積回路と半導体素子	0.890	0.854	0.844	0.844	0.831	0.824	0.832	0.836	0.856	0.868	0.855	0.860	0.862
四輪車	0.842	0.834	0.838	0.847	0.855	0.857	0.854	0.857	0.843	0.839	0.840	0.843	0.846
自動車部品	0.444	0.452	0.450	0.448	0.457	0.479	0.468	0.486	0.471	0.477	0.481	0.478	0.475

出所:日本政策投資銀行「企業財務データバンク」に基づき作成。

(2)輸出入比率

年度	2002	2003	2004	2005	2006	2007	2008	2009	2010	2011	2012	2013	2014
自動車	0.533	0.526	0.521	0.554	0.621	0.658	0.594	0.478	0.539	0.503	0.534	0.647	0.654
自動車部品	0.322	0.341	0.358	0.382	0.388	0.406	0.384	0.401	0.429	0.416	0.433	0.470	0.486
半導体等, 電子部品, 電子回路等の機器	1.002	0.955	0.984	1.045	1.112	1.073	1.046	1.055	1.010	1.043	1.132	1.063	1.057
電気計測機器	0.982	1.044	1.102	1.123	1.169	1.248	1.278	1.380	1.446	1.507	1.949	2.351	2.283
音響映像機器	1.451	1.328	1.257	1.153	1.046	1.011	0.893	0.782	0.790	0.979	1.291	1.272	1.329
その他電気機器	0.309	0.343	0.350	0.355	0.378	0.388	0.368	0.386	0.384	0.389	0.389	0.402	0.426
通信機	0.306	0.279	0.291	0.284	0.392	0.647	0.673	0.725	0.761	0.767	0.818	0.916	0.979
重電機器	0.539	0.548	0.549	0.567	0.621	0.645	0.621	0.637	0.613	0.618	0.623	0.690	0.697
電算機含む周辺機器	0.803	0.732	0.753	0.760	0.778	0.805	0.771	0.730	0.756	0.783	0.786	0.805	0.845
原動機, ポンプ, 遠心分離機器	1.180	1.185	1.214	1.390	1.328	1.341	1.272	1.528	1.425	1.285	1.342	1.652	1.568
建設用・鉱山用機器, 荷役機械, 加熱用・冷却用機器	0.371	0.410	0.459	0.481	0.510	0.549	0.546	0.478	0.499	0.492	0.448	0.439	0.466
その他一般機械	—	—	—	—	—	—	0.355	0.379	0.398	0.405	0.411	0.404	0.402
金属加工, ベアリング	0.481	0.496	0.514	0.510	0.516	0.495	0.502	0.494	0.550	0.593	0.629	0.593	0.607
繊維機械	0.969	0.977	0.995	0.966	1.004	0.988	0.987	0.955	0.917	0.921	1.046	1.002	1.007
鉄鋼	0.228	0.230	0.230	0.215	0.226	0.223	0.239	0.271	0.277	0.275	0.287	0.279	0.279
非鉄金属	0.394	0.440	0.489	0.496	0.503	0.524	0.582	0.578	0.578	0.582	0.578	0.617	0.604
金属製品	0.093	0.122	0.135	0.140	0.151	0.157	0.140	0.130	0.164	0.179	0.174	0.173	0.191
化学製品, 有機化合物	0.313	0.326	0.310	0.345	0.361	0.364	0.334	0.354	0.336	0.353	0.369	0.371	0.436
医薬品	0.004	0.005	0.006	0.006	0.006	0.006	0.007	0.007	0.007	0.008	0.008	0.008	0.008
繊維および繊維製品	0.514	0.569	0.617	0.629	0.651	0.658	0.682	0.692	0.700	0.728	0.726	0.728	0.739
科学光学機器	0.695	0.734	0.756	0.761	0.654	0.602	0.658	0.752	0.697	0.760	0.873	0.897	0.931

出所：『貿易統計』（財務省），『生産動態統計年報』（経済産業省），『鉱工業出荷内訳表』（経済産業省），『鉱工業総供給表』（経済産業省）に基づき作成。

れる。例えば，金属製品においては，売上高上位5社集中度では0.596と比較的低い比率であり，競争的な産業であると解釈されるが，輸出入比率は0.191とかなり低く，グローバルな競争にあまりさらされていない産業であると解釈される。このような不整合性は，むしろそれぞれの競争性指標の背後にある要素の相違に起因しており，当然起こりえる現象であるといえる。そして，売上高上位5社集中度と輸出入比率という2種類の市場競争を表す指標は，以下で展開される実証分析においても異なる影響を及ぼすことが予想される。

9.2　計測モデル

本章で用いる計測モデルは，花崎・羽田 (2017) の基本モデル (1)，(2) 式に，コーポレート・ガバナンスを示す変数を加えた次式である。

$$I/K = F(ROFA, R, CF/K, CASH/TA, DEBT, OS, MC, XM, YD) \quad (3)$$

または，

$$BI/K = F(ROFA, R, CF/K, CASH/TA, DEBT, OS, MC, XM, YD) \quad (4)$$

ただし，I：設備投資，BI：広義の投資（設備投資＋M&A＋R&D），$ROFA$：資本収益率（営業利益/固定資産），R：資本コスト（支払利息割引料/期首期末平均有利子負債），CF：キャッシュフロー（税引後当期利益＋減価償却費－配当金支払い－自己株式取得額），$CASH$：現預金または現預金＋短期有価証券，$DEBT$：負債総資産比率，K：固定資産（期首期末平均），TA：総資産，OS：所有構造を表す諸変数，具体的には金融機関持株比率，非金融法人持株比率，海外法人等持株比率，個人その他持株比率，上位10株主持株比率，MC：売上高上位5社集中度，XM：輸出入比率，YD：世界金融危機時に対応する年次ダミー（2008および2009年度）。

企業の財務データは，日本政策投資銀行「企業財務データバンク」から収集，加工されている。分析期間は，2002年度から2014年度までの13年間である。分析対象は，はん用・生産用・業務用機械，電気機械，自動車・同部品，繊維，化学，鉄鋼，非鉄金属そして金属製品に属する東証第一部および第二部上場企業であり，全体のデータ数は6,563である。

9.3 計測結果

パネル分析の固定効果モデルを用いた分析結果が，表3.5と表3.6に整理されている．表3.5は被説明変数を設備投資とした結果，そして表3.6は被説明変数を広義の投資とした結果である．

資本収益率の係数は有意にプラス，資本コストの係数は有意にマイナスである．また，キャッシュフロー比率および2種類の手元流動性比率（現預金および現預金＋短期有価証券）では，有意にプラスの係数が得られている．さらに，負債比率は有意にマイナスの符号を示している．加えて，世界金融危機時の年次ダミーは，有意にマイナスの係数をとっている．これらの結果は，表3.1で示した花崎・羽田（2017）の結果と基本的に同じである．

次に，コーポレート・ガバナンスに関する説明変数の係数をみてみよう．まず所有構造に関する結果をみると，海外法人等持株比率は，設備投資および広義の投資の両面で，1％水準という高い有意性でプラスの係数を示している．つまり，海外投資家は企業に対して積極的な投資行動を促しているのである[13]．一方，個人その他持株比率は，いずれのモデルにおいても，統計的に有意にマイナスの係数を示している．一般的に，個人はモニタリング能力および意欲が機関投資家等に比べて劣ることから，企業の投資行動は消極的になると解釈できる．なお，設備投資に対しては，金融機関持株比率と上位10株主持株比率は，それぞれ有意にプラスの効果を及ぼしているものの，広義の投資に関しては，両者の有意な効果は観察されない．

続いて，市場競争条件に関する指標の結果をみてみよう．まず，売上高上位5社集中度は，すべての計測モデルで有意な結果は得られていない．つまり，市場占有率でみた競争条件は，投資行動に影響を及ぼさないということである．一方，輸出入比率は，設備投資モデルに加え広義の投資モデルのすべてのケースで，統計的に極めて高い有意水準でプラスの係数を示している．つまり，グローバルな競争条件にさらされている業種に属する企業では，供給能力拡大，

---

[13] この結果からは，海外投資家は積極的な投資活動を展開する企業に投資する傾向があるという逆の因果関係も考えられる．このような内生性の問題を考慮するために，本節では説明変数に1期のラグを採用して計測を実施しているものの，この問題を完全に解決しているとは言い難い点は留意が必要である．

178　第 1 部　企業行動の多様化，グローバル化とコーポレート・ガバナンス

表 3.5　コーポレート・ガバナンスの要素を入れた設備投資関数

	(1)	(2)	(3)	(4)	(5)	(6)	(7)	(8)
資本収益率(-1)	0.1616***	0.1644***	0.1583***	0.1559***	0.1639***	0.1605***	0.1636***	0.1574***	0.1550***	0.1631***
	(17.82)	(18.42)	(17.51)	(16.98)	(18.34)	(17.71)	(18.32)	(17.41)	(16.87)	(18.24)
資本コスト(-1)	-0.0945*	-0.0962*	-0.1040*	-0.0997*	-0.0987*	-0.0991*	-0.1008*	-0.1087*	-0.1044*	-0.1035*
	(-1.69)	(-1.72)	(-1.86)	(-1.78)	(-1.76)	(-1.77)	(-1.80)	(-1.94)	(-1.87)	(-1.85)
CF	0.0255***	0.0252***	0.0235***	0.0237***	0.0234***	0.0260***	0.0257***	0.0239***	0.0241***	0.0238***
	(2.96)	(2.92)	(2.73)	(2.75)	(2.71)	(3.02)	(2.98)	(2.78)	(2.81)	(2.76)
現預金(-1)	0.0925***	0.0898***	0.0867***	0.0924***	0.0921***					
	(4.41)	(4.28)	(4.14)	(4.41)	(4.39)					
現預金＋短期有価証券(-1)						0.0996***	0.0967***	0.0947***	0.0994***	0.0988***
						(5.06)	(4.92)	(4.83)	(5.06)	(5.02)
負債総資産比率(-1)	-0.0668***	-0.0673***	-0.0539***	-0.0554***	-0.0655***	-0.0637***	-0.0643***	-0.0506***	-0.0520***	-0.0623***
	(-5.11)	(-5.14)	(-4.02)	(-4.14)	(-5.00)	(-4.85)	(-4.89)	(-3.76)	(-3.87)	(-4.74)
金融機関持株比率(-1)	0.0376**				0.0399**					
	(2.09)				(2.21)					
非金融法人持株比率(-1)		-0.0207				-0.0222				
		(-1.28)				(-1.38)				
海外法人持株比率(-1)			0.0783***				0.0799***			
			(4.23)				(4.30)			
個人その他持株比率(-1)				-0.0612***				-0.0622***		
				(-4.03)				(-4.10)		
上位10株主持株比率(-1)										0.0320*
										(1.90)
売上高上位5社集中度	0.0365	0.0276	0.0065	0.0185	0.0240	0.0349	0.0256	0.0038	0.016	0.0217
	(1.21)	(0.93)	(0.22)	(0.63)	(0.81)	(1.15)	(0.86)	(0.13)	(0.54)	(0.73)
輸出入比率	0.0569***	0.0546***	0.0508***	0.0556***	0.0560***	0.0571***	0.0546***	0.0507***	0.0556***	0.0561***
	(6.49)	(6.26)	(5.80)	(6.38)	(6.40)	(6.51)	(6.27)	(5.79)	(6.40)	(6.42)
年次ダミー	-0.0130***	-0.0133***	-0.0139***	-0.0133***	-0.0135***	-0.0128***	-0.0132***	-0.0138***	-0.0132***	-0.0135***
	(-5.15)	(-5.29)	(-5.54)	(-5.29)	(-5.39)	(-5.11)	(-5.26)	(-5.50)	(-5.26)	(-5.36)
定数項	0.0473**	0.0701***	0.0658***	0.0867***	0.0515**	0.0440**	0.0682***	0.0637***	0.0850***	0.0487**
	(2.00)	(3.23)	(3.05)	(3.92)	(2.21)	(1.86)	(3.14)	(2.95)	(3.84)	(2.09)
$\bar{R}^2$	0.0492	0.0505	0.0653	0.0679	0.0639	0.0472	0.0486	0.063	0.0656	0.0624
データ数	6563	6563	6563	6563	6563	6563	6563	6563	6563	6563

注 1：被説明変数：設備投資／有形固定資産。
注 2：推計期間：2002～2014 年度。
注 3：***，**，* は，それぞれ 1% 水準，5% 水準，10% 水準で有意であることを示す。括弧内は t 値を示す。
注 4：CF は期首期末固定資産で基準化。現預金と現預金＋短期有価証券は総資産で基準化されている。

第3章　企業投資の多様化とコーポレート・ガバナンス

表3.6　コーポレート・ガバナンスの要素を入れた広義の投資関数

資本収益率(-1)	0.1941***	0.1960***	0.1904***	0.1896***	0.1967***	0.1911***	0.1934***	0.1878***	0.1867***	0.1941***
	(15.83)	(16.23)	(15.55)	(15.25)	(16.26)	(15.60)	(16.04)	(15.37)	(15.04)	(16.08)
資本コスト(-1)	-0.0761	-0.0774	-0.0847	-0.0801	-0.0775	-0.0862	-0.0876	-0.0950	-0.0905	-0.0881
	(-1.00)	(-1.02)	(-1.12)	(-1.06)	(-1.02)	(-1.14)	(-1.16)	(-1.26)	(-1.20)	(-1.16)
CF	0.0416***	0.0416***	0.0399***	0.0402***	0.0410***	0.0419***	0.0418***	0.0400***	0.0403***	0.0409***
	(3.57)	(3.56)	(3.42)	(3.45)	(3.50)	(3.60)	(3.59)	(3.44)	(3.47)	(3.51)
現預金(-1)	0.1554***	0.1523***	0.1495***	0.1545***	0.1528***					
	(5.43)	(5.36)	(5.27)	(5.44)	(5.38)					
現預金＋短期有価証券(-1)						0.2044***	0.2020***	0.2001***	0.2042***	0.2022***
						(7.68)	(7.61)	(7.54)	(7.69)	(7.60)
負債総資産比率(-1)	-0.1288***	-0.1294***	-0.1167***	-0.1199***	-0.1288***	-0.1196***	-0.1203***	-0.1073***	-0.1101***	-0.1195***
	(-7.28)	(-7.30)	(-6.42)	(-6.62)	(-7.26)	(-6.74)	(-6.78)	(-5.89)	(-6.07)	(-6.72)
金融機関持株比率(-1)	0.0275				0.0338					
	(1.13)				(1.39)					
非金融法人持株比率(-1)		-0.0243					-0.0271			
		(-1.11)					(-1.24)			
海外法人持株比率(-1)			0.0734***					0.0746***		
			(2.93)					(2.99)		
個人その他持株比率(-1)				-0.0047**					-0.0505**	
				(-2.32)					(-2.46)	
上位10株主持株比率(-1)					0.001					0.0054
					(0.04)					(0.24)
売上高上位5社集中度	0.0334	0.0289	0.0081	0.0200	0.0236	0.0254	0.0193	-0.0025	0.0096	0.0136
	(0.82)	(0.72)	(-0.20)	(0.50)	(0.59)	(0.62)	(0.48)	(-0.06)	(0.21)	(0.34)
輸出入比率	0.0476***	0.0458***	0.0422***	0.0466***	0.0460***	0.0467***	0.0445***	0.0409***	0.0454***	0.0449***
	(4.00)	(3.88)	(3.56)	(3.95)	(3.89)	(3.94)	(3.79)	(3.46)	(3.86)	(3.81)
年次ダミー	-0.0184***	-0.0187***	-0.0192***	-0.0187***	-0.0187***	-0.0178***	-0.0180***	-0.0186***	-0.0180***	-0.0181***
	(-5.42)	(-5.50)	(-5.66)	(-5.50)	(-5.50)	(-5.24)	(-5.33)	(-5.50)	(-5.33)	(-5.35)
定数項	0.1534***	0.1713***	0.1666***	0.1832***	0.1676***	0.1442***	0.1658***	0.1608***	0.1783***	0.1596***
	(4.79)	(5.83)	(5.70)	(6.12)	(5.31)	(4.51)	(5.66)	(5.51)	(5.97)	(5.07)
$\bar{R}^2$	0.0857	0.0828	0.1004	0.1011	0.0869	0.0901	0.0868	0.104	0.1059	0.0924
データ数	6563	6563	6563	6563	6563	6563	6563	6563	6563	6563

注1：被説明変数：広義の投資/有形固定資産。
注2：推計期間：2002〜2014年度。
注3：***，**，*は，それぞれ1％水準，5％水準，10％水準で有意であることを示す。括弧内はt値を示す。
注4：CFは期首期末固定資産で基準化。現預金と現預金＋短期有価証券は総資産で基準化されている。

新製品開発および設備の更新などの目的で，設備投資，M&A そして R&D といった投資活動を積極的に展開しているのである．

コーポレート・ガバナンスを企業経営者に適切な行動をとらせるための圧力と広義に定義するならば，まさに高い輸出入比率によって表されるグローバルな競争条件の厳しさは，企業経営者に積極的な投資を促す機能を果たしているといえよう．

10. おわりに

1990 年代初頭のバブル崩壊とともに急落した設備投資は，その後も長期にわたって低迷し，最近時点における設備投資の水準は，未だバブル期の水準に遠く及ばない低水準にある．本章では，近年の設備投資の低迷の一因ともなっている投資行動のグローバル化や多様化について考察し，加えてコーポレート・ガバナンスと投資行動との関係を実証的に考察することによって，いかなるガバナンスの要因が，積極的な投資を促すかについて考察した．

設備投資のグローバル化を，日本政策投資銀行産業調査部「設備投資計画調査」に基づき海外投資の動向からみると，各年の海外投資増減率は激しい変動を伴いながら，2010 年度から 2012 年度の円高局面では，高い増加率を示した．その結果，内外の設備投資に占める海外設備投資の割合である海外投資比率は，2013 年度には，全産業で 39.4％，また製造業では 54.8％ とピークに達している．このように，国内設備投資低迷の一因は，企業活動のグローバル化の必然の結果としての海外における設備投資の増加である．しかしながら，日本の経済成長という観点からみると，日本企業が国内における設備投資を減らして，海外での設備投資を増やしているとすれば，明らかにマイナスであり，留意が必要である．

次に，設備投資の低迷の背景として，昨今設備投資に類似する投資的支出の重要性が増しつつあるとの見方がある．具体的には，M&A と R&D の増加である．実際，花崎・羽田（2017）によると，設備投資がバブル期をピークにその後長期低迷が際立つなか，M&A と R&D は，総じて増加傾向を示していることがわかる．つまり，近年日本企業は，相対的に設備投資を抑制しているも

のの，一方でR&DおよびM&Aといった投資的支出は，むしろ趨勢としては増加しており，それらを合算した広義の投資でみると，バブルのピークに近い支出がなされていることがわかる。

　投資行動とコーポレート・ガバナンスとの関係については，堀内・花崎の一連の研究で導入された企業が生産する製品の市場競争の要素に着目し，投資行動への影響を考察した。その結果，売上高上位5社集中度は，すべての計測モデルで有意な結果は得られていないものの，輸出入比率は，設備投資モデルに加え広義の投資モデルのすべてのケースで，統計的に極めて高い有意水準でプラスの係数を示している。つまり，グローバルな競争条件にさらされている業種に属する企業では，供給能力拡大，新製品開発および設備の更新などの目的で，設備投資，M&AそしてR&Dといった投資活動を積極的に展開しているのである。

　この事実は，コーポレート・ガバナンスを企業経営者に適切な行動をとらせるための圧力と捉えると，高い輸出入比率によって表される厳しいグローバル競争圧力は，そのような産業に属する企業の経営者に，競争に打ち勝つために生産能力を高め，あるいは新製品を生み出すような積極的な投資行動を促す効果を発揮していると解釈することができる。

参考文献

Baumol, William J., John C. Panzar and Robert D. Willing (1982), *Contestable Markets and the Theory of Industry Structure*, Harcourt Brace Jovanovich, Inc.

Bertrand, Marianne and Sendhill Mullainathan (2003), "Enjoying the Quiet Life? Corporate Governance and Managerial Preferences," *Journal of Political Economy*, Vol. 111, No. 5, 1043-1075.

Blundell, Richard, Rachel Griffith and John Van Reenen (1995), "Dynamic Count Data Models of Technological Innovation," *Economic Journal*, Vol. 105, Issue 429, 333-344.

Fazzari, Steven M., R. Glenn Hubbard and Bruce C. Peterson (1988), "Financing Constrains and Corporate Investment," *Brookings Papers on Economic Activity*, 1: 1988, Brookings Institution, 141-195.

Hanazaki, Masaharu and Akiyoshi Horiuchi (2000), "Is Japan's Financial System Efficient?" *Oxford Review of Economic Policy*, 16, 61-73.

Hanazaki, Masaharu and Akiyoshi Horiuchi (2004), "Can the Financial Restraint Theory

Explain the Postwar Experience of Japan's Financial System?" in Joseph P. H. Fan, Masaharu Hanazaki and Juro Teranishi (eds.), *Designing Financial Systems in East Asia and Japan*, RoutledgeCurzon, Chapter 1, 19-46.

Jensen, Michael C. (1986), "Agency Costs of Free Cash Flow, Corporate Finance, and Takeovers," *American Economic Review*, 76, 323-329.

Jensen, Michael C. (1989), "Eclipse of the Public Corporation," *Harvard Business Review*, Sept.-Oct., 61-74.

Leibenstein, Harvey (1966), "Allocative Efficiency vs. "X-Efficiency"," *American Economic Review*, 56(3), 392-415.

Myers, Stewart C. (1977), "Determinants of Corporate Borrowing," *Journal of Financial Economics*, 5, 147-175.

Myers, Stewart C. and Nicholas S. Majluf (1984), "Corporate Financing and Investment Decisions When Firms Have Information that Investors Do Not Have," *Journal of Financial Economics*, 13, 187-221.

Nickell, Stephen J. (1996), "Competition and Corporate Performance," *Journal of Political Economy*, 104, 724-746.

Nickell, Stephen, Daphne Nicolitsas and Neil Dryden (1997), "What Makes Firms Perform Well?" *European Economic Review*, 41, 783-796.

Nickell, Stephen, Sushil Wadhwani and Martin Wall (1992), "Productivity Growth in U. K. Companies, 1975-1986," *European Economic Review*, 36, 1055-1091.

日本政策投資銀行産業調査部「設備投資計画調査」各年版.

花崎正晴 (1996),『アメリカの貿易赤字日本の貿易黒字―金融国際化と不均衡調整問題―』東洋経済新報社.

花崎正晴・羽田徹也 (2017),「企業の投資行動の決定要因分析―投資の多様化の進展と内部資金の役割―」『フィナンシャル・レビュー』2017年第4号, 財務省財務総合政策研究所, 56-80.

花崎正晴・堀内昭義 (2005),「日本の金融システムは効率的だったか？」伊丹敬之・藤本隆宏・岡崎哲二・伊藤秀史・沼上幹編『リーディングス　日本の企業システム　第Ⅱ期　第2巻　企業とガバナンス』有斐閣, 第6章.

堀内昭義・花崎正晴 (2000),「メインバンク関係は企業経営の効率化に貢献したか―製造業に関する実証研究―」『経済経営研究』Vol. 21-1, 日本政策投資銀行設備投資研究所.

堀内昭義・花崎正晴 (2004),「日本企業のガバナンス構造―所有構造, メインバンク, 市場競争―」『経済経営研究』Vol. 24-1, 日本政策投資銀行設備投資研究所.

堀内昭義・花崎正晴・松下佳菜子 (2014),「日本の金融経済と企業金融の動向」堀内昭義・花崎正晴・中村純一編『日本経済　変革期の金融と企業行動』東京大学出版会, 序章, 9-50.

第２部　中国のコーポレート・ガバナンス

185

第4章　市場社会主義下のコーポレート・ガバナンスと企業パフォーマンス
―― 中国上場企業に関する実証分析 ――

王楽・劉群・花崎正晴

1. はじめに

　およそ20年間にもわたって高度成長を持続してきた中国経済は，2014年から成長にかげりがみえ始め，成長鈍化の新たな局面（「新常態」といわれる）に入った。中国では，経済の高度成長期にしろ，成長鈍化の新たな局面にしろ，企業のガバナンス機能や役割に政府が強い影響力を及ぼしていることが，広く認識されている。

　本章は，中国の上場企業のコーポレート・ガバナンスと企業パフォーマンス，企業活動の関係について，企業の所有構造，取締役会の構成および独立取締役の役割の3つの面から分析し，検討することを目的とする。

　1990年代から国有企業に対する改革が進んできて，2015年になって国有企業間の再編という改革の新ラウンドが始まった。例えば，鉄鋼トップの宝鋼集団と武漢鋼鉄集団の2つのグループが統合を通じて鉄鋼の生産過剰問題を解決しようとしている。また，中糧集団と中紡集団が規模の経済性による国際競争力の向上のために合併した。近年になって「国進民退」のトレンドにあるという説もある。このような背景のもとで，国有企業の再編や民営化の改革を評価する場合でも，政府の持株比率が企業パフォーマンス及び企業活動に与える影響を正しく認識して分析することが必要となる。

　今までに，政府が株主として企業活動に及ぼす影響について分析した多くの先行研究があるが，それらの多くは2000年以前のデータを用いて分析してい

る。しかし，一連のコーポレート・ガバナンス関連の改革は 2000 年以降に行われ，企業の所有構造，国有企業の統治メカニズムなどに大きな変更が発生した。また，今までの先行研究は株主としての政府の役割について，統一した結論に至っていない。以上のような状況を踏まえて，本章では，2000-2016 年の上場企業データを用いて，政府の持株比率と企業パフォーマンスの関係について分析し，再検討することにする。

また，株主としての中国政府が，「横領の手」になるか，「支援の手」になるかにかかわらず，政府が企業に影響力を及ぼす具体的な経路に言及した先行研究が少ない。Pistor（2013）はその経路の一つを提示しているが，それは，共産党（CCP）で重要な職務を務めている人々の昇進をコントロールする HRM（human resource management）という人事管理システムによって企業を支配する経路である。実際のところ，政府と共産党は組織上では離れているが，互いに関連し合う 2 つの階層（hierarchies）であり，中央政府と共産党の最高組織の中央委員会は緊密につながっている。そのために，政府出身の企業役員は自分の昇進のために政府の影響を受けて，政府の「横領の手」あるいは「支援の手」の手先になることが考えられる。そこで，本章では政府の企業活動への影響力を発揮する具体的な経路を調べるために，政府系 CEO および政府系独立取締役と企業パフォーマンスの関係を分析する。

政府出身の独立取締役の影響を分析する前に，独立取締役自身の役割について検討しなければならない。中国の上場企業においては，董事会（取締役会）と監事会（監査役会）という二重構造の取締役会（two-tier board structure）が採用されている。董事会と監事会の権力と義務はかなり重なっているため，どちらも有効に機能していないと多くの先行研究に指摘された。その場合に，企業パフォーマンスと独立取締役の関係の実証分析を困難にしている一つの原因は，Duchin et al.（2010）が指摘した「内生性の問題」である。本章では，内生性の問題に対処するために，2001 年の独立取締役の導入の制度改革という外生的なショックを利用して分析し，独立取締役の有効性を解明する。

本章の構成は以下の通りである。第 2 節では，1990 年代から企業のガバナンス構造と関連のある改革の経緯を概観する。第 3 節では，企業の所有構造が企業パフォーマンスに及ぼす影響を分析する。特に，政府株主の「横領の手」

第4章　市場社会主義下のコーポレート・ガバナンスと企業パフォーマンス

と「支援の手」のような相反の理論に対して実証分析を行う。第4節では，取締役会構造と企業パフォーマンスの関係について検証する。政府系出身の経営者と役員が企業の収益性，成長性に及ぼす影響を分析することで，政府株主が企業経営活動を支配する具体的なメカニズムの解明を試みる。第5節では，本章の主要な結果をまとめて結論とする。

2. 1990年代以降の改革の経緯

中国では，1990年代初頭に「市場経済」をめぐって非常に激しい論争があった。その頃，一般の民衆や一部の学者は，市場経済体制といっても，それは資本主義特有のものだと考えて，強い抵抗姿勢を示した。

1978年以来の改革開放の主な実践と経験をまとめ，日ごろの混乱と思想統制の多くの重要な認識問題に対して，明確に答えたのは鄧小平の南巡講話であった。1992年1月から2月にかけて武漢，深圳，珠海，上海などを視察したときの鄧小平の声明は，国内外で重視されるようになった。彼は，計画と市場はすべて経済的手段であり，社会主義と資本主義の質において違いはないと指摘した。

1992年6月9日，江沢民が中央党校で重要な演説を行い，初めて「社会主義市場経済体制」を提唱し，その主な特徴として次の3点をあげた。第1に，所有構造の面では，公的経済を主体として維持しつつ，多種類の民営経済を補充して発展する。第2に，分配制度の面では，労働に応じて分配するが，他の分配方式も認める。第3に，経済運営の面では，市場経済と計画経済の両方の長所を生かして，資源の最適配分を促進する。

1992年10月12日に開催された第14回全国大会で「社会主義市場経済体制」という表現が正式に提示され，その後の経済運営の基本方針として定められた。

2.1　国有企業に関する改革

1990年代以降，国有企業に対してたくさんの改革が行われたが，本章の目的とするコーポレート・ガバナンスに着目して，企業のガバナンス構造と関連のある改革を選定して概観する。そして，栄（2012）に学んで，改革の意味と

経緯をより明確にするために，国有企業の改革を政府側と企業側の2つに分けて考察する。そうする理由は，中国における改革の一つの特徴として，政府の主導のもとに，小範囲で実験を行って経験を積んでから，漸進的に全国に広げるという方法をとること，しかも，複雑な問題に対して，難易度の低い部分から突破するのが一般的であるからである。

国有企業改革の進展状況をみると，主に経営陣によって主導される現代企業制度の導入などの企業側の改革が順調に進展しているのに対して，株主としての政府自身に対する改革が大幅に遅れている。1992-2001年の最初の10年間は主に企業側の改革が進んだ。

2.1.1 現代企業制度の設立

1993年11月に開催された第14回三中全会で「中共中央による社会主義市場経済体制の発展に関するいくつかの決定」が公表された。その「決定」によって，「現代企業制度の設立」が企業改革の方向として明確に示された。同年12月に国家体制改革委員会（以下「体改委」と呼ぶ）が「100社に対する現代企業制度の設立の試行方案」を公表した。具体的な内容は次の4点である。(1)国有資産の投資主体は国が指名した機関（国家投資企業，国家が出資した企業，国有資産の運営企業など）とする。(2)企業は株主総会，董事会（取締役会），監事会（監査役会），経営陣のような管理組織を結成して，議決，監視と執行の権利を行使する。(3)従業員は企業と労働契約を結び，経営者は取締役会と採用契約を結ぶ。(4)党組織は政治的な核心として労働組合および従業員の権利を守る。

1994年末から，100社の企業の実験的な改革として現代企業制度の導入が始まった。その中の70社は国家経済貿易委員会（以下「経貿委」と呼ぶ）が指導し，残りの30社は体改委が担当した。

1999年9月22日の第15回四中全国大会で，「中共中央による国有企業改革に関するいくつかの重要な問題に対する決定」が公布され，「相互参入」と呼ばれる企業の組織構造の具体的な変更方法が定められた。「相互参入」とは，旧企業制度で企業運営の議決権を握っていた「旧三会」と呼ばれる党委員会，従業員代表大会，労働組合の三者から，現代企業制度で通称「新三会」と呼ば

れる董事会，監事会，経営者に移行するときに，旧三会と新三会のメンバーが互いの組織に加入して職務を担うことである。つまり，取締役会と監事会には必ず従業員代表を入れなければならないし，党委員会の幹部も取締役と監事役を務められることとなった。また，「新三会」の役員が共産党党員であれば，党委員会に入会できるようにしたのである。「決定」には経営者の人材市場の構築を促進することと，経営者に対するストック・オプションなどのインセンティブ・メカニズムの構築を明示した。昔は企業や工場が政府機関の一環であり，経営者が公務員として扱われてきたが，第15回四中全国大会以降は企業の行政編入体制が廃止された。

2.1.2 民営化改革（政府側改革）

1990年11月に上海証券取引所，そして1991年7月に深圳証券取引所が，それぞれ設立された。しかし，最初に取引できた金融証券はわずか30種類で，しかも，株式や社債より国債が取引の主体であった[1]。1992年2月29日に国務院と体改委が主催した「株式会社の実験的改革に関する会議」から，株式の取引が活発になった。同会議において，企業が株式会社に転換するときに守るべき原則と具体的なやり方が明示された。(1)重要な産業に属する企業および大型国有企業に対して，国家株と国有法人株を利用して，絶対的なコントロール権もしくは相対的なコントロール権を保つこと。(2)国が重要な産業あるいは大中型企業へのコントロール権を喪失しないために，国家株と国有法人株は公開市場で売買（流通）できないこと。(3)従業員株式を設けて，従業員であると同時に企業の保有者でもあるようにして，政治上の主人公相当の地位を確保すること。その他に，退職社員の社会保険基金のための企業公益株と科学革新を促進するための科学株を設置することが明示された。

証券市場の発展に伴って，証券の取引活動が全国範囲で活発になったことから，当時の監査部門としての人民銀行，上海・深圳取引所の証券取引に対する監視能力が不足になり，1992年10月に中国証券監督管理委員会（以下「証監会」）を設立することが国務院によって定められた。

---

1) 馬慶泉・呉清『中国証券史』中国金融出版社，2010年を参照。

国有企業の株式民営化の改革は，1996年6月に「小型国有企業の改革を加速するための所見」を体改委が公布したことから加速した。その「所見」により，小型国有企業に対する主導権が地方政府に移り，規制を緩和して国有企業の改革を深化することが地方政府に要求された。各地方の小型国有企業の改革方式をまとめると，主に次の4つの方式がある。第1は非国有株式を発行すること，第2は国有資産を販売すること，第3は債権を所有権に変換する形で債務整理を行い，従業員と経営者の株式保有を勧めること，第4は国有固定資産をリースの形で経営者に貸し出し，政府が一定の元本を回収してから，資産の所有権を自動的に経営者に移すこととする。その他に，企業の合併，買収，倒産などの方法もある。

　政府持株比率を低減するための試みとして失敗例もある。21世紀に入ってから，政府は持株比率を減らすために，試行錯誤を重ねてきた。2001年6月に財務部が作成した「国有株を減らして社会保険基金に充填することに関する暫定方案」が公表された。その「方案」が提示した具体的なやり方としては，新規公開や公募増資をするたびに，融資金額の10%という比率で国有株式を売り出す。しかも，その国有株式を時価で販売することが決定された。これは何を意味するのであろうか。国有企業を上場するときに自由に取引（流通）できない国有株（法人株と一緒に非流通株と呼ばれる）の価値が自由に取引できる株式（流通株）の価値を大きく下回っていた株式市場では，非流通株を流通株と同じ時価で取引することは，たとえその目的が社会保険基金の補充としても，流通株の株主に対する搾取としかいえない。「方案」が公表されてすぐに，国有企業の株式が投げ売りされた。証監会は2001年10月23日に「方案」の実施を緊急停止せざるをえなかった。2003年9月26日に『上海証券新聞』に「全流通と中国株式市場の命運に関わる制度の変革」という記事が掲載された。その記事は，国有株，法人株などの非流通株の過去における歴史的価値を認めたうえで，非流通株の廃止を提案した。しかし，「全流通」についての検討が過熱するほど株式市場が冷え込んでいった。

　2005年9月4日に証監会が全株式の流通に関する「管理方法」を発表したことから，非流通株を流通株と同じように取引できるようにする改革が動き始めた。その管理方法とは，企業ごとに具体的な改革方案を作成して株主総会の

承認を得れば，非流通株の取引が実施できるようにするものであった。その改革法案の重要なポイントは，流通株主にどのような方式でどれぐらいの賠償をするかを決めることであった。2007年末までに，97％の企業で改革が実施された。もっとも，非流通株取引の承認手続きが済んだからといって，すぐに取引ができるわけではない。前述の「管理方法」には，改革方案を実行してから12か月以内に株式総数の5％を超えない範囲で非流通株式を売ることができ，24か月以内に10％を超えない範囲で販売できると定められている。国有企業に関しては，さらに厳しく制限している。2007年6月30日に「暫行方法」が発表され，国有株主の非流通株式を売るときには，次の2つの条件を満たさなければならないと規定された。すなわち，(1)株式総数が10億株未満の企業の場合，3つの連続会計年度に売られた株式が総数の5％未満の部分，あるいは株式総数が10億株以上の企業の場合，5,000万株あるいは3％未満の部分である。(2)上場企業のコントロール権を移転することはできない。

　「全流通」の改革以降も国有企業に対するいくつかの改革が行われてきたが，広範囲に及ぶ改革はあまりなかった。近年になって，中国経済の減速の影響を受けて，国有企業の株式民営化改革が再び重視されるようになった。2015年9月に国務院が「国有企業の混合所有制の発展に関する所見」を公布した。その所見は，国有企業を業種によって4種類に分けて，種類ごとに国有企業の混合所有権の改革を促進するものである。国有企業の具体的な分類と各種類に対する改革の要求を以下に示す。

(1)「重要な自然資源の開発と利用」，「自然資源の運輸のネットワークシステム」，「原子力，重要な公共技術のプラットフォームなどのデータの収集と活用」，「国防軍事などの国家戦略的安全保障および国家の核心的な秘密」に関わる国有企業に対しては，国有独資あるいは絶対的なコントロール権を維持する。
(2)「重要な通信インフラ施設，重要な交通施設」，「食糧，石油，天然ガスなど国家の戦略的貯蔵物質」に関わる国有企業に対して国有独資もしくはコントロール権を維持する。
(3)「他の国の戦略的な目標，戦略的な産業」，「環境保護や共用技術のプラットフォーム」などに関わる企業（例えば，サービスを提供している企業）に対

して，国有資本の注入を通じて産業の発展を促進する。
(4)「水道，電気，ガス，公共交通，公共インフラなどの公益産業」に所属する国有企業に対して，混合所有権の改革を導入する。

2.2　国有資産管理

　2003年3月，第10回全国人民代表大会で国有資産監督管理委員会の設置が承認され，国有資産を管理する組織構造として，政府の行政機能と国有資産の管理機能を分離する改革が始まった。同年5月に「企業の国有資産監督管理に関する暫定規制」が公表されて，企業の国有資産の監督と管理のための法的基盤が整えられ，中央と地方に国有資産監督管理機関が設立されることになった。以下にその「暫定規制」の概要を示す。
(1)適用範囲
　国有独資企業，国に支配権のある企業，国が出資している企業。ただし，金融機関の国有資産は本規制の適用対象にならない。
(2)中央と地方の分離
　「国務院国有資産監督管理委員会」が国務院の代表として中央企業の国有資産を監督，管理する。「地方政府国有資産監督管理委員会」が各地方政府を代表して地方企業の国有資産を監督，管理する。上級の「国有資産監督管理委員会」に下級の「国有資産監督管理委員会」(下記国資委)に対する指導と監督の権利がある。
(3)主要な責任
　①株主の責任を負って，国有企業の改革や再編などの重大事項に対して議決権を行使し，所有者の権益を守る。
　②法律にしたがって，出資している企業の経営陣の任免，業績評価などの権利がある。監事会を設立して，監事役を任命する。
　③国有資産の価値の維持と増値を監督する。しかし，国有企業の経営自主権を妨害できない。
　④同級の政府が委ねた他の事項を引き受ける。
　「暫定規制」が国有資産管理に果たしたいくつかの貢献について次に示す。まず，中央政府と地方政府の2つのレベルで国有資産を監督・管理するシステ

ムが構築されたこと。次に，政府の行政機能と国有資産の管理機能を分離したことで，国有企業の経営自主権が確保されたこと。そして，初めて国有資産の価値の維持・増加を重視することが明示されたこと。さらに，株主の議決権と経営陣の任免などの権利の行使と監事会の設立などを通して，現代企業制度の改善が促進されたことである。

しかし，「暫定規制」や 2009 年 9 月に国資委が公布した「地方国有資産の監督をさらに強化するための所見」から，組織上では国資委を政府機関から分離したが，国資委が政府の支配から完全に独立できたとはいえないことがわかる。例えば，2009 年の「所見」には，「法律にしたがって，他の政府部門との間の権力の重複問題を解決すること」，「政府から委ねられた任務を適切に処理すること」という条文があるが，これらの条文は，国有資産を管理するうえで，社会の安定維持，生産の安全確保，環境問題の考慮などの政府の行政任務も無視できないことを暗黙の内に示している。

2.3 独立取締役の導入

中国が正式に独立取締役導入の改革を始めたのは 2001 年 8 月 21 日の「指導意見」からであった。それから，第 1 段階として 2002 年 6 月 30 日までに少なくとも 2 人以上の独立取締役を導入することが決まり，第 2 段階として 2003 年 6 月 30 日までに少なくとも取締役の 3 分の 1 を独立取締役が占めることが決まった。

一方，2001 年以前に約 30 社前後の上場企業が独立取締役をすでに採用していた。その主な目的は，企業が外上場するときに海外規制を満たすためであったと考えられる。

2001 年 8 月に中国の証監会が公表した「指導意見」では，独立取締役の役割として「企業の全体的な利益を守ること」，「中小株主の権益が侵害されないように行動すること」を規定している。このように，独立取締役の監督機能が重視されているものの，施 (2001) の上場会社 52 社の 104 人の独立取締役へのアンケート調査によると，多くの独立取締役が主に企業の戦略に対する助言の機能を果たしていた。

2.4 債権から所有権への転換改革による国有企業の債務整理

1990年代後半に中国経済が全体的に悪い状況に陥った。1997年のアジア通貨金融危機が経済悪化をさらに強めた。特に国有企業の業績が著しく悪化して破産寸前の状態にあった。中国政府は，国有企業を3年間以内に経営不振から脱出させるために，吸収合併か倒産・清算の方法で解決しようと考えた。しかし，どちらの方法を選んでも，最大の問題は，当時の（今でも変わらないが）国有企業の主な債権者である銀行の不良資産を急増させることであった。こうした背景のもとに，銀行の不良資産の膨大化を防ぐために，華融，信達，長城，東方の4つの資産管理会社を設立した。1999年8月に経貿委が「債権から所有権への転換」という解決策とその適用条件・適用範囲を明示して，資産管理会社を仲介した国有企業の債権整理が起動した。その対象となったのは，製品に将来性があって重要な国有企業であった。

具体的なやり方は，まず，銀行から不良資産を分離して資産管理会社に移行させ，次に，資産管理会社が企業に対して審査を行い，経貿委・財務部・人民銀行の許可と国務院の批准を得てから，債権から所有権への転換を行うという手順をとった。

鄧（2016）によると，1999年の1年間に，銀行から分離された1兆4,000億元の不良資産のうち約4,000億元が債権から所有権への転換で整理された。この改革の成果としては，銀行の不良資産比率をコントロールすることによって潜在的な金融危機が防げたこと，国有企業が倒産せずに過剰負債問題を解決できたこと，マクロ経済の安定性を保てたことなどがあげられる。

一方，この改革に対する批判も少なくない。まず，負債を株式に転換するだけでは，国有企業のガバナンス構造が改善できたとはいえないという批判である。結局は，効率の悪い国有企業に再融資を行って，資本資源の分配自体の歪みを深刻化させ，問題を先伸ばしただけである。資産管理会社は，当時の必ずしも完備していない株式市場で国有企業の負債を株式に転換したが，株式市場に十分な流動性がないために，適切な価格でこれらの株式を売り出すことは至難の技であった。改革が実施された国有企業の中には業績が改善していない企業があり，今でも4つの資産管理会社が転換した株式を持ち続いている（鄧 2016）。

債権から所有権への転換改革が2016年に再起動することが予想される。供給側改革の一環として企業側の「デレバレッジ」を促進するためである。その目的は，1990年代末の改革と同じように，企業の負債比率を下げて，銀行の不良資産比率を抑えることである。ただし，やり方としては資産管理会社に頼らずに，銀行自らが直接やる可能性が高い。今回は順調に企業側のレバレッジを低下させると同時に，システム・リスクをコントロールできるかを注目していきたい。

2.5 外国機関投資家の呼び込み

1990年に証券取引所が設立され，92年に証券市場を部分的に開設してから約10年を経て，2003年に外国人投資家が初めて人民元を使って中国の株式を取引できるようになった。実は中国の証券市場の対外開放は世界貿易機関（WTO）への加入と緊密な関係がある。

「中華人民共和国のWTO加入に関する議定書」[2]によると，WTOに加入してから3年以内に外国証券会社と投資銀行が中国の証券会社と共同出資の形で証券取引機関[3]を設立して，中国の株式を引き受けたり，取引したりする業務を許可しなければならないとあり，しかも，外国証券会社等を中国の証券取引所の特別メンバーとして認める必要があった。

そこで，中国政府が捻出したのは，Qualified Foreign Institutional Investors（適格外国機関投資家，QFII）制度である。具体的にいうと，承認された外国機関投資家は，規制のもとで，定額の外国通貨を現地通貨に変換して，厳密な監督のもとで現地の証券市場に参入でき，得られたキャピタルゲイン，配当金などを監査されてから外貨に交換して外国に送金できる制度である。

外国機関投資家を呼び込むことで，いくつかの効果が期待された。まず，資金供給量を増やすことで，国有持株低減政策にとって資金面のサポートになる。そして，機関投資家が占める比率を上げることによって，上場企業のガバナンス構造の改善，情報開示の促進，大株主による搾取行為の抑制などの効果が期

---

2) Protocol on the Accession of the People's Republic of China.
3) 外国証券会社の出資比率の上限は33%であった。

待できる。しかも，経験豊富な外国機関投資家の影響を受けて，国内投資家も先進的な投資理念を学んで，資本市場の秩序の前進にも役立つ。しかしながら，当時の証券市場は整備されておらず，監督メカニズムにも欠陥があったので，中国は，外国機関投資家の投機活動を抑えるために，厳格な規制が必要だと考えていた。

　QFII制度を簡単に概観する。2002年6月4日に証監会が「外資出資の証券会社の設立規則」と「外資出資の投資信託会社の設立規則」を公表して，具体的な設立条件とプロセスを定めた。11月4日に「上場企業の国家株および法人株の外資証券会社への転売に関する問題のお知らせ」が公表され，国家株と法人株の外資証券会社への転売が許可された。同年末に，「適格外国機関投資家による国内証券投資活動の管理暫定方案」によって，外国機関投資家の規模や設立年数，審査プロセス，投資額の上限，資金の流入出，投資対象，上場企業に対する持株比率の上限などについて厳しく制限してから，国内資本市場の開放を始めた。

　2006年に新たな「管理方案」が公表された。この「管理方案」は，2002年の「暫定方案」と比べて，長期投資家に対する規制を緩和し，ファンドや保険などの長期資金運用機関に対して規模や設立年数の要求を緩和した。そして，長期資金を運用するための単独口座の申請が許可され，年金基金，保険基金，共同基金などの長期資金に対して，海外送金までの期間規制[4]を以前の1年から3か月に縮減した。しかし，外国機関投資家の資産の配置，証券取引の明細などの情報開示に対する要求が強化され，上場企業に対する持株比率の上限も緩和されなかった。2012年バージョンの「管理方案」によると，外国機関投資家の規模や設立年数に対する規制が少し緩和され，取引可能な金融商品の品目も増えた。送金金額の上限とその手続き，上場企業に対する持株比率への制限は相変わらず厳格である。

　2017年第2四半期までのデータからみると，286社のQFIIの保有株の時価総額は1144.7億元で全体の0.28％を占める。そのうち，約半分が銀行の株式

---

[4] 海外から資金が全額輸入してからの一定の期間以内に，海外への送金が禁止されるという規制である。

である。2018年6月から，222社の上場会社がMSCI指数に組み込まれる予定であるから，その影響を受けて外資の参入が一層盛んになり，QFIIが以前より「物言う株主」になれることが期待される。

2.6　戦略的な企業の再編

中国政府は，主要産業のリストラと産業復興計画を進めて，企業をより強く，より大きくするために，企業間の再編が必要であると判断した。そこで，2010年9月6日に国務院が「企業の合併再編に関する所見」を公表した。その「所見」によると，自動車，鉄鋼，セメント，機械製造，アルミニウム，希土類などの主要産業に重点を置いて，有力企業間の提携，国内の地域を跨ぐM&A，海外関連企業とのM&A，企業間の投資協力を促進することによって産業の集中度を高め，集約的な経営ができる企業，独自の知的財産権や有名ブランドを持つ企業を育成することを目指している。また，中国政府は国際競争力のある大規模な企業グループの構築と産業構造の最適化・アップグレード化といったグローバル戦略を描いている。

「所見」に提示された優遇政策として，税負担を減らすこと，中央政府と地方政府が特殊なファンドを設立して国有企業のM&Aを支援する補助金として使うことがあげられる。それ以外に，商業銀行を含めて多種類の金融機関が積極的に企業のM&Aに参加して，資金面で支援を提供する政策が提示されている。

3．社会主義市場経済下の所有構造とパフォーマンス

3.1　はじめに

世界で最大の社会主義市場経済国家である中国において，最も顕著な特徴は国家が経済のあらゆることに主導力を発揮している点であろう。今まで，中国国内外の学者たちによって，中国政府が株主として企業活動に及ぼす影響に関して，多くの研究がなされてきたが，統一した結論には達していない。Shleifer and Vishny (1998) が最初に提示したように，いろいろな経済体制のもとで政治家たちが制度を利用して自分たちの便益を追及したり，政府が「横領の

手（grabbing hand）」となったりする。さらに，Estrin and Perotin（1991）は政府が企業の株主である場合，企業価値最大化よりも，政治や経済などの目的を優先することを理論的に論じている。中国の上場企業における実証分析の多くは「横領の手」の理論を支持し，政府持株比率の高い企業において利害関係者間の取引が多くなり（Huyghebaert and Wang 2012），企業の運営が非効率的になり，エージェンシー問題が深刻になる（Chen and Al-Najjar 2012）と主張している。一方，地方政府が経済発展を促進するという「支援の手（helping hand）」の機能を主張する研究もある（Qian 2003; Blanchard and Shleifer 2001）。特に，中国のような法律の執行力が低い環境のもとでは，政府のような大株主のガバナンス機能が期待されている。政府持株比率と企業パフォーマンスがU字関係にあることを示している研究がある（Tian and Estrin 2008; Liu et al. 2012; Sun et al. 2002; Wei et al. 2005）。

　多くの先行研究は2000年以前のデータを用いて分析しているが，前節で述べたように一連のコーポレート・ガバナンス関連の改革が2000年以降に行われた。これらの改革を通して企業の所有構造，国有企業の企業統治のメカニズムなどに大きな変更が生じた。大株主は有効なモニタリング機能を発揮してきたが，唯一の監査主体ではなくなるため，当然ながら，国有企業の株式の2/3を占めていた政府持株比率からの影響が変わっただろうと予想される。しかも，景気の状況によって，株主としての政府は企業に対する態度が変化する可能性もある。そこで，本節は1999年，2006年，2013年の3つの時点のガバナンスデータとそれぞれ1年後の財務データを使って，3時点のクロスセクション分析を通じて，株主としての政府と企業パフォーマンスの関係の再検証を行う。さらに，パネルデータを用いて，政府持株比率と企業のパフォーマンスの中期的な関係，および制度改革とマクロ経済情勢がその関係にもたらす影響を分析する。

　本節と先行研究との大きな違いは，ガバナンス変数の処理方法にある。先行研究では国有法人株主と民営法人株主の差異を無視して法人株という一つの項目に分類している。あるいは，政府と法人が同じ立場にあるという視点から，国有株と法人株を合算して政府持株比率の変数として使っている先行研究もある。当然，昔は法人株の大部分が国有法人に保有されて，政府の意思に従わな

ければならなかったが，第2回民営化改革（SSSR）以降，状況が変わった。民営法人が徐々に上位株主になって，企業ガバナンスに重要な影響を及ぼすようになった。法人株を国有法人株の代理変数として使うことや，国有株と法人株の合計値を用いることは実態に乖離している懸念がある。そこで本節では，国内法人を国有法人と民営法人に分けて，政府持株比率 State_ratio（国家と国有法人の持株比率），民営法人持株比率 Private_ratio（民営企業の持株比率）の2つの変数を作成して分析を行った。

　本節での主な分析結果として，政府が株主として主に「横領の手」の役割を果たして企業パフォーマンスに悪影響を及ぼしているが，「支援の手」を演じる場合もあるという結果である。具体的にいうと，経済成長が鈍化する以前に，中央国有企業系と絶対支配権を持っている地方国有企業に対して，パフォーマンスを向上させる効果が観察された。先行研究に提示されている政府の持株比率と企業の収益性，成長性のU字関係が確認された。しかし，「新常態」に入ってから，「支援の手」の効果が消えて，政府株主がもたらすエージェンシー問題が深刻になり，企業のパフォーマンスが損なわれることが観察された。

3.2　先行研究と仮説

　政府が企業を支配するなかで，どのような役割を果たしているのかについての先行研究を概観する。Shleifer and Vishny (1998) は，いろいろな経済体制のもとでの政府による「横領の手 (grabbing hand)」に関して検討している。その中で，政治家たちが制度を利用して自分たちの便益を追及しようとしているという弊害を指摘し，国有企業の民営化が望ましいと主張している。また，Estrin and Perotin (1991) は，政府が企業の株主である場合，企業価値最大化よりも，政治や経済などの目的を優先すると理論的に論じている。彼らがあげた政治や経済の目的は，「公益サービスの普及」，「収益の再分配」，「雇用の維持」などである。しかも，これらの目的自体が互いに矛盾していたり，頻繁に変更されたりして，国有企業の効率をさらに低下させると指摘している。一方，Qian (2003) の中国経済の改革に関する分析によると，地方政府が財務収入を確保するために郷鎮企業 TVE (Township-Village Enterprises) を保護し，公共投資を増やす結果，私有経済の発展を促進したとされている。

中国上場企業に関する実証分析の結果も一様ではない。Huyghebaert and Wang (2012) は,「横領の手」の理論と同じように, 政府持株比率の高い企業は利害関係者間の取引が多く, 企業の労働力余剰が発生すると指摘している。また, Bai et al. (2004) は, 筆頭株主が政府であり, 筆頭株主の持株比率が高い場合には, 企業価値が低いという分析結果を得ている。さらに, Chen and AL-Najjar (2012) は, 政府持株比率が高いほど, 企業の運営が非効率的で, エージェンシー問題が厳しくなると主張している。同研究は, 政府持株比率が高いとモニタリング・メカニズムの効率が低くなり, 役員報酬が高くなることに言及している。

一方, 政府の「支援の手 (helping hand)」の機能を支持している研究も多数ある。Liu, Uchida and Yang (2012) は, 世界金融危機前後の970社の上場企業を対象とした分析で, 金融危機前の定常時における国有企業 (政府が支配株主の場合) のパフォーマンス (トービンのQ) は悪かったが, 金融危機においても悪化しなかったという分析結果を得ている。そして, 同研究は, 大株主[5]の保有比率とパフォーマンスがU字関係にあることを示している。すなわち, 大株主の保有比率が低いときには, 少数株主の権益を横取りする傾向があるが, 高くなると危機に対する抵抗力の向上が期待できるという結果である。同様に, Tian and Estrin (2008) の研究でも, 政府保有比率と企業パフォーマンスのU字関係が指摘されている。彼らの解釈では, 国の持株比率が高くなると, 議決権と同時にキャッシュフロー権が高くなっていくので[6], 監視するインセンティブが上がり, エージェンシー問題を緩和するということである。特に, 中国のような法律の執行力が低い環境のもとでは, 大株主としてのガバナンス機能が期待されている。Blanchard and Shleifer (2001) の研究では, 中国とロシアの比較を通じて, 中国の民間経済が急速に発展できたのは, 地方政府の援助が重要な役割を果たしたと主張している。

政府持株比率と企業パフォーマンスのU字関係を主張する先行研究がある。Wei et al. (2005) が1991-2001年の間に民営化された上場企業を対象に, トー

---

5) Liu, Uchida and Yang (2012) の定義によると, 大株主とは持株比率が5%以上の株主である。
6) 中国においては, 一般に議決権とキャッシュフロー権の乖離が少ない。

ビンのQと政府持株比率，企業法人持株比率および政府・法人の持株比率の合計値の関係を検討している。企業法人株主の監視意欲が高いと一般的に考えられても，政府株主と同じようにトービンのQの間にU字関係にあることを示している。著者たちの解釈としては，多くの企業法人の株主は政府であり，これらの企業法人株主は政府の指示に従わなければならないように支配されている。Sun et al.（2002）も1994-1997年の上場企業のデータを使って，政府持株比率と企業パフォーマンスの間の非線形的な関係を示している。政府持株比率のポジティブな影響について，利益を貪れる独占構造から生じて，企業経営の効率の向上とは関係ないと論じている。

　未熟な資本市場を安定的に発展させるため，2000年初頭までは証券法の設立や国有銀行の不良債権の処理などに改革の重点が置かれ，上場企業の所有構造および組織構造などのガバナンス構造に大きな変化はなかった。そこで，1990年代半ばから2000年初頭までの古いガバナンス構造を代表するために1999年を選出した。先行研究にならって，「横領の手」と「支援の手」の両方の仮説を立てる。

仮説1：政府持株比率が高いほど企業価値を損ないやすく，企業パフォーマンスが低下する。

仮説2：政府持株比率が高いほど，企業が政府との緊密な関係を利用して生産資源を容易に手に入れることができ，企業パフォーマンスが向上する。

　一方，前節で述べたように，2003年5月には，国有企業の株主としての国有資産監督管理委員会の設置が承認され，より明確な国有資産の監督・管理システムが構築されたと同時に，政府の公文書に初めて国有資産の価値の維持・増加を重視することが明示された。さらに，政府は国有持株比率を減らすための試行錯誤を重ね，2005-2006年の「株式転換改革」（Split-Share Structure Reform：SSSR）という2回目の民営化改革を成功させた。1990年代に上場した国有企業では，価値が時価を大きく下回っていた非流通株（国有株と法人株）が政府に設置されたが，このSSSRを通じて，企業の株式総数の2/3を占めて

いた非流通株が流通株と同じ時価で取引できるようになった。SSSR 後は，株主としての政府が以前より企業価値の最大化を重視するようになり，一般投資家との間の利害相反問題が軽減された（Yu 2013; Liao et al. 2014）。2 回目の民営化改革のエージェンシー問題を軽減する効果（Tseng 2012）や，国有企業の収益性および生産効率などのパフォーマンス改善への貢献（Liao et al. 2014）が評価された。以上のことから，21 世紀に入ってから 2 回目の民営化改革までの一連のガバナンス改革の効果を調べるために 2006 年を選出した。この時期において「支援の手」の仮説 2 が支持されると予想する。

中国経済は，改革開放をきっかけに，2010 年までの約 30 年にわたって年率 10% に近い高成長を遂げていたが，2012 年に 7.8% に低下し，翌 2013 年に 7.76% にまで減速した。中国政府は，中長期的に 7% の成長率を期待して，高度成長から中高度成長に移行した中国経済の姿を「新常態」[7] と定義した。マクロ経済情勢によって，政府株主の影響が異なると考えられる。例えば，高度成長期には，企業側は株主が政府であるという緊密な関係を通じて重要な資源へのアクセスを得て，パフォーマンスが向上できた。しかし，経済が全体的に減速して企業の運営が日々困難になっていけば，政府株主がもたらしたエージェンシー問題が顕在化してしまう。そこで，中国経済が減速してからのマクロ経済の情勢の代表として 2013 年を選出し，「横領の手」の仮説 1 が支持されると予想する。

3.3 データと変数
3.3.1 データベースの説明

本研究で使用するガバナンスデータは，GTA 会社（国泰安信息技術有限公司）が提供する，1999 年から 2013 年までの中国上場会社企業統合研究データベース（China Listed Firms' Corporate Governance Research Database）のものである。また，財務データには，復旦アジア経済研究センター（Fudan Center for Asian Economic Research）が提供する，上海・深圳の両取引所に上場する企業の 2000 年から 2016 年までの企業財務データを用いる。2 つのデータベー

---

[7] 中国国家主席の習近平が，2014 年 5 月に初めて言及した。

スを企業の上場コードと年度によってマッチングした。

分析対象企業については，化学業 347 社，電子機械製造業 321 社，一般機械製造業 209 社，情報通信業 175 社，建設・不動産業 164 社，商業 131 社，サービス業 100 社，運輸機械製造業 96 社，鉱業 45 社，運輸業 22 社の 10 業種に絞っている。できる限り多くの上場企業をカバーするため，所属している企業数によって各産業をランキングし，上記の上位 10 位までの産業を選出した。2014 年をベースに合計すると，両取引所に上場されている 2,586 社の中の 1,816 社が含まれている[8]。なお，生存バイアスを考慮するために，途中で退出した会社と新規参入会社も対象とする。

本節では，株主の属性などのガバナンス変数を 1999 年，2006 年，2013 年の 3 時点の情報を収集して整理した。ここでは，内生性の問題を考慮するために，被説明変数としての収益性の情報について，それぞれの 1 年後の 2000 年，2007 年と 2014 年のデータを使用する。データセットの構築の具体的な方法は，まず，中国上場会社企業統合研究データベースに提供された上場企業の上位 10 位までの株主リストから，法人株主を抽出した。GTA のデータセットには一部の国有法人株主の属性しか提示していないため，上場企業の他の法人株主の名称に従って，中国における代表的な検索エンジンである baidu.com を通じて法人株主のホームページを検索し，ホームページから法人株主企業の所有構造を調べることで識別した。法人株主企業の筆頭株主が政府あるいは他の国有企業である場合に，国有法人株主と判断した。

一方，株主が法人ではない場合については，GTA のデータセットには株主の名前しか示していない。このため，年度ごとに上場企業のホームページから開示情報（有価証券報告書，四半期報告書）を入手した。次に，finance.sina.com.cn および finance.ifeng.com に掲載されている上場企業の役員の情報を参照しながら，株主が企業の関係者であるか，企業と無関係の一般個人投資家[9] であるかを識別した。このように，株主の属性を識別するために，一人ひとり

---

[8] この社数が 2014 年ベースであり，過去にさかのぼると社数は少なくなる。1999 年に 949 社のガバナンスデータがある。
[9] 企業の開示情報と GTA データセットによって，非法人株主が企業の役員ではないときに，一般投資家として識別する。

を個別に情報収集して，膨大な編集作業に基づき，ユニークなデータセットを構築した。

なお，2000年の財務データが入手できるサンプル数は831社であるのに対し，1999年にガバナンスデータが収集できたのは640社である。そのうち，財務データとマッチングできたのは602社である。2007年の1,507社の財務データと2006年の1,007社のガバナンスデータの中では，929社がマッチングできた。2014年の1,816社の財務データと2013年の1,651社のガバナンスデータのマッチング結果としては1,530社のサンプル数となった。

3.3.2 変数の説明と手法

以下の分析では，OLSモデルで推計した。なお，産業ダミー（industry）もそれぞれのモデルに導入されている。しかし，本章の目的は異なる産業の間の差を見つけることではないため，ダミー変数の結果を省略した。

推計モデルは次式で表される。

$$\text{Performance} = \alpha + \beta \cdot \text{Corporate Governance variables} + \gamma \cdot \text{Control variables} + \varepsilon \qquad (1)$$

被説明変数（Performance）には，企業パフォーマンスを表す変数として，ROA（営業利益/総資産）とROE（当期純利益/自己資本）の収益性変数，売上成長率 sales_growth（$(Sales_t - Sales_{t-1})/Sales_{t-1}$）の成長性変数を使う。単位は％である。

中国上場企業に関する先行研究では，株価のデータを用いて企業価値や企業パフォーマンスを評価しているものも多いが，ここでは企業の財務データのみを利用することにする。その主な理由は，中国の資本市場はまだ不完全な状態にあり，株価の変動が激しく，株式の回転率も高くて平均保有期間が短いことから，株価は企業パフォーマンスを正しく反映していないと考えるからである。実際，株価などの市場情報よりも財務情報の方が企業パフォーマンスを正しく表していると指摘する研究もみられる（Yu and Ashton 2015; Bai, Liu, Lu, Song and Zhang 2004）。

次に，企業ガバナンスの構造を表す主要な説明変数（Corporate Governance

variables）は株式所有構造の変数である。上位10位までの株主を5種類に分類し，それぞれのグループの持株比率を変数とする。その5グループの変数とは，政府持株比率 State_ratio（国家と国有法人の持株比率），民営法人持株比率 Private_ratio（民営企業の持株比率），外資持株比率 Foreign_ratio，国内個人持株比率 Person_ratio，企業役員持株比率 Director_ratio（企業の管理層や取締役が保有している株式の比率）である。

先行研究では，持株比率の分類を国家持株，国内法人持株，外国人持株，個人持株の4つに分類している。ここで，国家持株は政府持株と同じである。国内法人持株は，国有法人（国有企業など）と民営法人という属性の全く異なる法人の持株を含んでいることが問題である。政府が国有法人を通して，上場企業に影響を及ぼす可能性があるからである。そこで，本章では，国内法人を国有法人と民営法人に分けて分析することにする。国有法人と民営法人の分類方法は，法人株主の所有構造を調べることで，筆頭株主が政府あるいは他の国有企業である場合には国有法人に分類し，その他を民営法人とした。

政府持株比率以外に，国有企業と民営企業を分けて分析するために，次の2つの変数を使うことにする。すなわち，50％以上の株式を政府が保有している企業を over50_dummy＝1，そうでなければ0とし，政府が筆頭株主である企業を top1_state＝1，そうでなければ0とする2つのダミー変数である。

コントロール変数（Control variables）について，取締役会の規模が大きいほど，専門家が多く，取締役員の多様性も高いと考えられる（Zahra and Pearce 1989; Larmou and Vafeas 2010）。一方，人数が多いほどフリーライダーなどの潜在的な問題が生じ，監視の効率性が悪くなることが多くの先行研究（Jensen 1993; Guest 2009）で指摘されている。そのため，取締役会の規模に対して取締役人数 board_number を使ってコントロールする。取締役会の独立性をめぐっては多くの議論がある。独立性が高ければ監視能力が優れている（Kato and Long 2006; Chen et al. 2006）ということになり，企業パフォーマンスを改善させるという仮説がある。その反対に，内部情報を把握しにくいという観点から，独立取締役の監視機能と助言機能が制限され，企業パフォーマンスへの影響は限定的であるとする見解もある（Fama and Jensen 1983; Jensen 1993; Cheung et al. 2008）。ここでは，独立取締役が取締役人数に占める比率 ID_ratio を取締役

会の独立性の代理変数とする。そして，多くの先行研究に従い，上位10株主持株比率の合計値top10を使って企業所有構造の集中度をコントロールする。

一般的に，家族企業に代表されるような大株主が存在する企業では，大株主と少数株主の間の利益相反問題が深刻であり，企業価値が損なわれると考えられる。しかし，法律システムが完備されておらず，資本市場からのガバナンス・メカニズムが発揮できない途上国の場合，高い集中度は有効な代替的なガバナンス・メカニズムとして評価される（Blanchard and Shleifer 2001; Liu et al. 2012; Wei et al. 2005）。「規模の経済性」と「収益・成長の逓減効果」の両方の可能性があるため，総資産TASSを使って企業規模をコントロールし，実証分析には対数化したものを使う。負債比率をDEBTとして，企業の財務の健全性をコントロールする。高い負債比率がエージェンシー問題を軽減できると一般的に論じられるが，中国の国有企業には適用できない。国有企業が国有銀行から簡単に借金できる一方，銀行側が必ず積極的にモニタリングしているとはいえない（Wu et al. 2012a）というのがその理由である。さらに，負債比率が高いほど財務不履行のリスクが高くなるため，パフォーマンスに負の影響を及ぼすと考えられる。変数の定義を表4.1に整理する。連続変数については，上下1％でwinsorizeする異常値処理を行った。

3.3.3　記述統計と単変量分析

記述統計を整理した表4.2をみると，企業の収益性を表すROAとROEがそれぞれ2000年の平均値5.12％，8.03％から，高度成長期の真っ最中の2007年に14.06％，27.67％まで，約3倍上昇した。売上成長率も2000年の平均17.49％から，07年には25.13％と急伸した。しかし，2014年の成長性と収益性からわかるように，企業の状況は2000年のレベル以下になっている。

1990年代から20年以上にわたって進められてきた国有企業の民営化改革の影響および大量の民営企業が新規上場した結果として，筆頭株主が政府である企業の比率が1999年の79％から2013年の40％までに下げた。そして，政府持株比率が半分以上を占める企業の比率（over50_dummy）も1999年の49％から2013年の18％までに減少した。上位10株主持株比率の合計値（top10）は，99年の61％から2006年の55％まで著しく低下したものの，2006年から

表 4.1　変数の定義

被説明変数

Sales_growth（%）	売上成長率 $(Sales_t - Sales_{t-1})/Sales_{t-1} * 100$
ROA（%）	営業利益/総資産 $*100$
ROE（%）	当期純利益/自己資本 $*100$

所有構造の変数

over50_dummy	政府持株比率>50%であれば1，そうでなければ0のダミー変数
top1_state	政府が筆頭株主であれば1，そうでなければ0のダミー変数
State_ratio	政府持株比率
Private_ratio	民営法人持株比率
Person_ratio	国内個人の持株比率
Foreign_ratio	外資持株比率
Director_ratio	企業役員持株比率

独立取締役の属性変数

stateID	政府系独立取締役の人数（以下5種類の合計）
cenID	中央政府に所属したことのある独立取締役の人数
locID	地方政府に所属したことのある独立取締役の人数
SOEID	国有企業に所属したことのある独立取締役の人数
reashID	政府の研究機関（中国科学院と中国工程院などの政府に所属する種々の研究機関）に所属したことのある独立取締役の人数
comID	共産党委員会に所属したことのある，あるいは共産党委員会に所属している独立取締役の人数
outsiderID	政府系ではない独立取締役の人数

CEO の属性変数

state_CEO	政府系CEOであれば1，そうでなければ0のダミー変数（以下の5種類）
cen_CEO	中央政府に所属したことのあるCEOであれば1，そうでなければ0のダミー変数
loc_CEO	地方政府に所属したことのあるCEOであれば1，そうでなければ0のダミー変数
reash_CEO	政府の研究機関（中国科学院と中国工程院などの政府に所属する種々の研究機関）に所属したことのあるCEOであれば1，そうでなければ0のダミー変数
SOE_CEO	国有企業に所属したことのあるCEOであれば1，そうでなければ0のダミー変数
com_CEO	共産党委員会に所属したことのある，あるいは共産党委員会に所属しているCEOであれば1，そうでなければ0のダミー変数
insider_CEO	内部出身CEOであれば1，そうでなければ0のダミー変数
outsider_CEO	外部出身CEOであれば1，そうでなければ0のダミー変数

コントロール変数

TASS	総資産
DEBT（%）	負債比率（総負債/総資産） $*100$
board_number	取締役人数
SOE_dummy	政府あるいは国有法人の持株比率がtop10の50%以上を占めると国有企業と定義して，SOE_dummy＝1，そうではない場合に民営企業と定義して，SOE_dummy＝0
Top10（%）	上位10株主の持株比率の合計値
ID_ratio（%）	独立取締役が取締役に占める比率（独立取締役人数/取締役人数） $*100$

表 4.2 記述統計

Panel A 2000 年の記述統計

変数	平均値	中央値	最小値	最大値	標準偏差	企業数
sale_growth	17.49	10.77	−74.98	288.68	44.87	819
ROA	5.12	5.21	−26.64	53.71	7.16	831
ROE	8.03	8.45	−86.98	123.83	19.44	831
over50_dummy	0.49	0	0	1	0.5	602
top1_state	0.79	1	0	1	0.41	602
State_ratio	44.07	49.64	0	88.58	23.76	602
Private_ratio	13.95	3.43	0	75.53	19.97	602
Foreign_ratio	1.38	0	0	49.41	5.63	602
Director_ratio	0.88	0	0	41.52	4.32	602
top10	60.81	62.35	0.6	98.25	14.11	602
TASS	2,602	926.31	53.04	419,732	19,201	831
DEBT	46.16	45.53	5.67	181.6	20.93	831
board_number	9.72	9	4	19	2.73	601
ID_ratio	0.74	0	0	44.44	4.2	590

Panel B 2007 年の記述統計

変数	平均値	中央値	最小値	最大値	標準偏差	企業数
sale_growth	25.13	20.15	−74.98	299.33	42.41	1,242
ROA	14.06	9.2	−26.64	64.48	17.71	1,507
ROE	27.67	16.47	−86.98	123.83	34.73	1,506
over50_dummy	0.29	0	0	1	0.45	929
top1_state	0.63	1	0	1	0.48	929
State_ratio	32.25	34.18	0	96.15	23.69	929
Private_ratio	17.9	6.75	0	88	21.01	929
Foreign_ratio	1.43	0	0	59.62	5.23	929
Director_ratio	1.49	0	0	56.92	6.43	929
top10	55.21	55.76	1.97	100	14.83	929
TASS	3,637	908.35	1.04	670,819	23,152	1,507
DEBT	53.49	52.11	5.67	181.6	26.61	1,505
board_number	9.26	9	5	19	1.92	923
ID_ratio	35.34	33.33	11.11	60	4.68	923

Panel C 2014 年の記述統計

変数	平均値	中央値	最小値	最大値	標準偏差	企業数
sale_growth	13.38	8.44	−74.98	296.56	39.02	1,566
ROA	4.63	3.83	−26.64	57.77	7.85	1,816
ROE	7.72	7.11	−86.98	123.83	16.52	1,816
over50_dummy	0.18	0	0	1	0.38	1,530
top1_state	0.4	0	0	1	0.49	1,530
State_ratio	21.17	8.63	0	90.92	23.69	1,530
Private_ratio	17.77	5.32	0	91.64	21.88	1,530
Foreign_ratio	2.21	0	0	71.56	6.19	1,530
Director_ratio	3.37	0	0	79.77	11.39	1,530
top10	54.92	55.85	0.89	98.68	16.71	1,530
TASS	13,478	2,855	0.94	2,390,000	79,442	1,816
DEBT	45.17	43.57	5.67	181.6	25.11	1,818
board_number	8.75	9	5	18	1.71	1,533
ID_ratio	37.45	35.71	18.18	71.43	5.57	1,533

13年までには大きな減少がみられず，今なお企業所有構造の集中度が高いことがわかる。株式保有比率からわかるように，中国の開放程度には限界があって，外資の参入は低水準のままである。先行研究と同じように，役員持株やストック・オプションなどの制度があまり導入されていないことから，1999年に役員持株比率（Director_ratio）がわずか0.88％である。2013年に4倍以上の3.37％まで上がったが，役員の株式保有が普及されたとはいえない。独立取締役に関しては，平均的に1社に3人おり，取締役会の平均規模9人の約3分の1を占める。2007年の負債比率が最も高くみえるが，3時点の平均値が全て45％以上であることから，中国上場企業の銀行ローンへの依頼度が高いことがわかる。

変数間の相関関係を確認すると，Over50_dummyとtop1_stateの間の相関，Over50_dummyまたはtop1_stateと株主持株比率との相関が高い。また，政府持株比率（State_ratio）と企業役員持株比率（Director_ratio），外資持株比率（Foreign_ratio）以外の株主変数との相関も高いことを踏まえて，それぞれの変数を用いて，個別に回帰を行う。さらに，企業所有構造の集中度（top10）と他の所有構造変数の間の相関も高いため，回帰式から除外する。

3.4 実証結果とその解釈
3.4.1 コーポレート・ガバナンスと企業パフォーマンス

表4.3は，株主の属性が企業の収益性に及ぼす影響についての分析結果を示したものである。model 1-5の被説明変数はROA，model 6-10の被説明変数はROEである。最初に，Panel Aの2000年の結果をみると，政府株主が企業の収益性に統計的に有意な影響を及ぼしていない。次いで，Panel Bが2007年度の結果を示している。model 1とmodel 2，model 6とmodel 7の結果をそれぞれ比較しながらみると，政府が筆頭株主である場合，いわゆる保有比率が比較的に低いときに企業の収益性が低いが，政府が企業の株式の50％以上を保有している場合には，企業の収益性への影響は統計的に有意ではなくなる。前節で紹介した先行研究によると，政府の株式保有比率と企業パフォーマンスの間にU字関係がある可能性があるため，model 5とmodel 10では，政府持株比率（State_ratio）とその二乗項（State_ratio2）を入れて分析したが，統

表4.3 株主の属性と企業の収益性

Panel A 2000年の分析結果

変数	ROA model 1	ROA model 2	ROA model 3	ROA model 4	ROA model 5	ROE model 6	ROE model 7	ROE model 8	ROE model 9	ROE model 10
over50_dummy	−0.3322 [−0.75]					0.6057 [0.34]				
top1_state		−0.7304 [−1.34]					0.8832 [0.41]			
State_ratio			0.0047 [0.29]	−0.0081 [−0.85]	−0.043 [−1.34]			0.0108 [0.17]	0.019 [0.50]	−0.0484 [−0.38]
Private_ratio			0.0238 [1.27]					0.0089 [0.12]		
Foreign_ratio			−0.0044 [−0.11]					−0.192 [−1.21]		
Director_ratio			−0.1275 [−2.30]**					−0.4277 [−1.93]*		
State_ratio2					0.0005 [1.14]					0.0009 [0.55]
lnTASS	1.8646 [6.98]***	1.8961 [7.08]***	1.9864 [7.32]***	1.875 [6.98]***	1.8496 [6.87]***	2.7567 [2.58]***	2.739 [2.56]**	2.9739 [2.74]***	2.7141 [2.53]**	2.6652 [2.48]**
DEBT	−0.1767 [−17.66]***	−0.177 [−17.78]***	−0.1767 [−17.69]***	−0.1769 [−17.66]***	−0.1765 [−17.60]***	−0.0671 [−1.68]*	−0.0673 [−1.69]*	−0.067 [−1.68]*	−0.066 [−1.65]*	−0.0651 [−1.63]
board_number	−0.0437 [−0.55]	−0.0422 [−0.53]	−0.0543 [−0.68]	−0.045 [−0.56]	−0.0396 [−0.49]	0.0598 [0.19]	0.0577 [0.18]	0.0474 [0.15]	0.063 [0.20]	0.0733 [0.23]
ID_ratio	−0.2598 [−4.93]***	−0.2594 [−4.93]***	−0.2108 [−3.71]***	−0.2601 [−4.94]***	−0.2576 [−4.89]***	−0.5819 [−2.77]***	−0.5833 [−2.78]***	−0.3842 [−1.69]*	−0.5806 [−2.76]***	−0.5758 [−2.74]***
cons	−1.6169 [−0.81]	−1.433 [−0.72]	−3.0288 [−1.33]	−1.4684 [−0.73]	−0.9595 [−0.47]	−13.4252 [−1.68]*	−13.6617 [−1.71]*	−14.7407 [−1.61]	−13.7634 [−1.72]*	−12.782 [−1.56]
adj. R^2	0.4096	0.4109	0.4148	0.4098	0.4101	0.02	0.02	0.0236	0.0202	0.019
データ数	589	589	589	589	589	589	589	589	589	589

Panel B 2007年の分析結果

変数	ROA model 1	ROA model 2	ROA model 3	ROA model 4	ROA model 5	ROE model 6	ROE model 7	ROE model 8	ROE model 9	ROE model 10
over50_dummy	−0.024 [−0.04]					−0.3921 [−0.22]				
top1_state		−1.9082 [−3.52]***					−3.7197 [−2.25]**			
State_ratio			0.0419 [2.41]**	−0.0175 [−1.52]	−0.0696 [−1.99]**			0.0409 [0.76]	−0.026 [−0.74]	−0.1094 [−1.03]
Private_ratio			0.0778 [4.15]***					0.087 [1.51]		
Foreign_ratio			0.0503 [1.04]					−0.0065 [−0.04]		
Director_ratio			0.1694 [4.11]***					0.2334 [1.84]*		
State_ratio2					0.0008 [1.58]					0.0013 [0.83]
lnTASS	1.8717 [8.16]***	2.0602 [9.01]***	1.9571 [8.47]***	1.9603 [8.48]***	1.9462 [8.42]***	2.383 [3.42]***	2.7207 [3.90]***	2.4949 [3.51]***	2.484 [3.53]***	2.4613 [3.50]***
DEBT	−0.154 [−17.44]***	−0.155 [−17.75]***	−0.1554 [−17.80]***	−0.1552 [−17.61]***	−0.155 [−17.60]***	−0.0429 [−1.60]	−0.0443 [−1.66]*	−0.0448 [−1.67]*	−0.0441 [−1.65]	−0.0438 [−1.63]
board_number	0.0238 [0.17]	0.0578 [0.42]	0.0068 [0.05]	0.0361 [0.26]	0.041 [0.30]	−0.2019 [−0.54]	−0.1393 [−0.33]	−0.226 [−0.54]	−0.1874 [−0.44]	−0.1797 [−0.43]
ID_ratio	0.053 [0.96]	0.0428 [0.78]	0.0327 [0.60]	0.0472 [0.86]	0.0475 [0.86]	−0.1784 [−1.07]	−0.1972 [−1.18]	−0.2018 [−1.20]	−0.1859 [−1.11]	−0.1855 [−1.11]
cons	−3.6121 [−1.20]	−3.7335 [−1.25]	−6.2212 [−2.02]**	−3.5562 [−1.18]	−3.0691 [−1.02]	0.5665 [0.06]	0.4294 [0.05]	−2.2832 [−0.24]	0.7522 [0.08]	1.5322 [0.17]
adj. R^2	0.3455	0.3544	0.3635	0.3472	0.3483	0.0171	0.0225	0.0193	0.0176	0.0173
データ数	918	918	918	918	918	918	918	918	918	918

第 4 章　市場社会主義下のコーポレート・ガバナンスと企業パフォーマンス　　211

表 4.3　株主の属性と企業の収益性（つづき）

Panel C　2014 年の分析結果

変数	ROA model 1	ROA model 2	ROA model 3	ROA model 4	ROA model 5	ROE model 6	ROE model 7	ROE model 8	ROE model 9	ROE model 10
over50_dummy	−0.561 [−1.36]					0.6042 [0.52]				
top1_state		−1.107 [−3.42]***					−1.2861 [−1.41]			
State_ratio			−0.0047 [−0.55]	−0.0174 [−2.50]**	−0.0145 [−0.67]			0.014 [0.57]	−0.0097 [−0.50]	−0.0949 [−1.55]
Private_ratio			0.0162 [1.88]*					0.0308 [1.27]		
Foreign_ratio			0.0405 [1.61]					0.0875 [1.23]		
Director_ratio			0.0409 [2.83]***					0.0692 [1.70]*		
State_ratio2					0 [−0.14]					0.0014 [1.46]
lnTASS	1.3988 [10.03]***	1.4505 [10.53]***	1.3603 [9.40]***	1.4533 [10.31]***	1.4541 [10.31]***	1.0208 [2.61]***	1.1835 [3.05]***	0.9487 [2.33]**	1.1264 [2.84]***	1.1028 [2.78]***
DEBT	−0.1574 [−21.14]***	−0.1551 [−20.80]***	−0.1538 [−20.53]***	−0.1562 [−20.95]***	−0.1563 [−20.91]***	−0.0423 [−2.02]**	−0.039 [−1.86]*	−0.0367 [−1.74]*	−0.0412 [−1.96]**	−0.0392 [−1.87]*
board_number	−0.0762 [−0.73]	−0.051 [−0.49]	−0.0623 [−0.60]	−0.0602 [−0.58]	−0.0603 [−0.58]	−0.0806 [−0.28]	−0.0428 [−0.15]	−0.0703 [−0.24]	−0.0654 [−0.22]	−0.0611 [−0.21]
ID_ratio	−0.058 [−1.93]*	−0.0599 [−2.00]**	−0.0613 [−2.04]**	−0.0598 [−1.99]**	−0.0595 [−1.98]**	0.036 [0.43]	0.0348 [0.41]	0.0325 [0.38]	0.0358 [0.42]	0.0296 [0.35]
cons	3.37 [1.80]*	3.0643 [1.65]*	3.0904 [1.66]*	3.0846 [1.65]*	3.0607 [1.63]	−0.947 [−0.18]	−2.0408 [−0.39]	−1.5769 [−0.30]	−1.6473 [−0.31]	−0.934 [−0.18]
adj. R^2	0.2423	0.2472	0.2482	0.2445	0.244	0.0021	0.0032	0.003	0.002	0.0028
データ数	1530	1530	1530	1530	1530	1530	1530	1530	1530	1530

注1：model1−5 の被説明変数は ROA、model6−10 の被説明変数は ROE である。主要な説明変数は 5 種類の株主の持株比率と、50% 以上の株式を政府が保有している企業を over50_dummy＝1、そうでなければ 0 とし、政府が筆頭株主である企業を top1_state＝1、そうでなければ 0 とする二つのダミー変数である。State_ratio2 は State_ratio の二乗項である。

注2：*、**、***は各々10%、5%、1% の統計的有意水準を示している。

計的に有意な結果は得られなかった。2014 年（Panel C）は 2007 年と類似な結果が得られた。政府が筆頭株主（model 2）である企業の収益性が悪く，政府持株比率が高いほど，企業の ROA が下がる（model 4）。

　model 3 と model 8 は，各種の株主が企業の収益性に与える影響を示している。個人投資家がその比較対象となる。一般的に，中国の個人投資家の投機ムードが強くて長期的に保有せず，企業への監視意欲が薄いため，企業パフォーマンスに良い影響を及ばせないと考えられる。2000 年に，個人投資家と比べ，役員株主が企業の収益性に悪影響を及ぼしている。その影響が 2007 年以降にプラス有意に転じた。2007 年において，政府株主が個人株主と比べてより良い影響を及ぼしているが，2014 年になると再び統計的に有意ではなくなる。民営法人全体的に企業の収益性を向上させていることがわかる。しかし，政府持株比率が他の株主の持株比率の間の相関が高いため，多重共線性の可能性が

表 4.4　株主の属性と企業の成長性

Panel A　2000 年の分析結果

変数	sale growth model 1	sale growth model 2	sale growth model 3	sale growth model 4	sale growth model 5
over50_dummy	−2.9391 [−0.70]				
top1_state		−7.6093 [−1.46]			
State_ratio			−0.0256 [−0.17]	−0.0529 [−0.58]	−0.3947 [−1.28]
Private_ratio			0.0359 [0.20]		
Foreign_ratio			−0.0329 [−0.09]		
Director_ratio			0.1698 [0.32]		
State_ratio2					0.0046 [1.16]
lnTASS	0.5929 [0.23]	0.948 [0.36]	0.6209 [0.23]	0.5886 [0.23]	0.3279 [0.13]
DEBT	−0.1003 [−1.01]	−0.1014 [−1.03]	−0.0978 [−0.98]	−0.0987 [−0.99]	−0.0903 [−0.90]
board_number	−0.8639 [−1.13]	−0.8394 [−1.10]	−0.8567 [−1.12]	−0.8687 [−1.14]	−0.813 [−1.06]
ID_ratio	−0.1683 [−0.34]	−0.1647 [−0.33]	−0.2107 [−0.39]	−0.1673 [−0.34]	−0.1424 [−0.29]
cons	33.3962 [1.72]*	35.2027 [1.82]*	32.3473 [1.45]	34.3435 [1.77]*	39.1848 [1.97]**
adj. R^2	−0.0072	−0.0043	−0.0126	−0.0075	−0.0069
データ数	576	576	576	576	576

Panel B　2007 年の分析結果

変数	sale growth model 1	sale growth model 2	sale growth model 3	sale growth model 4	sale growth model 5
over50_dummy	−8.802 [−2.68]***				
top1_state		−6.9978 [−2.29]**			
State_ratio			−0.0797 [−0.81]	−0.1819 [−2.82]***	−0.2362 [−1.21]
Private_ratio			0.1392 [1.31]		
Foreign_ratio			−0.1173 [−0.43]		
Director_ratio			0.343 [1.48]		
State_ratio2					0.0008 [0.29]
lnTASS	6.186 [4.62]***	6.186 [4.58]***	6.535 [4.76]***	6.4182 [4.74]***	6.4058 [4.73]***
DEBT	−0.1233 [−2.42]**	−0.1137 [−2.24]**	−0.1262 [−2.47]**	−0.1231 [−2.42]**	−0.1229 [−2.41]**
board_number	−0.8806 [−1.14]	−0.8628 [−1.12]	−0.9251 [−1.20]	−0.8603 [−1.12]	−0.8564 [−1.11]
ID_ratio	−0.0495 [−0.16]	−0.0495 [−0.16]	−0.085 [−0.27]	−0.0714 [−0.23]	−0.0702 [−0.22]
cons	−1.8138 [−0.10]	−0.5299 [−0.03]	−5.0203 [−0.28]	0.5655 [0.03]	1.0255 [0.06]
adj. R^2	0.0436	0.0415	0.045	0.0444	0.0435
データ数	903	903	903	903	903

Panel C　2014 年の分析結果

変数	sale growth model 1	sale growth model 2	sale growth model 3	sale growth model 4	sale growth model 5
over50_dummy	−10.6334 [−3.82]***				
top1_state		−10.134 [−4.65]***			
State_ratio			−0.2039 [−3.51]***	−0.196 [−4.19]***	−0.1238 [−0.85]
Private_ratio			−0.0428 [−0.74]		
Foreign_ratio			0.2911 [1.73]*		
Director_ratio			0.0872 [0.90]		
State_ratio2					−0.0012 [−0.52]
lnTASS	2.5613 [2.72]***	2.5845 [2.77]***	2.7492 [2.80]***	2.819 [2.96]***	2.8398 [2.98]***
DEBT	−0.0791 [−1.58]	−0.0608 [−1.21]	−0.0562 [−1.11]	−0.0672 [−1.34]	−0.0689 [−1.37]
board_number	−1.8625 [−2.66]***	−1.6688 [−2.39]**	−1.7164 [−2.45]**	−1.7051 [−2.43]**	−1.7079 [−2.44]**
ID_ratio	−0.28 [−1.39]	−0.305 [−1.52]	−0.3267 [−1.62]	−0.3042 [−1.51]	−0.2987 [−1.48]
cons	27.4048 [2.17]**	27.9244 [2.23]**	28.1783 [2.23]**	26.7561 [2.12]**	26.132 [2.06]**
adj. R^2	0.0315	0.036	0.0348	0.0334	0.033
データ数	1517	1517	1517	1517	1517

注1：被説明変数は売上成長率である。主要な説明変数は5種類の株主の持株比率と，50％以上の株式を政府が保有している企業をover50_dummy＝1，そうでなければ0とし，政府が筆頭株主である企業をtop1_state＝1，そうでなければ0とする2つのダミー変数である。
注2：*，**，***は各々10％，5％，1％の統計的有意水準を示している。

ある。以上の結果をまとめると,「支援の手」の仮説2が否定され,「横領の手」の仮説1が支持されると考えられる。

さらに,被説明変数を売上成長率に変更して,株主の属性の影響を分析した。結果は表4.4にまとめている。収益性と同じように,2000年には有意な結果は得られない。一方,2007年以来,政府が絶対支配権を持つとき (model 1),筆頭株主であるとき (model 2) のいずれも,成長性に統計的に有意にマイナスな影響をもたらす。model 4では同じ結果が得られ,政府持株比率が高いほど,企業の成長性が悪くなることがわかる。企業の成長性が高いほど絶対的に有利とはいえないが,少なくとも中国経済がまだ高度成長期である2007年には,国有企業の効率性が民営企業に見劣ると考えられる。

コントロール変数の中の総資産 (lnTASS) に着目すると,企業の規模が大きいほど企業の収益性と成長性が高くなるのは,「収益の逓減効果」よりも「規模の経済性」が効いていると解釈できる。負債比率 (DEBT) の係数は,理論的に予想される通り,統計的に有意にマイナスである。取締役の人数 (board_number) が多くなると,企業パフォーマンスが低下することも明らかになった。これは,取締役の人数が増えると,議案審議などの効率が悪くなるという多くの先行研究の結果と一致する。一方,独立取締役の比率 (ID_ratio) が高いほど,取締役会の独立性も高まり,企業パフォーマンスが向上すると予想したが,結果はその逆となった。中国の上場企業の独立取締役が監視機能や助言機能をきちんと果たさず,組織の肥大化しかもたらしていないことが推察される。

3.4.2 企業属性の影響,株主の属性とパフォーマンスの再検証

前項では,全サンプルを用いて,所有構造が企業パフォーマンスへの影響を分析した。しかし,企業の属性が異なれば,政府株主からの影響も変わる可能性が高い。国有企業の株主あるいは出資者として,権益と義務を働くのは国有資産監督管理委員会であるが,中央国有企業は国務院国有資産監督管理委員会 (SASAC) に管理され,地方国有企業は地方政府が管理している国有資産監督管理委員会に保有されている。先行研究の部分も言及したように,政府は政治的な利益あるいは個人的な利益のために,国有企業の企業価値を損なう行動を

とるおそれがあるが，中央政府と地方政府の政治的な目的がそもそも一致していない。しかも，中央政府から離れるほど法律の効力が小さくなるから，官僚の個人の利益を追求する行為は地方で行われやすいと考えられる。したがって，国有企業を中央国有企業系と地方国有企業の2種類に分けている。

中央国有企業は，2014年の時点で国務院国有資産監督管理委員会（国資会）が直接に管理している112社の国有企業である。中国核工業集団公司（China National Nuclear Corporation），中国航空工業集団公司（Aviation Industry Corporation of China），中国石油天然ガス集団公司（China National Petroleum Corporation）など，中核的な産業の大規模企業がその例である。2014年以前の企業数はさらに多いが，国資会のホームページから入手できるのは直近の112社のリストである。中央国有企業はほとんどが政府に100％保有されているため，非上場企業が多い。そこで本章では，中央国有企業の代わりに，中央企業が出資している企業，かつ政府持株比率がtop10の半分以上を占めている企業を中央国有企業系と定義して選出した。さらに，中央企業が出資していない国有企業が地方国有企業，それ以外が民営企業である。

まず，表4.5の属性別記述統計から，地方国有企業と民営企業の企業数が多いことがわかる。中央国有企業系は地方国有企業の約4分の1を占める。各変数の平均値のt検定の結果によると，収益性と成長性が最も高いのは地方国有企業である。負債比率について，民営企業が若干低くみえる。国有企業では取締役会の規模が大きく，民営企業と比べて独立性が低い。株式保有の集中度を比べると，民営企業と地方国有企業では55％前後で統計的に有意な差がないが，中央国有企業系は60％近くに達する。

表4.6のPanel A, Panel BとPanel Cはそれぞれ中央国有企業系，地方国有企業と民営企業の2000年の分析結果である。表4.5の記述統計からもわかるように，国有企業の筆頭株主は政府である場合が圧倒的に多い（中央国有企業系99％，地方国有企業98％）ため，国有企業のサブサンプルを用いて回帰分析するときに，政府が筆頭株主であるダミー変数（top1_state）を取り除く。一方，民営企業の場合に，政府が50％以上の株式を持たないため，そのダミー変数（over50_dummy）の回帰分析は省略する。Panel Aの中央国有企業系の結果をみると，政府が株主として企業の収益性を向上させる効果がある

表 4.5 属性別の記述統計

Panel A　中央国有企業系

変数	平均値	中央値	最小値	最大値	標準偏差	データ数
sale_growth	14.93	11.93	−60.17	170.26	30.15	452
ROA	5.62	4.53	−26.64	64.48	8.56	460
ROE	10.29	8.84	−86.98	123.83	19.07	460
over50_dummy	0.61	1	0	1	0.49	383
top1_state	0.99	1	0	1	0.07	383
State_ratio	53.14	53.93	19.21	96.15	14.39	383
Private_ratio	2.81	0.73	0	33.66	4.77	383
Foreign_ratio	2.06	0	0	39.06	6.03	383
Director_ratio	1.28	0	0	41.52	5.37	383
top10	59.86	60.19	20.42	98.68	14.75	383
TASS	31,292	2,843	103.81	2,390,000	151,456	460
DEBT	48.63	47.92	6.35	99.61	19.92	460
board_number	9.66	9	5	19	2.14	384
ID_ratio	28.47	33.33	0	71.43	15.67	383

Panel B　地方国有企業

変数	平均値	中央値	最小値	最大値	標準偏差	データ数
sale_growth	19.76	13.38	−74.98	299.33	40.31	1743
ROA	11.21	6.57	−26.64	64.48	15.52	2241
ROE	21.06	11	−86.98	123.83	30.53	2240
over50_dummy	0.49	0	0	1	0.5	1225
top1_state	0.98	1	0	1	0.14	1225
State_ratio	48.87	49.58	2.82	90.92	15.88	1225
Private_ratio	4.22	1.25	0	37.68	6.49	1225
Foreign_ratio	1.05	0	0	40.72	4.05	1225
Director_ratio	0.62	0	0	33.75	3.07	1225
top10	55.7	57.08	3.38	100	15.79	1225
TASS	4,784	1,119	0.94	861,734	25,340	2241
DEBT	49.19	48.35	5.67	181.6	24.78	2239
board_number	9.34	9	4	18	2.14	1224
ID_ratio	25.59	33.33	0	71.43	16.85	1218

Panel C　民営企業

変数	平均値	中央値	最小値	最大値	標準偏差	データ数
sale_growth	17.67	11.69	−74.98	296.56	46.59	1432
ROA	4.21	4.12	−26.64	54.07	7.86	1453
ROE	7.2	7.33	−86.98	123.83	19.79	1453
over50_dummy	0	0	0	0	0	1453
top1_state	0.06	0	0	1	0.24	1453
State_ratio	5.96	2.5	0	47.18	7.99	1453
Private_ratio	31.63	33.02	0	91.64	22.57	1453
Foreign_ratio	2.38	0	0	71.56	6.86	1453
Director_ratio	4.05	0	0	79.77	12.42	1453
top10	55.59	56.99	0.6	100	16.01	1453
TASS	4,821	1,814	4.2	530,825	17,015	1453
DEBT	47.06	45.02	5.67	181.6	27.22	1453
board_number	8.73	9	4	19	1.87	1449
ID_ratio	33.49	33.33	0	60	12.16	1445

表 4.6　サブサンプルの株主の属性と企業のパフォーマンス（2000 年）

Panel A1　中央国有企業系（収益性）

変数	ROA model 1	ROA model 2	ROA model 3	ROA model 4	ROE model 5	ROE model 6	ROE model 7	ROE model 8
over50_dummy	2.3968 [1.68]*				4.8276 [1.34]			
State_ratio		0.1115 [2.16]**	0.1055 [2.24]**	−0.1944 [−0.52]		0.2818 [2.24]**	0.2503 [2.11]**	−0.2601 [−0.27]
Private_ratio		0.0799 [0.57]				0.3828 [1.12]		
Foreign_ratio		0.3146 [2.00]**				0.9469 [2.47]**		
Director_ratio		−0.0748 [−0.85]				−0.2375 [−1.10]		
State_ratio2				0.0026 [0.80]				0.0044 [0.54]
lnTASS	1.3313 [1.80]*	1.4824 [2.06]**	1.3755 [1.89]*	1.3304 [1.82]*	4.4671 [2.40]**	5.0091 [2.86]***	4.5512 [2.49]**	4.4743 [2.43]**
DEBT	−0.1348 [−3.81]***	−0.1381 [−3.94]***	−0.139 [−3.98]***	−0.1386 [−3.95]***	−0.2106 [−2.36]**	−0.2172 [−2.54]**	−0.2212 [−2.52]**	−0.2204 [−2.50]**
board_number	0.2601 [1.19]	0.2465 [1.12]	0.2367 [1.09]	0.247 [1.13]	0.0165 [0.03]	−0.0732 [−0.14]	−0.0448 [−0.08]	−0.0273 [−0.05]
ID_ratio	−0.2715 [−2.17]**	−0.3749 [−2.76]***	−0.2847 [−2.37]**	−0.293 [−2.42]**	−0.8182 [−2.59]**	−1.0812 [−3.27]***	−0.8277 [−2.74]***	−0.8417 [−2.76]***
cons	−2.7217 [−0.50]	−8.8329 [−1.51]	−6.4957 [−1.13]	2.098 [0.17]	−18.0403 [−1.33]	−36.1623 [−2.54]**	−27.5436 [−1.90]*	−12.9199 [−0.42]
adj. R^2	0.2968	0.3518	0.3166	0.3132	0.1802	0.2947	0.2086	0.2008
データ数	87	87	87	87	87	87	87	87

Panel A2　中央国有企業系（成長性）

変数	sale growth model 1	sale growth model 2	sale growth model 3	sale growth model 4
over50_dummy	−13.1595 [−1.19]			
State_ratio		0.0701 [0.17]	−0.0555 [−0.15]	−0.7625 [−0.26]
Private_ratio		0.7024 [0.59]		
Foreign_ratio		0.7671 [0.60]		
Director_ratio		0.3159 [0.44]		
State_ratio2				0.0062 [0.24]
lnTASS	−1.5785 [−0.28]	−1.5239 [−0.26]	−1.7636 [−0.31]	−1.868 [−0.33]
DEBT	0.2967 [1.10]	0.2532 [0.88]	0.3057 [1.12]	0.307 [1.12]
board_number	0.7955 [0.48]	0.4596 [0.26]	0.7271 [0.44]	0.7512 [0.45]
ID_ratio	−1.2049 [−1.28]	−1.194 [−1.09]	−0.9135 [−0.99]	−0.933 [−1.00]
cons	19.9869 [0.48]	5.4502 [0.12]	12.8587 [0.28]	33.0811 [0.35]
adj. R^2	−0.0671	−0.1242	−0.088	−0.1026
データ数	86	86	86	86

第4章 市場社会主義下のコーポレート・ガバナンスと企業パフォーマンス

表4.6 サブサンプルの株主の属性と企業のパフォーマンス（2000年）（つづき）

Panel B1 地方国有企業（収益性）

変数	ROA model 1	ROA model 2	ROA model 3	ROA model 4	ROE model 5	ROE model 6	ROE model 7	ROE model 8
over50_dummy	−0.574 [−1.03]				−0.5501 [−0.24]			
State_ratio		−0.0147 [−0.69]	−0.0145 [−0.76]	−0.1985 [−1.82]*		−0.0518 [−0.60]	−0.0073 [−0.09]	−0.6467 [−1.46]
Private_ratio		0.0031 [0.07]				−0.235 [−1.35]		
Foreign_ratio		−0.0047 [−0.06]				0.0221 [0.07]		
Director_ratio		−0.0327 [−0.35]				0.1647 [0.43]		
State_ratio2				0.0018 [1.72]*				0.0061 [1.46]
lnTASS	2.3076 [6.69]***	2.3191 [6.48]***	2.3048 [6.66]***	2.2657 [6.55]***	2.7222 [1.93]*	2.3095 [1.59]	2.7042 [1.91]*	2.5682 [1.82]*
DEBT	−0.1805 [−13.75]***	−0.1809 [−13.53]***	−0.1804 [−13.68]***	−0.1815 [−13.79]***	−0.0153 [−0.28]	−0.0146 [−0.27]	−0.0146 [−0.27]	−0.0183 [−0.34]
board_number	−0.0425 [−0.41]	−0.0488 [−0.47]	−0.0472 [−0.46]	−0.0479 [−0.47]	0.0201 [0.05]	−0.0045 [−0.01]	0.0183 [0.04]	0.0159 [0.04]
ID_ratio	−0.1523 [−2.30]**	−0.1472 [−2.05]**	−0.1547 [−2.33]**	−0.1483 [−2.24]**	−0.3545 [−1.31]	−0.4077 [−1.39]	−0.3562 [−1.32]	−0.3339 [−1.23]
cons	−4.5617 [−1.79]*	−4.1307 [−1.38]	−4.0624 [−1.51]	0.6838 [0.18]	−16.301 [−1.56]	−9.4613 [−0.78]	−16.1226 [−1.47]	0.3726 [0.02]
adj. R^2	0.3926	0.3867	0.3918	0.3952	−0.0014	−0.0038	−0.0015	0.0018
データ数	359	359	359	359	359	359	359	359

Panel B2 地方国有企業（成長性）

変数	sale growth model 1	sale growth model 2	sale growth model 3	sale growth model 4
over50_dummy	−2.2032 [−0.43]			
State_ratio		−0.1694 [−0.86]	−0.0509 [−0.29]	−1.0947 [−1.09]
Private_ratio		−0.4918 [−1.24]		
Foreign_ratio		0.4051 [0.61]		
Director_ratio		−0.9211 [−1.08]		
State_ratio2				0.01 [1.06]
lnTASS	0.7118 [0.22]	−0.2139 [−0.06]	0.7008 [0.21]	0.5348 [0.16]
DEBT	−0.0553 [−0.45]	−0.0697 [−0.56]	−0.0549 [−0.44]	−0.0595 [−0.48]
board_number	−1.3801 [−1.45]	−1.6039 [−1.66]*	−1.3944 [−1.46]	−1.4065 [−1.47]
ID_ratio	0.1419 [0.23]	0.1639 [0.25]	0.1327 [0.22]	0.1697 [0.28]
cons	33.3357 [1.38]	53.0261 [1.89]*	34.9644 [1.37]	61.4753 [1.72]*
adj. R^2	−0.0242	−0.0242	−0.0245	−0.0242
データ数	352	352	352	352

表 4.6　サブサンプルの株主の属性と企業のパフォーマンス（2000年）（つづき）

Panel C1　民営企業（収益性）

変数	ROA model 1	ROA model 2	ROA model 3	ROA model 4	ROE model 5	ROE model 6	ROE model 7	ROE model 8
top1_state	−0.7395 [−0.57]				0.365 [0.06]			
State_ratio		0.0036 [0.07]	−0.0207 [−0.44]	−0.0381 [−0.23]		0.0482 [0.20]	−0.0929 [−0.44]	0.1068 [0.14]
Private_ratio		0.0199 [0.61]				0.1038 [0.70]		
Foreign_ratio		−0.0477 [−0.78]				−0.3476 [−1.27]		
Director_ratio		−0.0872 [−0.62]				−0.7903 [−1.25]		
State_ratio2				0.0006 [0.11]				−0.0068 [−0.28]
lnTASS	1.4659 [2.47]**	1.5673 [2.50]**	1.4314 [2.37]**	1.4412 [2.36]**	3.3196 [1.22]	3.931 [1.39]	3.1117 [1.13]	3.0003 [1.08]
DEBT	−0.1949 [−10.53]***	−0.1934 [−10.36]***	−0.1949 [−10.53]***	−0.1948 [−10.46]***	−0.1366 [−1.62]	−0.1253 [−1.49]	−0.1354 [−1.60]	−0.1368 [−1.61]
board_number	−0.2005 [−1.17]	−0.2362 [−1.36]	−0.2031 [−1.18]	−0.1988 [−1.12]	−0.1726 [−0.22]	−0.3799 [−0.48]	−0.1498 [−0.19]	−0.1996 [−0.25]
ID_ratio	−0.4542 [−3.46]***	−0.3781 [−2.20]**	−0.4579 [−3.49]***	−0.4591 [−3.48]***	−0.7383 [−1.23]	−0.0572 [−0.07]	−0.7427 [−1.24]	−0.7288 [−1.21]
cons	3.5218 [0.79]	2.588 [0.48]	3.9344 [0.86]	3.8934 [0.84]	−7.5073 [−0.37]	−12.0538 [−0.50]	−5.2852 [−0.25]	−4.8162 [−0.23]
adj. R^2	0.5084	0.5045	0.5079	0.504	−0.0053	0.0128	−0.0039	−0.0112
データ数	143	143	143	143	143	143	143	143

Panel C2　民営企業（成長性）

変数	sale growth model 1	sale growth model 2	sale growth model 3	sale growth model 4
top1_state	−22.7427 [−1.53]			
State_ratio		−0.4191 [−0.68]	−0.625 [−1.15]	−1.2882 [−0.67]
Private_ratio		0.1752 [0.46]		
Foreign_ratio		−0.1496 [−0.21]		
Director_ratio		2.4116 [1.47]		
State_ratio2				0.0225 [0.36]
lnTASS	1.3474 [0.19]	1.2327 [0.16]	0.3763 [0.05]	0.7556 [0.10]
DEBT	−0.2514 [−1.07]	−0.287 [−1.20]	−0.2572 [−1.09]	−0.2488 [−1.05]
board_number	−0.8178 [−0.42]	−0.8281 [−0.42]	−0.8973 [−0.45]	−0.7366 [−0.36]
ID_ratio	−0.3913 [−0.26]	−2.3708 [−1.19]	−0.5075 [−0.34]	−0.5528 [−0.37]
cons	44.7046 [0.86]	43.6733 [0.69]	56.6768 [1.05]	54.8289 [1.01]
adj. R^2	−0.0223	−0.0354	−0.0307	−0.038
データ数	138	138	138	138

注1：Panel A, Panel B と Panel C はそれぞれ 2000 年の中央国有企業系，地方国有企業と民営企業の所有構造と企業パフォーマンスの分析結果を示している。
注2：主要な説明変数は5種類の株主の持株比率と，50% 以上の株式を政府が保有している企業を over50_dummy=1, そうでなければ0 とし，政府が筆頭株主である企業を top1_state=1, そうでなければ0 とする2つのダミー変数である。
注3：*, **, ***は各々 10%, 5%, 1% の統計的有意水準を示している。

(model 1, 3, 7)。Panel B の地方国有企業の結果について，model 4 が政府持株比率と収益性 ROA の間に U 字関係があることを示している。その転換点は 55.14% であるため，政府が絶対支配権を有する企業だけに対して「支援の手」を果たす一方，所有比率の少ない国有企業に対して政治的目的を優先して企業価値を損なったりして，「横領の手」を演じることがわかった。政府が株主として，民営企業（Panel C）に対して統計的に有意な影響をもたらしていない。被説明変数が売上成長率であるときに，3 種類の企業のいずれにおいても有意な結果が得られなかった。

2007 年の結果は表 4.7 に示している。中央国有企業系（Panel A）において，政府が相変わらず収益性を向上させるが，2000 年と比べて政府持株比率（State_ratio）のプラスの影響が有意ではなくなる（model 3）。また，企業の成長性を低下させることが観察された。Panel B の地方国有企業の結果をみると，政府持株比率と収益性の関係が 2000 年の U 字から線形的関係に変わった。つまり，政府持株比率が高いほど ROA が良くなる（model 3）。民営企業の場合に，逆 U 字の結果が観察された。Panel C1 の model 4 をみると，政府持株比率が 15% 以下であるときに，その比率が高くなるとともに ROA が上がる。政府持株比率が 15% を超えて増加すると，収益性は悪くなる。民営企業にとって，政府との関係を通して政府に支配されている重要な資源にアクセスできることが多くの先行研究に指摘されるため，株式保有という形で企業と政府の間で築いた関係が最も緊密であると考えられる（Chen et al. 2011; Wang 2015; Liu et al. 2016）。そして，2000 年から一連のガバナンス関連の改革（SASAC の設立，SSSR の成功など）の結果として，株主としての政府が以前より企業価値最大化を重視するようになった。それで，民営企業にとって政府のある程度の株式保有が企業のパフォーマンスにプラスの影響を及ぼす。しかし，民営企業の所有構造の集中度（表 4.5 Panel C の top10）が高いため，政府持株比率が高すぎると，大株主としての民営法人の間の利害相反問題が生じ，企業パフォーマンスを損なう可能性が高い。

さらに表 4.8 の 2014 年の結果から，国有企業に対して政府株主からの影響が弱くなって消えてしまうことがわかった。2007 年の結果と比較してみると，政府が絶対支配権を持つとしても（Panel A1 の model 1），中央国有企業系への

表 4.7 サブサンプルの株主の属性と企業のパフォーマンス（2007 年）

Panel A1 中央国有企業系（収益性）

変数	ROA model 1	ROA model 2	ROA model 3	ROA model 4	ROE model 5	ROE model 6	ROE model 7	ROE model 8
over50_dummy	2.8625 [2.25]**				4.8293 [1.96]*			
State_ratio		0.1062 [2.24]**	0.055 [1.25]	0.3848 [1.67]*		0.185 [2.01]**	0.101 [1.19]	0.8105 [1.83]*
Private_ratio		0.3094 [2.29]**				0.5648 [2.15]**		
Foreign_ratio		0.1093 [0.84]				0.1966 [0.78]		
Director_ratio		0.2546 [1.58]				0.2932 [0.93]		
State_ratio2				−0.0031 [−1.46]				−0.0068 [−1.63]
lnTASS	1.1325 [1.90]*	1.1971 [1.89]*	1.2611 [2.10]**	1.295 [2.16]**	2.1874 [1.89]*	2.3966 [1.94]*	2.3871 [2.06]**	2.4601 [2.13]**
DEBT	−0.1391 [−3.71]***	−0.1449 [−3.87]***	−0.1433 [−3.78]***	−0.1365 [−3.59]***	−0.0308 [−0.42]	−0.0427 [−0.59]	−0.0375 [−0.51]	−0.0229 [−0.31]
board_number	0.0612 [0.19]	0.0489 [0.15]	0.0905 [0.28]	0.0663 [0.20]	0.1655 [0.26]	0.1798 [0.29]	0.215 [0.34]	0.1629 [0.26]
ID_ratio	0.0422 [0.23]	−0.0305 [−0.16]	0.0261 [0.14]	0.0374 [0.20]	0.1594 [0.44]	0.0326 [0.09]	0.1313 [0.36]	0.1555 [0.43]
cons	−0.5463 [−0.07]	−3.1734 [−0.37]	−2.468 [−0.30]	−10.8711 [−1.08]	−19.7885 [−1.26]	−25.6528 [−1.55]	−23.2409 [−1.46]	−41.3132 [−2.14]**
adj. R^2	0.2206	0.2256	0.1985	0.2058	0.1273	0.1273	0.1102	0.122
データ数	138	138	138	138	138	138	138	138

Panel A2 中央国有企業系（成長性）

変数	sale growth model 1	sale growth model 2	sale growth model 3	sale growth model 4
over50_dummy	−8.3735 [−1.72]*			
State_ratio		−0.2325 [−1.30]	−0.3191 [−1.91]*	−0.8264 [−0.94]
Private_ratio		1.1401 [2.15]**		
Foreign_ratio		−0.0586 [−0.12]		
Director_ratio		−0.5244 [−0.86]		
State_ratio2				0.0048 [0.59]
lnTASS	−0.4865 [−0.21]	0.6384 [0.26]	−0.5669 [−0.25]	−0.6444 [−0.28]
DEBT	0.2653 [1.84]*	0.2451 [1.72]*	0.2689 [1.88]*	0.2576 [1.78]*
board_number	0.0721 [0.06]	0.0944 [0.08]	−0.0136 [−0.01]	0.0229 [0.02]
ID_ratio	0.2731 [0.39]	0.2525 [0.36]	0.3365 [0.48]	0.3187 [0.45]
cons	28.4478 [0.89]	24.863 [0.75]	38.7452 [1.21]	52.2012 [1.32]
adj. R^2	0.1341	0.1594	0.1389	0.1343
データ数	137	137	137	137

第 4 章　市場社会主義下のコーポレート・ガバナンスと企業パフォーマンス　　221

表 4.7　サブサンプルの株主の属性と企業のパフォーマンス（2007 年）（つづき）

Panel B1　地方国有企業（収益性）

変数	ROA model 1	ROA model 2	ROA model 3	ROA model 4	ROE model 5	ROE model 6	ROE model 7	ROE model 8
over50_dummy	0.6604 [0.90]				0.3613 [0.16]			
State_ratio		0.0643 [2.50]**	0.0422 [1.68]*	−0.0577 [−0.50]		0.0724 [0.92]	0.072 [0.95]	0.2207 [0.64]
Private_ratio		0.1633 [3.02]***				−0.0376 [−0.23]		
Foreign_ratio		−0.0333 [−0.39]				−0.1099 [−0.42]		
Director_ratio		0.2205 [1.73]*				0.3715 [0.96]		
State_ratio2				0.0011 [0.89]				−0.0016 [−0.44]
lnTASS	1.9434 [5.77]***	2.1326 [6.20]***	1.9216 [5.73]***	1.8959 [5.63]***	1.9331 [1.91]*	1.9119 [1.82]*	1.8515 [1.84]*	1.8898 [1.87]*
DEBT	−0.16 [−11.33]***	−0.1574 [−11.29]***	−0.1592 [−11.34]***	−0.1582 [−11.22]***	0.0165 [0.39]	0.0224 [0.53]	0.0198 [0.47]	0.0182 [0.43]
board_number	0.1269 [0.66]	0.0435 [0.23]	0.1286 [0.67]	0.1282 [0.67]	−0.4703 [−0.81]	−0.5148 [−0.88]	−0.4704 [−0.82]	−0.4697 [−0.81]
ID_ratio	0.0094 [0.12]	0.0221 [0.28]	0.0157 [0.20]	0.0227 [0.28]	−0.4543 [−1.89]*	−0.4516 [−1.87]*	−0.4411 [−1.84]*	−0.4515 [−1.87]*
cons	−4.2658 [−0.99]	−9.0416 [−2.00]**	−6.0767 [−1.37]	−4.1044 [−0.83]	10.9272 [0.85]	8.0364 [0.58]	7.6895 [0.58]	4.7521 [0.32]
adj. R^2	0.357	0.3736	0.3602	0.3598	0.0103	0.0081	0.0125	0.0105
データ数	416	416	416	416	416	416	416	416

Panel B2　地方国有企業（成長性）

変数	sale growth model 1	sale growth model 2	sale growth model 3	sale growth model 4
over50_dummy	−4.5362 [−1.08]			
State_ratio		−0.0297 [−0.20]	−0.0608 [−0.42]	0.1407 [0.21]
Private_ratio		0.2237 [0.71]		
Foreign_ratio		−0.2835 [−0.56]		
Director_ratio		0.3913 [0.53]		
State_ratio2				−0.0022 [−0.31]
lnTASS	7.6203 [3.48]***	8.0747 [3.51]***	7.4401 [3.40]***	7.5011 [3.41]***
DEBT	−0.2248 [−2.65]***	−0.2152 [−2.52]**	−0.2162 [−2.55]**	−0.2187 [−2.57]**
board_number	−1.0404 [−0.94]	−1.2094 [−1.08]	−1.0563 [−0.96]	−1.0586 [−0.96]
ID_ratio	−0.5532 [−1.17]	−0.5338 [−1.12]	−0.5481 [−1.15]	−0.5637 [−1.18]
cons	9.7559 [0.36]	5.1638 [0.18]	11.5889 [0.42]	7.6583 [0.25]
adj. R^2	0.0619	0.055	0.0596	0.0574
データ数	409	409	409	409

表 4.7　サブサンプルの株主の属性と企業のパフォーマンス（2007年）（つづき）

Panel C1　民営企業（収益性）

変数	ROA model 1	ROA model 2	ROA model 3	ROA model 4	ROE model 5	ROE model 6	ROE model 7	ROE model 8
top1_state	−0.4674 [−0.30]				−7.0374 [−1.34]			
State_ratio		0.0416 [0.81]	0.0281 [0.57]	0.2823 [2.04]**		−0.0313 [−0.18]	−0.0474 [−0.29]	0.2228 [0.48]
Private_ratio		0.0427 [1.49]				0.0534 [0.56]		
Foreign_ratio		0.0786 [1.07]				−0.0735 [−0.30]		
Director_ratio		0.1358 [2.51]**				0.1926 [1.06]		
State_ratio2				−0.0094 [−1.96]*				−0.01 [−0.62]
lnTASS	2.5154 [5.93]***	2.4344 [5.73]***	2.5043 [5.92]***	2.4928 [5.92]***	3.1862 [2.25]**	2.8695 [2.01]**	3.0566 [2.16]**	3.0444 [2.15]**
DEBT	−0.1486 [−11.43]***	−0.149 [−11.39]***	−0.1484 [−11.42]***	−0.1483 [−11.47]***	−0.0781 [−1.80]*	−0.088 [−2.00]**	−0.0829 [−1.91]*	−0.0828 [−1.90]*
board_number	−0.0238 [−0.09]	−0.0517 [−0.20]	−0.0421 [−0.17]	−0.0529 [−0.21]	0.1688 [0.20]	0.0778 [0.09]	0.0921 [0.11]	0.0805 [0.09]
ID_ratio	0.0603 [0.68]	0.0371 [0.42]	0.0606 [0.68]	0.0669 [0.76]	−0.0052 [−0.02]	−0.039 [−0.13]	−0.0185 [−0.06]	−0.0117 [−0.04]
cons	−6.8583 [−1.25]	−7.6457 [−1.37]	−6.8795 [−1.26]	−7.7789 [−1.42]	−10.348 [−0.57]	−8.0175 [−0.43]	−7.7917 [−0.43]	−8.7479 [−0.48]
adj. R^2	0.3663	0.3733	0.3667	0.3718	0.0029	−0.0065	−0.002	−0.0038
データ数	364	364	364	364	364	364	364	364

Panel C2　民営企業（成長性）

変数	sale growth model 1	sale growth model 2	sale growth model 3	sale growth model 4
top1_state	0.1268 [0.01]			
State_ratio		−0.0197 [−0.07]	−0.0742 [−0.26]	−0.4707 [−0.58]
Private_ratio		0.1536 [0.91]		
Foreign_ratio		−0.0389 [−0.09]		
Director_ratio		0.4324 [1.37]		
State_ratio2				0.0147 [0.52]
lnTASS	7.3484 [2.94]***	6.998 [2.78]***	7.3505 [2.95]***	7.356 [2.95]***
DEBT	−0.099 [−1.27]	−0.1105 [−1.39]	−0.1 [−1.28]	−0.0998 [−1.28]
board_number	−1.3844 [−0.93]	−1.3936 [−0.93]	−1.3548 [−0.91]	−1.3413 [−0.90]
ID_ratio	0.4157 [0.80]	0.3646 [0.69]	0.4147 [0.80]	0.4061 [0.78]
cons	−25.8273 [−0.81]	−27.7767 [−0.85]	−25.3927 [−0.78]	−23.9308 [−0.75]
adj. R^2	0.0227	0.0206	0.0229	0.0208
データ数	357	357	357	357

注1：Panel A, Panel B と Panel C はそれぞれ 2007 年の中央国有企業系，地方国有企業と民営企業の所有構造と企業パフォーマンスの分析結果を示している。
注2：*，**，***は各々10％，5％，1％の統計的有意水準を示している。

表 4.8　サブサンプルの株主の属性と企業のパフォーマンス（2014年）

Panel A1　中央国有企業系（収益性）

変数	ROA model 1	ROA model 2	ROA model 3	ROA model 4	ROE model 5	ROE model 6	ROE model 7	ROE model 8
over50_dummy	−1.2412				1.3238			
	[−1.13]				[0.44]			
State_ratio		−0.0268	−0.0419	−0.1535		0.0071	−0.0116	0.9137
		[−0.65]	[−1.07]	[−0.68]		[0.06]	[−0.11]	[1.46]
Private_ratio		0.114				0.1448		
		[0.94]				[0.43]		
Foreign_ratio		−0.0195				−0.1365		
		[−0.22]				[−0.57]		
Director_ratio		0.1344				0.2209		
		[1.17]				[0.69]		
State_ratio2				0.0011				−0.0093
				[0.50]				[−1.51]
lnTASS	0.8278	0.7954	0.8389	0.8127	4.4026	4.7056	4.5618	4.7788
	[1.66]	[1.44]	[1.66]*	[1.60]	[3.18]***	[3.07]***	[3.27]***	[3.42]***
DEBT	−0.1397	−0.1428	−0.1406	−0.1413	−0.2699	−0.2796	−0.2726	−0.2669
	[−4.76]***	[−4.81]***	[−4.78]***	[−4.78]***	[−3.32]***	[−3.39]***	[−3.35]***	[−3.29]***
board_number	−0.025	−0.0208	0.0039	−0.0018	−0.6006	−0.682	−0.6411	−0.5938
	[−0.07]	[−0.06]	[0.01]	[−0.01]	[−0.63]	[−0.70]	[−0.67]	[−0.62]
ID_ratio	−0.0268	−0.0288	−0.0263	−0.026	−0.2591	−0.2799	−0.2705	−0.273
	[−0.28]	[−0.30]	[−0.27]	[−0.27]	[−0.98]	[−1.05]	[−1.02]	[−1.03]
cons	6.0561	7.221	7.0598	10.0471	−4.2906	−4.4732	−3.7514	−28.5242
	[1.02]	[1.17]	[1.17]	[1.18]	[−0.26]	[−0.26]	[−0.22]	[−1.22]
adj. R^2	0.1083	0.1024	0.1074	0.1026	0.0492	0.0348	0.048	0.0564
データ数	156	156	156	156	156	156	156	156

Panel A2　中央国有企業系（成長性）

変数	sale growth model 1	sale growth model 2	sale growth model 3	sale growth model 4
over50_dummy	−4.6201			
	[−1.08]			
State_ratio		−0.0655	−0.117	0.2144
		[−0.41]	[−0.77]	[0.24]
Private_ratio		−0.0995		
		[−0.21]		
Foreign_ratio		−0.0956		
		[−0.29]		
Director_ratio		0.763		
		[1.72]*		
State_ratio2				−0.0033
				[−0.38]
lnTASS	2.1526	1.6209	2.0762	2.1583
	[1.11]	[0.76]	[1.06]	[1.10]
DEBT	−0.1175	−0.1247	−0.1198	−0.1178
	[−1.02]	[−1.08]	[−1.04]	[−1.02]
board_number	0.9234	1.2379	1.0349	1.0534
	[0.69]	[0.92]	[0.78]	[0.79]
ID_ratio	−0.2357	−0.2369	−0.227	−0.2285
	[−0.64]	[−0.64]	[−0.61]	[−0.61]
cons	−4.8308	0.3245	−2.041	−10.9439
	[−0.21]	[0.01]	[−0.09]	[−0.33]
adj. R^2	0.041	0.0396	0.037	0.031
データ数	154	154	154	154

表 4.8　サブサンプルの株主の属性と企業のパフォーマンス（2014 年）（つづき）

Panel B1　地方国有企業（収益性）

変数	ROA model 1	ROA model 2	ROA model 3	ROA model 4	ROE model 5	ROE model 6	ROE model 7	ROE model 8
over50_dummy	0.9853 [1.86]*				2.6582 [1.35]			
State_ratio		0.0238 [1.50]	0.0255 [1.63]	0.0744 [1.08]		0.0758 [1.30]	0.0857 [1.48]	−0.3941 [−1.56]
Private_ratio		−0.0132 [−0.29]				−0.3069 [−1.80]*		
Foreign_ratio		−0.072 [−1.17]				−0.0181 [−0.08]		
Director_ratio		0.1192 [1.55]				0.1998 [0.70]		
State_ratio2				−0.0005 [−0.73]				0.0052 [1.95]*
lnTASS	1.827 [7.72]***	1.8263 [7.49]***	1.8064 [7.50]***	1.8093 [7.51]***	1.1682 [1.33]	1.0752 [1.19]	1.0505 [1.18]	1.0212 [1.15]
DEBT	−0.1841 [−14.64]***	−0.182 [−14.30]***	−0.1843 [−14.64]***	−0.1844 [−14.64]***	0.0235 [0.50]	0.0287 [0.61]	0.023 [0.50]	0.0239 [0.52]
board_number	−0.2508 [−1.55]	−0.2725 [−1.69]*	−0.261 [−1.62]	−0.2601 [−1.61]	−0.4082 [−0.68]	−0.4309 [−0.72]	−0.432 [−0.72]	−0.4409 [−0.74]
ID_ratio	−0.1388 [−2.85]***	−0.1343 [−2.83]***	−0.1303 [−2.76]***	−0.1303 [−2.66]***	−0.0688 [−0.38]	−0.0692 [−0.38]	−0.0566 [−0.31]	−0.0951 [−0.53]
cons	5.6381 [1.89]*	5.0534 [1.69]*	4.9949 [1.67]*	3.868 [1.15]	−1.7038 [−0.15]	−2.7451 [−0.25]	−3.728 [−0.34]	7.3227 [0.59]
adj. R^2	0.3617	0.3621	0.3605	0.3598	−0.0164	−0.0135	−0.0155	−0.0089
データ数	436	436	436	436	436	436	436	436

Panel B2　地方国有企業（成長性）

変数	sale growth model 1	sale growth model 2	sale growth model 3	sale growth model 4
over50_dummy	−4.5197 [−1.32]			
State_ratio		−0.088 [−0.87]	−0.1115 [−1.11]	−0.0655 [−0.15]
Private_ratio		0.6541 [2.21]**		
Foreign_ratio		0.0423 [0.11]		
Director_ratio		0.1661 [0.34]		
State_ratio2				−0.0005 [−0.11]
lnTASS	2.7716 [1.82]*	2.6808 [1.71]*	2.8411 [1.83]*	2.8439 [1.83]*
DEBT	0.0048 [0.06]	0.0087 [0.11]	0.0061 [0.08]	0.0061 [0.07]
board_number	−0.3604 [−0.35]	−0.3169 [−0.31]	−0.3122 [−0.30]	−0.3113 [−0.30]
ID_ratio	−0.2184 [−0.70]	−0.2068 [−0.66]	−0.2396 [−0.77]	−0.236 [−0.75]
cons	1.569 [0.08]	2.0442 [0.11]	4.476 [0.23]	3.4177 [0.16]
adj. R^2	0.0411	0.0443	0.0399	0.0377
データ数	434	434	434	434

表 4.8 サブサンプルの株主の属性と企業のパフォーマンス（2014 年）（つづき）

Panel C1　民営企業（収益性）

変数	ROA model 1	ROA model 2	ROA model 3	ROA model 4	ROE model 5	ROE model 6	ROE model 7	ROE model 8
top1_state	−0.0996 [−0.09]				1.0573 [0.38]			
State_ratio		0.0363 [1.17]	0.0285 [0.92]	0.2081 [2.89]***		0.0865 [1.13]	0.0712 [0.93]	0.317 [1.78]*
Private_ratio		0.0138 [1.40]				0.0338 [1.38]		
Foreign_ratio		0.0764 [2.48]**				0.1093 [1.44]		
Director_ratio		0.0376 [2.32]**				0.0602 [1.50]		
State_ratio2				−0.0077 [−2.76]***				−0.0105 [−1.53]
lnTASS	1.4419 [7.49]***	1.3444 [6.76]***	1.4218 [7.34]***	1.378 [7.12]***	0.641 [1.35]	0.4175 [0.85]	0.5957 [1.25]	0.5357 [1.12]
DEBT	−0.1461 [−14.93]***	−0.1436 [−14.65]***	−0.1464 [−14.96]***	−0.147 [−15.06]***	−0.0402 [−1.67]*	−0.0372 [−1.54]	−0.0409 [−1.70]*	−0.0416 [−1.73]*
board_number	0.132 [0.89]	0.1106 [0.75]	0.1195 [0.80]	0.143 [0.97]	0.3039 [0.83]	0.2723 [0.74]	0.29 [0.79]	0.3222 [0.88]
ID_ratio	−0.006 [−0.14]	−0.0136 [−0.32]	−0.0061 [−0.14]	−0.0057 [−0.14]	0.1071 [1.02]	0.0976 [0.93]	0.1087 [1.04]	0.1092 [1.04]
cons	−1.9756 [−0.71]	−1.7187 [−0.62]	−1.8203 [−0.65]	−2.1113 [−0.76]	−3.0186 [−0.44]	−2.6255 [−0.38]	−2.8582 [−0.42]	−3.2565 [−0.47]
adj. R^2	0.2121	0.219	0.2129	0.2185	−0.0003	0.0019	0.0005	0.002
データ数	938	938	938	938	938	938	938	938

Panel C2　民営企業（成長性）

変数	sale growth model 1	sale growth model 2	sale growth model 3	sale growth model 4
top1_state	−1.1788 [−0.14]			
State_ratio		0.3419 [1.52]	0.351 [1.57]	1.016 [1.94]*
Private_ratio		−0.0945 [−1.31]		
Foreign_ratio		0.468 [2.10]**		
Director_ratio		0.0139 [0.12]		
State_ratio2				−0.0283 [−1.40]
lnTASS	3.1708 [2.24]**	3.3601 [2.30]**	2.9183 [2.06]**	2.7539 [1.93]*
DEBT	−0.0638 [−0.90]	−0.0535 [−0.75]	−0.0683 [−0.96]	−0.0706 [−0.99]
board_number	−3.0133 [−2.80]***	−3.1673 [−2.95]***	−3.1597 [−2.94]***	−3.068 [−2.85]***
ID_ratio	−0.419 [−1.36]	−0.4568 [−1.49]	−0.4183 [−1.36]	−0.4161 [−1.35]
cons	36.7287 [1.79]*	38.6807 [1.90]*	38.6329 [1.89]*	37.5145 [1.84]*
adj. R^2	0.0198	0.0274	0.0224	0.0234
データ数	929	929	929	929

注 1：Panel A, Panel B と Panel C はそれぞれ 2014 年の中央国有企業系，地方国有企業と民営企業の所有構造と企業パフォーマンスの分析結果を示している。

注 2：*，**，***は各々 10％，5％，1％ の統計的有意水準を示している。

支援の効果が限定的である。一方，地方政府が地方の経済成長率の維持や社会安定の確保などの問題を考慮しなければならないため，マクロ経済情勢が悪化しても，重要な地方国有企業に支援して収益性を向上させている（Panel B1 の model 1）。民営企業（Panel C）において，2007 年に観察された政府持株比率と収益性の逆 U 字関係が維持された。中国経済が「新常態」に入ってから国有企業の状況が著しく悪化した。経済成長への貢献度が高いのは民営企業である。政府が民営企業を支援することは成長を維持，失業率を抑制などの政治的目的に合致していると考えられる。

　政府が株主として主に「横領の手」の役割を果たして企業パフォーマンスに悪影響を及ぼしていることが前項の全サンプルの分析結果に示唆された。しかし，属性別のサブサンプルの分析結果から，政府が「支援の手」を演じる場合もあることがわかった。特に，中央国有企業系と絶対支配権を持っている地方国有企業のような重要な企業に対して，パフォーマンスを向上させる効果が観察された。そして，制度改革と景気の影響を受けて，政府持株比率と企業パフォーマンスの関係が変わる。例えば，ガバナンス関係改革を経て 2007 年になると，重要性が低い地方国有企業（保有比率が 55% 以下）のパフォーマンスへの悪影響が消えて，一部の民営企業（政府持株比率が 15% 以下）の収益性を向上させるようにみえる。一方，経済鈍化になった 2014 年において，中央国有企業系を支援する役割は観察されなくなってしまう。

3.4.3　パネルデータに基づく分析

　前項では 2000 年，2007 年と 2014 年の 3 時点のクロスセクション分析を使って，マクロ環境の変化および制度改革が政府持株比率と企業パフォーマンスの関係にもたらす影響を観察した。本項では，1999 年のガバナンスの情報とその後の 2000-02 年の 3 年間の財務データ，2006 年のガバナンスの情報と 2007-09 年，2013 年のガバナンスの情報と 2014-16 年の財務データとマッチングして，パネルデータを作成する[10]。パネルデータを用いて，中期的な影響を分析する。

　クロスセクションの分析結果のように，3 つの時期の結果を互いに比較できるために，dummy07-09（2007-09 年に属すれば 1，そうでなければ 0）と

dummy14-16（2014-16 年に属すれば 1，そうでなければ 0）の 2 つの時期のダミー変数を作成した。そして，2 つの時期のダミー変数と企業の所有構造変数の交差項を作成して回帰式に追加した。例えば，政府持株比率＞50％であれば 1，そうでなければ 0 のダミー変数 over50_dummy と 2007-09 年の時期ダミー変数の交差項を dummy07-09*over と表記する。政府が筆頭株主であれば 1，そうでなければ 0 のダミー変数 contorl_dummy と 2007-09 年の時期ダミー変数の交差項を dummy07-09*con と表記する。個人投資家以外の 4 種類の株主の持株比率変数および政府持株比率の二乗項と時期ダミー変数の交差項もそれぞれ作成した。分析結果は表 4.9 に示している[11]。

　Panel A-C は 2000-02 年と 2007-09 年の分析結果である。政府が筆頭株主であると，企業の収益性 ROA（Panel A の model 2）と売上成長率（Panel C の model 2）が低いが，政府が企業の株式の 50％ 以上を保有している場合には，企業の収益性（Panel A-B の model 1）への影響は統計的に有意ではなくなる。Panel A-C それぞれの model 5 からわかるのは，中期的にみると政府持株比率と企業のパフォーマンスの間に U 字関係がある。その転換点は被説明変数によって異なるが，収益性の場合に 40％ 前後であり，成長性の方は約 50％ である。2007-09 年の時期ダミー変数（dummy07-09）に着目すると，2000-02 年と比べて企業の収益性が若干上がったが，成長性が著しく低下した。所有構造との交差項の係数がプラスであるが，統計的に有意ではない。いわゆる，中期的な視点から観察するときに，ガバナンス関連の改革を経て 2007 年以降の数年間においても，政府持株比率と企業のパフォーマンスの間の U 字関係には変化がない。

　2007-09 年と 2014-16 年の分析結果は Panel D-F に示している。単独の時期ダミー変数（dummy14-16）から，マクロ経済情勢の悪化とともに企業の収益

10）　Cull and Xu（2005）は 2000-2002 年という分析期間において，企業の再投資額の決定要因を分析するときに，2002 年のデータに基づき，説明変数としての CEO が元官僚，CEO が元の代理 CEO，官僚の役割などのダミー変数を作成し，推計作業に使っている。
11）　固定効果モデルの結果を示している。OLS モデル，固定効果モデル（fixed effect model）とランダム効果モデル（random effect model）で推計したが，Hausman 検定と F 検定の結果によると，固定効果分析の方がより望ましい。

表 4.9 パネルデータ分析の結果

Panel A 株主の属性と ROA (2000-02 年, 2007-09 年)

変数	ROA model 1	ROA model 2	ROA model 3	ROA model 4	ROA model 5
over50_dummy	0.1575 [0.32]				
dummy07-09*over	0.2382 [0.42]				
top1_state		−2.3539 [−3.90]***			
dummy07-09*top1		0.3686 [0.62]			
State_ratio			0.0325 [1.59]	−0.0279 [−2.40]**	−0.1499 [−4.09]***
Private_ratio			0.069 [3.06]***		
Foreign_ratio			0.1532 [2.74]***		
Director_ratio			0.0598 [0.82]		
dummy07-09*state			0.0443 [2.51]**	0.0036 [0.34]	0.0086 [0.23]
dummy07-09*Pri			0.0515 [2.50]**		
dummy07-09*For			0.0388 [0.77]		
dummy07-09*Dir			0.1396 [2.32]**		
State_ratio2					0.0017 [3.51]***
dummy07-09*state2					0.0003 [0.59]
dummy07-09	0.1771 [0.14]	−0.2932 [−0.21]	−3.12 [−1.87]*	−0.2009 [−0.15]	−0.5861 [−0.41]
lnTASS	2.3079 [11.33]***	2.3057 [11.40]***	2.2804 [11.24]***	2.3246 [11.43]***	2.3396 [11.52]***
DEBT	−0.1864 [−26.77]***	−0.1852 [−26.66]***	−0.1848 [−26.52]***	−0.1863 [−26.78]***	−0.185 [−26.62]***
board_number	−0.0261 [−0.34]	−0.0204 [−0.27]	−0.0298 [−0.39]	−0.0271 [−0.35]	−0.0328 [−0.43]
ID_ratio	0.0152 [0.42]	0.0121 [0.33]	0.0454 [1.20]	0.0124 [0.34]	0.0101 [0.28]
cons	−4.6377 [−2.77]***	−2.7887 [−1.62]	−7.2357 [−3.47]***	−3.4094 [−1.96]**	−2.4045 [−1.37]
adj. R^2	0.2019	0.2066	0.2122	0.2032	0.207
データ数	4513	4513	4513	4513	4513

Panel B 株主の属性と ROE (2000-02 年, 2007-09 年)

変数	ROE model 6	ROE model 7	ROE model 8	ROE model 9	ROE model 10
over50_dummy	1.3211 [0.78]				
dummy07-09*over	−1.1616 [−0.61]				
top1_state		−2.0843 [−1.02]			
dummy07-09*top1		−2.9449 [−1.46]			
State_ratio			0.1368 [1.98]**	−0.023 [−0.59]	−0.4026 [−3.26]***
Private_ratio			0.1922 [2.53]**		
Foreign_ratio			−0.0952 [−0.50]		
Director_ratio			0.2398 [0.97]		
dummy07-09*state			0.095 [1.59]	−0.0321 [−0.88]	−0.0018 [−0.01]
dummy07-09*Pri			0.1546 [2.22]**		
dummy07-09*For			0.1202 [0.70]		
dummy07-09*Dir			0.2988 [1.47]		
State_ratio2					0.0052 [3.23]***
dummy07-09*state2					0.0007 [0.40]
dummy07-09	8.1129 [1.84]*	9.4363 [2.04]**	0.69 [0.12]	8.4085 [1.83]*	7.0791 [1.49]
lnTASS	2.3911 [3.49]***	2.4435 [3.58]***	2.3533 [3.43]***	2.4297 [3.54]***	2.4781 [3.62]***
DEBT	−0.0861 [−3.67]***	−0.0838 [−3.57]***	−0.0822 [−3.49]***	−0.0857 [−3.66]***	−0.0817 [−3.48]***
board_number	−0.274 [−1.05]	−0.278 [−1.07]	−0.2727 [−1.05]	−0.2756 [−1.06]	−0.2905 [−1.12]
ID_ratio	−0.1188 [−0.96]	−0.1297 [−1.05]	−0.0693 [−0.54]	−0.1258 [−1.02]	−0.1325 [−1.07]
cons	−7.3533 [−1.30]	−5.535 [−0.95]	−15.8265 [−2.25]**	−5.9109 [−1.01]	−2.8138 [−0.48]
adj. R^2	0.0159	0.0181	0.0243	0.0162	0.0201
データ数	4513	4513	4513	4513	4513

性と成長性も大きく低下したことがわかった。交差項を見ると，2007-09 年に比べて，経済成長が鈍化になった 2014 年以降に，政府が企業パフォーマンスに悪い影響を与えることがわかった。

表4.9 パネルデータ分析の結果（つづき）

Panel C 株主の属性と企業の成長性
（2000-02年，2007-09年）

変数	sale growth model 1	sale growth model 2	sale growth model 3	sale growth model 4	sale growth model 5
over50_dummy	-5.8871 [-1.81]*				
dummy07-09*over	2.4785 [0.68]				
top1_state		-14.6954 [-3.66]***			
dummy07-09*top1		0.7144 [0.18]			
State_ratio			0.0734 [0.55]	-0.215 [-2.83]***	-0.7996 [-3.33]***
Private_ratio			0.3176 [2.16]**		
Foreign_ratio			0.6681 [1.63]		
Director_ratio			1.1065 [2.35]**		
dummy07-09*state			0.1198 [1.04]	-0.0324 [-0.46]	-0.1478 [-0.60]
dummy07-09*Pri			0.1862 [1.38]		
dummy07-09*For			-0.4012 [-1.23]		
dummy07-09*Dir			0.4174 [1.07]		
State_ratio2				0.008 [2.56]**	
dummy07-09*state2				0.0037 [1.09]	
dummy07-09	-19.5538 [-2.26]**	-20.449 [-2.25]**	-25.2007 [-2.28]**	-18.718 [-2.08]**	-19.5587 [-2.10]**
lnTASS	4.6201 [2.95]***	4.7774 [3.07]***	4.62 [2.94]***	5.1014 [3.26]***	4.9722 [3.18]***
DEBT	-0.0044 [-0.09]	0.0071 [0.15]	0.006 [0.13]	-0.002 [-0.04]	0.0083 [0.18]
board_number	-0.8121 [-1.61]	-0.7676 [-1.52]	-0.8685 [-1.72]*	-0.8119 [-1.61]	-0.8515 [-1.69]*
ID_ratio	0.287 [1.18]	0.2947 [1.22]	0.3086 [1.09]	0.2635 [1.06]	0.2566 [1.18]
cons	-4.9123 [-0.40]	1.5113 [0.12]	-18.2854 [-1.24]	-1.7634 [-0.14]	4.4263 [0.35]
adj. R^2	0.0079	0.0131	0.0161	0.0101	0.0135
データ数	4412	4412	4412	4412	4412

Panel D 株主の属性とROA
（2007-09年，2014-16年）

変数	ROA model 1	ROA model 2	ROA model 3	ROA model 4	ROA model 5
over50_dummy	1.3941 [3.44]***				
dummy14-16*over	-1.1545 [-2.76]***				
top1_state		0.3368 [0.85]			
dummy14-16*top1		-0.0048 [-0.01]			
State_ratio			0.0719 [5.40]***	0.0282 [3.29]***	0.0159 [0.66]
Private_ratio			0.0557 [4.30]***		
Foreign_ratio			0.0466 [1.16]		
Director_ratio			0.1301 [4.17]***		
dummy14-16*state			-0.0573 [-5.02]***	-0.0197 [-2.68]***	0.0031 [0.12]
dummy14-16*Pri			-0.0478 [-3.41]***		
dummy14-16*For			-0.005 [-0.14]		
dummy14-16*Dir			-0.1005 [-3.02]***		
State_ratio2				0.0002 [0.54]	
dummy14-16*state2				-0.0003 [-0.91]	
dummy14-16	-2.3081 [-9.46]***	-2.669 [-8.46]***	0.2771 [0.46]	-1.9809 [-6.27]***	-2.1578 [-5.82]***
lnTASS	1.4003 [10.60]***	1.4403 [10.92]***	1.4171 [10.12]***	1.3999 [10.62]***	1.4076 [10.58]***
DEBT	-0.183 [-33.62]***	-0.185 [-34.00]***	-0.1827 [-33.44]***	-0.183 [-33.59]***	-0.183 [-33.56]***
board_number	-0.013 [-0.14]	-0.0285 [-0.30]	-0.0283 [-0.30]	-0.0131 [-0.14]	-0.0071 [-0.08]
ID_ratio	-0.0316 [-1.16]	-0.0333 [-1.22]	-0.0356 [-1.29]	-0.0283 [-1.04]	-0.0278 [-1.02]
cons	3.6843 [2.12]**	3.8986 [2.22]**	0.6387 [0.34]	3.0872 [1.75]*	3.0619 [1.72]*
adj. R^2	0.1844	0.1826	0.1888	0.1843	0.1844
データ数	7327	7327	7327	7327	7327

3.5 本節のまとめ

本節では，中国上場企業の10産業について，1999年，2006年，2013年の3つの時点のガバナンスデータとそれぞれ1年後の財務データを用いて3時点のクロスセクション分析を行い，株主としての政府と企業パフォーマンスの関係を検証した。先行研究との大きな違いは，ガバナンス変数の処理方法にある。

表4.9 パネルデータ分析の結果（つづき）

Panel E　株主の属性とROE（2007-09年，2014-16年）

変数	ROE model 6	ROE model 7	ROE model 8	ROE model 9	ROE model 10
over50_dummy	1.1555 [0.93]				
dummy14-16*over	-1.2195 [-0.95]				
top1_state		1.5212 [1.25]			
dummy14-16*top1		0.639 [0.57]			
State_ratio			0.1285 [3.14]***	0.0545 [2.08]**	0.0804 [1.08]
Private_ratio			0.0961 [2.41]**		
Foreign_ratio			0.182 [1.47]		
Director_ratio			0.1262 [1.32]		
dummy14-16*state			-0.0816 [-2.33]**	-0.0135 [-0.60]	0.0067 [0.08]
dummy14-16*Pri			-0.0865 [-2.01]**		
dummy14-16*For			-0.1103 [-0.98]		
dummy14-16*Dir			-0.2621 [-2.56]**		
State_ratio2				-0.0004 [-0.37]	
dummy14-16*state2					-0.0003 [-0.28]
dummy14-16	-3.2694 [-4.36]***	-3.8917 [-4.03]***	1.2862 [0.70]	-2.9281 [-3.02]***	-3.0603 [-2.69]***
lnTASS	0.762 [1.88]*	0.8125 [2.01]**	0.7526 [1.75]*	0.7047 [1.74]*	0.7408 [1.81]*
DEBT	-0.1068 [-6.39]***	-0.1096 [-6.57]***	-0.1056 [-6.29]***	-0.1062 [-6.35]***	-0.1067 [-6.37]***
board_number	-0.3127 [-1.08]	-0.3042 [-1.05]	-0.2974 [-1.02]	-0.3003 [-1.03]	-0.2923 [-1.00]
ID_ratio	-0.1114 [-1.33]	-0.1121 [-1.34]	-0.1085 [-1.28]	-0.1038 [-1.24]	-0.1031 [-1.23]
cons	14.3828 [2.69]***	13.6714 [2.54]**	8.5299 [1.49]	13.1319 [2.43]**	12.6234 [2.31]**
adj. R^2	0.014	0.0144	0.0168	0.0146	0.0146
データ数	7327	7327	7327	7327	7327

Panel F　株主の属性と企業の成長性（2007-09年，2014-16年）

変数	sale growth model 1	sale growth model 2	sale growth model 3	sale growth model 4	sale growth model 5
over50_dummy	7.9709 [2.85]***				
dummy14-16*over	-10.497 [-3.65]***				
top1_state		5.3767 [1.95]*			
dummy14-16*top1		-2.6964 [-1.07]			
State_ratio			0.0743 [0.81]	0.1541 [2.60]***	0.1339 [0.80]
Private_ratio			-0.0401 [-0.45]		
Foreign_ratio			-0.0841 [-0.30]		
Director_ratio			0.1648 [0.77]		
dummy14-16*state			-0.3272 [-4.14]***	-0.1605 [-3.16]***	0.1238 [0.69]
dummy14-16*Pri			-0.315 [-3.23]***		
dummy14-16*For			0.0927 [0.37]		
dummy14-16*Dir			-0.285 [-1.25]		
State_ratio2				0.0003 [0.13]	
dummy14-16*state2					-0.0044 [-1.68]*
dummy14-16	-6.991 [-4.06]***	-7.9528 [-3.58]***	3.5805 [0.87]	-4.6385 [-2.10]**	-6.7909 [-2.62]***
lnTASS	6.6122 [6.59]***	6.5895 [6.58]***	8.0518 [7.55]***	6.5171 [6.49]***	6.7463 [6.66]***
DEBT	-0.0688 [-1.76]*	-0.0791 [-2.03]**	-0.079 [-2.01]**	-0.0682 [-1.74]*	-0.0707 [-1.80]*
board_number	0.1522 [0.23]	0.0759 [0.12]	0.3937 [0.60]	0.1626 [0.25]	0.2533 [0.39]
ID_ratio	-0.4004 [-2.11]**	-0.4095 [-2.16]**	-0.3821 [-2.00]**	-0.39 [-2.06]**	-0.3812 [-2.01]**
cons	-19.5841 [-1.56]	-18.6365 [-1.48]	-32.8054 [-2.46]**	-21.9882 [-1.74]*	-24.3744 [-1.91]*
adj. R^2	0.0143	0.0123	0.0171	0.0137	0.0143
データ数	7190	7190	7190	7190	7190

注1：1999，2006，2013年のガバナンスデータと2000-02年，2007-09年，2014-16年の財務データとそれぞれマッチングしてからのパネルデータ分析である。固定効果モデルの分析結果を示している。
注2：*，**，***は各々10％，5％，1％の統計的有意水準を示している。

以前の研究では無視されている国有法人株主と民営法人株主の差異について，本節では株主の再分類を通じて検討を行った。さらに，3時点の結果を比較することで，その前後のマクロ環境の変化および制度改革が政府株主と企業のパフォーマンスの関係にもたらす影響を分析した。

本節の結果として，政府が株主として主に「横領の手」の役割を果たして企業パフォーマンスに悪影響を及ぼしているが，「支援の手」を演じる場合もあるという結果である。具体的にいうと，企業の属性によってサブサンプルに分けてからの分析結果によると，2000年と2007年に，中央国有企業系と絶対支配権を保有している地方国有企業に対して，パフォーマンスを向上させる効果が観察された。パネルデータを用いて中期的な分析から，同時期に類似な結果が得られた。先行研究に提示された政府持株比率と企業パフォーマンスのU字関係が確認された。この結果に対する解釈として，政府が重要な企業に対して絶対支配権を握り，生産資源へのアクセス上に便宜を提供するため，企業パフォーマンスが向上すると考えられる。しかし，重要ではない企業に対しては，企業価値を最大化するより，社会安定などの政治的な目的を優先する可能性があるため，政府が少数株主の権益を犠牲にして，企業パフォーマンスを悪化させると解釈できる。

ところで，中国経済が成長鈍化になって「新常態」に入ってからは，政府が国有企業を守る余力が不足であると考えられる。「支援の手」の効果が消えて，政府株主がもたらすエージェンシー問題が深刻になり，企業のパフォーマンスを損なうことが観察された。

4. 企業の取締役会の構成とパフォーマンス

4.1 はじめに

これまで，中国国内外の学者たちによって，中国政府が株主として企業活動に及ぼす影響に関する多くの研究がなされてきた。しかしながら，大株主である政府がその影響力を発揮する具体的な経路を十分に分析する文献は多くはない。

本節では，1999年，2006年，2013年の3つの時点のクロスセクション分析

を通じて，取締役会構造における政府のプレゼンスと企業パフォーマンスとの関係を定量的に分析した。具体的には，サンプル企業のCEOおよび独立取締役を，政府との関係を有しているか否かという基準で分類し，その属性と企業収益性および成長性の関係を分析した。

その結果をまとめると以下の通りである。1990年代では政府との関係があるCEOが企業パフォーマンスを悪化させる傾向がみられるものの，ガバナンス関連の改革が行われてから，特に，2006年に第2回目の民営化改革が完了された以降は，政府との関係があるCEOは政府の影響を受けて，企業パフォーマンスを向上させるようになった。しかし，一連のガバナンス関連改革が政府出身役員たちのエージェンシー・コスト問題を根本的に解決できなかったため，2013年前後に中国経済が「新常態」に入ると，政府出身CEOの悪影響が再び顕在化した。一方，独立取締役の属性の影響は軽微であった。

4.2　先行研究と仮説
4.2.1　CEOの特性が企業経営に与える影響

中国では，中央国有企業（中央政府が100パーセント近く支配している企業）や部分国有企業（partly state-owned companies）に対する一連の改革を行ってきたが，経営効率を十分に改善することはできず，今なお大きな課題として残されている。一連の改革が失敗した原因について，Qian（2003）は，企業の経営者に官僚を任命したからだと主張している。具体的には，企業の経営者に任命された官僚や元官僚がそもそも企業経営能力に優れている人材ではなかったこと，次いで，任命の基準が政治的かつ不透明で，政府の影響を受けやすいこと，最後に，官僚が政治上の目的を優先して，経営に対して関心がなく，企業業績を向上させる努力をしないことを原因としてあげている。つまり，CEOが政府系である場合，彼らは完全に政府の「横領の手」として働いていると考えられる。

中国では，上場企業のCEOの多くが政府に任命された元官僚であるため，支配株主が政府であれば，CEOと政府との関係は緊密になる（Chen, Liu and Li 2010）。また，Fan, Wong and Zhang（2007）は，1993-2001年に上場して部分民営化した790社を対象に，中央政府・地方政府・軍隊のいずれかに所属し

たことのある CEO を政府系 CEO と定義して分析し，政府系 CEO の企業では株価指標と財務指標のいずれもパフォーマンスが悪いという結果を得ている。しかも，政府系 CEO の企業の取締役会は，政府関係者が多い一方，専門家は少なく，かつ平均年齢が高いとしている。

非政府系の CEO は，外部出身者と企業内部出身者の 2 種類に大きく分けられる。Shapiro, Tang, Wang and Zhang（2015）は，浙江省の 390 社の主に民営の中小企業のデータを用いて分析し，外部出身者が CEO の場合にイノベーションが生じやすいことを示している。一方，中国企業を対象に，内部出身者の CEO が企業パフォーマンスに与える影響を分析した研究はまだ少ない。

CEO が会長や副会長を兼任する場合の企業パフォーマンスに関しては，多くの研究がある。Yu and Ashton（2015）によれば，CEO が会長を兼任する企業は経常コストが大きく，エージェンシー・コストも高いという。また，Bai et al.（2004）は，CEO が会長や副会長を兼任すると，企業価値が低くなると指摘している。

このように，中国の上場企業，特に上場国有企業の CEO の多くが政府との緊密な関係を持ち，政府から強い影響を受けている。そのため，株主としての政府が政治的な目的を優先する場合，企業パフォーマンスが低下し企業価値が犠牲になる。そこで，以下の仮説を立てる。

仮説 1：政府系 CEO は，政府の政治的な意向に従って企業経営を行うため，企業価値の最大化が目的とならず，企業パフォーマンスを低下させる。

4.2.2 取締役会と独立取締役

Chen and AL-Najjar（2012）は，取締役の規模と独立性について次のように分析している。取締役の人数は，監事会の規模，企業の規模，企業価値の 3 つの変数と正の関係にあり，株式保有の集中度と負の関係にある。そして，独立取締役の比率で測った取締役の独立性は，監事会の規模や政府持株比率と負の関係にある。この結果は，2 種類の解釈を提示している。一つは，経営者に対するモニタリング機能からみると，監事会や政府の株式保有と独立取締役の役割は代替関係にあるから，大株主の政府が自ら経営者の監視を行えば，エージ

ェンシー問題の緩和とともに，独立取締役を少なくすることができるという解釈である。もう一つは，「横領の手」の理論から考えると，政府が支配株主であり，企業価値や少数株主の利益を損ねる行為を行おうとする場合，取締役に監視されるのを嫌って故意に取締役の独立性を低くしているという解釈である。つまり，独立取締役がエージェンシー問題を緩和し，企業価値を向上させるのである。

一方，経営者は企業の目的に沿った動機づけを持つスチュワード（stewards）として行動するから，外部者の独立取締役は内部者の経営者と相対的に協力しにくい，あるいは最初から企業の発展にとって必要ではないとみなされる（Luan and Tang 2007）とするのが，「管理職務理論（Stewardship theory）」（Davis et al. 1997）である。さらに，Tian and Lau（2001）は，中国の上場企業では独立取締役は企業価値に全く影響を及ぼしていないことを実証分析した。Cheung, Jiang, Limpaphayom and Lu（2008）も，OECD Principles of Corporate Governance に従って中国上場企業のガバナンス・インデックスを作成して分析し，取締役会の構成などのガバナンス要素が企業価値に全く影響していないことを実証的に示した。

中国では，政府が上場企業の管理層や取締役を任命するケースが多く（Bai et al. 2004），独立取締役の多くが官僚退職者である。Chen et al.（2011）は，1993年から2008年までの期間の中国企業276社を対象に，政府と関連している取締役の役割と地方政府のレントシーキング行為の関係を分析した。その結果，取締役会における政治的関係が支配株主に利益をもたらすと同時に，高度に集中した所有構造がこの政治的関係を通じてレントシーキング行為を促進することが示された。

上場企業にとって，政府系独立取締役は価値効果[12]（value effect）とエージェンシー・コスト効果[13]（agency cost effect）の両方があると考えられるが

---

[12] 政府系独立取締役は監督機能の代わりに，助言機能をより期待されて雇われる（Han and Zhang 2016）。

[13] 政府系独立取締役は，経営陣から報酬以外の利益をもらっているため，経営陣には逆らわないし（Beetsman et al. 2000），政府株主の政治的，社会的目的を実現するために働くこともある（Wang 2015）。

(Han and Zhang 2016)，その集約効果は国有企業（SOEs）と民営企業（POEs）とでは異なる。政府系独立取締役を任命することで，中国政府が支配する重要な資源へのアクセスを得ることができるため，国有企業に比べて民営企業の方が政府系独立取締役を雇用しやすい傾向にある（Chen et al. 2011）。しかも，政府系独立取締役に民営企業の企業価値を向上する効果があることも観察された（Wang 2015; Liu et al. 2016; Tang et al. 2016）。一方，国有企業では，支配株主としての政府がその政治的および社会的目的を達成するために政府系独立取締役を任命する傾向にある（Wang 2015）。言い換えれば，政府系独立取締役は，政府系の支配株主と結託し，政府に忠誠を尽くすことが自らの義務だと考えている（Huyghebaert and Wang 2012）。

中国では，退職後の官僚が企業の独立取締役として任命されるケースが多数存在する。また，政府系独立取締役は，個別の企業の利益よりも政府の目的達成を優先すると考えられる。したがって，以下の仮説を提出する。

仮説2：政府系独立取締役は，政府の影響を受けやすく，企業経営への監視が甘くなるため，企業パフォーマンスは低下する。

4.2.3 政府の2つの機能

前述の通り，Shleifer and Vishny（1998）が最初に提示したように，政治家たちがさまざまな経済体制のもとで制度を利用して自分たちの便益を追及したり，政府が「横領の手（grabbing hand）」となる場合がある。その一方で，地方政府が経済発展を促進するという「支援の手（helping hand）」の機能を主張する研究もある（Qian 2003; Blanchard and Shleifer 2001）。特に，中国のように法律の執行力が低い環境のもとでは，政府のような大株主のガバナンス機能が期待される。

政府系CEOに対する仮説1と政府系独立取締役に対する仮説2についても，政府の役割として「横領の手」と「支援の手」の2つの対立仮説が考えられる。

4.2.4 3時点のガバナンス構造の変遷

本項では1999年，2006年，2013年の3つの時点を選出して企業のガバナン

ス情報を収集・整理した。3時点のクロスセクションの分析結果を比較することで、その前後のマクロ経済の環境変化および制度改革が政府系CEOおよび政府系独立取締役と企業パフォーマンスの関係にもたらす影響を観察する。

　第2節で概観したように、1990年11月に上海証券取引所、1991年7月に深圳証券取引所がそれぞれ設立された。2年後の1993年に成立した会社法では、国有企業に対して株式制の導入を含む「現代企業制度の設立」が認められた。未熟な資本市場を安定的に発展させるため、2000年初頭までは証券法の設立や国有銀行の不良債権の処理などに改革の重点が置かれ、上場企業の所有構造および組織構造などのガバナンス構造に大きな変化はなかった。そこで、1990年代半ばから2000年初頭までの古いガバナンス構造を代表するために1999年を選出した。

　21世紀に入ると、いくつのガバナンス関連の改革が行われ、2001年8月21日の「指導意見」から正式に上場企業への独立取締役導入の改革が始まった。以降、第1段階として2002年6月30日までに少なくとも2人以上の独立取締役を導入すること、第2段階として2003年6月30日までに少なくとも取締役の3分の1を独立取締役が占めることがそれぞれ決まった。2003年5月には、国有企業の株主としての国有資産監督管理委員会の設置が承認され、さらに、2005-06年の「株式転換改革」(Split-Share Structure Reform：SSSR)という2回目の民営化改革を成功させた。本章第2節で説明したように、1990年代に上場した国有企業では、価値が時価を大きく下回っていた非流通株（国有株と法人株）が政府に設置された。しかし、このSSSRを通じて、企業の株式総数の2/3を占めていた非流通株が流通株と同じ時価で取引できるようになった。

　SSSR後は、株主としての政府が以前より企業価値の最大化を重視するようになるとともに、国有企業の収益性および生産効率などのパフォーマンス改善への貢献（Liao et al. 2014）が評価された。また、経営者は国有企業の企業価値を向上させることで昇進の機会に恵まれた。以上のことから、21世紀に入ってから2回目の民営化改革までの一連のガバナンス改革の効果を調べるために2006年を選出し、以下の仮説を立てる。

仮説3：第2回目の民営化改革を含めた一連のガバナンス改革を経て，政府株主が企業価値最大化を重視するようになると，政府系CEOおよび政府系独立取締役は，政府の影響を受けて，以前より企業パフォーマンスの向上に努めるようになる。

　前述の通り，長期にわたって高度成長を続けてきた中国経済の成長率は，2012年に7.8％に低下し，翌2013年に7.76％にまで減速した。このような環境変化の中で，中国政府は，中長期的に7％の成長率を期待して，高度成長から中高度成長に移行した中国経済の姿を「新常態」と定義した。こうしたマクロ経済の情勢によって，企業役員の政治的関係の影響が異なると考えられる。例えば，高度成長期には，企業側は政府系CEOあるいは政府系独立取締役を通じて重要な資源へのアクセスを得て，パフォーマンスが向上できたが，政府系役員のエージェンシー・コスト効果（agency cost effect）が無視されやすい。しかし，経済が全体的に減速して企業の運営が日々困難になっていけば，政府系役員がもたらした非効率や汚職などの問題が顕在化してしまう。そこで，中国経済が減速してからのマクロ経済の情勢の代表として2013年を選出し，以下の仮説4.1を提出する。

仮説4.1：経済成長の減速というマクロ経済環境の悪化に伴って，政府系CEOおよび政府系独立取締役のエージェンシー・コスト効果が価値効果を上回り，企業パフォーマンスを損なうことになる。

　企業に就任／兼任している政府関係者がもたらしうる非効率などの問題を抑えるため，中国政府は2010年から，党員幹部と官僚の企業における就任／兼任に対して規制を強化してきた。2010年に公表された臨時公文書[14]により，財務部の従業員の企業での兼任が禁止された。また，2011年の教育部に公表された公文書[15]では，大学の党員幹部が企業において兼任することが原則的

---

14) 財務省が2010年に公表した「財務省の従業員の企業における兼任することを規制するための一時的措置」。

に禁じられた。国の規則に違反して，収益を取得するために活動に参加したり，報酬のために企業で兼任したりする公務員は，警告を受けて解雇されることさえもある[16]。2013年にも「党員幹部と官僚の企業における兼任（就任）に対する規制強化の意見」を公表して，現役（あるいは退職後3年以内）の党員幹部と官僚の企業での兼任（就任）を禁じた。Han and Zhang（2016）は，政府系独立取締役の離職が上場企業にプラスのCARをもたらす結果を示すことで，政府系独立取締役の価値効果（value effect）よりエージェンシー・コスト効果（agency cost effect）が大きいと主張している。

一方，Liu et al.（2016）とTang et al.（2016）は，これとは逆の結果を得て，独立取締役が持つ政府との関係が企業価値を上げることを示している。規制強化の影響で，政府系CEOおよび政府系独立取締役がその関係性を利用して企業が資源へアクセスする際に便宜を提供するという価値効果が抑制され，企業パフォーマンスに悪影響を及ぼすのであれば，前述した仮説4.1と一致する。一方，制度改革によって自己利益を追求する汚職行為ができなくなると同時に，筆頭株主（多くの場合に政府）のために少数株主を掠奪することも難しくなるため，企業のパフォーマンスの改善も可能である。そこで，仮説4.1の対立仮説として仮説4.2を立てる。

仮説4.2：党員幹部と官僚の企業における兼任（就任）に対する規制が強化されると，政府系CEOおよび政府系独立取締役は責任を持って経営にあたり，自己利益を追求するような行為を慎むため，制度改革前より企業パフォーマンスが向上する。

4.3　データと変数
4.3.1　データの説明
本節で使用するガバナンスデータと財務データの出所および分析対象企業は，

---

15)　2011年に中国教育部の共産党委員会が公表した「大学の共産党委員会メンバーと幹部の兼任に関する通知」。
16)　2012年に人力資源・社会保障部と監査部が公表した「公的機関の従業員に対する処分に関する暫定規則」。

前節と同様である．本項では，CEO と独立取締役の属性などのガバナンス変数を 1999 年，2006 年，2013 年の 3 時点の情報を収集して整理した．ここでは，内生性の問題を考慮するために，被説明変数としての収益性の情報について，それぞれ 1 年後の 2000 年，2007 年と 2014 年のデータを使用する．データセットの構築の具体的な方法は，中国上場会社企業統合研究データベースから CEO と独立取締役の履歴を抽出して，政府部門の名称や人民代表の身分などのキーワードに基づき，中央政府あるいは地方政府に所属したことのある役員，共産党委員会の幹部として勤めたことのある役員を識別した．

一方，履歴に提示された組織や法人の名称だけでは，国有企業であるか否か，政府と関連のある組織であるかどうかを直ちに判断できない場合が多いため，中国における代表的な検索エンジンである baidu.com で組織の名称を調べることで識別した．初期のデータベース（2006 年以前）では，CEO や独立取締役の履歴情報の欠落が多いため，企業と年度ごとに上場企業のホームページから開示情報（有価証券報告書，四半期報告書）を入手し，役員の属性を識別した．さらに，企業のホームページに 1999 年の開示情報が提示されていない場合は，finance.sina.com.cn および finance.ifeng.com に掲載されている上場企業の役員の情報を参照して判断した．それでも CEO や独立取締役の履歴情報を入手できない場合は，欠測データとして処理した．このように，CEO や独立取締役の属性の識別を行うために，一人ひとりを個別に情報収集して，膨大な編集を行い，ユニークなデータセットを構築することが可能になった．

2000 年度の財務データが入手できるサンプル数は 831 社であるのに対し，1999 年度に GTA データセットから CEO の名前がわかるサンプル数は 548 社である．その中に，310 社の CEO の履歴が記載されている．この他，CEO の名前で企業の有価証券報告書，finance.sina.com.cn および finance.ifeng.com から手作業を通じてその履歴を収集できた企業は 88 社あり，合計 398 社の CEO の属性が判断できた．そのうち，財務データとマッチングできたのは 357 社である[17]．同様に，2007 年の 1,507 社の財務データと 2006 年の 980 社の CEO

---

17) 2000 年に SOE_dummy で民営企業（=0）と国有企業（=1）を見分ける場合に 602 社の中に，75.4％が国有企業である．一方，CEO の属性がわかる 357 社の中に，76.7％が国有企業である．大きな差異があるとはいえないため，属性上にバイアスはないと考える．表 4.2 の記述統計を参考．

の属性のデータのマッチング結果としては890社のサンプルとなった。980社のCEOの属性データのうち，911社についてはオリジナルのデータベースから整理できたものであり，残りの69社は手作業での収集によるものである。2014年の1,816社の財務データと2013年の1,528社（GTAのデータセットから）のCEOの属性データの中では，1,423社がマッチングできた。独立取締役に関して，GTAのガバナンスデータベースに履歴のあるサンプル数は，2006年の1,027社と2013年の1,603社である。属性が識別できない独立取締役のケース，独立取締役の人数が合わないケースを取り除き，それぞれ922社（2006年）と1,566社（2013年）がサンプル数となった。それに対して，財務データとマッチングできたのは914社と1,449社である。

4.3.2 変数の説明と手法

以下の分析では，OLSモデルを用いて推計した。なお，産業ダミー（industry）もそれぞれのモデルに導入されている。

推計モデルは次式で表される。

$$\text{Performance} = \alpha + \beta \cdot \text{Corporate Governance variables} + \gamma \cdot \text{Control variables} + \varepsilon \qquad (2)$$

被説明変数（Performance）には，企業パフォーマンスを表す変数として，ROA（営業利益/総資産）とROE（当期純利益/自己資本）の収益性変数，売上成長率sales_growth（$(Sales_t - Sales_{t-1})/Sales_{t-1}$）の成長性変数を使う。単位は%である。

中国上場企業に関する先行研究では，株価のデータを用いて企業価値や企業パフォーマンスを評価しているものも多いが，本項では企業の財務データのみを利用する。その主な理由は，中国の資本市場はまだ不完全な状態にあり，株価の変動が激しく，株式の回転率も高く平均保有期間が短いことから，株価は企業パフォーマンスを正しく反映していないと考えるからである。実際，株価などの市場情報よりも財務情報のほうが企業パフォーマンスを正しく表していると指摘する研究もみられる（Yu and Ashton 2015; Bai, Liu, Lu, Song and Zhang 2004）。

次に，企業ガバナンスの構造を表す主要な説明変数（Corporate Governance variables）について説明する。これは，「CEO の属性変数」，「独立取締役の属性変数」の 2 つの変数グループに分かれる。

CEO の属性の変数は，大きく「政府系」，「非政府系」の 2 種類に分類される。「非政府系」はさらに「内部出身」，「外部出身」の 2 種類に分けられる。政府系 CEO（state_CEO）は，政府と何らかの関係を持っている CEO である。内部出身 CEO（insider_CEO）は，政府との関係はないが，長期間にわたって同一企業でさまざまな職務を務めた後に CEO になる場合である。外部出身 CEO（outsider_CEO）は，政府とも企業とも関係なく，外部から雇ってきた CEO である。

政府系 CEO については，中央政府と地方政府によって企業に対する態度や経済発展へのモチベーションなどが異なる可能性があり，CEO の出身部門によって政府から受ける影響の程度が異なることが考えられる。そこで，政府系 CEO を出身部門によって細分化し，次に示す 5 つのダミー変数に分けることにする。具体的には，中央政府出身の CEO のダミー変数を cen_CEO，地方政府出身の CEO を loc_CEO，政府の研究機関出身の CEO を reash_CEO，国有企業（SOE, State owned enterprise）出身の CEO を SOE_CEO，共産党委員会出身の CEO を com_CEO とする。

中国では，政府の研究機関として，中央政府や地方政府に所属する種々の研究機関がある。中でも有名なのが，「両院」と呼ばれる中国科学院と中国工程院である。このような研究機関は，政府にコンサルティングサービスを提供していて，政府との関係が非常に緊密である。研究機関出身の CEO が政府の影響を受けやすい所以である。また，社会の末端にまで共産党組織が普及している中国では，企業だけでなく，学校，病院や外資企業にまで共産党支部組織の設置が義務づけられている。組織の党員が 7 人以上になると支部委員会を設立する必要があるため，上場企業には必ず共産党支部委員会がある。そうした共産党委員会の幹部から CEO が選出されれば，当然，政府の影響を受けやすくなる。なお，政府系 CEO の 5 つの分類には，重複する場合がある。例えば，中央政府に所属して，共産党委員会の幹部を務めていた CEO がいる。このような場合は，政府からの影響の受けやすさを考慮して，中央政府と地方政府の

優先順位を高くする。つまり，中央政府系と地方政府系の選定を先にして，両方に当てはまらない場合に残りの3つの分類をする。残りの3つは重複してもかまわない。

独立取締役の属性の変数は，大きく「政府系」と「非政府系」の2種類に分けられる。政府系独立取締役の属性の変数を stateID とし，政府系ではない独立取締役の変数を outsiderID とする。政府系独立取締役の属性は，CEOの属性の分類と同じように，5種類に細分される。細分された5種類の属性は，次に示す変数によって独立取締役の人数を表す。具体的には，中央政府系独立取締役の人数を表す変数を cenID とし，地方政府系の変数を locID, 国有企業系を SOEID, 政府の研究機関系を reashID, 共産党委員会系を comID とする。

コントロール変数（Control variables）については，主に Fan et al.（2007）と Liu et al.（2016）にならって選出している。取締役会の規模が大きいほど，専門家が多く，取締役員の多様性も高いと考えられる（Zahra and Pearce 1989; Larmou and Vafeas 2010）。一方，人数が多いほどフリーライダーなどの潜在的な問題が生じ，監視の効率性が悪くなることが多くの先行研究（Jensen 1993; Guest 2009）で指摘されている。そのため，取締役会の規模に対して取締役人数 board_number を使ってコントロールする。取締役会の独立性をめぐっては多くの議論がある。独立性が高ければ監視能力が優れている（Kato and Long 2006; Chen et al. 2006）ということになり，企業パフォーマンスを改善させるという仮説がある。その反対に，内部情報を把握しにくいという観点から，独立取締役の監視機能と助言機能が制限され，企業パフォーマンスへの影響は限定的であるとする見解もある（Fama and Jensen 1983; Jensen 1993; Cheung et al. 2008）。ここでは，独立取締役が取締役人数に占める比率 ID_ratio を取締役会の独立性の代理変数とする。そして，多くの先行研究に従い，上位10株主持株比率の合計値（top10）を使って企業所有構造の集中度をコントロールする。

一般的に，家族企業に代表されるような大株主が存在する企業では，大株主と少数株主の間の利益相反問題が深刻であり，企業価値が損なわれると考えられる。しかし，法律システムが完備されておらず，資本市場からのガバナンス・メカニズムが発揮できない途上国の場合，高い集中度は有効な代替的なガ

バナンス・メカニズムとして評価される（Blanchard and Shleifer 2001; Liu et al. 2012; Wei et al. 2005）。「規模の経済性」と「収益・成長の逓減効果」の両方の可能性があるため，総資産 TASS を使って企業規模をコントロールし，実証分析には対数化したものを使う。負債比率を DEBT とし，企業の財務の健全性をコントロールする。高い負債比率がエージェンシー問題を軽減できると一般的に論じられるが，中国の国有企業には適用できない。国有企業が国有銀行から簡単に借金できる一方，銀行側が必ず積極的にモニタリングしているとはいえない（Wu et al. 2012a）というのがその理由である。さらに，負債比率が高いほど財務不履行のリスクが高くなるため，パフォーマンスに負の影響を及ぼすと考えられる。

4.3.3　記述統計と単変量分析

記述統計を整理した表4.10をみると，企業の収益性を表す ROA と ROE がそれぞれ2000年の平均値5.12%，8.03% から，高度成長期の真っ最中の2007年に14.06%，27.67% まで，約3倍上昇した。売上成長率も2000年の平均17.49% から，2007年には25.13% と急伸した。しかし，2014年の成長性と収益性からわかるように，企業の状況は2000年のレベル以下になっている。

1990年代から20年以上にわたって進められてきた国有企業の民営化改革の影響で，国有企業の比率は1999年の75% から2013年の39% までに下がった。しかし，上位10株主持株比率の合計値は，1999年から2006年にかけては61% から55% まで著しく低下したものの，2006年から13年までは大きな減少がみられず，今なお企業所有構造の集中度が高いことがわかる。一方，政府系 CEO を採用している企業の比率は減少傾向にあるが，サンプルの約半分の企業の CEO は政府関係者である。1999年の時点では独立取締役がまだ導入されていないため比較はできないが，2006年と2013年を比べてみると，政府系独立取締役の人数と取締役会において独立取締役が占める比率が増加している。政府系 CEO および政府系独立取締役の中では，国有企業出身，党委員会出身と地方政府出身の人が多い。独立取締役に関しては，平均的に1社に3人おり，取締役会の平均規模9人の約3分の1を占める。2007年の負債比率が最も高くみえるが，3時点の平均値がすべて45% 以上であることから，中国上場企

表 4.10　記述統計

Panel A　2000 年の記述統計

変数	平均値	中央値	最小値	最大値	標準偏差	企業数
sale_growth	17.49	10.77	−74.98	288.68	44.87	819
ROA	5.12	5.21	−26.64	53.71	7.16	831
ROE	8.03	8.45	−86.98	123.83	19.44	831
stateID	0.7	0	0	3	1.06	10
cenID	0.3	0	0	2	0.67	10
locID	0.1	0	0	1	0.32	10
SOEID	0.2	0	0	1	0.42	10
reashID	0.1	0	0	1	0.32	10
comID	0	0	0	0	0	10
outsiderID	1	0.5	0	3	1.15	10
state_CEO	0.59	1	0	1	0.49	357
cen_CEO	0.04	0	0	1	0.19	357
loc_CEO	0.12	0	0	1	0.32	357
reash_CEO	0.02	0	0	1	0.14	357
SOE_CEO	0.25	0	0	1	0.43	357
com_CEO	0.17	0	0	1	0.38	357
insider_CEO	0.15	0	0	1	0.35	357
outsider_CEO	0.13	0	0	1	0.34	357
SOE_dummy	0.75	1	0	1	0.43	602
top10	60.81	62.35	0.6	98.25	14.11	602
TASS	2,602	926.31	53.04	419,732	19,201	831
DEBT	46.16	45.53	5.67	181.6	20.93	831
board_number	9.72	9	4	19	2.73	601
ID_number	0.08	0	0	4	0.47	590
ID_ratio	0.74	0	0	44.44	4.2	590

Panel B　2007 年の記述統計

変数	平均値	中央値	最小値	最大値	標準偏差	企業数
sale_growth	25.13	20.15	−74.98	299.33	42.41	1,242
ROA	14.06	9.2	−26.64	64.48	17.71	1,507
ROE	27.67	16.47	−86.98	123.83	34.73	1,506
stateID	1.24	1	0	9	1.11	914
cenID	0.21	0	0	6	0.52	914
locID	0.4	0	0	3	0.66	914
SOEID	0.38	0	0	5	0.7	914
reashID	0.13	0	0	3	0.39	914
comID	0.19	0	0	3	0.43	914
outsiderID	2.07	2	0	6	1.13	914
state_CEO	0.56	1	0	1	0.5	890
cen_CEO	0.02	0	0	1	0.14	890
loc_CEO	0.11	0	0	1	0.31	890
reash_CEO	0.01	0	0	1	0.12	890
SOE_CEO	0.25	0	0	1	0.43	890
com_CEO	0.19	0	0	1	0.39	890
insider_CEO	0.32	0	0	1	0.47	890
outsider_CEO	0.15	0	0	1	0.36	890
SOE_dummy	0.6	1	0	1	0.49	929
top10	55.21	55.76	1.97	100	14.83	929
TASS	3,637	908.35	1.04	670,819	23,152	1,507
DEBT	53.49	52.11	5.67	181.6	26.61	1,505
board_number	9.26	9	5	19	1.92	923
ID_number	3.25	3	1	7	0.71	923
ID_ratio	35.34	33.33	11.11	60	4.68	923

Panel C　2014 年の記述統計

変数	平均値	中央値	最小値	最大値	標準偏差	企業数
sale_growth	13.38	8.44	−74.98	296.56	39.02	1,566
ROA	4.63	3.83	−26.64	57.77	7.85	1,816
ROE	7.72	7.11	−86.98	123.83	16.52	1,816
stateID	1.47	1	0	7	1.24	1,449
cenID	0.26	0	0	4	0.54	1,449
locID	0.48	0	0	4	0.75	1,449
SOEID	0.45	0	0	5	0.75	1,449
reashID	0.11	0	0	2	0.34	1,449
comID	0.24	0	0	3	0.5	1,449
outsiderID	2.37	2	0	8	1.3	1,449
state_CEO	0.49	0	0	1	0.5	1,423
cen_CEO	0.02	0	0	1	0.15	1,423
loc_CEO	0.09	0	0	1	0.29	1,423
reash_CEO	0.02	0	0	1	0.14	1,423
SOE_CEO	0.22	0	0	1	0.41	1,423
com_CEO	0.16	0	0	1	0.37	1,423
insider_CEO	0.39	0	0	1	0.49	1,423
outsider_CEO	0.14	0	0	1	0.35	1,423
SOE_dummy	0.39	0	0	1	0.49	1,530
top10	54.92	55.85	0.89	98.68	16.71	1,530
TASS	13,478	2,855	0.94	2,390,000	79,442	1,816
DEBT	45.17	43.57	5.67	181.6	25.11	1,816
board_number	8.75	9	5	18	1.71	1,533
ID_number	3.24	3	2	6	0.61	1,533
ID_ratio	37.45	35.71	18.18	71.43	5.57	1,533

業の銀行ローンへの依頼度が高いことがわかる。

4.4 実証結果とその解釈
4.4.1 内部ガバナンスと企業のパフォーマンス

表4.11のPanel Aは，2000年に企業内部出身CEOと比較した場合の政府系CEOおよび企業外部出身CEOが収益性に及ぼす効果についての分析結果を示したものである。model 1とmodel 3によると，政府系CEO全体としては，統計的に有意にマイナスな影響を与えていることがわかる。仮説1が支持される。しかし，表4.13のPanel Aで2000年の売上成長率を被説明変数とする場合には，政府系CEOからの統計的に有意なマイナスの影響は観察されない。政府系CEOを細分化してみると（表4.11のPanel A），中央政府出身CEO（cen_CEO）と国有企業に勤めたことのあるCEO（SOE_CEO）からのマイナスの影響が大きいことがわかる。政府系CEOの5つの種類の中で，政府から受ける影響が最も大きいのは中央政府出身CEOである。中国には，中国共産党（CCP）で重要な職務を務める人々の昇進路線をコントロールするHRM（human resource management）という人事管理システムがある。HRMは，共産党の人事管理を通して，企業や金融機関を支配する手段である。

加えて，政府と共産党は組織上では分離されているものの，互いに関連し合う2つの階層（hierarchies）であり，中央政府と共産党の最高組織の中央委員会は緊密につながっている[18]。そのため，2003年に国有資産管理監督委員会が設立される以前は中央政府の支配力が大きく，地方政府出身CEOより中央政府出身CEOからの影響が大きいと考えられる。国有企業出身CEOに関しては，「現代企業制度」が導入される前の「国有国営制度」のもとでは，国有企業あるいは国有工場の経営者は政府部門の一員としての公務員である[19]。1994年に「現代企業制度」が導入された後も，多数の政府関係者がCEOとして上場企業に雇われたため，2000年以降の一連のガバナンス構造改革が行わ

---

[18] Pistor（2013）は中国の金融機関の経営者と政府部門の関係について実例をあげながら論じている。それで，HRMという人事管理システムを提出した。
[19] 彭森・陳立（2008）の第一章と第二章を参照。

表 4.11　CEO の属性と企業の収益性

変数	Panel A 2000 年の分析結果				変数	Panel B 2007 年の分析結果			
	ROA model 1	ROA model 2	ROE model 3	ROE model 4		ROA model 1	ROA model 2	ROE model 3	ROE model 4
state_CEO	−2.153 [−3.36]***		−4.699 [−1.67]*		state_CEO	0.979 [1.71]*		0.277 [0.16]	
outsider_CEO	−0.247 [−0.28]	−0.855 [−0.94]	0.289 [0.08]	−0.456 [−0.11]	outsider_CEO	0.341 [0.47]	0.286 [0.39]	4.833 [2.20]**	4.518 [2.02]**
cen_CEO		−4.765 [−2.83]***		−11.811 [−1.59]	cen_CEO		−0.701 [−0.39]		6.581 [1.19]
loc_CEO		−0.45 [−0.46]		−1.164 [−0.27]	loc_CEO		2.492 [2.93]***		1.39 [0.53]
reash_CEO		−2.702 [−1.15]		−2.855 [−0.28]	reash_CEO		2.134 [0.96]		−6.129 [−0.90]
SOE_CEO		−2.038 [−2.83]***		−6.457 [−2.04]**	SOE_CEO		0.899 [1.38]		1.655 [0.83]
com_CEO		−1.077 [−1.41]		1.144 [0.34]	com_CEO		−1.231 [−1.85]*		−3.312 [−1.63]
top10	0.003 [0.17]	0.007 [0.32]	0 [−0.00]	0.002 [0.03]	top10	0.073 [4.05]***	0.074 [4.11]***	0.088 [1.59]	0.084 [1.52]
SOE_dummy	−0.652 [−0.91]	−0.743 [−1.02]	3.558 [1.13]	3.294 [1.02]	SOE_dummy	−1.569 [−2.81]***	−1.477 [−2.66]***	−2.769 [−1.63]	−2.535 [−1.49]
lnTASS	2.052 [5.97]***	2.136 [6.10]***	1.652 [1.09]	1.945 [1.26]	lnTASS	1.98 [8.60]***	2.052 [8.91]***	2.483 [3.54]***	2.517 [3.57]***
DEBT	−0.171 [−13.83]***	−0.169 [−13.64]***	0.073 [1.35]	0.084 [1.54]	DEBT	−0.146 [−16.61]***	−0.146 [−16.66]***	−0.068 [−2.54]**	−0.068 [−2.54]**
board_number	−0.116 [−1.09]	−0.113 [−1.07]	0.205 [0.44]	0.211 [0.45]	board_number	−0.026 [−0.19]	−0.026 [−0.19]	−0.125 [−0.30]	−0.166 [−0.40]
ID_ratio	−0.276 [−4.59]***	−0.292 [−4.84]***	−0.496 [−1.88]*	−0.516 [−1.94]*	ID_ratio	−0.004 [−0.07]	−0.011 [−0.19]	−0.267 [−1.59]	−0.287 [−1.71]*
cons	−0.554 [−0.18]	−1.909 [−0.61]	−6.745 [−0.49]	−10.083 [−0.73]	cons	−5.721 [−1.84]*	−6.047 [−1.95]*	−1.18 [−0.12]	−0.639 [−0.07]
adj. R^2	0.445	0.448	0.045	0.045	adj. R^2	0.358	0.364	0.033	0.035
データ数	336	336	336	336	データ数	868	868	868	868

れる前までは彼らの影響力が大きかったと考えられる。しかし，「現代企業制度」の改善に伴って，国有企業出身 CEO の影響力は徐々に低下していった。

　第 2 回民営化改革後の 2007 年の分析をみると，表 4.11 の Panel B が示すROA の結果（model 1）と表 4.13 の Panel B が示す売上成長率の結果（model 1）からわかるように，政府系 CEO が企業パフォーマンスに与える影響がプラスに転換して，統計的に 10％ 水準で有意である。ROE について（表 4.11 のPanel B, model 3）は統計的に有意な結果が得られないが，政府系 CEO の係数の符号がマイナスからプラスに変わった。つまり，仮説 3 の CEO に関する言及が支持されることになる。

表 4.11　CEO の属性と企業の収益性（つづき）
Panel C　2014 年の分析結果

変数	ROA model 1	ROA model 2	ROE model 3	ROE model 4
state_CEO	−0.421		−0.982	
	[−1.20]		[−0.97]	
outsider_CEO	−0.059	−0.175	−0.965	−1.501
	[−0.13]	[−0.39]	[−0.73]	[−1.14]
cen_CEO		−0.661		−4.92
		[−0.62]		[−1.58]
loc_CEO		−0.922		−3.803
		[−1.68]*		[−2.39]**
reash_CEO		−0.375		−0.287
		[−0.33]		[−0.09]
SOE_CEO		0.038		−0.543
		[0.09]		[−0.45]
com_CEO		−1.007		−2.037
		[−2.24]**		[−1.57]
top10	0.034	0.035	0.054	0.057
	[3.45]***	[3.53]***	[1.89]*	[2.00]**
SOE_dummy	−0.97	−0.941	−1.107	−1.025
	[−2.81]***	[−2.72]***	[−1.10]	[−1.02]
lnTASS	1.236	1.247	0.749	0.766
	[8.47]***	[8.54]***	[1.77]*	[1.81]*
DEBT	−0.149	−0.149	−0.016	−0.013
	[−19.15]***	[−18.98]***	[−0.70]	[−0.58]
board_number	−0.022	−0.01	0.025	0.065
	[−0.20]	[−0.09]	[0.08]	[0.21]
ID_ratio	−0.059	−0.056	0.056	0.06
	[−1.89]*	[−1.82]*	[0.62]	[0.67]
cons	2.612	2.235	−3.513	−4.087
	[1.35]	[1.15]	[−0.63]	[−0.73]
adj. R^2	0.252	0.253	0.001	0.005
データ数	1395	1395	1395	1395

注：*，**，***は各々10％，5％，1％の統計的有意水準を示している．

次いで，中国経済が減速して「新常態」に入ってからの2014年の分析結果を，表4.11と表4.13それぞれのPanel Cに示す．ここでは，政府系CEOが及ぼす影響が再びマイナスに転じた．政府系CEO全体では，企業の収益性への影響について（表4.11のPanel C, model 1と3）は統計的に有意な結果が得られないが，成長性について（表4.13のPanel C, model 1）は10％水準でマ

表 4.12 独立取締役の属性と企業の収益性

	Panel A 2007年の分析結果					Panel B 2014年の分析結果			
変数	ROA model 1	ROA model 2	ROE model 3	ROE model 4	変数	ROA model 1	ROA model 2	ROE model 3	ROE model 4
stateID	-0.152 [-0.61]		-0.276 [-0.36]		stateID	-0.13 [-0.98]		0.039 [0.10]	
cenID		-0.181 [-0.37]		-0.045 [-0.03]	cenID		-0.189 [-0.64]		-0.435 [-0.51]
locID		-0.126 [-0.32]		-0.993 [-0.81]	locID		-0.19 [-0.89]		-0.422 [-0.69]
SOEID		-0.454 [-1.16]		-0.727 [-0.60]	SOEID		-0.043 [-0.19]		1.082 [1.69]*
reashID		0.794 [1.22]		1.214 [0.60]	reashID		0.168 [0.37]		0.342 [0.26]
comID		-0.356 [-0.60]		-0.444 [-0.24]	comID		-0.208 [-0.66]		-0.502 [-0.56]
top10	0.084 [4.67]***	0.082 [4.55]***	0.09 [1.63]	0.086 [1.53]	top10	0.035 [3.59]***	0.035 [3.61]***	0.052 [1.88]*	0.052 [1.87]*
SOE_dummy	-1.462 [-2.68]***	-1.442 [-2.64]***	-2.19 [-1.30]	-2.161 [-1.28]	SOE_dummy	-1.034 [-3.09]***	-1.011 [-3.01]***	-1.234 [-1.28]	-1.123 [-1.16]
lnTASS	2.1 [8.85]***	2.088 [8.77]***	2.592 [3.53]***	2.53 [3.43]***	lnTASS	1.313 [8.92]***	1.314 [8.86]***	0.814 [1.92]*	0.811 [1.90]*
DEBT	-0.151 [-17.14]***	-0.152 [-17.10]***	-0.041 [-1.51]	-0.041 [-1.50]	DEBT	-0.153 [-19.82]***	-0.152 [-19.67]***	-0.023 [-1.05]	-0.022 [-0.99]
board_number	0.016 [0.11]	0.026 [0.18]	-0.189 [-0.42]	-0.153 [-0.34]	board_number	-0.036 [-0.33]	-0.037 [-0.33]	-0.042 [-0.13]	-0.023 [-0.07]
ID_ratio	0.027 [0.50]	0.029 [0.52]	-0.211 [-1.23]	-0.208 [-1.21]	ID_ratio	-0.055 [-1.74]*	-0.054 [-1.70]*	0.052 [0.58]	0.062 [0.68]
cons	-7.907 [-2.51]**	-7.642 [-2.42]**	-3.273 [-0.34]	-2.439 [-0.25]	cons	2.104 [1.06]	2.012 [1.01]	-3.355 [-0.59]	-4.301 [-0.75]
adj. R^2	0.367	0.367	0.02	0.017	adj. R^2	0.259	0.258	0.002	0.002
データ数	896	896	896	896	データ数	1428	1428	1428	1428

注:*,**,***は各々10%,5%,1%の統計的有意水準を示している。

イナスに有意に見受けられる。さらに政府系 CEO を5つの種類に細分化してみると，地方政府に勤めたことのある CEO からのマイナスの影響が大きいことがわかる。国資委が設立された後はほとんどの国有企業が地方政府の管理下になり，中央政府出身 CEO より地方政府出身 CEO から影響を受けやすくなること，加えて，企業にとって中央政府出身 CEO によりも地方政府系役員の方が価値効果（Han and Zhang 2016）を発揮し，身近にある生産資源を入手しやすかったことが，こうした結果の背景にあると考えられる。

政府系独立取締役については，企業の収益性（表 4.12），企業の成長性（表 4.14）に対し，全体的にも，また，細分化してみても，統計的に有意な影響

表 4.13　CEO の属性と企業の成長性

変数	Panel A 2000 年の分析結果		Panel B 2007 年の分析結果		Panel C 2014 年の分析結果	
	sale_growth model 1	sale_growth model 2	sale_growth model 1	sale_growth model 2	sale_growth model 1	sale_growth model 2
state_CEO	8.46		6.009		－3.996	
	[1.49]		[1.79]*		[－1.68]*	
outsider_CEO	－3.228	－3.165	7.4	7.408	7.735	7.647
	[－0.42]	[－0.39]	[1.77]*	[1.73]*	[2.52]**	[2.48]**
cen_CEO		1.125		－3.671		－2.106
		[0.08]		[－0.35]		[－0.28]
loc_CEO		11.847		4.453		－8.471
		[1.36]		[0.89]		[－2.28]**
reash_CEO		－25.592		20.982		－8.658
		[－1.24]		[1.63]		[－1.11]
SOE_CEO		0.815		5.765		－0.262
		[0.13]		[1.50]		[－0.09]
com_CEO		2.134		0.522		－0.085
		[0.32]		[0.13]		[－0.03]
top10	－0.121	－0.092	0.046	0.051	0.097	0.102
	[－0.66]	[－0.49]	[0.44]	[0.48]	[1.45]	[1.52]
SOE_dummy	2.961	3.827	－7.608	－7.605	－9.027	－9.811
	[0.46]	[0.58]	[－2.33]**	[－2.33]**	[－3.85]***	[－4.18]***
lnTASS	2.138	2.044	6.352	6.603	2.162	2.099
	[0.68]	[0.63]	[4.50]***	[4.64]***	[2.18]**	[2.11]**
DEBT	－0.084	－0.076	－0.098	－0.098	－0.034	－0.041
	[－0.72]	[－0.65]	[－1.85]*	[－1.85]*	[－0.64]	[－0.77]
board_number	0.475	0.49	－0.999	－0.975	－1.96	－1.966
	[0.51]	[0.52]	[－1.25]	[－1.22]	[－2.70]***	[－2.70]***
ID_ratio	－0.147	－0.179	－0.08	－0.081	－0.352	－0.366
	[－0.28]	[－0.34]	[－0.25]	[－0.25]	[－1.68]*	[－1.75]*
cons	11.005	9.364	－5.773	－7.572	30.735	31.264
	[0.39]	[0.33]	[－0.31]	[－0.40]	[2.34]**	[2.36]**
adj. R^2	－0.018	－0.027	0.045	0.043	0.046	0.046
データ数	326	326	853	853	1384	1384

注：*，**，***は各々 10％，5％，1％ の統計的有意水準を示している。

を及ぼしていない。しかも，マクロ経済の状況と制度改革の有無にかかわらず，2007 年（表 4.12 と表 4.14 の Panel A）と 2014 年（表 4.12 と表 4.14 の Panel B）のいずれも，統計的に有意な結果は得られなかった。

次に，2000 年は外部出身 CEO と内部出身者の間に統計的に有意な差が観察されないが，2007 年からは外部出身 CEO が企業の収益性（表 4.11 の Panel B）

表 4.14　独立取締役の属性と企業の成長性

変数	Panel A　2007年の分析結果		Panel B　2014年の分析結果	
	sale_growth	sale_growth	sale_growth	sale_growth
	model 1	model 2	model 1	model 2
stateID	0.325		0.719	
	[0.23]		[0.80]	
cenID		−0.778		0.033
		[−0.28]		[0.02]
locID		1.401		0.951
		[0.62]		[0.66]
SOEID		−1.544		0.738
		[−0.69]		[0.48]
reashID		1.75		0.024
		[0.48]		[0.01]
comID		0.522		1.092
		[0.15]		[0.51]
top10	0.104	0.106	0.148	0.145
	[1.02]	[1.03]	[2.24]**	[2.20]**
SOE_dummy	−7.551	−7.48	−9.72	−9.756
	[−2.43]**	[−2.40]**	[−4.25]***	[−4.25]***
lnTASS	6.622	6.623	1.96	1.995
	[4.66]***	[4.64]***	[1.94]*	[1.96]*
DEBT	−0.115	−0.114	−0.058	−0.06
	[−2.23]**	[−2.20]**	[−1.11]	[−1.14]
board_number	−1.06	−0.978	−1.907	−1.892
	[−1.29]	[−1.19]	[−2.53]**	[−2.51]**
ID_ratio	−0.094	−0.083	−0.388	−0.389
	[−0.29]	[−0.26]	[−1.81]*	[−1.80]*
cons	−6.393	−6.777	29.314	29.116
	[−0.35]	[−0.36]	[2.15]**	[2.13]**
adj. R^2	0.044	0.041	0.038	0.035
データ数	881	881	1416	1416

注：*，**，***は各々10％，5％，1％の統計的有意水準を示している。

と成長性（表 4.13 の Panel B と Panel C）を向上させる効果がみられる。この外部出身 CEO とパフォーマンスの関係については，理論上の見解が分かれている。つまり，外部出身 CEO は新しいアイディアや戦略変更を導入しやすいため，企業パフォーマンスを向上させるとみる学者がいる一方，別の学者は，外部出身 CEO は企業の情報をすぐには把握できないため，内部出身 CEO よ

り保守的になり，企業パフォーマンスをむしろ低下させる（Balsmeier and Bushwald 2015）と主張する。あるいは，外部出身CEOが任命されるのは企業が経営問題に直面しているときであり，最初からコスト削減，リストラ，債務削減などの改革を実行することが期待されるわけで，そもそも任命の目的が内部出身CEOと異なるという点に注目すべきだという見解もある（John 1993）。こうした見方に対し本項の分析結果は，中国企業のガバナンス構造の改善に伴い内部情報収集の効率が上がったため，外部から雇ってきたCEOが専門知識とスキルを発揮して企業パフォーマンスを向上させたことを示唆している。

　コントロール変数のうち企業の属性（SOE_dummy）に着目すると，国有企業の収益性と成長性が民営企業より劣っている。中国では民営化改革を含め多くの改革が行われてきたが，多くの先行研究で指摘された国有企業のエージェンシー問題と効率性の低さの問題は根本的に解決されていない。一方，所有構造の集中度（top10）が高いほど企業パフォーマンスも向上しており，法律システムなどがまだ完備されていない中国では，高い集中度が有効なガバナンス手段として評価される。また，取締役の人数が多くなると，企業パフォーマンスが低下することも明らかになった。これは，取締役の人数が増えると，議案審議などの効率が悪くなるという多くの先行研究の結果と一致する。一方，独立取締役の比率が高いほど取締役会の独立性も高まり，企業パフォーマンスが向上すると予想したが，結果はその逆となった。そして，政府系独立取締役と非政府系出身の独立取締役の間に統計的に有意な差はみられないものの，中国の上場企業の独立取締役が監視機能をきちんと果たさず，組織の肥大化しかもたらしていないことが推察される。

　他のコントロール変数をみると，総資産が大きいほど企業の収益性と成長性が高いのは，「収益の逓減効果」よりも「規模の経済性」が効いていると解釈できる。負債比率の係数は，理論的に予想される通り，統計的に有意にマイナスである。

4.4.2　企業属性の影響，内部ガバナンスとパフォーマンスの再検証

　前項では，全サンプルを用いて，内部ガバナンスが企業パフォーマンスへ及ぼす影響を分析した。しかし，企業の属性が異なれば，政府系CEOあるいは

政府系独立取締役の任命の意味も違う。そこで本項では，企業を中央国有企業系，地方国有企業，民営企業の3種類に分け，サブサンプルに基づき分析する。なお，中央国有企業の定義および実際の分類は，3.4.2項で用いたのと同様である。

まず，表4.15の属性別記述統計から，地方国有企業と民営企業の企業数が多いことがわかる。中央国有企業系の数は地方国有企業の約4分の1である。各変数の平均値のt検定の結果によると，収益性と成長性が最も高いのは地方国有企業である。負債比率については，民営企業が若干低く見える。国有企業では取締役会の規模が大きく，民営企業と比べて独立性が低い。政府系独立取締役の人数は平均1.3人（Panel Cの民営企業）から1.4人（Panel AとBの国有企業）で，大きな差はみられない。ただし，CEOが政府系であるケースは民営企業では少なく，中央国有企業系で最も多い。株式保有の集中度を比べると，民営企業と地方国有企業では56％前後で統計的に有意な差がないが，中央国有企業系は60％近くに達する。

次いで，多変量分析の結果をみる。サブサンプルを対象として分析するときに，ROAに対する説明力は高いが，ROEと成長率に対しては説明力が不足している面がある。最初に，制度改革がまだ行われていない2000年の分析結果をみる。表4.16が示すように，非政府系内部出身CEOと比べ，政府系CEO（state_CEO）は企業の収益性に統計的に有意なマイナスの影響を及ぼすことがわかる。特に，Panel Cの民営企業においてその有意性が最も高く，主に国有企業出身CEO（SOE_CEO）からマイナスの影響を受けている。しかし，Panel Bの地方国有企業では，中央政府出身CEO（cen_CEO）が企業の収益性を悪化させているが，政府系CEO全体からの影響は統計的に有意とはいえない。表4.10の記述統計からわかるように，2000年時点において，中央政府出身CEOはCEO全体の4％しか占めていないため，影響は限定的であると考えられる。3つのサブサンプルの分析結果は，仮説1を支持している。

表4.17の2007年の分析結果からは，中央政府出身CEO/地方政府出身CEO（cen_CEO/loc_CEO）が企業の収益性を概ね向上させることがみてとれる。内部出身CEOと比べ，政府系CEO（state_CEO）は中央国有企業系ではROE（Panel A, model 3）において優れているが，地方国有企業（Panel B）で

表 4.15　属性別の記述統計

Panel A　中央国有企業系

変数	平均値	中央値	最小値	最大値	標準偏差	データ数
sale_growth	14.93	11.93	−60.17	170.26	30.15	452
ROA	5.62	4.53	−26.64	64.48	8.56	460
ROE	10.29	8.84	−86.98	123.83	19.07	460
stateID	1.45	1	0	6	1.25	292
outsiderID	2.24	2	0	8	1.25	292
state_CEO	0.69	1	0	1	0.46	360
insider_CEO	0.23	0	0	1	0.42	360
outsider_CEO	0.06	0	0	1	0.24	360
top10	59.86	60.19	20.42	98.68	14.75	383
TASS	31,292	2,843	103.81	2,390,000	151,456	460
DEBT	48.63	47.92	6.35	99.61	19.92	460
board_number	9.66	9	5	19	2.14	384
ID_number	2.72	3	0	7	1.57	383
ID_ratio	28.47	33.33	0	71.43	15.67	383

Panel B　地方国有企業

変数	平均値	中央値	最小値	最大値	標準偏差	データ数
sale_growth	19.76	13.38	−74.98	299.33	40.31	1743
ROA	11.21	6.57	−26.64	64.48	15.52	2241
ROE	21.06	11	−86.98	123.83	30.53	2240
stateID	1.45	1	0	9	1.2	861
outsiderID	2.12	2	0	8	1.23	861
state_CEO	0.6	1	0	1	0.49	1063
insider_CEO	0.28	0	0	1	0.45	1063
outsider_CEO	0.12	0	0	1	0.32	1063
top10	55.7	57.08	3.38	100	15.79	1225
TASS	4,784	1,119	0.94	861,734	25,340	2241
DEBT	49.19	48.35	5.67	181.6	24.78	2239
board_number	9.34	9	4	18	2.14	1224
ID_number	2.34	3	0	6	1.59	1218
ID_ratio	25.59	33.33	0	71.43	16.85	1218

Panel C　民営企業

変数	平均値	中央値	最小値	最大値	標準偏差	データ数
sale_growth	17.67	11.69	−74.98	296.56	46.59	1432
ROA	4.21	4.12	−26.64	54.07	7.86	1453
ROE	7.2	7.33	−86.98	123.83	19.79	1453
stateID	1.31	1	0	7	1.19	1220
outsiderID	2.35	2	0	8	1.26	1220
state_CEO	0.42	0	0	1	0.49	1247
insider_CEO	0.41	0	0	1	0.49	1247
outsider_CEO	0.19	0	0	1	0.39	1247
top10	55.59	56.99	0.6	100	16.01	1453
TASS	4,821	1,814	4.2	530,825	17,015	1453
DEBT	47.06	45.02	5.67	181.6	27.22	1453
board_number	8.73	9	4	19	1.87	1449
ID_number	2.85	3	0	6	1.09	1445
ID_ratio	33.49	33.33	0	60	12.16	1445

表 4.16 サブサンプルの CEO の属性と企業のパフォーマンス（2000 年）
Panel A　中央国有企業系

変数	ROA model 1	ROA model 2	ROE model 3	ROE model 4	sale_growth model 5	sale_growth model 6
state_CEO	−2.271		−6.325		−0.114	
	[−1.46]		[−1.92]*		[−0.01]	
outsider_CEO	3.186	2.721	−0.486	−1.884	−17.211	−24.959
	[1.24]	[1.04]	[−0.09]	[−0.36]	[−0.73]	[−1.07]
cen_CEO		2.926		5.225		15.816
		[0.80]		[0.70]		[0.51]
loc_CEO		−1.361		−4.948		−19.483
		[−0.43]		[−0.77]		[−0.72]
reash_CEO		−1.084		−2.687		−36.234
		[−0.30]		[−0.36]		[−1.17]
SOE_CEO		−2.105		−5.291		19.303
		[−1.32]		[−1.64]		[1.40]
com_CEO		−2.654		−8.086		−15.736
		[−1.92]*		[−2.88]***		[−1.33]
top10	0.063	0.078	0.112	0.151	−0.201	0.085
	[1.02]	[1.24]	[0.86]	[1.18]	[−0.38]	[0.16]
lnTASS	0.944	0.877	3.353	3.271	2.215	1.621
	[1.07]	[0.97]	[1.80]*	[1.79]*	[0.29]	[0.21]
DEBT	−0.11	−0.112	−0.156	−0.162	0.137	0.058
	[−2.75]***	[−2.82]***	[−1.86]*	[−2.01]*	[0.38]	[0.17]
board_number	0.141	0.14	−0.216	−0.279	0.434	0.946
	[0.53]	[0.51]	[−0.39]	[−0.50]	[0.19]	[0.40]
ID_ratio	−0.106	−0.104	−0.11	−0.112	−0.918	−0.97
	[−0.70]	[−0.67]	[−0.35]	[−0.36]	[−0.71]	[−0.73]
cons	−0.995	−1.437	−11.153	−13.189	−32.051	−64.998
	[−0.14]	[−0.19]	[−0.73]	[−0.86]	[−0.52]	[−1.01]
adj. R^2	0.225	0.237	0.15	0.223	−0.131	−0.092
データ数	62	62	62	62	61	61

は統計的に有意な結果が得られなかった。また，民営企業においては，党委員会出身 CEO（com_CEO）のマイナスの影響が中央政府出身 CEO/地方政府出身 CEO（cen_CEO/loc_CEO）のプラスの影響と相殺されることがわかる。第 2 回の民営化改革以降，政府株主（国資委）が企業価値最大化を重視するようになるため，中央政府出身 CEO と地方政府出身 CEO がその影響を受けて，企業パフォーマンスを向上させる。その分析結果は仮説 3 と一致する。

表4.16 サブサンプルのCEOの属性と企業のパフォーマンス（2000年）（つづき）
Panel B 地方国有企業

変数	ROA model 1	ROA model 2	ROE model 3	ROE model 4	sale_growth model 5	sale_growth model 6
state_CEO	−1.266		0.015		6.31	
	[−1.60]		[0.00]		[0.87]	
outsider_CEO	−1.709	−2.199	−0.239	−0.369	−8.707	−9.653
	[−1.51]	[−1.92]*	[−0.04]	[−0.07]	[−0.83]	[−0.88]
cen_CEO		−9.085		−23.527		−20.673
		[−3.83]***		[−2.01]**		[−0.93]
loc_CEO		0.263		2.43		5.143
		[0.24]		[0.45]		[0.49]
reash_CEO		−4.979		−6.424		−31.887
		[−1.46]		[−0.38]		[−1.00]
SOE_CEO		−0.713		−0.177		−3.963
		[−0.84]		[−0.04]		[−0.50]
com_CEO		−0.83		2.059		4.387
		[−0.90]		[0.45]		[0.51]
top10	−0.018	−0.011	−0.034	−0.018	−0.153	−0.111
	[−0.70]	[−0.45]	[−0.28]	[−0.14]	[−0.65]	[−0.47]
lnTASS	2.496	2.58	2.117	2.358	4.03	4.01
	[5.66]***	[5.96]***	[1.00]	[1.11]	[0.95]	[0.93]
DEBT	−0.182	−0.182	0.17	0.179	0.071	0.098
	[−11.37]***	[−11.54]***	[2.21]**	[2.30]**	[0.48]	[0.65]
board_number	−0.228	−0.214	−0.271	−0.171	−0.607	−0.607
	[−1.67]*	[−1.60]	[−0.41]	[−0.26]	[−0.49]	[−0.48]
ID_ratio	−0.197	−0.204	−0.42	−0.419	0.22	0.214
	[−2.67]***	[−2.82]***	[−1.18]	[−1.18]	[0.33]	[0.32]
cons	−1.405	−3.268	−18.852	−24.06	31.158	30.301
	[−0.35]	[−0.84]	[−0.99]	[−1.25]	[0.83]	[0.80]
adj. R^2	0.496	0.523	0.076	0.079	−0.005	−0.017
データ数	199	199	199	199	194	194

次いで，2014年の分析結果を表4.18にまとめる。Panel Aの中央国有企業系では，2007年（表4.17のPanel A, model 2, 4）に観察された地方政府CEOのプラスの影響が，2014年（表4.18のPanel A）になると消滅している。さらに，地方国有企業（Panel B, model 4）と民営企業（Panel C, model 2）では，地方政府CEOが企業の収益性にマイナスの影響を及ぼしている。これは，マクロ経済情勢の悪化によって，政府系CEOのエージェンシー・コスト効果が

表 4.16 サブサンプルの CEO の属性と企業のパフォーマンス（2000 年）（つづき）
Panel C　民営企業

変数	ROA model 1	ROA model 2	ROE model 3	ROE model 4	sale_growth model 5	sale_growth model 6
state_CEO	−3.899 [−2.32]**		−18.505 [−2.55]**		18.24 [1.17]	
outsider_CEO	1.788 [1.03]	1.077 [0.54]	2.984 [0.40]	−0.374 [−0.04]	−5.228 [−0.34]	7.28 [0.41]
cen_CEO		−2.814 [−0.77]		−10.045 [−0.65]		15.495 [0.48]
loc_CEO		−0.338 [−0.11]		−1.782 [−0.14]		29.232 [1.09]
reash_CEO		−2.446 [−0.41]		−1.567 [−0.06]		3.357 [0.06]
SOE_CEO		−6.489 [−2.68]***		−33.788 [−3.29]***		2.175 [0.10]
com_CEO		0.056 [0.02]		−1.669 [−0.16]		28.456 [1.25]
top10	−0.016 [−0.30]	0.025 [0.46]	−0.21 [−0.92]	−0.023 [−0.10]	−0.367 [−0.80]	−0.406 [−0.83]
lnTASS	1.595 [1.89]*	1.625 [1.66]	1.911 [0.53]	1.463 [0.35]	3.27 [0.42]	1.308 [0.14]
DEBT	−0.176 [−7.07]***	−0.164 [−6.46]***	−0.098 [−0.91]	−0.036 [−0.34]	−0.486 [−1.87]*	−0.474 [−1.74]*
board_number	−0.258 [−1.07]	−0.245 [−0.97]	−0.241 [−0.23]	−0.203 [−0.19]	3.372 [1.59]	3.604 [1.61]
ID_ratio	−0.428 [−3.02]***	−0.528 [−3.43]***	−0.341 [−0.56]	−0.771 [−1.18]	−0.652 [−0.52]	−0.584 [−0.43]
cons	3.376 [0.39]	−0.436 [−0.05]	62.533 [1.67]*	48.489 [1.21]	−58.558 [−0.76]	−47.471 [−0.55]
adj. R^2	0.504	0.493	0.197	0.206	0.092	0.049
データ数	75	75	75	75	71	71

注1：2000 年の分析結果である．Panel A のサブサンプルは中央国有企業系であり，Panel B は地方国有企業，Panel C は民営企業ある．各 Panel の model 1-2 の被説明変数が ROA であり，model 3-4 の被説明変数が ROE であり，model 5-6 の被説明変数が売上成長率である．
注2：*，**，*** は各々 10%，5%，1% の統計的有意水準を示している．

顕在化することが原因であると考えられる．しかし，政府系 CEO 全体の影響からみると，中央国有企業系では 10% 水準で有意なプラスの影響を示したが，地方国有企業ではマイナスと見受けられる．これは，中央政府に近いほど法律

表4.17 サブサンプルのCEOの属性と企業のパフォーマンス（2007年）

Panel A 中央国有企業系

変数	ROA model 1	ROA model 2	ROE model 3	ROE model 4	sale_growth model 5	sale_growth model 6
state_CEO	1.985 [1.31]		5.349 [1.82]*		4.18 [0.69]	
outsider_CEO	1.909 [0.78]	2.344 [1.00]	5.002 [1.06]	5.453 [1.21]	10.917 [1.14]	12.182 [1.27]
cen_CEO		−1.252 [−0.24]		−2.936 [−0.30]		−5.23 [−0.25]
loc_CEO		9.385 [3.36]***		21.948 [4.11]***		9.517 [0.84]
reash_CEO		4.728 [1.15]		6.505 [0.83]		17.517 [1.05]
SOE_CEO		−0.341 [−0.22]		−0.723 [−0.24]		3.139 [0.48]
com_CEO		0.833 [0.59]		0.941 [0.35]		5.86 [1.02]
top10	0.098 [2.13]**	0.093 [2.09]**	0.167 [1.88]*	0.164 [1.92]*	−0.25 [−1.39]	−0.27 [−1.48]
lnTASS	1.014 [1.72]*	1.199 [2.07]**	1.945 [1.70]*	2.388 [2.15]**	−0.261 [−0.11]	0.035 [0.01]
DEBT	−0.144 [−3.89]***	−0.169 [−4.53]***	−0.04 [−0.56]	−0.097 [−1.37]	0.268 [1.85]*	0.25 [1.65]
board_number	0.079 [0.25]	0.107 [0.34]	0.22 [0.35]	0.281 [0.47]	−0.13 [−0.10]	−0.097 [−0.08]
ID_ratio	−0.035 [−0.19]	−0.065 [−0.35]	0.035 [0.10]	−0.055 [−0.16]	0.344 [0.47]	0.36 [0.48]
cons	−2.208 [−0.27]	−0.507 [−0.06]	−24.27 [−1.54]	−19.301 [−1.27]	31.418 [0.96]	30.245 [0.91]
adj. R^2	0.219	0.269	0.14	0.218	0.118	0.106
データ数	135	135	135	135	134	134

の効力が高く，制度強化の影響で汚職などのエージェンシー問題が抑制されたためと考えられる。

　一方，民営企業では，2007年と同様に2014年でも党委員会出身CEOがマイナスの影響を及ぼしている。すなわち，党委員会出身CEOは，末端の組織（企業などの法人）においても党委員会幹部として政府と共産党に忠誠を尽くすことが義務であるため，エージェンシー・コスト効果が大きい。一方，中央

表 4.17　サブサンプルの CEO の属性と企業のパフォーマンス（2007 年）（つづき）
Panel B　地方国有企業

変数	ROA model 1	ROA model 2	ROE model 3	ROE model 4	sale_growth model 5	sale_growth model 6
state_CEO	0.905 [1.14]		1.271 [0.56]		6.676 [1.40]	
outsider_CEO	−0.237 [−0.22]	−0.254 [−0.23]	3.708 [1.21]	3.984 [1.26]	1.818 [0.28]	1.698 [0.26]
cen_CEO		0.928 [0.40]		2.737 [0.41]		−13.965 [−1.01]
loc_CEO		1.259 [1.15]		1.609 [0.51]		4.037 [0.61]
reash_CEO		2.222 [0.83]		−11.094 [−1.44]		21.517 [1.35]
SOE_CEO		1.956 [2.21]**		4.85 [1.91]*		8.31 [1.55]
com_CEO		−0.88 [−0.96]		−0.127 [−0.05]		1.338 [0.24]
top10	0.048 [1.88]*	0.05 [1.95]*	0.034 [0.47]	0.023 [0.31]	−0.063 [−0.41]	−0.039 [−0.25]
lnTASS	1.992 [5.94]***	2.012 [6.00]***	1.924 [2.00]**	1.961 [2.04]**	7.27 [3.18]***	7.544 [3.29]***
DEBT	−0.142 [−9.59]***	−0.143 [−9.65]***	−0.058 [−1.36]	−0.058 [−1.37]	−0.158 [−1.68]*	−0.176 [−1.86]*
board_number	0.044 [0.23]	0.046 [0.24]	−0.134 [−0.24]	−0.213 [−0.38]	−0.977 [−0.84]	−0.951 [−0.82]
ID_ratio	0.003 [0.04]	0.013 [0.17]	−0.413 [−1.82]*	−0.409 [−1.80]*	−0.55 [−1.13]	−0.5 [−1.02]
cons	−7.183 [−1.58]	−8.066 [−1.77]*	5.604 [0.43]	5.115 [0.39]	6.313 [0.21]	2.119 [0.07]
adj. R^2	0.33	0.334	0.031	0.035	0.056	0.056
データ数	393	393	393	393	386	386

政府あるいは地方政府出身 CEO と比べ，当委員会出身 CEO は政府との関係が薄く，資源へのアクセスが限られるために価値効果が低いと考えられる。

　企業の成長性に与える影響について各表の model 5-6 にまとめる。それによると，政府系 CEO と内部出身者の間に統計的に有意な差は観察されない。一方，外部出身者と内部出身者を比較した結果，企業の収益性には有意に異なる影響をもたらしていないが，成長性については 2007 年以降，民営企業で外

表 4.17 サブサンプルの CEO の属性と企業のパフォーマンス（2007 年）（つづき）

Panel C　民営企業

変数	ROA model 1	ROA model 2	ROE model 3	ROE model 4	sale_growth model 5	sale_growth model 6
state_CEO	0.775		−4.085		5.164	
	[0.73]		[−1.12]		[0.80]	
outsider_CEO	0.804	0.526	6.245	4.534	12.459	10.996
	[0.72]	[0.47]	[1.63]	[1.16]	[1.84]*	[1.58]
cen_CEO		−2.026		27.047		17.238
		[−0.54]		[2.10]**		[0.76]
loc_CEO		3.429		−5.634		−3.035
		[1.98]**		[−0.94]		[−0.28]
reash_CEO		−6.27		−12.071		0.092
		[−0.78]		[−0.44]		[0.00]
SOE_CEO		0.041		−2.669		4.011
		[0.03]		[−0.60]		[0.51]
com_CEO		−3.045		−12.573		−7.254
		[−2.20]**		[−2.64]***		[−0.85]
top10	0.106	0.102	0.097	0.114	0.358	0.366
	[3.27]***	[3.16]***	[0.87]	[1.03]	[1.84]*	[1.86]*
lnTASS	2.564	2.616	2.865	2.762	8.07	8.061
	[5.93]***	[6.07]***	[1.92]*	[1.86]*	[3.07]***	[3.04]***
DEBT	−0.144	−0.142	−0.073	−0.077	−0.094	−0.094
	[−11.15]***	[−11.03]***	[−1.64]	[−1.75]*	[−1.17]	[−1.16]
board_number	−0.107	−0.147	−0.22	−0.455	−1.929	−2.122
	[−0.42]	[−0.58]	[−0.25]	[−0.53]	[−1.27]	[−1.38]
ID_ratio	−0.031	−0.053	−0.258	−0.314	0.376	0.306
	[−0.34]	[−0.59]	[−0.82]	[−1.00]	[0.68]	[0.55]
cons	−9.644	−8.404	1.27	6.281	−48.709	−42.298
	[−1.66]*	[−1.46]	[0.06]	[0.32]	[−1.40]	[−1.21]
adj. R^2	0.391	0.401	0	0.02	0.037	0.027
データ数	340	340	340	340	333	333

注1：2007 年の分析結果である。Panel A のサブサンプルは中央国有企業系であり，Panel B は地方国有企業，Panel C は民営企業である。各 Panel の model 1-2 の被説明変数が ROA であり，model 3-4 の被説明変数が ROE であり，model 5-6 の被説明変数が売上成長率である。
注2：*，**，***は各々 10%，5%，1% の統計的有意水準を示している。

部出身 CEO が優れていることが観察される。

　政府系出身の独立取締役の結果を表 4.19（2007 年）と表 4.20（2014 年）にそれぞれまとめる。政府系独立取締役は，全体としては中央国有企業系，地方

表 4.18　サブサンプルの CEO の属性と企業のパフォーマンス（2014 年）

Panel A　中央国有企業系

変数	ROA model 1	ROA model 2	ROE model 3	ROE model 4	sale_growth model 5	sale_growth model 6
state_CEO	2.35 [1.83]*		4.844 [1.33]		4.254 [0.82]	
outsider_CEO	−0.96 [−0.39]	−1.521 [−0.61]	−6.543 [−0.94]	−7.682 [−1.08]	2.567 [0.26]	1.942 [0.20]
cen_CEO		1.292 [0.37]		−3.254 [−0.33]		−22.238 [−1.63]
loc_CEO		−0.581 [−0.23]		−0.913 [−0.13]		−1.227 [−0.13]
reash_CEO		0.574 [0.18]		−1.229 [−0.14]		−8.236 [−0.62]
SOE_CEO		1.706 [1.16]		4.239 [1.02]		6.666 [1.16]
com_CEO		0.647 [0.47]		1.803 [0.46]		4.771 [0.89]
top10	−0.022 [−0.57]	−0.013 [−0.32]	−0.031 [−0.28]	−0.01 [−0.09]	−0.063 [−0.41]	−0.051 [−0.33]
lnTASS	0.593 [1.13]	0.601 [1.07]	4.336 [2.89]***	4.628 [2.91]***	1.589 [0.76]	2.863 [1.31]
DEBT	−0.129 [−4.27]***	−0.128 [−4.02]***	−0.256 [−2.99]***	−0.26 [−2.90]***	−0.098 [−0.80]	−0.122 [−0.98]
board_number	0.093 [0.27]	0.043 [0.12]	−0.544 [−0.56]	−0.748 [−0.74]	1.153 [0.85]	0.583 [0.42]
ID_ratio	−0.027 [−0.28]	−0.034 [−0.32]	−0.271 [−0.98]	−0.337 [−1.13]	−0.227 [−0.59]	−0.486 [−1.20]
cons	5.347 [0.90]	6.227 [1.01]	−6.285 [−0.37]	−4.763 [−0.27]	−4.172 [−0.18]	−4.019 [−0.17]
adj. R^2	0.088	0.05	0.043	0.014	0.023	0.036
データ数	152	152	152	152	150	150

国有企業，民営企業の 3 種類の企業いずれにも統計的に有意な影響を及ぼしていない。しかし，5 種類に細分化して分析した結果では，2014 年の民営企業において，地方政府出身独立取締役の悪影響が顕在化になることがわかった。これは，政府系 CEO の結果と一致しているように，エージェンシー・コスト効果が顕在化することが原因であると考えられる。一方，地方政府出身独立取締

表 4.18 サブサンプルの CEO の属性と企業のパフォーマンス（2014 年）（つづき）

Panel B　地方国有企業

変数	ROA model 1	ROA model 2	ROE model 3	ROE model 4	sale_growth model 5	sale_growth model 6
state_CEO	−0.278		−3.377		−6.177	
	[−0.51]		[−1.65]*		[−1.77]*	
outsider_CEO	1.11	1.07	−2.738	−3.115	5.091	5.868
	[1.39]	[1.34]	[−0.91]	[−1.04]	[0.99]	[1.13]
cen_CEO		−2.027		−9.63		6.603
		[−0.87]		[−1.11]		[0.44]
loc_CEO		0.043		−6.519		−8.489
		[0.05]		[−2.01]**		[−1.53]
reash_CEO		1.75		−1.709		−0.109
		[0.76]		[−0.20]		[−0.01]
SOE_CEO		−0.037		−3.684		−1.977
		[−0.06]		[−1.60]		[−0.50]
com_CEO		−0.833		−1.389		−1.163
		[−1.31]		[−0.58]		[−0.29]
top10	0.025	0.026	0.074	0.077	−0.017	−0.014
	[1.65]*	[1.67]*	[1.28]	[1.34]	[−0.18]	[−0.15]
lnTASS	1.647	1.667	0.454	0.308	2.295	2.215
	[6.80]***	[6.80]***	[0.50]	[0.34]	[1.48]	[1.40]
DEBT	−0.179	−0.177	0.061	0.06	0.047	0.044
	[−13.85]***	[−13.65]***	[1.26]	[1.24]	[0.57]	[0.52]
board_number	−0.175	−0.185	−0.141	−0.07	−0.687	−0.691
	[−1.06]	[−1.12]	[−0.23]	[−0.11]	[−0.65]	[−0.65]
ID_ratio	−0.114	−0.11	−0.007	0.031	−0.273	−0.306
	[−2.35]**	[−2.23]**	[−0.04]	[0.17]	[−0.88]	[−0.97]
cons	4.599	4.233	−2.401	−2.631	9.653	9.318
	[1.53]	[1.40]	[−0.21]	[−0.23]	[0.50]	[0.48]
adj. R^2	0.351	0.35	−0.014	−0.016	0.053	0.043
データ数	419	419	419	419	417	417

役については，2007 年に中央国有企業系の収益性を悪化させているが，規制強化の影響で 2014 年ではマイナスの影響が有意ではなくなった。同様に，国有企業出身独立取締役と地方国有企業のパフォーマンスの関係が 2007 年にマイナスを示しているが，2014 年になると逆に統計的にプラスに有意になった。これは，先行研究が指摘するように，2010 年から始まった政府関係者の企業

表 4.18 サブサンプルの CEO の属性と企業のパフォーマンス (2014 年) (つづき)

Panel C　民営企業

変数	ROA model 1	ROA model 2	ROE model 3	ROE model 4	sale_growth model 5	sale_growth model 6
state_CEO	−0.726		−0.127		−2.987	
	[−1.50]		[−0.10]		[−0.83]	
outsider_CEO	−0.525	−0.644	0.121	−0.445	8.89	8.469
	[−0.94]	[−1.14]	[0.08]	[−0.31]	[2.15]**	[2.03]**
cen_CEO		0.384		−3.977		1.053
		[0.27]		[−1.10]		[0.10]
loc_CEO		−1.279		−2.805		−9.008
		[−1.69]*		[−1.45]		[−1.62]
reash_CEO		−1.122		−0.246		−12.798
		[−0.75]		[−0.06]		[−1.17]
SOE_CEO		0.089		1.479		0.982
		[0.15]		[0.94]		[0.22]
com_CEO		−1.571		−3.742		−0.095
		[−2.17]**		[−2.02]**		[−0.02]
top10	0.053	0.053	0.059	0.059	0.196	0.206
	[3.87]***	[3.91]***	[1.70]*	[1.70]*	[1.95]*	[2.05]**
lnTASS	1.219	1.251	0.312	0.411	2.143	2.181
	[5.98]***	[6.12]***	[0.60]	[0.79]	[1.41]	[1.43]
DEBT	−0.139	−0.139	−0.018	−0.018	−0.025	−0.034
	[−13.27]***	[−13.25]***	[−0.68]	[−0.68]	[−0.32]	[−0.44]
board_number	0.144	0.149	0.339	0.374	−3.293	−3.365
	[0.92]	[0.96]	[0.85]	[0.94]	[−2.87]***	[−2.93]***
ID_ratio	−0.008	−0.008	0.144	0.135	−0.512	−0.531
	[−0.18]	[−0.18]	[1.25]	[1.17]	[−1.54]	[−1.59]
cons	−3.338	−3.712	−6.817	−7.429	40.369	40.858
	[−1.12]	[−1.24]	[−0.89]	[−0.97]	[1.81]*	[1.82]*
adj. R^2	0.231	0.233	−0.002	0.003	0.032	0.031
データ数	824	824	824	824	817	817

注 1：2014 年の分析結果である。Panel A のサブサンプルは中央国有企業系であり，Panel B は地方国有企業，Panel C は民営企業である。各 Panel の model 1-2 の被説明変数が ROA であり，model 3-4 の被説明変数が ROE であり，model 5-6 の被説明変数が売上成長率である。
注 2：*，**，***は各々 10％，5％，1％ の統計的有意水準を示している。

における就任／兼任に対する規制強化が独立取締役に最も影響を及したため，2014 年以降，自己利益を追求するような行為を慎んでいるものと思われる。

表4.19 サブサンプルの独立取締役の属性と企業のパフォーマンス（2007年）

Panel A　中央国有企業系

変数	ROA model 1	ROA model 2	ROE model 3	ROE model 4	sale_growth model 5	sale_growth model 6
stateID	-0.758 [-1.13]		-0.525 [-0.40]		-2.416 [-0.95]	
cenID		-1.075 [-0.92]		-2.056 [-0.90]		-7.004 [-1.55]
locID		-2.601 [-1.84]*		-4.587 [-1.67]*		0.736 [0.14]
SOEID		-0.798 [-0.86]		-0.79 [-0.44]		-0.266 [-0.07]
reashID		2.234 [1.16]		4.704 [1.25]		8.885 [1.20]
comID		-1.691 [-1.09]		-2.752 [-0.91]		-1.854 [-0.31]
top10	0.132 [2.67]***	0.129 [2.61]**	0.242 [2.52]**	0.241 [2.51]**	-0.122 [-0.65]	-0.117 [-0.62]
lnTASS	1.371 [2.03]**	1.257 [1.86]*	2.766 [2.10]**	2.515 [1.91]*	-0.372 [-0.14]	-0.347 [-0.13]
DEBT	-0.143 [-3.72]***	-0.139 [-3.61]***	-0.048 [-0.64]	-0.036 [-0.48]	0.288 [1.97]*	0.266 [1.80]*
board_number	0.153 [0.46]	0.161 [0.48]	0.213 [0.33]	0.279 [0.43]	0.165 [0.13]	-0.304 [-0.24]
ID_ratio	-0.08 [-0.41]	-0.024 [-0.12]	-0.093 [-0.24]	0.034 [0.09]	0.131 [0.18]	0.118 [0.16]
cons	-4.302 [-0.52]	-4.4 [-0.53]	-26.875 [-1.66]	-27.396 [-1.68]*	30.751 [0.95]	39.563 [1.19]
adj. R^2	0.219	0.23	0.139	0.15	0.108	0.1
データ数	133	133	133	133	132	132

4.4.3　パネルデータに基づく分析

4.4.1項では，2000年，2007年，2014年の3時点のクロスセクション分析を使い，マクロ経済の環境変化および制度改革が政府系出身経営者および政府系出身独立取締役と企業パフォーマンスの関係にもたらす影響を観察した．ここでは，1999年のガバナンスの情報とその後の2000-02年の3年の財務データ，2006年のガバナンスの情報と2007-09年の財務データ，2013年のガバナンスの情報と2014-16年の財務データをそれぞれマッチングし，パネルデータを作

表 4.19 サブサンプルの独立取締役の属性と企業のパフォーマンス (2007 年)(つづき)

Panel B　地方国有企業

変数	ROA model 1	ROA model 2	ROE model 3	ROE model 4	sale_growth model 5	sale_growth model 6
stateID	-0.449		-1.377		-0.533	
	[-1.33]		[-1.34]		[-0.27]	
cenID		0.175		-1.272		2.841
		[0.28]		[-0.66]		[0.77]
locID		-0.12		-2.054		-1.189
		[-0.23]		[-1.29]		[-0.38]
SOEID		-1.396		-1.519		-4.118
		[-2.62]***		[-0.93]		[-1.32]
reashID		1.13		1.653		-2.055
		[1.31]		[0.62]		[-0.41]
comID		-0.099		-0.047		4.191
		[-0.13]		[-0.02]		[0.93]
top10	0.071	0.071	0.056	0.054	-0.006	0.016
	[2.85]***	[2.83]***	[0.73]	[0.70]	[-0.04]	[0.11]
lnTASS	1.991	1.988	1.978	1.959	7.469	7.409
	[5.92]***	[5.92]***	[1.93]*	[1.90]*	[3.35]***	[3.31]***
DEBT	-0.155	-0.156	0.023	0.023	-0.215	-0.207
	[-10.97]***	[-11.06]***	[0.53]	[0.52]	[-2.47]**	[-2.38]**
board_number	0.171	0.155	-0.244	-0.293	-0.934	-0.915
	[0.83]	[0.76]	[-0.39]	[-0.47]	[-0.78]	[-0.76]
ID_ratio	0.029	0.033	-0.429	-0.448	-0.508	-0.459
	[0.36]	[0.41]	[-1.75]*	[-1.81]*	[-1.05]	[-0.94]
cons	-8.901	-8.447	6.329	7.902	6.969	5.173
	[-1.96]*	[-1.86]*	[0.46]	[0.57]	[0.24]	[0.18]
adj. R^2	0.371	0.377	0.015	0.009	0.058	0.056
データ数	408	408	408	408	401	401

成する[20]。そして，このパネルデータを用いて制度改革の中期的な影響を分析する。

表 4.21 が固定効果モデル[21] の検証結果である。Panel A は，2000-02 年と

---

20) Cull and Xu (2005) は，2000-02 年という期間の企業の再投資額の決定要因を分析する際，2002 年のデータに基づき，説明変数として CEO が元官僚であったか否か，また CEO が直前に副 CEO であったか否かのダミー変数を用いている。

表 4.19 サブサンプルの独立取締役の属性と企業のパフォーマンス（2007年）（つづき）

Panel C　民営企業

変数	ROA model 1	ROA model 2	ROE model 3	ROE model 4	sale_growth model 5	sale_growth model 6
stateID	0.384 [0.87]		1.021 [0.68]		2.1 [0.80]	
cenID		−0.474 [−0.47]		2.436 [0.71]		−8.134 [−1.37]
locID		0.396 [0.57]		0.819 [0.35]		5.556 [1.34]
SOEID		1.035 [1.39]		0.237 [0.09]		−0.108 [−0.02]
reashID		−0.317 [−0.27]		−1.342 [−0.34]		7.067 [1.04]
comID		−0.196 [−0.16]		0.704 [0.17]		−3.952 [−0.55]
top10	0.097 [3.08]***	0.099 [3.06]***	0.07 [0.65]	0.075 [0.69]	0.344 [1.84]*	0.362 [1.91]*
lnTASS	2.678 [6.17]***	2.714 [6.20]***	3.006 [2.04]**	2.994 [2.01]**	7.778 [3.02]***	7.624 [2.95]***
DEBT	−0.144 [−10.97]***	−0.144 [−10.93]***	−0.082 [−1.83]*	−0.084 [−1.86]*	−0.087 [−1.09]	−0.075 [−0.94]
board_number	−0.135 [−0.51]	−0.113 [−0.42]	−0.156 [−0.17]	−0.14 [−0.15]	−1.888 [−1.21]	−1.525 [−0.97]
ID_ratio	0.026 [0.29]	0.027 [0.30]	−0.056 [−0.18]	−0.054 [−0.18]	0.305 [0.57]	0.337 [0.64]
cons	−12 [−2.08]**	−12.655 [−2.17]**	−9.777 [−0.50]	−9.867 [−0.50]	−43.252 [−1.28]	−44.389 [−1.30]
adj. R^2	0.382	0.378	−0.005	−0.016	0.03	0.031
データ数	355	355	355	355	348	348

注：*，**，***は各々10%，5%，1%の統計的有意水準を示している。

2007-09年の2つの分析期間において，企業内部出身CEOと比較した場合の政府系出身CEOおよび企業外部出身CEOが収益性に及ぼす効果についての分析結果である。2000-02年では，政府系CEO全体では企業内部出身CEOと

---

21) OLSモデル，固定効果モデル（fixed effect model）とランダム効果モデル（random effect model）で推計したが，Hausman検定とF検定の結果によると，固定効果分析の方がより望ましい。

表 4.20 サブサンプルの独立取締役の属性と企業のパフォーマンス（2014 年）

Panel A 中央国有企業系

変数	ROA model 1	ROA model 2	ROE model 3	ROE model 4	sale_growth model 5	sale_growth model 6
stateID	0.051 [0.11]		0.485 [0.36]		−0.316 [−0.18]	
cenID		0.222 [0.25]		1.224 [0.50]		−2.811 [−0.91]
locID		0.294 [0.31]		0.348 [0.13]		−1.042 [−0.31]
SOEID		−0.803 [−0.85]		−2.094 [−0.79]		−0.337 [−0.10]
reashID		1.977 [0.99]		4.222 [0.75]		7.926 [1.10]
comID		0.8 [0.77]		3.153 [1.07]		5.025 [1.33]
top10	−0.009 [−0.24]	−0.024 [−0.57]	0 [0.00]	−0.035 [−0.30]	−0.091 [−0.63]	−0.15 [−1.01]
lnTASS	0.672 [1.24]	0.725 [1.32]	4.584 [3.00]***	4.721 [3.03]***	1.744 [0.90]	1.851 [0.94]
DEBT	−0.13 [−4.27]***	−0.131 [−4.21]***	−0.268 [−3.11]***	−0.277 [−3.13]***	−0.121 [−1.09]	−0.114 [−1.02]
board_number	0.025 [0.07]	−0.005 [−0.01]	−0.63 [−0.60]	−0.656 [−0.62]	1.016 [0.77]	0.959 [0.73]
ID_ratio	−0.036 [−0.36]	−0.054 [−0.52]	−0.309 [−1.09]	−0.369 [−1.26]	−0.236 [−0.66]	−0.353 [−0.95]
cons	6.754 [1.06]	8.808 [1.31]	−4.725 [−0.26]	1.012 [0.05]	2.828 [0.12]	10.682 [0.45]
adj. R^2	0.078	0.066	0.033	0.019	0.032	0.037
データ数	147	147	147	147	145	145

統計的に異なる影響を与えているとはいえないことがわかる。ただし，同じ政府系でも CEO が中央政府出身の場合には，ROE を有意に向上させる効果がみられる。つまり，中期的に政府系 CEO からの悪影響が抑制されるなかでさらに規制が強化され，政府から一番大きい影響を受け，かつ法律の約束力が最も強い環境に置かれる中央政府出身 CEO の方が企業の収益性を向上させる。しかし，2007-09 年になると，政府系 CEO が企業の収益性を向上させるようになり，特に国家研究機関出身 CEO の係数が統計的にプラスに有意に転じるこ

表 4.20　サブサンプルの独立取締役の属性と企業のパフォーマンス（2014 年）（つづき）

Panel B　地方国有企業

変数	ROA model 1	ROA model 2	ROE model 3	ROE model 4	sale_growth model 5	sale_growth model 6
stateID	−0.107		0.979		2.247	
	[−0.50]		[1.22]		[1.59]	
cenID		0.101		−0.067		0.818
		[0.21]		[−0.04]		[0.26]
locID		0.063		0.713		4.417
		[0.20]		[0.60]		[2.10]**
SOEID		−0.262		2.939		1.129
		[−0.71]		[2.15]**		[0.46]
reashID		0.012		2.334		3.294
		[0.01]		[0.79]		[0.64]
comID		−0.578		−1.83		1.915
		[−1.08]		[−0.93]		[0.55]
top10	0.024	0.026	0.064	0.065	0.016	0.022
	[1.55]	[1.68]*	[1.12]	[1.12]	[0.16]	[0.21]
lnTASS	1.701	1.701	0.504	0.636	1.561	1.725
	[6.93]***	[6.80]***	[0.55]	[0.69]	[0.97]	[1.06]
DEBT	−0.18	−0.18	0.05	0.045	0.035	0.025
	[−14.10]***	[−13.85]***	[1.05]	[0.94]	[0.43]	[0.30]
board_number	−0.234	−0.253	−0.633	−0.601	−0.788	−0.943
	[−1.37]	[−1.48]	[−1.00]	[−0.95]	[−0.71]	[−0.85]
ID_ratio	−0.126	−0.127	−0.12	−0.119	−0.38	−0.408
	[−2.46]**	[−2.48]**	[−0.63]	[−0.62]	[−1.13]	[−1.22]
cons	5.228	5.429	3.019	1.319	14.375	15.715
	[1.64]	[1.69]*	[0.25]	[0.11]	[0.69]	[0.75]
adj. R^2	0.353	0.349	−0.016	−0.016	0.044	0.041
データ数	420	420	420	420	418	418

とがわかった．これは，2000 年と 2007 年のクロスセクションの分析結果と概ね一致している．企業全体の状況をみると，2000-02 年と比べ 2007-09 年の間の収益性が若干高くみえたが，成長性は低下した．

　Panel B は，2007-09 年と 2014-16 年の分析結果である．2007-09 年は政府系 CEO が企業の収益性を向上させたが，経済が鈍化する 2014-16 年ではマイナスに有意な影響を及ぼしている．特に，地方政府系出身 CEO の 2 つの分析期間の間の変化が著しく，この分析結果は，2007 年と 2014 年のクロスセクシ

表 4.20　サブサンプルの独立取締役の属性と企業のパフォーマンス（2014 年）（つづき）

Panel C　民営企業

変数	ROA model 1	ROA model 2	ROE model 3	ROE model 4	sale_growth model 5	sale_growth model 6
stateID	−0.179		−0.562		0.139	
	[−1.01]		[−1.26]		[0.11]	
cenID		−0.44		−0.8		1.464
		[−1.03]		[−0.74]		[0.46]
locID		−0.449		−1.333		−1.388
		[−1.54]		[−1.81]*		[−0.64]
SOEID		0.19		0.454		0.846
		[0.65]		[0.61]		[0.38]
reashID		−0.08		−0.958		−2.102
		[−0.14]		[−0.64]		[−0.48]
comID		−0.124		−0.436		0.968
		[−0.29]		[−0.41]		[0.31]
top10	0.05	0.05	0.056	0.058	0.256	0.259
	[3.87]***	[3.88]***	[1.75]*	[1.78]*	[2.70]***	[2.71]***
lnTASS	1.272	1.268	0.374	0.365	2.376	2.374
	[6.26]***	[6.21]***	[0.73]	[0.71]	[1.56]	[1.55]
DEBT	−0.143	−0.142	−0.026	−0.024	−0.054	−0.049
	[−13.90]***	[−13.79]***	[−1.01]	[−0.94]	[−0.71]	[−0.63]
board_number	0.151	0.161	0.433	0.457	−3.115	−3.085
	[0.96]	[1.02]	[1.09]	[1.14]	[−2.66]***	[−2.63]***
ID_ratio	0	0.005	0.172	0.186	−0.522	−0.505
	[0.01]	[0.11]	[1.52]	[1.64]	[−1.57]	[−1.51]
cons	−3.658	−4.017	−7.444	−8.67	32.773	30.765
	[−1.24]	[−1.35]	[−1.00]	[−1.15]	[1.48]	[1.38]
adj. R^2	0.237	0.236	0.003	0.002	0.027	0.023
データ数	861	861	861	861	853	853

注：*，**，***は各々 10%，5%，1% の統計的有意水準を示している。

ョンの分析結果と一致する．マクロ経済情勢の悪化に伴い，2007-09 年と比べ 2014-16 年の方が企業のパフォーマンスが全面的に悪くなることもわかった．他の説明変数については，以前の分析と同じ結果が得られた．

　独立取締役の属性と企業の収益性の分析結果は Panel C の通りである．政府系独立取締役全体では，企業のパフォーマンスに統計的に有意な影響をもたらしていない．しかし，2014-16 年になるとマイナスに有意な影響を及ぼしてい

表 4.21 パネルデータに基づく検証

Panel A　CEO の属性と企業のパフォーマンス (2000-02 年, 2007-09 年)

変数	ROA model 1	ROA model 2	ROE model 3	ROE model 4	sale_growth model 5	sale_growth model 6
state_CEO	−0.491		0.241		0.496	
	[−0.78]		[0.11]		[0.12]	
outsider_CEO	−0.033	−0.167	0.208	−0.321	0.039	−0.969
	[−0.04]	[−0.18]	[0.07]	[−0.10]	[0.01]	[−0.16]
dummy07-09*state_CEO	1.345		2.345		3.484	
	[1.89]*		[0.96]		[0.74]	
dummy07-09*outsider_CEO	0.413	0.738	0.774	1.518	0.054	−1.02
	[0.42]	[0.69]	[0.23]	[0.41]	[0.01]	[−0.14]
cen_CEO		3.426		6.803		−0.541
		[1.92]*		[1.11]		[−0.05]
loc_CEO		−0.225		1.649		1.044
		[−0.21]		[0.46]		[0.15]
reash_CEO		−4.086		−16.884		−29.464
		[−1.76]*		[−2.12]**		[−1.91]*
SOE_CEO		−1.389		−1.127		4.564
		[−1.85]*		[−0.44]		[0.91]
com_CEO		0.35		0.983		−5.638
		[0.43]		[0.35]		[−1.06]
dummy07-09*cen_CEO		−1.354		8.204		−20.875
		[−0.45]		[0.80]		[−1.05]
dummy07-09*loc_CEO		1.64		3.027		−9.252
		[1.38]		[0.74]		[−1.18]
dummy07-09*reash_CEO		5.887		15.61		30.935
		[1.94]*		[1.50]		[1.54]
dummy07-09*SOE_CEO		0.931		3.23		5.277
		[1.14]		[1.15]		[0.97]
dummy07-09*com_CEO		−0.52		−2.901		2.961
		[−0.58]		[−0.93]		[0.50]
dummy07-09	2.717	3.332	7.937	9.281	−40.906	−39.536
	[1.60]	[1.94]*	[1.36]	[1.57]	[−3.65]***	[−3.49]***
top10	0.087	0.1	0.125	0.151	0.015	0.045
	[3.43]***	[3.89]***	[1.44]	[1.71]*	[0.09]	[0.27]
SOE_dummy	−0.879	−0.674	−3.741	−3.612	−6.251	−6.89
	[−1.35]	[−1.02]	[−1.67]*	[−1.60]	[−1.44]	[−1.57]
lnTASS	1.818	1.87	2.48	2.658	2.883	3.015
	[7.32]***	[7.51]***	[2.91]***	[3.11]***	[1.46]	[1.51]
DEBT	−0.183	−0.183	−0.086	−0.085	0.11	0.105
	[−21.09]***	[−21.12]***	[−2.90]***	[−2.84]***	[1.81]*	[1.73]*
board_number	−0.136	−0.169	−0.434	−0.515	0.191	0.011
	[−1.37]	[−1.68]*	[−1.28]	[−1.49]	[0.29]	[0.02]
ID_ratio	−0.073	−0.074	−0.225	−0.24	0.838	0.845
	[−1.54]	[−1.56]	[−1.39]	[−1.48]	[2.69]***	[2.70]***
cons	−4.203	−5.277	−9.111	−11.486	−5.715	−5.736
	[−1.57]	[−1.97]**	[−0.99]	[−1.25]	[−0.30]	[−0.30]
adj. R^2	0.184	0.187	0.013	0.017	0.011	0.016
データ数	3606	3606	3606	3606	3521	3521

表 4.21 パネルデータに基づく検証（つづき）
Panel B　CEO の属性と企業のパフォーマンス（2007-09 年，2014-16 年）

変数	ROA model 1	ROA model 2	ROE model 3	ROE model 4	sale_growth model 5	sale_growth model 6
state_CEO	0.527 [1.35]		2.486 [2.05]**		3.887 [1.43]	
outsider_CEO	−0.889 [−1.83]*	−0.933 [−1.87]*	0.553 [0.37]	0.309 [0.20]	0.723 [0.21]	0.073 [0.02]
dummy14-16*state_CEO	−1.006 [−2.60]***		−1.13 [−0.94]		−3.924 [−1.47]	
dummy14-16*outsider_CEO	1.097 [1.87]*	1.117 [1.85]*	1.101 [0.61]	1.092 [0.58]	4.086 [1.00]	4.316 [1.03]
cen_CEO		0.063 [0.05]		3.201 [0.83]		−2.852 [−0.33]
loc_CEO		1.662 [2.88]***		2.867 [1.60]		2.546 [0.63]
reash_CEO		−1.593 [−0.97]		−4.319 [−0.84]		−13.591 [−1.19]
SOE_CEO		−0.613 [−1.31]		0.456 [0.31]		2.283 [0.70]
com_CEO		−0.133 [−0.29]		0.066 [0.05]		−1.169 [−0.37]
dummy14-16*cen_CEO		0.831 [0.54]		−1.166 [−0.24]		5.06 [0.47]
dummy14-16*loc_CEO		−1.746 [−2.56]**		−2.971 [−1.40]		−3.883 [−0.82]
dummy14-16*reash_CEO		−0.896 [−0.53]		3.588 [0.68]		12.476 [1.06]
dummy14-16*SOE_CEO		0.075 [0.17]		1.07 [0.78]		−5.58 [−1.83]*
dummy14-16*com_CEO		−0.074 [−0.14]		0.102 [0.06]		3.504 [0.96]
dummy14-16	−1.658 [−4.72]***	−2.064 [−6.24]***	−1.988 [−1.83]*	−2.668 [−2.60]***	−8.726 [−3.53]***	−10.307 [−4.40]***
top10	0.052 [4.87]***	0.049 [4.57]***	0.091 [2.74]***	0.086 [2.60]***	−0.122 [−1.63]	−0.138 [−1.85]*
SOE_dummy	0.419 [1.19]	0.484 [1.37]	1.384 [1.26]	1.465 [1.34]	5.583 [2.27]**	5.95 [2.43]**
lnTASS	1.15 [8.04]***	1.166 [8.12]***	0.341 [0.77]	0.377 [0.85]	6.548 [5.96]***	6.725 [6.10]***
DEBT	−0.18 [−32.07]***	−0.18 [−31.94]***	−0.109 [−6.25]***	−0.108 [−6.20]***	−0.088 [−2.17]**	−0.09 [−2.20]**
board_number	−0.083 [−0.86]	−0.075 [−0.77]	−0.417 [−1.39]	−0.42 [−1.39]	0.192 [0.29]	0.18 [0.27]
ID_ratio	−0.041 [−1.42]	−0.04 [−1.40]	−0.098 [−1.11]	−0.099 [−1.12]	−0.44 [−2.21]**	−0.427 [−2.14]**
cons	3.314 [1.76]*	3.57 [1.91]*	10.885 [1.87]*	11.859 [2.04]**	−13.393 [−0.99]	−12.398 [−0.92]
adj. R^2	0.183	0.185	0.015	0.016	0.014	0.015
データ数	6773	6773	6773	6773	6642	6642

表 4.21 パネルデータに基づく検証（つづき）

Panel C 独立取締役の属性と企業のパフォーマンス（2007-09 年, 2014-16 年）

変数	ROA model 1	ROA model 2	ROE model 3	ROE model 4	sale_growth model 5	sale_growth model 6
stateID	0.058 [0.37]		−0.329 [−0.69]		0.757 [0.71]	
dummy14-16*stateID	−0.382 [−2.23]**		−0.364 [−0.69]		−1.501 [−1.27]	
cenID		−0.17 [−0.54]		−1.19 [−1.21]		−2.195 [−1.01]
locID		−0.072 [−0.28]		−0.192 [−0.24]		0.122 [0.07]
SOEID		−0.02 [−0.08]		−0.943 [−1.24]		0.238 [0.14]
reashID		0.776 [1.88]*		0.632 [0.49]		4.751 [1.68]*
comID		−0.32 [−0.83]		0 [0.00]		0.66 [0.25]
dummy14-16*cenID		0.024 [0.06]		0.037 [0.03]		−0.103 [−0.04]
dummy14-16*locID		−0.625 [−2.10]**		−0.547 [−0.59]		0.499 [0.24]
dummy14-16*reashID		−2.425 [−4.13]***		−2.215 [−1.22]		−9.336 [−2.31]**
dummy14-16*SOEID		0.187 [0.66]		0.7 [0.80]		−0.027 [−0.01]
dummy14-16*comID		0.166 [0.33]		−1.548 [−1.00]		−2.102 [−0.61]
dummy14-16	−1.785 [−5.59]***	−1.824 [−5.69]***	−2.345 [−2.38]**	−2.208 [−2.23]**	−9.278 [−4.14]***	−9.847 [−4.37]***
top10	0.049 [4.78]***	0.046 [4.38]***	0.075 [2.35]**	0.076 [2.36]**	−0.139 [−1.94]*	−0.148 [−2.03]**
SOE_dummy	0.329 [0.94]	0.294 [0.84]	2.19 [2.02]**	2.12 [1.95]*	4.439 [1.82]*	4.135 [1.69]*
lnTASS	1.317 [9.46]***	1.318 [9.44]***	0.587 [1.37]	0.562 [1.30]	7.331 [6.92]***	7.386 [6.93]***
DEBT	−0.183 [−33.03]***	−0.183 [−33.00]***	−0.1 [−5.84]***	−0.1 [−5.84]***	−0.094 [−2.36]**	−0.096 [−2.41]**
board_number	−0.062 [−0.63]	−0.03 [−0.30]	−0.288 [−0.94]	−0.249 [−0.82]	0.246 [0.36]	0.341 [0.50]
ID_ratio	−0.026 [−0.90]	−0.028 [−0.98]	−0.076 [−0.87]	−0.072 [−0.81]	−0.396 [−2.01]**	−0.418 [−2.11]**
cons	1.899 [1.03]	1.977 [1.07]	9.19 [1.62]	9.018 [1.58]	−17.737 [−1.35]	−17.035 [−1.28]
adj. R^2	0.188	0.191	0.015	0.016	0.014	0.015
データ数	6957	6957	6957	6957	6822	6822

注1：1999, 2006, 2013 年のガバナンスデータと 2000-2002 年, 2007-2009 年, 2014-2016 年の財務データとそれぞれマッチングした後のパネルデータ分析である。固定効果モデルの分析結果を示している。

注2：*, **, ***は各々 10%, 5%, 1% の統計的有意水準を示している。

る。政府系独立取締役を細分化してみると，地方政府出身あるいは国家研究機関出身者の場合に，以上の変化が他の政府系独立取締役に比べてより顕著であることが観察された。

4.5 本節のまとめ

本節では，中国上場企業の10業種の産業について，1999年，2006年，2013年の3つの時点のガバナンスデータとそれぞれ1年後の財務データを用いて3時点のクロスセクション分析を行い，政府が株主として経営陣の任命など企業の人事を支配することが企業のパフォーマンスに与える影響を分析した。さらに，3時点の結果を比較することで，その前後のマクロ経済の環境変化および制度改革が政府系出身経営者および政府系出身独立取締役と企業パフォーマンスの関係にもたらす影響を観察した。

本節と先行研究との大きな違いは，ガバナンス変数の処理方法にある。先行研究ではCEOの任期，兼任などの属性に関してさまざまな検討がされているものの，政府との関係の有無と企業パフォーマンスの関連性を分析した研究はまだ少ない。このため，本節では独立取締役を政府との関係の有無に基づいて分類し，企業パフォーマンスへの影響を分析した。本節のもう一つの貢献は，第2回目の民営化改革などの制度改革および経済全体の減速というマクロ経済の環境変化がもたらしうる影響を考慮し，経営陣の政府との関係の有無と企業パフォーマンスの関係を検討したことである。

本節の分析結果を改めてまとめると以下の通りである。第1に，中国上場企業のCEOと取締役の選任には，株主が大きな影響力を持つ。政府が大株主の場合，政策を確実に実行するために政府と密接な関係を持つ経営者を任命し，経営面にも影響を及ぼしている可能性が高い。本節の実証分析の結果はそのことを示唆している。つまり，企業が上場後も所有構造および組織構造などのガバナンス構造に大きな変化はなかった2000年以前においては，国有企業で働いたことがあるCEOや中央政府に勤めたことのあるCEOなどの政府系CEOは企業パフォーマンスを悪化させている。法制度が完備されていない状況では，政府系CEOは政府の代表として政治的な目的を実現したり，「横領の手」を貸したりする可能性が高い。しかし，国有資産監督管理委員会が設立され，2

回目の民営化改革が実施されると，株主としての政府が以前より企業価値の最大化を重視するようになった。その結果，一般投資家との間の利害相反問題が軽減され，政府系 CEO が企業パフォーマンスに与える影響がプラスに転換した。しかし，2012 年以降になると，経済成長の鈍化によるマクロ経済環境の悪化の影響で，政府系 CEO のエージェンシー・コスト問題が再び顕在化し，再び企業のパフォーマンスを悪化させた。中国政府は，このエージェンシー問題を抑えるため，2010 年から党員幹部と官僚の企業における就任／兼任に対する規制を強化したが，これは中央企業および中央企業が出資している企業において有効であると思われる。それは，中央政府に近いほど法律の効力が高く，制度強化の効果が中央国有企業において発揮されやすいと考えられるためである。パネルデータを用いて中期的な影響を分析したところ，政府系 CEO 全体としては統計的に有意な影響を与えているとはいえないが，政府から一番大きい影響を受け，かつ法律の約束力が最も強い環境に置かれる中央政府出身 CEO が企業の収益性をより向上させることが明らかになった。

第 2 に，企業パフォーマンスに及ぼす影響について，外部から雇った CEO と企業内部出身 CEO の間で 2000 年では統計的に有意な差は観察されないが，2007 年からは外部出身 CEO が企業パフォーマンスを向上させる効果が認められた。21 世紀に入ってからは，一連の制度改革によって上場企業全体のガバナンス構造が改善されたこともあり，政府からの干渉が少ない民営企業では，外部者ゆえにリストラなどのコスト削減を実施しやすく，また，外部で得た知識を活用して改革を推進できることが示唆された。

第 3 に，独立取締役が企業のパフォーマンスに与える影響は限定的であった。全体的にみると，政府系独立取締役は企業の収益性，成長性に影響を及ぼしていない。また，取締役会の規模と独立性の向上は，期待された助言機能と監視機能を果たすことにはならず，組織の肥大化しかもたらさないと推察される。

総じて，政府との関係がある CEO には，企業の収益性と成長性を悪化させる傾向がみられる。しかし，ガバナンス機能を強化する改革が実施されて以降は，その影響がプラスに転じることもあった。これは，人事を支配するという手段を通して，その方針を効率的に実施しているためだと考えられる。一方，独立取締役の属性の影響は軽微であった。

5. おわりに

　本章では，中国の上場企業を分析対象として，企業の所有構造，取締役会の構成および独立取締役の役割の3つの面から，コーポレート・ガバナンスと企業パフォーマンス，企業活動の関係について検討してきた。

　中国では，1978年に改革開放政策に移行してから，経済の高度成長を持続してきた。奇跡の高度経済成長を成し遂げた中国の改革開放政策は2つの段階に分けられる[22]。第1段階の1978-1992年は，農村部の改革が中心であり，集団農業を主体とする人民公社の制度から家族を主体とする生産責任制（中国では「聯産承包責任制」という）に変える改革であった。生産責任制の発展に伴い，農民の生産活動が積極的になり，農業の生産性が向上した。こうした農村改革がきっかけとなって，旧来の計画経済体制が見直され，都市部における商品経済および市場経済への改革に発展していった。1992年に開催された中国共産党第14回全国代表大会において，政治的には社会主義を堅持し，経済的には市場経済を目指す「社会主義市場経済」を基本方針に設定し，改革開放の第2段階に入った。それ以降，国有以外の多種類の企業所有制度が認められ，国有企業の民営化改革や国有企業の「国有国営体制」から「現代企業制度」への転換など，重要な改革が始まった。

　1978-2007年のGDPは，年率平均9.75％で成長した。1978年当時の1人当たりのGDPは230ドルであったが，2007年時点では2,461ドルにまで上がった。2008年の金融危機では世界経済の牽引力として中国の存在感が高まり，2010年にはGDP総額が世界第2位になった。しかし，30年間にもわたって高度成長を持続してきた中国経済が2014年から成長にかげりが見え始め，成長鈍化の新たな局面（「新常態」といわれる）に入った。世界最大の社会主義国家であると同時に，市場経済体制をとっている中国において，最も顕著な特徴は国家が経済のあらゆることに主導力を発揮している点であろう。奇跡とも呼ばれた長期にわたる高度成長の原因の探求についてはもちろん，新たな局面

---

22) 彰森・陳立（2008）を参照。

(「新常態」) に入ってからの諸々の政策的対応を評価する場合でも，政府が強い影響力を示す企業ガバナンスの機能や役割を，十分に考察しなければならない。

本章の第3節では，1999，2006，2013年の3時点のクロスセクション分析を通じて，株主としての政府と企業パフォーマンスの関係の再検証を行った。国内法人を国有法人と民営法人に分けて，政府持株比率 State_ratio（国家と国有法人の持株比率），民営法人持株比率 Private_ratio（民営企業の持株比率）の2つの変数を作成するという，先行研究と異なる処理方法で，ガバナンス変数を作成した。

その結果として，政府が株主として主に「横領の手」の役割を果たして企業パフォーマンスに悪影響を及ぼしているが，「支援の手」を演じる場合もあるという事実が得られた。具体的にいうと，経済成長が鈍化する以前に，中央国有企業系と絶対支配権を持っている地方国有企業に対して，パフォーマンスを向上させる効果が観察された。しかし，「新常態」に入ってから，「支援の手」の効果が消えて，政府株主がもたらすエージェンシー問題が深刻になり，企業のパフォーマンスが損なわれることが観察された。

第4節では，取締役会の中での政府のプレゼンスと企業パフォーマンスとの関係を定量的に分析した。サンプル企業の CEO および独立取締役を，政府と関係を有しているか否かという基準で分類し，その属性と企業活動の関係を実証分析することによって，株主としての政府の影響力の経路を分析した。

その結果，1990年代では政府との関係がある CEO が企業パフォーマンスを悪化させる傾向がみられるものの，ガバナンス関連の改革が行われてから，特に2006年に第2回目の民営化改革が完了された以降は，政府との関係がある CEO は，政府の影響を受けて，企業パフォーマンスを向上させるようになった。しかし，一連のガバナンス関連改革が政府出身役員たちのエージェンシー問題を根本的に解決できなかったため，2013年前後に中国経済が「新常態」に入ると，政府系 CEO の悪影響が再び顕在化した。一方，独立取締役の属性の影響は軽微であった。

本章の実証分析から得られた研究成果を以下にまとめる。

第1に，3時点のクロスセクション分析を通じて，株主としての政府と企業

パフォーマンスの関係を再検討した結果，高度成長期において，政府が重要な産業に属する企業あるいは重要な企業に対して絶対支配権を握って，生産資源へのアクセス上に便宜を提供しているため，企業のパフォーマンスが上がると考えられる。しかし，重要ではない企業に対して，企業価値を最大化するより，社会安定などの政治的な目的を優先する可能性がある。したがって，政府が少数株主の権益を犠牲にして，企業のパフォーマンスを悪化させると考えられる。さらに，中国経済が成長鈍化になって「新常態」に入ってから，政府株主がもたらすエージェンシー問題が深刻になり，企業のパフォーマンスが損なわれることが観察された。以上のことから，今後は，固有企業の民営化を進めることが一般的に望ましいというインプリケーションが導かれる。

第2に，上場企業のCEOと取締役の選任では，株主の影響を大きく受けること，特に，政府が大株主の場合に，政策の実行を確実にするために，政府と密接な関係を持つ経営者を任命して，経営面でも影響力を及ぼしている可能性が高いことがわかった。また，法律の効力が弱いときに，政府系CEOが政府の代表として政治的な目的を実現したり，「横領の手」に協力したりする可能性が高いことがわかった。しかし，中央政府と緊密な関係を持っていて，法律の効力が高く，企業業績と経営者の将来の進路とが強く関連している場合に，政府系出身の経営者に企業パフォーマンスを改善させる傾向がみられた。

参考文献

Bai, C.-E., Q. Liu, J. Lu, F. Song, and J. Zhang (2004), "Corporate Governance and Market Valuation in China," *Journal of Comparative Economics*, Vol. 32, 599-616.

Balsmeier, B. and A. Buchwald (2015), "Who Promotes More Innovations? Insider Versus Outside Hired CEOs," *Industrial and Corporate Change*, Vol. 24, No. 5, 1013-1045.

Beetsman, R., H. Peters and E. Rebers (2000), "When to Fire Bad Managers: The Role of Collusion between Management and Board of Directors," *Journal of Economic Behavior & Organization*, Vol. 42, 427-444.

Blanchard, O. and A. Shleifer (2001), "Federalism with and without Political Centralization: China versus Russia," *IMF Staff Working Papers*, Special Issue.

Chen, C. and B. AL-Najjar (2012), "The Determinants of Board Size and Independence: Evidence from China," *International Business Review*, Vol. 21, 831-846.

Chen, J., X. Liu and W. Li (2010), "The Effect of Insider Control and Global Benchmarks on

Chinese Executive Compensation," *Corporate Governance: An International Review*, Vol. 18, 107-123.

Chen, C., Z. Li, X. Su and Z. Sun (2011), "Rent-seeking Incentives, Corporate Political Connections, and the Control Structure of Private Firms: Chinese Evidence," *Journal of Corporate Finance*, Vol. 17, 229-243.

Chen, G., M. Firth, D. Gao and O. Rui (2006), "Ownership Structure, Corporate Governance and Fraud: Evidence from China," *Journal of Corporate Finance*, Vol. 12, 424-448.

Cheung, Y.-L., P. Jiang, P. Limpaphayom and T. Lu (2008), "Does Corporate Governance Matter in China?" *China Economic Review*, Vol. 19, 460-479.

Cull, R. and L. Xu (2005), "Institutions, Ownership, and Finance: the Determinants of Profit Reinvestment among Chinese Firms," *Journal of Financial Economics*, Vol. 77, 117-146.

Davis, J., F. Schoorman and L. Donaldson (1997), "Toward a Stewardship Theory of Management," *The Academy of Management Review*, Vol. 22, 20-47.

Estrin, S. and V. Perotin (1991), "Does Ownership Always Matter?" *International Journal of Industrial Organization*, Vol. 9, No. 1, 55-73.

Fama, F. and C. Jensen (1983), "Separation of Ownership and Control," *Journal of Law and Economics*, Vol. 26, No. 2, 301-325.

Fan, J., T. Wong and T. Zhang (2007), "Politically Connected CEOs, Corporate Governance, and Post-IPO Performance of China's Newly Partially Privatized Firms," *Journal of Financial Economics*, Vol. 84, 330-357.

Guest, P. (2009), "The Impact of Board Size on Firm Performance: Evidence from the UK," *European Journal of Finance*, Vol. 15, 385-404.

Han, J., and G. Zhang (2016), "Politically Connected Boards, Value or Cost: Evidence from a Natural Experiment in China," *Accounting and Finance*, Forthcoming.

Huyghebaert, N. and L. Wang (2012), "Expropriation of Minority Investors in Chinese Listed Firms: The Role of Internal and External Corporate Governance Mechanisms," *Corporate Governance: An International Review*, Vol. 20, No. 3, 308-332.

Jensen, C. (1993), "The Modern Industrial Revolution, Exit, and The Failure of Internal Control Systems," *Journal of Finance*, Vol. 48, 831-880.

John, K. (1993), "Managing Financial Distress and Valuing Distressed Securities: A Survey and Research Agenda," *Financial Management*, Vol. 22, No. 3, 61-78.

Kato, T., and C. Long (2006), "CEO Turnover, Firm Performance, and Enterprise Reform in China: Evidence from Micro Data," *Journal of Comparative Economics*, Vol. 34, 796-817.

Larmou, S., and N. Vafeas (2010), "The Relation between Board Size and Firm Performance in Firms with a History of Poor Operating Performance," *Journal of Management and Governance*, Vol. 14, 61-85.

Li, K., T. Wang, Y-L. Cheung and P. Jiang (2011), "Privatization and Risk Sharing: Evidence from the Split Share Structure Reform in China," *Review of Financial Studies*, Vol. 24, 2499-2525.

Liao, L., B. Liu and H. Wang (2014), "China's Secondary Privatization: Perspectives from the Split-Share Structure Reform," *Journal of Financial Economics*, Vol. 113, 500-518.

Liu, C., K. Uchida, and Y. Yang (2012), "Corporate Governance and Firm Value During the Global Financial Crisis: Evidence from China," *International Review of Financial Analysis*, Vol. 21, 70-80.

Liu, F., H. Lin and H. Wu (2016), "Political Connections and Firm Value in China: An Event Study," *Journal of Business Ethics*, Forthcoming.

Luan, C. and M. Tang (2007), "Where is Independent Director Efficacy?" *Corporate Governance: An International Review*, Vol. 15, 636-643.

Pistor, K. (2013), "The Governance of China's Finance," in J. P. H. Fan and R. Morck (ed.), *Capitalizing China, Chicago: National Bureau of Economic Research Conference Report*, University of Chicago Press, 35-62.

Qian, Y. (2003), "How Reform Worked in China," *William Davidson Working Paper* Number 473.

Shapiro, D., Y. Tang, M. Wang and W. Zhang (2015), "The Effects of Corporate Governance and Ownership on the Innovation Performance of Chinese SMEs," *Journal of Chinese Economic and Business Studies*, Vol. 45, No. 3, 311-335.

Shleifer, A. and R. Vishny (1998), *The Grabbing Hand: Government Pathologies and Their Cures*, Cambridge, MA: Harvard University Press.

Sun, Q., S. Tong, and J. Tong (2002), "How Does Government Ownership Affect Firm Performance? Evidence from China's Privatization Experience," *Journal of Business Finance & Accounting*, Vol. 29, No. 1-2, 1-27.

Tang X., Y. Li, P. Qing, J. Du and K. Chan (2016), "Politically Connected Directors and Firm Value: Evidence from Forced Resignations in China," *North American Journal of Economics and Finance*, Vol. 37, 148-167.

Tian, J. J. and CH-M. Lau (2001), "Board Composition, Leadership Structure and Performance in Chinese Shareholding Companies," *Asia Pacific Journal of Management*, 18, 245-263.

Tian, L. and S. Estrin (2008), "Retained State Shareholding in Chinese PLCs: Does Government Ownership Always Reduce Corporate Value?" *Journal of Comparative Economics*, Vol. 36, 74-89.

Tseng, T. (2012), "Will China's Split Share Structure Reform Mitigate Agency Problems?" *Journal of Chinese Economic and Business Studies*, Vol. 10, 193-207.

Wang, L. (2015), "Protection or Expropriation: Politically Connected Independent Directors in China," *Journal of Banking & Finance*, Vol. 55, 92-106.

Wei, Z., F. Xie and S. Zhang (2005), "Ownership Structure and Firm Value in China's

Privatized Firms: 1991-2001," *Journal of Financial and Quantitative Analysis*, Vol. 40, No. 1, 87-108.
Wu, W., C. Wu and O. Rui (2012a), "Ownership and the Value of Political Connections: Evidence from China," *European Financial Management*, Vol. 18, 695-729.
Yu, M. (2013), "State Ownership and Firm Performance: Empirical Evidence from Chinese Listed Companies," *China Journal of Accounting Research*, Vol. 6, 75-87.
Yu, M. and K. Ashton (2015), "Board Leadership Structure for Chinese Public Listed Companies," *China Economic Review*, Vol. 34, 236-248.
Zahra, A. and A. Pearce (1989), "Boards of Directors and Corporate Financial Performance: A Review and Integrative Model," *Journal of Management*, Vol. 15, 291-334.
鄧舒仁 (2016),「債権から所有権への転換の実践経験, 問題と対策に関する研究」「债转股的实践经验, 问题和对策研究」『浙江金融』Vol. 4, 38-42。
李曙光 (2013),「倒産法立法過程の個人なりの経験」「我所经历的破产法立法过程」『民主と科学』Vol. 5, 122-125。
馬慶泉・呉清 (2010),『中国証券史・第一巻 (1978~1998)』中国金融出版社。
孟選莉 (2008),「財政が国有企業の政策主導の生産停止と破産に関する実践と思考」「財政推进国有企业政策性关闭破产的实践与思考」『西部财会』Vol. 9, 8-11。
栄兆梓 (2012),「国有企業改革：成果と問題」「国有企业改革：成绩与问题」*Economist*, Vol. 4, 44-51。
施星輝 (2001),「104名の独立取締役に関する調査—彼らは誰？」「104位独立董事分析——调查—他们是谁？」『中国企业家』Vol. 7, 52-53。
王為東 (2008),「我が国において百年間の倒産法の適用範囲の変遷」「破产法适用范围在我国的百年里程」『商業経済研究』Vol. 4, 59-60。
彭森・陳立 (2008),『中国経済体制改革重大事件 (上・下)』中国人民大学出版社。
花崎正晴・劉群 (2005),「東アジア企業のガバナンスと設備投資—家族支配型企業に関する実証分析—」『経済研究』Vol. 56, No. 2, April。

第5章 中国のコーポレート・ガバナンスにおける投資機関家の役割

韓華・花崎正晴

1. はじめに

　名目GDPでみた経済規模の面では，中国は2010年に日本を抜いて世界第2位に躍進し，2017年時点では12.0兆ドルと，日本（4.9兆ドル）の2倍以上に達するとともに，アメリカ（19.5兆ドル）との差を縮小しつつある（IMF統計）。

　このような実体経済の躍進とともに，中国の資本市場も急速に拡大しつつある。2017年末時点で世界各国の証券取引所に上場している企業の時価総額に関する国際取引所連合（World Federation of Exchanges）の調査によると，上海証券取引所に上場する企業の時価総額は5兆844億ドル，深圳証券取引所のそれは3兆6,179億ドルに達している。そして，両者を合わせた8兆7,023億ドルという中国証券市場の時価総額は，東京証券取引所を運営する日本取引所グループの6兆2,228億ドルを優に上回り，ニューヨーク証券取引所22兆814億ドル，ナスダック10兆393億ドルに次いで，世界第3位である。

　このように急成長した資本市場は，中国の経済社会に大きな影響を与えてきた。資本市場の発展の恩恵を受け，中国の企業部門は拡大，統合し，国有企業とその資産はより良く管理されるようになり，上場企業は中国経済の重要な構成要素となった。さらに，資本市場の成長と発展は，中国のさまざまな経済的そして社会的な変化を促した。株式会社は中国の企業部門の主流となり，その結果コーポレート・ガバナンスの刷新をもたらすと同時に，関連する法律と規範の改善を促進した。

　近年，政府は資本市場の健全化を図るために，長期的な投資を行う投資家の

第 5 章　中国のコーポレート・ガバナンスにおける機関投資家の役割　　281

存在が不可欠であるとの認識を強く持つに至っており，機関投資家の育成を積極的に推し進めている。機関投資家と資本市場の間には，相互依存の関係が存在する。すなわち，一方では資本市場が健全に発展していくためには，機関投資家が安定した長期資金を十分に供給していくことが必要であり，他方では資本市場の健全な発展は，機関投資家が資産価値を増やすための重要な要素となる。このように，機関投資家を強力に発展させることは，中国の資本市場さらには経済全体の発展に関わる重要な長期的戦略となるのである。

　現在，中国の株式市場で投資を行い，しかも一定の規模を有する代表的な機関投資家としては，証券投資基金，保険会社，年金基金そして適格外国機関投資家（Qualified Foreign Institutional Investors，以下 QFII）がある。それに加え，中国の資本市場に長期資金を供給する機関投資家としては，証券会社やファイナンスカンパニー，信託投資会社，大型企業グループなどがあげられる。証券監督管理委員会は，証券投資基金や保険会社そして年金基金の発展を奨励し，有利な環境を創出すると同時に，その管理と監督を強化する立場を示した。孫傑（2007）は，中国では各種の機関投資家間の調和のとれた発展体制が初歩的ながら形成され，機関投資家を通じて資本市場へと投入される資金が着実に増加しており，多様な機関投資家は着実に成長し，市場への影響力は明らかに強まりつつあると論じている。2015 年末には中国の証券投資家の口座数は 20.38 万口座に達しているが，それらの中で機関投資家の口座により保有される株式は，市場時価総額の 70.2％ を占めている。

　このように機関投資家のプレゼンスがますます大きくなる環境下で，機関投資家の投資先企業に対するコーポレート・ガバナンス面での関与およびその影響といった問題が，中国において大きく注目され，学問的にも政策的にも研究の意義が高まってきている。本章は，機関投資家のコーポレート・ガバナンスにおける役割に焦点を当て，中国において機関投資家の持株比率と企業パフォーマンスの関係に関する実証分析を通じて，その役割を考察することを目的とする。理論分析と実証分析の結果を踏まえて，機関投資家を取り巻く今後の課題についても触れる。

　本章の構成は以下の通りである。まず第 2 節で，コーポレート・ガバナンスと機関投資家に関する先行研究を概観する。次に第 3 節と第 4 節において，中

国の機関投資家と企業制度およびコーポレート・ガバナンスの発展を紹介する。そして第5節において中国上場企業のデータを用いて実証分析を行い，第6節では実証分析から得られた結果について考察する。第7節では，全体のまとめと今後の課題について述べる。

2. 先行研究

一般的に企業の株主と経営者との間には，情報の不確実性や非対称性に起因して，エージェンシー問題が発生することが知られている。そして，株式が分散所有されている場合に比べて大株主によって集中的に所有されている場合には，エージェンシー問題は緩和され，コーポレート・ガバナンスの問題が改善すると考えられる。なぜならば，Shleifer and Vishny（1986）が指摘するように，企業に対する支配力を持った大株主は，自分と利害が衝突したり，また軋轢を起こしたりしかねない経営者を追放するとともに，自分の意に沿った経営をとり行うであろう人物を経営者に据える権力を有するからである。

大株主の中でも機関投資家の影響力は，とりわけ大きいと考えられる。機関投資家がコーポレート・ガバナンスに影響を与えることができる理由は，大きく2つあると考えられる。

第1は，機関投資家の持つ情報面での優位性である。機関投資家は，個別銘柄の選定やマクロ経済の分析に関する高度な知識を持つ専門家を擁する。これらの専門家は，会計，財務および統計といった専門知識をあまり持っていない一般の投資家に比べて，多くの情報を集めその情報に基づいて的確に判断することができる。また，機関投資家は巨額の資金を運用し，多くの銘柄に投資しているので，情報の収集，蓄積と分析において規模の経済性も発揮できる。企業活動や経済活動がグローバル化しつつある環境下で，企業業績やマクロ経済に関する予測がますます難しくなるなか，情報における機関投資家の優位性は一層高くなってきている。さらに，投資金額が膨らめば膨らむほど機関投資家の利害は大きくなることから，企業経営をモニターするインセンティブも高まることとなる。

第2は，機関投資家の大株主としての力である。企業の株式をほんのわずか

しか持たない個人投資家は，経営者にさしたる影響力を行使することもできない。それに対して，機関投資家は，多数の零細投資家を代表する大株主としての存在感があり，その高い所有比率を背景に，企業に情報の開示を要求したり，株主提案を行ったりすることができる。そして，企業側はその要求や提案を無視するわけにはいかない。

宮島（2015）は，機関投資家のコーポレート・ガバナンスにおける役割には，大きく直接効果と間接効果の2つがあると論じている。直接効果とは，不採算部門からの撤退，不適切な多角化やM&Aの阻止，過剰な内部留保および余剰資金に対する警鐘など，経営および財務政策に直接働きかけるものである。これに対して間接効果とは，ガバナンスのあり方そのものを改善しようとするものである。例えば，アメリカなどの機関投資家が世界中で運用することによって，社外取締役が増えたり，最高経営責任者（CEO）と取締役会議長の兼任が減ったりといったように，ガバナンスが改善される企業が，世界中で増えていく。

アメリカにおける数多くの実証研究は，機関投資家の投資行動が投資先企業のコーポレート・ガバナンスの改善に寄与することを示している。McConnell and Servaes（1995）は，機関投資家が株式を一定比率以上保有することは，機関投資家のモニタリング強化を通じて，経営者のモラルハザードを防ぐ役割があるとの仮説をテストして，成長性の低い企業において機関投資家の株式保有比率の上昇が，企業パフォーマンスの改善につながっていることを示している。

Mullainathan and Bertrand（2001）は，1977-94年の期間のアメリカ大手企業51社について調査し，これらの企業の取締役会は機関投資家からのプレッシャーを受けて，経営戦略を変更し大きな成果をあげたことを明らかにした。Clay（2002）は，1988-99年の期間におけるおよそ4,000社の上場会社を対象とした分析において，機関投資家の持株比率が高いほど企業価値が高まり，この正の相関関係はキャッシュフローがプラスである企業においてさらに顕著に現れることを明らかにした[1]。

また，日本に関する実証研究においても，欧米に関するものと同様に，機関投資家などの大株主のガバナンス面での役割を肯定的に捉えているものが多い。

例えば，Kaplan and Minton（1994）および Kang and Shivdasani（1995）は，大株主を有する企業は，そうでない企業に比べて企業パフォーマンスが悪化した場合に，経営者の交代が起こりやすいことを明らかにしている。また，Yafeh and Yosha（2003）によれば，大株主は広告，R&D または交際費などの経営者の恣意性が入りやすい支出を抑制する効果があるとされている。さらに，Prowse（1992）および Berglof and Perotti（1994）のように，日本の企業ではヨーロッパ大陸や東アジアの国々に比べて，所有は集中化してはいないものの，大株主が銀行であることが多いことから，企業経営が有効にモニターされているとの議論もある。

　本章で分析対象とされる中国においても，近年機関投資家のコーポレート・ガバナンス面での役割に関する研究が蓄積されつつある。肖星・王琨（2005）は，2002年の上場企業1287社について考察した結果，証券投資基金が投資した上場企業の業績やコーポレート・ガバナンスは優れていること，さらに投資する際に証券投資基金はパフォーマンスの良い企業を選択することができ，株式を持っている間に企業の業績は大幅に上昇したことを明らかにしている。

　孫凌姍・劉健（2006）は，2001-03年の上場会社148社を対象に，ROE とトービンの Q を被説明変数とし，機関投資家の持株比率を説明変数として実証分析を行った結果，機関投資家の持株比率は ROE，トービンの Q と概ね正の相関関係があり，とりわけ ROE は1％水準で有意となることを示している。穆林娟・張紅（2008）は2001-05年の3,890件の企業サンプルを取り上げ，機関投資家の持株比率は1株当たり利益（EPS）と正の相関関係にあることを示し，中国の機関投資家はコーポレート・ガバナンスを改善するとともに，企業価値発見者と企業価値創造者となっていることを明らかにした。また，李維安・李浜（2008）によると，機関投資家は現代企業のエージェンシー問題を解消するうえで重要な役割を果たし，またより良いコーポレート・ガバナンスの実現に貢献したことが確認できる。さらに，王瑩（2011）は2010年の上場会社2,063社について考察し，機関投資家は企業の業績と取締役会の独立性にプ

---

1) そのほかにも，アメリカに関しては，Shivdasani（1993）および Denis and Serrano（1996），ドイツに関しては，Franks and Mayer（2001）および Gorton and Schmid（2000）などがある。

ラスの影響を与えることを報告している。

このように，中国においても多くの研究によって，機関投資家が投資先企業のパフォーマンス向上に貢献し，コーポレート・ガバナンスの改善において積極的な役割を果たしているという結論が導かれている。

3. 中国の主要な機関投資家

1984年11月に，上海のある音響メーカーが株式発行により50万元の資金を調達したのが，中国における証券市場の端緒であるといわれている。その後徐々に株式発行により資金調達を図る企業が増え，また中国工商銀行が株式の店頭取引業務を始めたことから，株式の取引規模は次第に拡大していた。さらに1990年12月に上海証券取引所，1991年7月に深圳証券取引所が，それぞれ開設され，全国主要都市にも証券取引センターが設立され，中国における証券取引の体制が整ってきた。それ以来，中国共産党中央委員会と国務院の指示のもとで，中国資本市場においてさまざまな改革が行われた。この改革は，非流通株改革や上場企業の質の改善，証券会社の再編，発行市場の自由化，機関投資家の強化，資本市場の法規制枠組みの改善など，中国資本市場の根本的な市場構造の問題に関わるものであった。本章では，このようなさまざまな改革が進むなかでの機関投資家に着目し，機関投資家の成長がコーポレート・ガバナンスにいかなる影響を与えるかを分析する。

機関投資家とは，自己資金または外部の零細な投資家から集めてきた資金をもって，専門的に有価証券の投資活動を行う法人機関である。すなわち，機関投資家は一般の投資家から資金の運用を委ねられ，受託者責任のもとでその資金を企業の株式などに投資して運用収益をあげ，最終的に資金の出し手である一般投資家に収益を還元することを基本的な業務としている。機関投資家は自己の利益をも目的とし，株式などの有価証券を主な投資対象とすることで，コーポレート・ガバナンスや企業経営のあり方，より具体的には株主総会や経営層の意思決定に影響を与える大口投資家である。

以前には，機関投資家は業績の悪い企業に対しては，その株式を売却する[2]ことによって対処し，企業の投資行動や経営には口を出していなかった。しか

し,機関投資家の持株比率が大きくなるにつれて,その株式の売却が株価の下落を通じて大きな悪影響を及ぼすようになってきたため,売却したくても売却できなくなる現象が起こってきた。このような背景により,中国では機関投資家は,積極的に発言することによって企業のコーポレート・ガバナンスに積極的に関与するようになってきたといわれている[3]。現在,中国の機関投資家は,主に証券投資基金,保険会社,年金基金,QFIIなどによって構成されている。

3.1 証券投資基金

証券投資基金は,現在中国株式市場の最大の機関投資家であり,その規模はここ数年かなりのスピードで成長し,中国の資本市場において重要な地位を占めている。中国における証券投資基金は,日本における投資信託に類似の投資スキームであり,多くの投資家の出資によって形成された基金を,専門の投資機関が主として有価証券を対象として運用,管理し,その成果を出資額に応じて投資家に分配する仕組みである。専門家による運用と分散投資により,少額の資金で比較的安全な証券投資が可能になるといわれている。中国の証券投資基金は,1990年代初頭の上海証券取引所と深圳証券取引所の開設とともに,珠信基金,武漢証券投資基金そして深圳南山風険投資基金という3つの基金からスタートしたものである。それらの証券投資基金は1992年10月に誕生し,1993年8月に上海証券取引所に上場された。その後,株式市場の活況に伴い,証券投資基金のブームが到来した。

1997年11月に国務院は「証券投資基金暫行弁法」を公布した。そして,2004年に中国政府が公布した「証券投資基金法」に引き続き,2005年には中国人民銀行と中国金融監督管理委員会,中国証券監督管理委員会という3つの政府機関が,連合文書「商業銀行で基金管理会社の設立に関する試行管理方

---

[2] 株式を売却することは,「足で投票する」(voting with their feet)と呼ばれる。
[3] アメリカに代表される資本市場の先進国においては,機関投資家は,株式の売却(exit)と積極的な意見表明(voice)の両手段を使い分けて,企業をモニターしている。exitについては,Parrino, Sias and Starks (2003), Admati and Pfleiderer (2009) そして Edmans (2009), voice については Holderness and Sheehan (1985), Bethel, Liebeskind and Opler (1998), Brav, Jiang, Partnoy and Thomas (2008) そして Klein and Zur (2009) などを参照。

第5章　中国のコーポレート・ガバナンスにおける機関投資家の役割　　287

図5.1　証券投資基金

	2010年	2011年	2012年	2013年	2014年	2015年
銘柄数	803	914	1,241	1,552	1,897	2,722
取引金額（兆元）	2.5	2.1	2.8	3.0	4.5	8.4

出所：中国証券投資基金業協会。

法」を発表し，金融機関が証券投資基金へ参入することを認めた。その政策を受け，中国工商銀行，中国交通銀行そして中国建設銀行は，それぞれ工銀瑞信基金管理会社，交銀施羅徳基金管理会社，建信基金管理会社を設立した。それ以降，証券投資基金の数が増え続けている。

近年における推移を表した表5.1をみると，銘柄数は2010年の803から2015年には2,722，また取引金額も2010年の2.5兆元から2015年には8.4兆元にまで，それぞれ著増していることが確認できる。

2015年までに証券監督管理委員会に登録されている基金管理会社の数は101社になっており，それらの101の基金管理会社が，2,722銘柄の証券投資基金を管理している。証券投資基金は，主に上海証券取引所と深圳証券取引所で取引されており，2015年の年間取引金額は8.4兆元に達している。また，2015年末時点で証券投資基金によって投資されている株式の市場価値が中国株式市場の時価総額に占める比率は，約31％となっている。この比率は，アメリカにおける投資信託に匹敵するレベルである。証券投資基金の運用基準を定めた「証券投資基金法」および「証券投資基金運用管理弁法」では，分散投資の原則が採用され，同一株式に投資した市場価額が基金純資産価値の10％を超えてはならないとされている。運用先は，株式，債券および証券監督管理委員会が規定するその他の証券に限定されているが，それぞれの投資比率については規制されていない。

3.2　保険会社

保険会社は，証券投資基金に次ぐ中国株式市場と債券市場の第2の機関投資家である。長らく廃止の状況にあった中国の保険業は，1979年2月に中国人民銀行が，中国国内の保険業の復活を提案したことによって，再開されること

になった。また，同年4月に「中国人民銀行支行長会議要約」，10月に「国内の保険業の回復と保険機構の強化に関するお知らせ」が，それぞれ公表され，中国の保険業業務の回復は全国的に展開されるようになった。

　しかし，保険会社の業務が復活したものの，1990年代初め頃まで中国には保険会社に関する監督および管理体制は存在しなかった。また，当時の保険会社は，集めたほとんどの保険料を，リスクの高い融資や不動産，先物などに運用したため，膨大な損失をもたらした。ようやく1990年代半ばから，中国政府は保険料の運用先を銀行預金と国債の買付けに切り替え，さらに保険会社の証券市場への投資を促すためにいろいろな政策を打ち出した。まず1999年10月に中国保険監督管理委員会は，保険会社が証券投資基金の購入を通じて間接的に証券市場への進出することを許可した。次に，中国保険監督管理委員会は2004年10月に「保険機関投資家による株式投資に関する管理暫行弁法」を公布し，保険会社による証券市場での株式の直接売買を認めた。また，2005年には「保険機関投資家による債券投資に関する管理暫行弁法」を公布し，保険会社による証券市場での債券の直接売買を許可した。さらに，2010年8月には，中国保険監督管理委員会は保険会社の運用ルールを定める「保険資金運用管理暫定弁法」と「保険資金の運用政策に関する問題を調整するための通知」を発表した。

　1980年代に保険業務を復活させて以来，保険業界の成長が続いており，2015年時点の保険会社数は104社であり，保険業界の総資産は12.4兆元に達している。王美（2014）によると，1980年から2013年に至る中国保険業保険料収入の33年間の年平均伸び率は31.8％という高率であり，同期間の名目GDPの同伸び率16.2％の約2倍に達している。

　中国の保険会社の資金運用は，主に銀行預金と証券への投資という2つの形態から構成されている。また，証券への投資には，政府債券と金融債権，証券投資基金，株式，未上場商業銀行の株式，海外の金融商品などがある。証券への投資は，2005年までは主に国家債券と証券投資基金であったが，2006年から株式をはじめとした他の金融商品も含まれるようになっている。

　中国の保険会社による投資のガイドラインによると，購入時の価格を基準とした投資比率において，債券型の金融商品は総資産比で5％以上でなければな

図5.1 保険会社の資産および資金運用の推移

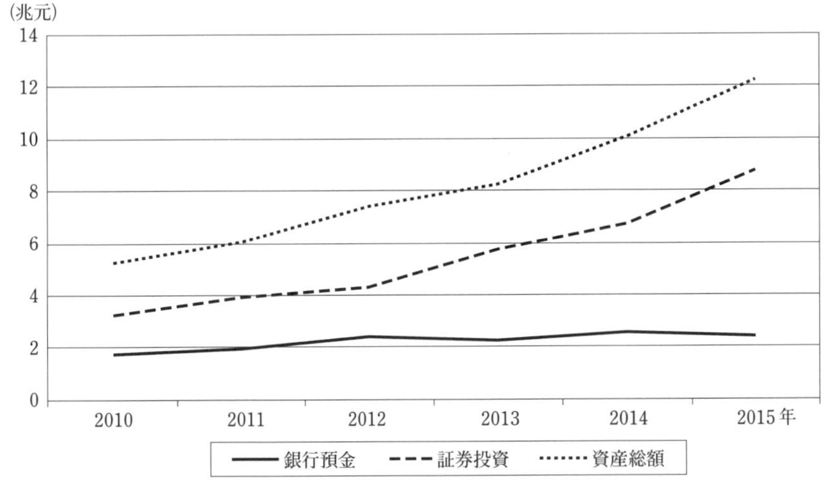

(兆元)

凡例: 銀行預金　--- 証券投資　……… 資産総額

出所：中国保険監督管理委員会のデータをもとに作成。

らず，逆に社債および株式は，それぞれ総資産比で20%を上限とする。また，投資信託は総資産比率で15%以下，投資信託と株式の合計で25%以下とすることが定められている。図5.1は，保険会社全体の資産規模および銀行預金と証券投資の推移を示したものである。2010年末時点では5.3兆元にとどまっていた保険会社の資産総額は，2015年末時点では12.3兆元にまで増加している。運用資産の内訳をみると，銀行預金は長期的にみて微増にとどまっているのに対して，証券投資は顕著に増加していることがみてとれる。その結果，2015年末時点では，銀行預金が約24,350億元（総資産の20%）であるのに対して，証券投資が87,446億元（総資産の71%）であり，証券投資が銀行預金の3.5倍程度に達していることがみてとれる。このような証券投資の比率上昇は，保険監督管理委員会による運用規制の緩和や保険会社自身の運用の多様化に向けた取り組みを反映したものである。

表5.2は，中国の三大保険会社の総資産，投資収益そして投資収益率の推移を表している。3社ともに，2011年から2015年にかけて総資産と投資収益が，着実に増加していることがわかる。まず中国人寿保険会社をみてみると，

表 5.2 中国の三大保険会社の主要指標の推移

	2011 年	2012 年	2013 年	2014 年	2015 年
中国人寿保険会社					
総資産（億元）	15,839	18,989	19,729	22,466	24,483
投資収益（億元）	648	800	959	1,065	1,455
投資収益率（％）	3.5	2.8	4.9	5.4	6.2
中国平安保険会社					
総資産（億元）	22,854	28,443	33,603	40,059	47,652
投資収益（億元）	326	330	549	787	1,378
投資収益率（％）	4.0	2.9	5.1	5.1	7.8
中国太平洋保険会社					
総資産（億元）	5,706	6,815	7,235	8,251	9,238
投資収益（億元）	201	224	323	444	556
投資収益率（％）	3.7	3.2	5.0	6.1	7.3

出所：各社の有価証券報告書に基づき作成。

2011 年から 2015 年にかけて，投資収益は 648 億元から 1,455 億元へと 2.3 倍に増加し，総資産も 8,644 億元ほど増えている。また中国平安保険会社は，2011 年から 2015 年にかけて，投資収益が 326 億元から 1,378 億元まで 4.2 倍に急増している。同様に，中国太平洋保険会社の投資収益も同期間に 2.8 倍に増加している。

株式市場での運用以外にも，各社ではインフラ投資や長期証券投資などに積極的に取り組んでいる。特に中国太平洋保険会社は，上海万博へのデット投資 40 億元，上海近郊の崇明島のプロジェクトへのデット投資 20 億元そして杭州銀行へのエクイティ投資 13 億元を，それぞれ実施している。暫定弁法や関連通知では，過去より容認してきたインフラ向け投資に加え，不動産投資を解禁しており，今後資産ポートフォリオの多様化が進んでいくことも予想される。

李秀宓（2000）によれば，保険会社にとっては積み立てられた責任準備金は，特別に認められない限り引き出されないので，長期的かつ安定した資金である。一方，保険会社は，その責任準備金を投資に効率的に運用し，少なくとも予定利率分を稼がない限り，将来の保険金支払いが確保できなくなる。そのため，一般的に，保険会社は総資産に占める株式投資の割合が低いという特徴があるのみならず，投資先との共生をより重要視する面もある。

すなわち，保険会社にとって株式の保有は，投資という側面よりも，投資先との取引関係あるいは経営者との人間関係を円滑にすることを目的としがちである。このような事情から，中国の保険会社の投資先に対するガバナンス関与はなお消極的である。しかし，保険会社は長期的かつ安定的な機関投資家として，国有株の流通拡大に伴う株式市場の安定性確保の面で，大きな貢献が期待されている。

3.3 年金基金

年金基金は，政府の委託を受けて全国社会保障基金理事会によって管理されている基金である。年金基金の投資については，中国政府は制度を設けて厳しく制限してきた。2001年12月に，財政部，労働部そして社会保険部が公布した共同文書「全国社会保障基金の投資管理の暫行弁法」では，基金の投資について次のように規定した。①銀行の預金と国債への投資比率は50％を下回ってはいけない。その中で，銀行預金の比率は10％を下回ってはいけない。一つの銀行における預金額は，年金基金の銀行預金額全体の50％を超えてはいけない。②企業債権，金融債権への投資比率は10％を超えてはいけない。③証券投資基金と株式への投資比率は40％を超えてはいけない。このような制度的制約のもとで，初期の段階ではほとんどの年金基金投資は銀行預金と国債への投資であったため，金利の変動は直接に積立金の運用収益に影響を及ぼしていた。

その後2003年に，年金基金による株式投資が解禁された。また2006年には「全国社会保障基金境外投資管理暫行規定」が設けられ，海外投資が認められた（総資産の20％を上限）。これは国内債券の収益性が低下し，海外投資に活路を求めたことと同時に，人民元高の圧力を緩和するためでもあった。海外投資の対象には，銀行預金，国債，社債，株式が含まれる。

表5.3には2010年から2015年までの年金基金の総資産，投資収益そして投資収益率の推移が示されている。2010年時点では8,567億元にとどまっていた年金基金の総資産額は，2012年以降顕著な伸びを示し，2015年末時点では1.9兆元に達している。今日では，年金基金の運用についてはリスク分散の原則のもとで，投資範囲は，銀行預金，国債，金融債，社債，投資性保険商品，

表 5.3　年金基金の主要指標の推移

	2010 年	2011 年	2012 年	2013 年	2014 年	2015 年
総資産（億元）	8,566.90	8,688.20	11,060.37	12,415.64	15,356.39	19,138.21
投資収益（億元）	321.22	73.37	646.59	685.87	1,424.60	2,294.61
投資収益率（％）	4.23	0.84	7.01	6.2	11.69	15.19

出所：全国社会保障基金理事会。

証券投資基金および株式を含む他の良好な流動性を持つ金融商品と限定されている。株式への投資比率は，総資産の 20％ 以下とし，同一会社の発行済み株式または証券の 5％ まで，かつその管理する年金資産総額の 10％ を超えてはならないとされている。

　年金基金の性格を考えると，コーポレート・ガバナンスにおける役割を果たすための基本的な要件である株式の大量かつ長期的保有は，年金基金にとって可能である。全国社会保障基金理事会も，地方自治体が保有している企業の株式や，大規模なインフラプロジェクトへの投資を重視する方針を打ち出している。現在，国債および銀行預金が主流の運用方式であるが，人口の高齢化や年金制度の成熟により給付額の増大とそれに伴う拠出金の増加という状況変化において，年金基金の運用効率を高めていくことの重要性が一層増している。

3.4　適格外国機関投資家（QFII）

　中国において外資による証券業界への参入は，2000 年頃までは個別の認可によって例外的に認められたケースもあったが，正式に認められたのは 2001 年の世界貿易機関（WTO）加盟後である。2015 年末時点で，中国の自然人（個人投資家）が保有している流通株の時価総額の割合は 28.82％，また一般の投資家（企業）の割合は 55.92％ であるのに対して，プロの機関投資家の割合は 14.26％ にしか過ぎず，欧米の成熟市場と比べて中国の機関投資家のプレゼンスの低さが，顕著に現れている。このため，中国政府は機関投資家の代表的存在である証券投資基金や保険会社，年金基金の株式市場への参入を促進するための規制緩和や優遇策を相次いで打ち出している。QFII の株式市場への参入促進もその一環である。

1998 年から中国証券監督管理委員会の顧問である梁定邦は，中国の機関投資家がまだ規模が小さいため，証券市場での投資理念，コーポレート・ガバナンスにおいて果たすべき役割，競争力などの面において問題があるとして，台湾，韓国，インドそしてブラジルなどで実施されてきた QFⅡ 制度を中国に導入するように国務院に対して何度も提案を行ってきた。その結果，2002 年 11 月に国務院の指針のもとで中国証券監督管理委員会と中国人民銀行は，QFⅡ 制度を実施するための「適格外国機関投資家の国内証券投資管理における暫行弁法」を公布した。その後，株主の多様化を図るために，政府は外国投資家に株式を譲渡する政策を本格的に打ち出した。各政府の機関から公布された文書には，次のようなものがあった。
① 「上場会社の国有株及び法人株の外国投資家への譲渡に関する通達」
② 「外国投資家による上場会社への戦略投資の管理に関する規則」
③ 「商業銀行の適格外国機関投資家かつ国内証券投資委託業務の従事申請に関連する問題に関する通知」
④ 「適格外国機関投資家の国内証券投資に関する外国為替管理暫行規定」
⑤ 「適格外国機関投資家の証券交易の実施細則」
⑥ 「適格外国機関投資の国内証券投資登録，決算業務の実施細則」

QFⅡ 制度については導入以降，漸次規模の拡大と対象商品の拡大などの規制緩和が行われ，現在に至っている。2014 年 1 月の証券監督管理委員会による会議で「証券・先物業の外資参入規制を段階的に開放し，外資金融機関の出資比率規制を撤廃し，外資証券・先物経営機関による独立子会社や支店の設立を容認し，合弁証券会社のライセンス制限を撤廃する」との方向性が確認された。また同年 5 月には，国務院は「資本市場の健全な発展をさらに促進するための国務院の若干の意見」を公表し，「外資が資本参加・支配する国内の証券・先物経営機関の経営範囲を適時に拡大する」との方向性を確認した。さらに，2015 年 10 月の中国共産党の第 18 期中央委員会第 5 回全体会議（五中全会）において可決された第 13 次五カ年計画の建議には，「銀行・保険・証券・年金等での外資の市場参入を拡大する」との方針が盛り込まれている。2016 年 2 月 4 日には，QFⅡ の投資上限枠を資産規模の一定割合に設定するよう変更するとともに，ロックアップ期間[4]の短縮化を図る等の規制緩和が行われ

図5.2 QFIIの推移

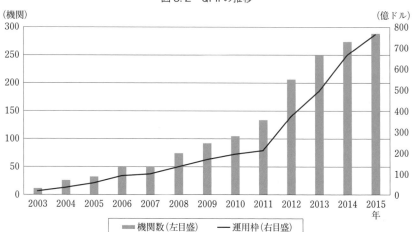

出所：中国証券監督管理委員会のデータをもとに作成。

た。また同年2月24には，銀行間債券市場への外国機関投資家の投資が解禁され，QFIIによる同市場での債券投資の際の上限枠も撤廃された。

中国のQFIIには，中国証券監督管理委員会に登録されている外国の商業銀行，保険会社，証券会社および基金管理機関などが含まれている。図5.2には，QFIIの機関数と運用枠の推移が示されている。2009年までは，機関数は100未満であり，運用枠も100億ドル台にとどまっていたが，2010年以降に機関数および運用枠ともに大きな伸びを示し，2015年には289社の外国機関投資家がQFII資格を取得し，認可された運用枠は766億ドルに達している。

中国政府がQFII制度を導入した目的は主に2つある。一つは，資本市場の開放を通じて資本市場における長期資金を増加させること，もう一つは，外国の機関投資家の投資理念や投資戦略を学ぶことである。QFII制度の特徴としては，外国機関投資家が証券監督管理委員会の認可を取得することを前提に，

---

4) ロックアップとは，株式公開直後に大株主等が大量の株式を売却することによって，相場が下落することを防止するために，公開後の一定期間，市場で持株を売却しない旨，事前に契約を交わす制度である。

投資限度額に関しては外国為替管理の観点から，中国の国家外貨管理局の認可を要するといった二段構えとなっていることがあげられる。また，QFII 制度は，個人投資家が主体となっている中国株式市場の構造的課題の解消策との位置づけをも有している。外国投資家の洗練された投資行動が個人投資家主体の中国の株式市場へ好ましい影響を与えることが期待されている。このような背景を受け，QFII 制度を活用した投資においては，明確なルールではないものの，投資アロケーションに関する制約が存在する。具体的には，投資資産の 50% 以上を株式へ投資することを求められているのである。QFII 制度は 10 年以上の歴史を有しており，必ずしも中国の株式市場が好調であった時期ばかりではない。中国における取引所市場を中心とした証券市場を監督する証券監督管理委員会が所管する制度でもあり，QFII 制度は中国株式市場の活性化策といった色彩も有している。

国内投資規制の緩和による海外機関投資家の参画は，市場の流動性の提供や，新たな投資手法と評価手法の導入，企業のガバナンスの改善，そして市場の質的向上につながることが期待されている。しかし，中国の株式市場では，外国人投資家の株式保有比率は 2015 年 11 月末に 0.91% にしか過ぎない。一方，日本においては外国人投資家の株式保有比率は約 30% となっている。このように中国においては，外国人投資家の株式保有比率の低さから，外国機関投資家による株式会社への支配権の行使は，まだ遠い先のことになるであろう。

4. 中国の企業制度とコーポレート・ガバナンス

本節では，改革開放元年である 1978 年を境にその前まで実施されてきた政治型企業制度段階，また改革開放実施の 1978 年から現代企業制度の実施が打ち出された 1993 年前までの契約型企業制度段階，および現代企業制度の実施から現在に至る制度型企業制度段階の 3 段階に分けて中国の企業制度の変遷を概観する。

4.1 政治型企業制度

1950 年代から 1970 年代において，政府は経済資源を中・大規模の国有企業

に集中させ，これを優先的に発展させてきた。国有企業が必要とする投資やその他の生産要素はすべて政府が無償で供与し，生産された製品やその規格・数量，製品の分配または販売は，すべて政府の計画に基づいて決定されていた。財務面においても統一収支を実施し，利潤はすべて上納され，損失はすべて補塡された。

このように，国有企業は経済的あるいは生産的組織とはいえず，いわば行政機関として位置づけられるような存在であった。このような経営自主権を持たない政治型企業制度は，経営者による自己利益追求型行動を防ぐためには機能したが，その反面，国有企業の所有者と経営者におけるインセンティブの相違そして両者間の情報の非対称性問題を生じさせた。

また，こうした政治型企業制度においては，あらゆる面で本来は企業外部者である政府が，企業経営に深く関与してしまうため，企業内部における利害関係の調整機能が働かず，所有権と経営権の混在や政府と企業の混在といった問題が生じてしまった。さらに，意思決定を下す権限を持つ政府の担当者にしても，自らの意思決定により企業利益が増加したとしても，それらは国家に帰属することになるため，自らの収入や利得が直接的に増加するわけではなく，最善の企業経営を行うインセンティブが働きにくい。それに加え，仮に間違った意思決定を下して企業に損失が生じたとしても，自分でそれを弁済する責任はないため，企業経営に対して無責任になってしまうという問題も内在した。

4.2 契約型企業制度

政治型企業制度では，生産効率の低下とインセンティブ欠如が最大の問題となっていた。それを改善するため，1970年代末から国有企業改革が行われた。1978年からの改革開放政策の実施にあたって，中国政府は放権譲利（企業への権限委譲と利潤譲与）を通じて，国有制を維持したまま，企業の残余請求権と残余支配権を政府から企業へ移転しようとした。その後，請負制と資産経営責任制という新たな政策が順次導入され，企業が経営自主権を徐々に有するに至った。

請負制のもとでは，国有企業の管理監督当局（政府の代理人である業種管理部局，財務税制部門および地方政府部門）と経営者の間で3～5年程度の契約

を締結する。経営側は政府に対して契約期間中，一定の利潤上納の義務を負い，設備更新投資など一連の目標も与えられ，達成状況に基づき経営者の経営業績が査定される。上納利潤を上回って獲得された超過収益はその大部分が企業内部に留保され，ボーナスや従業員福利に充当された。

その後の資産経営責任制のもとでは，契約期間が1年に変更され，請負制のもとでは企業ごとに監督管理当局との交渉によって利潤上納額が決められたのに対し，原則として一律33％の所得税で置き換えられることになった。このような改革はインセンティブの面で大きく改善されたが，経営者による企業資産の毀損や国有資産の流出など，所有者権益が侵害される事態が惹起した。

4.3 制度型企業制度

1993年以降には，現代企業制度の確立を目指して，競争的な市場環境の整備とともに法律に決められた特定の会社機関の整備を図る方向性が示され，株式会社あるいは有限会社の企業形態が取り入れられ，制度型企業制度が確立した。政府は1993年に「会社法」を公布し，1994年7月からこれを施行した。この「会社法」によると，出資者の有限責任を前提として，国は他の出資者と平等の地位に立ち，出資比率に基づき株主総会において議決権を行使する。企業の機関としては，株主総会，取締役会，代表取締役そして監査役会が定められた。このうち，株主総会は経営に高い関心を有する零細株主が多く参加することによって経営者への規律づけが期待され，また，取締役会はより適切な仕組みによって，支配株主からの独立性と有効性を発揮することが求められた。このように会社をめぐる利害関係者の利益や責任は，法律や法規により規定されるようになった。しかしながら，政府の関与は依然として根強く，取締役会の有名無実化や，経営者支配と権力の濫用等の問題が解決できないため，国有資産の流出や企業パフォーマンスの低下の懸念が依然として存在した。

以上のように中国における企業制度は，時代の変化に沿って自国における企業モデルの規範化に向かっている。また，「会社法」の制定などによって，外国の経験を参考にしながら中国の状況を踏まえて自国の法律制度を構築していった。

4.4 中国におけるコーポレート・ガバナンスの制度改善

中国では，1993年12月の「会社法」に引き続き，1998年12月に「証券法」が制定された。また，中国証券監督管理委員会は，1997年12月に「上場会社定款ガイドライン」，1999年10月には「上場会社における財務情報開示の質の向上に関する通達」，2001年5月には「上場会社の株主総会に関する規範意見」，2001年8月には「上場会社における社外取締役制度の確立に関する指導意見」を公表した。さらに，最も強制力があるのは，証券監督管理委員会と国家経済貿易委員会が2002年1月に公布，施行した「上場会社コーポレート・ガバナンス原則」である。この原則の目的は，上場会社の現代企業制度を確立し整備することと，上場会社の適正な運営を確保し，証券市場の健全な発展を促進することにあり，国内の上場会社に適用されている。

近年においては，中国政府は2010年から国有企業に対する年度評価に経済的付加価値（EVA）指標を導入した。EVA評価の制度設計は，これまでの資本コストを無視するような経営スタイルを改め，出資者への企業価値提供の経営スタイルを形成させるとともに，研究開発重視という革新的企業への変身や，コア事業への専念にインセンティブを提供するように目指されている。このように，国有企業に対する経営業績評価の客観性や透明性が格段に高まってきたのにとどまらず，そのような評価を通じて国有企業の効率的で持続的な成長モデルへの転換が図られようとしている。また，かつての計画と命令という国有企業のガバナンス手法から，インセンティブという市場メカニズムに基づくガバナンス手法への政策変化が読み取れる。

平田（2002）は，中国においてコーポレート・ガバナンスが重要視された理由として，次の3つをあげている。第1は，1993年11月にミクロ的視点に立った社会主義市場経済の建設を目指して，現代企業制度の確立が提唱され，国有企業を中心とする企業改革が推進されてきたことである。この現代企業制度を確立し整備するための基盤として，コーポレート・ガバナンスが注目されているのである。第2は，上場会社において，会社資産の不正流用や粉飾決算，虚偽情報の開示，相場操縦，インサイダー取引などの不祥事が多発し，証券市場の崩壊を招く恐れが出てきたことである。上場会社の経営を健全にし，証券市場の育成と発展，投資家の保護を図るために，経営の監視，開示のルール作

りが強く求められるようになってきたことである。第3は，2001年11月中国のWTO加盟により，中国企業は国内外において外国の多国籍企業と競争するためにも，コーポレート・ガバナンスの改革によって自ら国際競争力を強化する必要を迫られていることである。

5. 実証分析

　本節では，中国上場企業2,855社を対象として，コーポレート・ガバナンスの考え方が中国で広く浸透してきた2010年から2015年に至る期間を対象に，機関投資家の持株比率と企業パフォーマンスとの関係を考察する。先行研究は，いずれも機関投資家全体に着目しているのに対して，ここでは機関投資家全体に加えて，その構成要素である証券投資基金，保険会社，年金基金といった国内機関投資家とともに，適格外国機関投資家の投資行動にも着目して分析を行う。機関投資家の持株比率と投資先企業のパフォーマンスの関係から，コーポレート・ガバナンスにおける機関投資家の役割を推し量ることができるというのが，基本的な考え方である。なお，機関投資家の持株比率が高いほど，企業のパフォーマンスが改善するというのが，基本仮説となっている。

　機関投資家の持株比率と企業のパフォーマンスの間には，仮説とは逆の因果関係も想定される。すなわち，機関投資家はパフォーマンスが良好な企業の株式に積極的に投資するという関係である。本節では，機関投資家の持株比率など回帰分析の説明変数に1期のラグを用いることによって，この問題を緩和している。

　被説明変数は，企業パフォーマンスを表す総資産利益率（ROA），自己資本利益率（ROE）そして売上高3年間成長率（GR）である。計測モデルとしては，機関投資家全体の持株比率（機関）を説明変数とするモデル（下の（1）式）と，その構成要素である証券投資基金の持株比率（基金），保険会社の持株比率（保険），年金基金の持株比率（年金），QFIIの持株比率（$QFII$）を説明変数とするモデル（下の（2）式）を，それぞれ用いた。また，両モデルとも，企業規模を表す変数である売上高（$SIZE$），財務状況を示す変数である負債比率（ALR），そしてキャッシュフローと総資産の比率（CF/GA）をコントロ

表 5.4 記述統計

	ROA	ROE	GR	機関	基金	保険
平均値	5.37	9.21	72.78	23.54	7.77	2.7
中央値	4.37	8.38	39.37	21.35	0.88	0
標準偏差	7.55	13.59	170.59	25.95	10.18	2.42
最小値	−84.01	−101.2	−100.03	0	0	0
最大値	156.01	148.84	3,534.74	98.2	82.02	93.01
データ数	13,844	13,844	13,844	13,844	13,844	13,844

	年金	QFII	SIZE	ALR	CF/GA
平均値	2.34	1.77	8.81E+09	43.98	0.044
中央値	0	0	1.19E+09	43.71	0.045
標準偏差	1.23	0.81	7.12E+10	23.05	0.173
最小値	0	0	0	0	−11.056
最大値	27.06	16.18	2.88E+12	189.73	2.457
データ数	13,844	13,844	13,844	13,844	13,844

ール変数とし,年次ダミー(YEAR)も導入している。

具体的な計測式は,次の通りである。

$$ROA_{it} \text{ or } ROE_{it} \text{ or } GR_{it} = \alpha_0 + \alpha_1\,機関_{it-1} + \alpha_2\,SIZE_{it-1} + \alpha_3\,ALR_{it-1}$$
$$+ \alpha_4(CF/GA)_{it-1} + \alpha_5\,YEAR_{it} + \varepsilon_{it} \quad (1)$$

$$ROA_{it} \text{ or } ROE_{it} \text{ or } GR_{it} = \alpha_0 + \alpha_1\,基金_{it-1} + \alpha_2\,保険_{it-1} + \alpha_3\,年金_{it-1} + \alpha_4\,QFII_{it-1}$$
$$+ \alpha_5\,SIZE_{it-1} + \alpha_6\,ALR_{it-1} + \alpha_7(CF/GA)_{it-1}$$
$$+ \alpha_8\,YEAR_{it} + \varepsilon_{it} \quad (2)$$

データは国泰安数拠服務中心と万徳(WIND)から入手している。表5.4では,分析で使用している各変数の記述統計を整理している[5]。

機関投資家全体の持株比率を説明変数とした回帰分析の結果は,表5.5に整理されている。機関投資家全体の持株比率が,ROA, ROE, 売上高3年間

---

5) なお,各変数間の相関マトリックスにおいて,計測モデルの各説明変数間に絶対値で0.2を上回るような高い相関関係が存在しないことを確認している。

表 5.5 機関投資家持株比率を説明変数とするモデル

	ROA			ROE			GR		
	係数	t 値	有意性	係数	t 値	有意性	係数	t 値	有意性
機関	0.0360	14.812	***	0.0577	12.707	***	0.1358	2.352	**
SIZE	1.98E-12	2.289	**	6.80E-12	4.208	***	-3.49E-11	-1.695	*
ALR	-0.0793	-29.312	***	-0.0246	-4.872	***	0.1560	2.426	**
CF/GA	0.1166	0.332		0.3993	0.609		6.3944	0.766	
年ダミー	YES			YES			YES		
adj. R^2	0.1035			0.0352			0.0077		
データ数	13,844			13,844			13,844		

注:***,**,*はそれぞれ1%,5%,10%水準で有意であることを示す.

表 5.6 証券投資基金,保険会社,年金基金,QFII の持株比率を説明変数とするモデル

	ROA			ROE			GR		
	係数	t 値	有意性	係数	t 値	有意性	係数	t 値	有意性
基金	0.0629	10.275	***	0.1241	10.905	***	2.4436	17.043	***
保険	-0.0456	-1.785	*	-0.0013	-0.028		-1.4064	-2.348	**
年金	-1.9272	-9.908	***	0.0753	10.374	***	-0.9472	-6.790	***
QFII	0.1240	1.623		0.6891	4.850	***	-0.8836	-0.494	
SIZE	3.34E-13	0.385		3.64E-12	2.255	**	-2.73E-11	-1.341	
ALR	-0.0840	-31.273	***	-0.0322	-6.445	***	0.3153	5.003	***
CF/GA	0.0242	0.069		0.2152	0.328		5.6437	0.683	
年ダミー	YES			YES			YES		
adj. R^2	0.1165			0.0448			0.0377		
データ数	13,844			13,844			13,844		

注:***,**,*はそれぞれ1%,5%,10%水準で有意であることを示す.

成長率に及ぼす影響をみると,ROAとROEに対しては1%水準で有意であり,また売上高3年間成長率に対しては5%水準で有意であることが確認された。それらの係数の符号はすべてプラスであることから,機関投資家の持株比率が高ければ高いほど,企業のROA,ROEそして売上高3年間成長率は有意に向上するという結果である。

次に,機関投資家を細分化して,証券投資基金の持株比率,保険会社の持株比率,年金基金の持株比率そしてQFIIの持株比率を説明変数とする計測結果は,表5.6で示している。このうち,証券投資基金の持株比率は,ROA,

ROE,売上高3年間成長率のいずれに対しても,1%水準で有意にプラスの影響を及ぼしていることが観察された。これに対して,保険会社の持株比率の係数は,3つのモデルのすべてでマイナスであり,そのうちROAのモデルでは10%水準そして売上高3年間成長率のモデルでは5%水準で,それぞれ有意となっている。つまり,保険会社の持株比率が高いほど,総じて企業のパフォーマンスにはマイナスの影響が及ぶという計測結果である。

また,年金基金の持株比率に関しては,モデルによって異なる結果が得られている。すなわち,ROEの係数はプラスかつ1%水準で有意であるが,ROAと売上高3年間成長率の係数はマイナスかつ1%水準で有意となっている。さらに,QFIIの持株比率は,ROEに対しては1%水準で有意にプラスとなっているものの,ROAと売上高3年間成長率のモデルでは,有意な係数は得られていない。

6. 考　察

前節では,中国の機関投資家の持株比率が,各企業のコーポレート・ガバナンスに与える影響を通じて,各企業のROA,ROEそして売上高3年間成長率に及ぼす影響を,定量的に分析した。機関投資家全体の持株比率を説明変数とするモデルに加え,代表的機関投資家である証券投資基金,保険会社,年金基金そしてQFIIのそれぞれの持株比率を説明変数とするモデルを採用した。その結果,機関投資家全体の持株比率が高いほど,ROA,ROEそして売上高3年間成長率が高まることが明らかになった。これは,機関投資家の持株比率が高いほど,企業のパフォーマンスが改善するという基本仮説を支持する結果である。

機関投資家の内訳についてみると,証券投資基金は一番規模の大きい機関投資家として,機関投資家全体と同様にROA,ROEそして売上高3年間成長率に対して有意にプラスの影響を与えていることが明らかになった。これは,証券投資基金を積極的に発展させるという政策方針のもとで,中国における証券投資基金業界は急成長し,企業へのプラスの影響力が強まりつつあることを示唆するものである。

一方，保険会社，年金基金そして QFII の影響力は限定的である。その理由として，保険会社，年金基金そして QFII は，中国の株式市場において投資歴がまだ短く，加えて持株比率が必ずしも大きいとはいえないため，コーポレート・ガバナンスにおける影響力が小さいことが考えられる。また，保険会社と年金基金の持株比率は，ROA および売上高 3 年間成長率に対してマイナスの影響を及ぼしていることについては，以下のような解釈が考えられる。それは，保険会社と年金基金は，投資収益の獲得以上に企業間関係を重視し，投資先企業との取引関係を維持することに高い関心を有する。そのような状況の中では，企業経営に反対意見を表明すると，取引関係に悪影響を与えることを懸念して，反対意見の表明に消極的になるのではないかと考えられる。

また，QFII に関しては，第 3 節で述べた通り，近年に至るまで各種の投資制限が設けられていたため，その影響力も限定的であった可能性があるのに加え，情報の非対称性問題が大きいと思われる。すなわち，海外の機関投資家が中国企業について，収益性やリスクを適切に評価するうえでの質量ともに豊富な情報を蓄積することは必ずしも容易ではなく，結果的によく知られた大企業，海外売上高比率が高い企業あるいはアメリカ預託証券（American depository receipt：ADR）[6] を発行している企業などを投資先として選択する。しかしながら，このような外形的基準に過度に依存した投資先決定では，的確なモニタリング活動を果たしているとはいえないこととなる[7]。

以上のように，中国においては，証券投資基金のように株式保有が企業パフォーマンスにプラスの影響を与えている機関投資家もあるが，逆に企業パフォーマンスにマイナスの影響を及ぼす保険会社や年金基金のような機関投資家も

---

[6] ADR 方式は，非アメリカ企業がアメリカ市場で株式を発行する場合に，直接的に株式を発行する方式よりもむしろ広く用いられているものであり，NYSE や Nasdaq などに上場しようとする際には，その企業は自社株を銀行に預託し，その預託証券（ADR）を発行して販売するという形式をとる。NYSE や Nasdaq に上場することを目的に ADR を発行する企業は，アメリカの一般会計原則（generally accepted accounting principles：US GAAP）や証券法にしたがうとともに，証券取引委員会（SEC）への登録や報告を施さなければならない。

[7] もっとも，年金基金と QFII の持株比率は，ROE に対しては高い有意性でプラスの係数を示している。これは，年金基金と QFII による企業モニタリングの有効性を示しているというよりは，年金基金と QFII が，株主利益の代表的指標である ROE の高い企業に，長期的に投資していることの表れであるように思われる。

存在する。そのため，機関投資家を全体としてみれば，持株比率が高いほど企業パフォーマンスが向上するとはいうものの，コーポレート・ガバナンスを改善するという面における機関投資家の役割が，十分に発揮できているとは考えにくい。その理由としては，不合理な株主構成，機関投資家のインセンティブ不足そして機関投資家の株式への投資制限などが考えられる。以下では，これらの問題を考察する。

6.1 不合理な株主構成

多くの先進国では，機関投資家をはじめとする法人による高い持株比率と良好な会社業績とが，有効に結びついている。機関投資家の持株比率が高くなると株式を短期的に売りぬくのが困難となるため，機関投資家は株式を長期保有し，議決権を利用して投資先会社の経営に各種の提案を行うなど積極的な行動をとるようになる。経営をモニタリングするインセンティブと能力とを併せ持つ機関投資家による会社経営への関与は，長期的な企業価値の増大に貢献するという考え方が，世界的に浸透している。

しかしながら，中国においては事情が異なると，霍麗艶（2010）は指摘する。すなわち，中国の現状では流通株の株主構成の面で，圧倒的に個人が多数を占めている。また，上場会社は成長期にあり，内部資金を設備投資などに回したり内部に蓄積したりすることを優先し，株主への配当を相対的に抑制する傾向がある。こうした配当政策は大株主によって支持され，その結果，個人株主は市場での株価の動向にのみ関心を持ち，より短期的なリターンを追求することとなる。このような結果，中国の株式市場は，投機的な色彩が強くなり，長期保有になじみにくい性質となっている。機関投資家が投資先のガバナンス面での役割を効果的に発揮しうる基本的な前提は，投資先の株式を大量かつ長期に保有するということであれば，現在の中国においてはその前提は実現しにくい。

6.2 機関投資家のインセンティブ不足

機関投資家が投資先企業のコーポレート・ガバナンスに積極的に関与するか否かは，機関投資家のインセンティブに左右されている。また，機関投資家には，投資先企業の株主としての側面と，受益者のために資金を運用する受託者

としての側面とがある。こうした両面性は，機関投資家のコーポレート・ガバナンスにおいて果たす役割に重要な影響を与えている。

しかしながら，現在の中国における機関投資家が，株主一般の長期的な利益を図るために積極的に経営モニタリングを行うことはあまり期待しがたい。なぜなら，第1に，中国の機関投資家がまだ総じて黎明期にあり，毎期の運用実績を受益者に明確に示すために，短期的な利益のために行動する傾向が強い点が指摘できる。その結果，海外の先進諸国の類似の機関投資家と比較すれば，現在の中国の各種機関投資家の投資期間は総じて短く，取引頻度が高いという短期投資が比較的明確に現れている。

第2に，近年，前述の通り機関投資家の役割は拡大しつつあり，証券投資基金が主要投資家の一角を形成し始めると同時に，市場に及ぼす影響力を増大させている事実は否定できない。しかしながら，保険会社，年金基金の株式市場への投資規模は依然として小さい。したがって，機関投資家がコーポレート・ガバナンスに関与する強いインセンティブを持つには，現状機関投資家の持株比率が十分に高いとはいえないという背景がある。さらに，現在の各種機関投資家の投資政策，投資対象等は類似性が高く，市場の長期的かつ健全な発展の阻害要因となっている。

したがって，個々の機関投資家の資産規模を拡大するとともに，機関投資家全体の層を厚くすることによって，合理的な投資尺度に基づいて投資判断をするとともに，期中のモニタリング活用を適切に実施することができるような機関投資家を育成していくことが，今後の中国の金融体制改革事業における重要な課題である。

6.3　機関投資家の株式への投資制限

QFII以外のすべての機関投資家は政府の指導のもとで設立されたものであって，その上級管理機関は政府のもとに置かれている保険監督管理委員会と証券監督管理委員会そして中国人民銀行などである。そのため，機関投資家の内部制度が，保険監督管理委員会，証券監督管理委員会そして中国人民銀行などの管理機関によって作られ，機関投資家自体の発展が国家によって制約されている。

政策面では，中国政府は機関投資家の株式投資に制限を設けている。現在表面的には，その制限は2種類ある。第1は，機関投資家がある企業の株式を持つ場合，その株式の時価総額の10%以上を持ってはいけないという制限である。第2は，機関投資家の株式への総投資額が機関投資家の資産総額の10-20%までという制約である。しかしながら，実際には，政府は機関投資家に対して株式への投資より国債や金融債権などへの長期投資を促している。

7. おわりに

　機関投資家のコーポレート・ガバナンス面での役割を考察するための実証分析によって，次の事実が明らかになった。

　最初に，機関投資家全体の持株比率は，収益性や成長性といった企業パフォーマンスにプラスの影響があることが確認された。次に，機関投資家を主要な主体別に細分化してその効果をみると，証券投資基金の持株比率は，収益性や成長性といった企業パフォーマンスに高い有意性でプラスの影響を及ぼしていることが観察された。これに対して，保険会社の持株比率は，総じて企業のパフォーマンスにマイナスの影響が及ぶという計測結果であった。また，年金基金の持株比率に関しては，モデルによってプラスとマイナスの異なる結果が得られた。さらに，QFIIの持株比率は，ROEに対しては1%水準で有意にプラスとなっているものの，そのほかの指標に対しては，有意な係数は得られなかった。

　中国はまだ資本市場の発展の初期段階にあり，成熟した市場と比べると，中国資本市場は法制度や規範意識そして市場参加者の競争力および規制枠組みの点で遅れている。また，中国資本市場の発展は，まだ完全に中国の経済発展の要請を満たしているわけではない。中国が株式市場を創設し，また市場経済を導入して間もないという現状のもとで，コーポレート・ガバナンスの構築はまだ緒についたばかりである。経営学のテキストにあるような「欧米型」や「日本型」といわれるような，近代的なコーポレート・ガバナンスのモデルが構築されるようなことは，現在の状態では考えにくい。しかも，中国企業のコーポレート・ガバナンスには，まだ深刻な問題が存在する。例えば，尚福林

(2009) が指摘したように，上場企業の中には，その財産，人員，経営の面で形式的に大株主から独立した体制をとりながら，事実上は大株主の干渉を大きく受け，これによって支配されるものが存在する。一部の少数大株主は，株主総会，取締役会，経営陣に諮ることなく，その企業の人事，日常の経営そして経営政策策定に直接関与し，利害者間の取引等を通じて企業利益を損なうこともある。

　また，上場企業のコーポレート・ガバナンスだけではなく，機関投資家にもさまざまな問題がみられる。証券市場の発展に伴い，中国の証券投資基金の規模は急速に拡大したものの，中国の証券投資基金に投資する投資家の構造，投資方式および投資理念は，海外の資本市場におけるものと大きく異なる。すなわち，証券投資基金への投資家の主体は個人投資家であり，このことはおよそ半分近くが機関投資家によって保有されているアメリカと比較すると，対照的となっている。そのことは，証券投資基金の規模や運用が，個人投資家の購入や解約の影響を大きく受けて不安定になることを意味する。安定的な長期資金の供給不足の影響を受け，証券投資基金の規模拡大が制約されているうえ，長期投資戦略の策定が困難で，市場を安定させる機能の発揮が制約されている。

　証券投資基金と比較すれば，保険会社と年金基金が株式市場に投資している金額は小さく，市場に及ぼす影響も小さい。先進市場と比べると社会保障制度の発達が遅れており，資本市場に実際に投資されている保険会社や年金基金の資金規模や構成比は，比較的低いままである。これらの機関投資家の発達が遅れていることと資本市場への関与度合いが小さいことは，中国市場における長期機関投資家不足の背景となっている。

　また，QFII政策の実施は，海外投資家の市場参入により株主構成の合理性を図り，中国企業のガバナンス改善につながることが期待されるが，国内会社のガバナンスの不健全さおよび会社情報の透明性の欠如などを背景として，海外投資家の中国市場に対する信頼があまり高くないため，結果として海外の機関投資家による市場への参入は積極的には進まず，期待されているガバナンス改善の効果の実現を妨げる要因となりかねない。

　このような問題を改善するために，範岳（2008）は以下のような提案をしている。まず，証券投資基金に関しては，同基金に資金を拠出する投資家の構造

を改革し，長期的かつ理性的に投資するように投資家を誘導しなければならない。現状では中国の証券投資基金に投資している投資家は，全般的に投資歴が短く，投資理念が未熟で，短期投資あるいは投機に走りやすい。そこで，投資家教育の強化を通じて，証券投資基金に投資する投資家に中長期投資と理性的投資の意識を植え付けることによって，短期的な投機行動を抑制しその投資判断が市場の一時的変動に影響されることを極力抑えるようにする。

　また，保険会社は保険料資金の資本市場での投資比率を高め，資本市場におけるシェアを拡大することで，機関投資家としての存在感を高める必要がある。さらに，年金基金は老後保障体制と養老保険口座の体系を整備すると同時に，しっかりとした運用管理体制を構築すべきと考えられる。加えて，保険会社と年金基金はモニタリング能力の向上を図らなければならない。そのために，機関投資家として経営者と対等に渡り合い，積極的に株主提案や議決権を行使することが求められている。QFII に関しては，その規模を確実に拡大し，QFIIと資本市場の連動メカニズムを確立することが重要である。さまざまなタイプの適格外国機関投資家を中国市場に定着させることによって，海外の成熟した投資理念と投資戦略を中国市場へ導入することができる。

　自由と競争を基本とする市場経済においてコーポレート・ガバナンスを改善するには，市場経済の重要なルールの一つである投資家保護関連の法制度を強化するとともに，市場経済の重要なプレーヤーである機関投資家が，投資先企業の経営を適切にモニタリングすることが重要である。中国において，現状多くの克服すべき課題がありそれらの改善にはまだ時間がかかるものの，将来機関投資家の成長とともに，より良いコーポレート・ガバナンスの構築が期待される。

参考文献

Admati, Anat R. and Paul Pfleiderer (2009), "The "Wall Street Walk" and shareholder activism: Exit as a form of voice," *Review of Financial Studies*, 22, 2445-2485.
Berglöf, Erik and Enrico Perotti (1994), "The Governance Structure of the Japanese Financial Keiretsu," *Journal of Financial Economics*, 36, 259-284.
Bethel, Jennifer, Julia Liebeskind and Tim Opler (1998), "Block share purchases and corpo-

rate performance," *Journal of Finance*, 53, 605-634.
Brav, Alon, Wei Jiang, Frank Partnoy and Randall Thomas (2008), "Hedge fund activism, corporate governance, and firm performance," *Journal of Finance*, 63, 1729-1775.
Clay, Darin G. (2002), "Institutional ownership and firm value," *SSRN Working Paper*.
Denis, David J. and Jan M. Serrano (1996), "Active Investors and Management Turnover Following Unsuccessful Control Contests," *Journal of Financial Economics*, 40, 239-266.
Edmans, Alex (2009), "Blockholder trading, market efficiency, and managerial myopia," *Journal of Finance*, 64, 2481-2513.
Franks, Julian R. and Colin Mayer (2001), "Ownership and Control of German Corporations," Centre for Economic Policy Research Discussion Paper Series, No. 2898.
Gorton, Gary and Frank A. Schmid (2000), "Universal Banking and the Performance of German Firms," *Journal of Financial Economics*, 58, 29-80.
Holderness, Clifford G. and Dennis P. Sheehan (1985), "Raiders or saviors? The evidence on six controversial investors," *Journal of Financial Economics*, 14, 555-579.
Kang, Jun-Koo and Anil Shivdasani (1995), "Firm Performance, Corporate Governance, and Top Executive Turnover in Japan," *Journal of Financial Economics*, 38, 29-58.
Kaplan, Steven N. and Bernadette A. Minton (1994), "Appointments of Outsiders to Japanese Boards: Determinants and Implications for Managers," *Journal of Financial Economics*, 36, 225-258.
Klein, April and Emanuel Zur (2009), "Entrepreneurial shareholder activism: Hedge funds and other private investors," *Journal of Finance*, 64, 187-229.
McConnell, J. J. and H. Servaes (1995), "Equity Ownership and the Two Faces of Debt," *Journal of Political Economy*, 39, 131-157.
Mullainathan, Sendhil and Marianne Bertrand (2001), "Are CEOs Rewarded for Luck? The Ones Without Principals Are," *Quarterly Journal of Economics*, 116(3), 901-932.
Parrino, Robert, Richard W. Sias and Laura T. Starks (2003), "Voting with their feet: Institutional ownership changes around forced CEO turnover," *Journal of Financial Economics*, 68, 3-46.
Prowse, Stephen D. (1992), "The Structure of Corporate Ownership in Japan," *Journal of Finance*, 47, 1121-1140.
Shivdasani, Anil (1993), "Board Composition, Ownership Structure, and Hostile Takeovers," *Journal of Accounting and Economics*, 16, 167-198.
Shleifer, A. and R. Vishny (1986), "Large Shareholders and Corporate Control," *Journal of Political Economy*, 94(3), 461-488.
Yafeh, Yishay and Oved Yosha (2003), "Large Shareholders and Banks: Who Monitors and How?" *Economic Journal*, 113, 128-146.
宮島英昭（2015），「企業統治制度改革の視点：ハイブリッドな構造のファインチューニングと劣位の均衡からの脱出に向けて」RIETI Policy Discussion Paper（15-P-011）。

平田光弘（2002），「中国企業のコーポレートガバナンス」『経営論集』第57巻，93-103。
範岳（2008），「中国証券市場における投資家構造の分析と改善案」『季刊中国資本市場研究』夏号，12-20。
霍麗艶（2010），「中国の企業統治における機関投資家の役割とその課題」『四天王寺大学紀要』第9号。
李維安・李浜（2008），「機構投資者介入公司治理効果的実証研究」『南開管理評論』11(1)。
李秀宓（2000），「コーポレートガバナンスにおける機関投資家の役割（二・完）―アメリカ法を中心として」『法学』64巻(5)号。
穆林娟・張紅（2008），「機構投資者持股与上市公司業績相関性研究」『北京工商大学学報』(7)，76-82。
肖星・王琨（2005），「機構投資者持股与関聯方占用的実証研究」『南開管理評論』。
尚福林（2009），『中国資本市場の発展―2020年への挑戦』中央経済社。
孫傑（2007），「中国における機関投資家の発展と課題」季刊『中国資本市場研究』Autumn。
孫凌姍・劉健（2006），「機構投資者在公司治理中的作用―基于中国上市公司的実証研究」『蘭州商学院学報』22(3)，90-94。
王美（2014），「中国生命保険会社の健全性監督の変遷とソルベンシー指標における金利リスクの評価」『生命保険論集』188号，55-68。
王瑩（2011），「機構投資者持股対于上市公司治理的影響―来自A股市場的実証研究」『商業文化月刊』(1)，145-146。

第３部　ESG：環境と障害者雇用

第6章　ESGと財務パフォーマンス*
――日本の製造業の財務指標と気候変動要因に関する分析――

花崎正晴・井槌紗也・張嘉宇

1. はじめに

近年 ESG に関する地球規模での関心が高まっている。これは，人類がサステナブルな発展を続けていくうえで，環境（Environment：E），社会（Society：S）そしてガバナンス（Governance：G）の3つの要素が最重要であるとの認識のもと，国連などの国際機関による積極的な取り組みはもちろんのこと，今日では機関投資家等の投資行動や一般企業の経営のあり方に，それら3つの要素に十分配慮しようという動きがみられている。

それでは，本書の主題であるコーポレート・ガバナンスと ESG の問題は，どのように関連していると理解するべきであろうか？　本書の序章においてコーポレート・ガバナンスの問題の出発点は，企業の所有者である株主と企業経営を委託されている経営者との利害対立の問題を緩和し，株主の利益に合致した経営を経営者に志向させるためのメカニズムをどのように設置，機能させるかにあることを指摘した。

しかし企業組織の効率的な稼動という観点に立つと，株主の利益のためにいかにして経営者を規律づけるかという問題は，コーポレート・ガバナンスに関する多くの問題の一つであるに過ぎない。実際，企業はさまざまなステークホルダーの相互連関に依存して操業しており，その効率的な稼動を達成するためには，必ずしも株主利益の極大化が最も望ましい企業経営原理であるとは限らな

---

* 本章は，花崎・児山・張（2018）を，加筆，修正したものである。

い。

　例えば，気候変動の問題を考えてみよう。気候変動の問題には，火山の噴火や太陽活動の変動といった自然要因に起因するものもあるが，近年重要性を増しているのは，産業革命以来の化石燃料の使用量増加に伴い，大気中に二酸化炭素（CO_2）などの温室効果ガスが蓄積し，地球温暖化や異常気象を引き起こすという問題である[1]。この問題においては，温室効果ガスを排出する主体にとってのステークホルダーは，地球に生存する人類すべてであり，より正確にいえば現在生存している人類のみならず将来誕生する人類，さらにいえば人類に限らず動植物等すべての生物や環境そのものが，ステークホルダーであるとみなすことができる。このように，ESG を重視して企業経営に取り組むアプローチは，ステークホルダー型のコーポレート・ガバナンスの究極的なモデルであると位置づけることができる。

　このような温室効果ガスを排出する主体としての企業とその影響を受ける各種のステークホルダーとの関わり合いの重要性は，21 世紀に入る頃から欧米を中心に認識され，企業の社会的責任（Corporate Social Responsibility：CSR）の概念に関する関心の高まりとして表れてきた。また，このような企業の CSR 活動を重視し支援する目的で実施される株式投資および債券投資などが，社会的責任投資（Socially Responsible Investing：SRI）である[2]。もっとも近年では，SRI の概念はより社会性や公益性を高めており，経済社会のサステナビリティを重視し，環境や社会に望ましいインパクトを及ぼす責任投資という意味で，Sustainable, Responsible and Impact Investing という用語が定着している。

　さらに，2006 年には当時の国際連合事務総長であるコフィー・アナンのイニシアチブのもと責任投資原則（Principles for Responsible Investment：PRI）

---

1) 地球温暖化に伴う異常気象の発生については，宇沢・細田（2009）の序章を参照。
2) アメリカにおける SRI の専門家組織である Social Investment Forum では，SRI を次の3つに分類している。第1は，対象銘柄の環境および社会的側面の評価に基づいて，株および債券へ投資する（Social Screening）。第2は，株主の立場から経営陣との対話，議決権行使そして株主提案などを実施し，企業に社会的な行動をとらせるように働きかける（Shareholder Advocacy）。第3は，主に地域の貧困層の経済的支援のために投融資を実施する（Community Investing）。

が提唱され，機関投資家の投資判断に環境・社会・ガバナンス（Environmental, Social and Governance：ESG）課題を反映し，責任ある投資を実現すべきであるという世界共通のガイドラインが策定された。国連の PRI が投資家や金融市場の参加者に浸透する過程で，ESG 要因を投資ポートフォリオに組み込む動きが本格化し，ESG 要因に基づく投資は ESG 投資と呼ばれるようになった。その結果，従来の SRI という用語よりも ESG 投資という用語が，一般的に浸透するに至っている。

本章では，CSR を投資家の立場から支援する ESG 投資の動向を概観し，それらに関する先行研究をサーベイするとともに，ESG の中でも環境（Environment）の要素に着目し，地球温暖化問題に対する対応度合いと企業の財務パフォーマンスとの関係性に関する 2 種類の分析を実施する。第 1 は，温室効果ガス排出量に関する Thomson Reuters Datastream 社の ASSET4 ESG DATA に基づく分析であり，第 2 は，「温室効果ガス排出量算定・報告・公表制度」のデータに基づく分析である。

2. ESG 投資の拡大とその背景

2.1 ESG 投資の動向

サステナブル投資に関する国際的組織である Global Sustainable Investment Alliance が隔年に発行する *Global Sustainable Investment Review* によると，世界の ESG 投資残高は，2012 年の 13.3 兆ドルから 2014 年には 18.3 兆ドル，2016 年には 22.9 兆ドルそして 2018 年には 30.7 兆ドル[3] と飛躍的に増加している（表 6.1）。

地域別にみると，ヨーロッパではその金額が 2012 年時点で 8.8 兆ドルと世

---

3) もっとも，この 30.7 兆ドルという金額は，現実に存在する投資残高とは異なる点は注意を要する。すなわち，この金額の中には，ネガティブ・スクリーニング（negative/exclusionary screening）という投資戦略に基づくものが 20.0 兆ドル含まれている。これは，伝統的には，たばこ，アルコール，武器，ギャンブルなどにかかる産業や企業への投資を除外する投資手法であり，近年には CO_2 等の排出につながる石炭火力等の発電プラントを有する電力会社や自家発電企業への投資を拒絶する機関投資家も増加しつつある。

表6.1　世界のESG投資額の推移

(単位：10億ドル，%)

	2012年	2014年	2016年	2018年
ヨーロッパ	8,758（49.0）	10,775（58.8）	12,040（52.6）	14,075（48.8）
アメリカ	3,740（11.2）	6,572（17.9）	8,723（21.6）	11,995（25.7）
カナダ	589（20.2）	729（31.3）	1,086（37.8）	1,699（50.6）
日本	10（−）	7（−）	474（3.4）	2,180（18.3）
アジア（除．日本）	30（0.6）	45（0.8）	52（0.8）	−（−）
オセアニア	134（12.5）	148（16.6）	516（50.6）	734（63.2）
合計	13,261（21.5）	18,276（30.2）	22,890（26.3）	30,683（−）

注：実額．カッコ内は総投資残高に占める割合。
出所：*Global Sustainable Investment Review*, 2012，2014，2016，2018年版。

界のESG総額のおよそ3分の2を占め，2018年においても14.1兆ドルと世界全体ESG投資の半分近くを占めている。また，ヨーロッパでは，すべての投資額の中でESG投資額が占めるウェイトは，2012年に49%，2014年に59%，2016年に53%そして2018年には49%となっており，概ね約半分がESGによって占められていることがわかる。

　世界最大の投資立国であるアメリカにおいては，ヨーロッパとは異なり非ESG投資が依然として主流であり，ESG投資の全投資額に占めるウェイトは2018年時点でも26%にとどまっている。それでも，アメリカのESG投資金額は，2012年時点の3.7兆円から2018年にはその3倍を上回る12.0兆円まで著増しており，ヨーロッパの水準に迫りつつある状況である。また，カナダおよびオセアニアにおいても，ESG投資は近年大幅に増えており，2018年には，ともに総投資額の過半をESG投資が占めている。

　これらの諸国に比べて，日本の投資家のESG投資に対する関心は，2000年代に入っても低かったといわざるをえない。それを如実に示すように，2012年と2014年の日本のESG投資額は微々たるものであった。しかしながら，2016年には5千億ドル弱とそれ以前に比べれば増加し，2018年には2.2兆ドルとカナダを上回る水準にまで著増しており，日本のESG投資もようやく黎明期を迎えたと評価できよう[4]。もっとも，日本のESG投資額の総投資額に占める比率は，2018年時点でも18%にとどまっていることから，日本のESG

投資の潜在力は極めて高いと評価することができよう。

2.2 国連の PRI

　このように欧米を中心に，ESG 投資が近年盛り上がりをみせている有力な背景として，2006 年に当時の国際連合事務総長であるコフィー・アナンのイニシアチブのもと責任投資原則（Principles for Responsible Investment：PRI）が策定されたことがあげられる。国連環境計画によって主導された責任投資原則は，企業に地球環境，人権，腐敗といった一連の普遍的な原則を経営方針や戦略に組み込むよう呼びかけるとともに，資本市場が環境や社会課題の重要性に鋭敏に対応するよう促進するための世界共通のガイドラインである。具体的には，PRI の署名機関となった機関投資家等の投資判断に ESG 課題を反映させることによって，署名機関が国連環境計画・金融イニシアチブ（UNEP FI）と協力して，ESG 投資を通じて PRI を実践に移すことを目的としたものである。

　PRI の中で言及され，以後普及していった ESG 指標は，具体的には次のようなものがあげられる。
- E（環境）指標：温室効果ガスの排出，廃棄物排出，エネルギー使用量，SOx・NOx 排出量，水使用，再生エネルギーの使用，資源の再資源化，環境方針の策定，環境情報開示状況，生物多様性
- S（社会）指標：労働環境，機会均等の方針，従業員の健康と安全，人権制度，人権への取り組み全般，労働組合と従業員の経営参加，サプライチェーンの労働環境，地域社会との関わり
- G（ガバナンス）指標：取締役会の構成，社外取締役の比率，女性取締役の比率，ステークホルダーに対する責任，倫理規定，腐敗防止策の方針

　PRI の署名機関は，発足当初の 2006 年末時点では世界全体で 91 にとどまっていたが，2010 年末時点では 502，2014 年末時点では 1,068 そして 2018 年末時点では 2,224 と飛躍的に増加している[5]。その結果，署名機関の運用資産総

4）　世界全体でみると，ESG 投資総額の中でネガティブ・スクリーニングに基づく投資割合がおよそ 2/3 を占めることは脚注 3 で述べたが，日本ではその比率が 2018 年時点で 7.4％ と極めて低いという特徴がみられる。

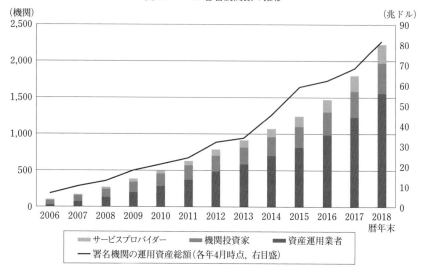

図6.1 PRI署名機関数の推移

出所：PRIウェブサイト（https://www.unpri.org）のデータに基づき作成。

額は，2006年4月の6.5兆ドルから2018年4月には81.7兆ドルと，大きな伸びを示している（図6.1）。

なお，日本のPRI署名機関数は，2014年末時点では29と，アメリカ（171）やイギリス（149）はもちろん，南アフリカ（37）やブラジル（32）にも及ばない世界で12番目という少なさであった。そののち，2015年9月に世界最大の機関投資家である年金積立金管理運用独立行政法人（GPIF）[6]がPRIに署名したのを契機に署名機関数は増加し，2019年3月時点では70の署名機関数（世界第10位）に達している[7]。

---

5) 2018年末時点の機関性格別内訳は，資産運用業者1,558，機関投資家405，サービスプロバイダー261である。
6) 2018年末時点でのGPIFの運用資産残高は，151兆円に達する。
7) トップはアメリカ（441）であり，以下イギリス（351），フランス（201），オーストラリア（141），カナダ（123），オランダ（106），スウェーデン（97），スイス（89），ドイツ（85）の順番である。また，日本以外のアジアの国と地域では，香港（26），中国（22），シンガポール（20）が，それぞれ2桁の署名機関数となっている。

2.3 京都議定書とパリ協定

　機関投資家などの地球環境問題に対する関心の高まりは，温暖化問題の国際的な枠組みの形成によって促進された。その第1段階は，1997年12月に京都で開かれた国連気候変動枠組条約第3回締約国会議（COP3[8]）で採択された京都議定書である。京都議定書は，先進国が排出する CO_2 等の6種類の温室効果ガス[9]について，法的拘束力のある数値目標[10]を各国ごとに設定した画期的なものであった[11]。しかしながら，アメリカの離脱（2001年）や経済発展とともに温室効果ガス排出が増大する中国等の発展途上国が規制の枠組みに入っていなかったことなど，問題点や限界もみられた。しかしながら，京都議定書は世界で初めての温室効果ガスの削減を目指した国際的取り決めであったこと，次に述べるパリ協定に向けての道筋をつける役割を果たしたことなど，その意義は高い。

　地球規模での気候変動の問題が一層深刻化するなか，気候変動に関する政府間パネル（IPCC）[12]が，2013年から2014年にかけて公表した第5次評価報告書は，CO_2 など人為起源の温室効果ガスの排出が，20世紀半ば以降の観測された温暖化の支配的な原因だと結論した。このような科学的知見の蓄積を背景に，2015年12月にパリで開催されたCOP21において，新たな気候変動対策に関する法的文書として，すべての国が参加し長期目標を位置づけ，またすべての国が温室効果ガス排出削減目標を5年ごとに提出・更新することを義務づけることが定められた画期的なパリ協定が採択された。パリ協定は，「世界的な平均気温上昇を産業革命以前に比べて2℃より十分低く保つとともに，1.5℃に抑える努力を追求すること」や「今世紀後半の温室効果ガスの人為的な

---

8) COPとは，Conference of Parties の略で，国際協定の当事者である国々による会議という意味である。
9) 6種類の温室効果ガスとは，二酸化炭素（CO_2）のほかに，メタン（CH_4），一酸化二窒素（N_2O），3種類のフロン類（HFC，PFC，SF_6）が含まれる。
10) 主な国別削減目標は，EU 8％，アメリカ7％，日本6％である。
11) 京都議定書が発効するためには，批准した先進国の CO_2 の排出量が1990年時点の55％以上にならなければならないというルールがあった。ところが，2001年にアメリカが議定書への参加を拒み離脱したため，発効されない状態が続いた。しかし，ロシアが2004年11月に批准したことによってアメリカ抜きでも CO_2 の排出量が61％を超えて，2005年2月16日に京都議定書は発効した。
12) 1988年に世界気象機関（WMO）と国連環境計画（UNEP）によって設立された組織である。

排出と吸収の均衡」を掲げ、すべての国に削減目標・行動の提出・更新が義務付けられるなど、地球温暖化対策は新たなステージに入ったと高く評価できる[13]。

3. 先行研究

本節では、CSR および ESG 投資に関する先行研究を、主に財務パフォーマンスとの関係から実証的に分析した文献を中心に紹介する。

3.1 CSR に関する先行研究

Berman, Wicks, Kotha and Jones (1999) は、ステークホルダー[14]と経営との関わり合いについて、2つのモデルを提示して、どちらのモデルがより当てはまるのかを実証的に考察している（図6.2）。第1のモデルは、戦略的ステークホルダー管理モデル (strategic stakeholder management model) である。このモデルでは、各種のステークホルダーに関する経営陣の関心の性質や程度は、その関心によって当該企業の財務パフォーマンスを改善できるかどうかの認識力によって決定されると考える。このモデルは、直接効果モデルと調整モデルに細分化される。第2のモデルは、本質的ステークホルダー関与モデル (intrinsic stakeholder commitment model) である。このモデルでは、企業はそもそも、各種のステークホルダーへ積極的に対応するために規範的に関わる存在であると考える見方である。そしてステークホルダーとの関与の仕方が、企業の戦略を形成し、結果的に財務パフォーマンスに影響を及ぼすと考える。

Berman, Wicks, Kotha and Jones (1999) の実証分析のサンプルとしては、Fortune 500 のトップ 100 企業が選ばれ、CSR のデータは、KLD データベースから抽出されている。ステークホルダー関係を表す変数として従業員、自然環境、従業員の多様性、製品の質および安全性、地域コミュニティという5つ

---

13) パリ協定の詳細は、環境省 (2016) に詳しい。
14) この論文では、ステークホルダー関係において重要視される要素としては、従業員、自然環境、従業員の多様性、製品の安全性、地域コミュニティがあげられている。

図6.2 2つのステークホルダー管理モデル

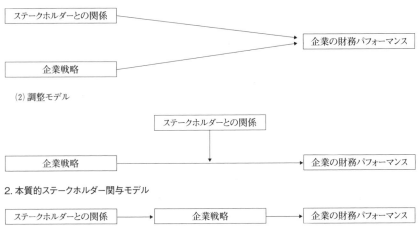

出所：Berman, Wicks, Kotha and Jones (1999).

の要素が導入され，それらの要素がROAにどのような影響を及ぼすのかについて，戦略的ステークホルダー管理モデルと本質的ステークホルダー関与モデルに即して，実証分析が展開されている。その結果，5つのステークホルダー関係の要素の中では，従業員と製品の質および安全性の2つの要素のみが，収益性に有意にプラスの影響を及ぼすこと，戦略的ステークホルダー管理モデルは支持されるものの，本質的ステークホルダー関与モデルは支持されないことが，それぞれ明らかにされている。

また，Servaes and Tamayo (2013) は，CSRと企業価値および顧客意識 (customer awareness) との関係を分析している。彼らの仮説は，顧客意識が高いという企業属性は，CSRが企業価値に及ぼすインパクトを高めるというものである。ここで顧客意識の高さは，広告集約度（広告費/売上高比率）によって測られている。つまり，広告集約度の高い企業の顧客は，当該企業のCSR活動をより強く意識し，CSR活動に対する反応も大きいというのである。CSR活動に関するデータをKLDデータベースから入手し，1991年から2005

年にかけての 400 社から 2,000 社に及ぶアメリカ企業のアンバランスドパネルデータセットに基づく計測により，次の結果が得られている。顧客意識が高い企業では，CSR とトービンの Q で表される企業価値とがプラスに相関するが，顧客意識が低い企業では両者の関係はマイナスか統計的に有意ではないかのいずれかである。また，それ以前の評判[15]が悪い企業に関しては，CSR と企業価値との関係はむしろマイナスであることも示されている。

　伝統的な企業論では，会社は株主価値を最大化するために運営されると考えられている。その延長線上でのエージェンシー理論に基づくと，CSR 活動は会社の資源の浪費であるとみなされていた。一方，このような経営者と株主間のエージェンシー問題に焦点を当てる見方と対照的に，CSR 活動は良好なガバナンスによって特徴づけられる企業によって，積極的に展開されるという見方がある。Ferrell, Liang and Renneboog (2016) は，MSCI (Morgan Stanley Capital International) などによるグローバルな CSR および ESG に関するデータベースを用いて，CSR 活動がエージェンシーの見解と良好なガバナンスの見解のいずれかが妥当するするのかを考察している。その結果，積極的な CSR 活動は，過剰な現金保有を抑制し，業績と経営者報酬との連動性を高める効果を生んでいること，また，CSR 活動は，株主の権利の法的保護や支配株主による零細株主の搾取を防ぐ効果も発揮していることを，それぞれ明らかにしている。さらに，エージェンシー問題があまり存在しない企業に関しては，CSR とトービンの Q との間に正の相関が存在することも示されている。

　さらに，Liang and Renneboog (2017) は，CSR 格付が，どのような要因によって影響を受けているのかを分析した論文である。彼らが着目した要素は，次の 5 つである。第 1 は，それぞれの国の法の起源 (legal origin) である。La Porta, Lopez-de-Silanes, Shleifer and Vishny (1998) は，世界各国の法制度には大陸法 (civil laws)[16] を起源とする国々と英米法 (common laws)[17] を起源

---

15) 企業の評判の代理変数としては，*Fortune* 誌の "America's Most Admired Companies" のランキングが用いられている。
16) ローマ法を淵源として，成文法主義を特色とし，主にヨーロッパ大陸諸国に伝播したもの。
17) ゲルマン法を淵源として，慣習や判例からなる common law という概念を中心として成り立ち，イギリスから主に英連邦諸国に伝播したもの。

とする国々とに大別され，大陸法に基づく国は，さらにフランス civil law に基づく国々（フランス，インドネシア，フィリピンなど），ドイツ civil law に基づく国々（ドイツ，日本，韓国など）そしてスカンジナビア civil law に基づく国々（北欧諸国）に分かれるとした。そして，各国の法の起源の違いによって投資家保護制度の強さや弱さといった特徴が規定されることを明らかにした。Liang and Renneboog（2017）はこの考え方を援用し，法の起源として，英米法，フランス civil law，ドイツ civil law，スカンジナビア civil law に，ロシアや中国など（旧）社会主義国の法律（socialist law）を起源とする国々を加えて，それらの法の起源の違いが，CSR の格付に及ぼす影響を分析している。

彼らが採用するその他の要素としては，第2に各国の政治制度（political institutions）に関する諸変数[18]，第3に各企業に対する大株主所有の程度[19]，第4に各企業の財務指標[20]，そして第5に1人当たり GDP やグローバル化指標といったその他の国レベル変数である。MSCI データベースから，世界114か国の23,000社をサンプルとする計測の結果，法の起源に関する変数が，その他の変数に比べて，CSR 格付を有意に説明することを明らかにしている。具体的には，大陸法を起源とする国々は，英米法を起源とする国々に比べて CSR 格付が高く，とりわけスカンジナビア civil law の国々が最も高いことが示されている。加えて，企業不祥事や自然災害[21]勃発時には，大陸法を起源とする国々ではより CSR の実践を積極化するとの結果も得られている。

Lins, Servaes and Tamayo（2017）は，近年注目度を増しているソーシャル・キャピタル（social capital）[22]の概念に着目した分析である。彼らは，各企業のソーシャル・キャピタルの蓄積度合いが，当該企業の CSR 集約度によ

---

18) 具体的には，政治的執行に関する制約（political executive constraints），汚職の制御（corruption control），世銀による規制の質（regulatory quality），ヘリテージ財団による経済の自由度指数（Heritage Index of Economic Freedom）が用いられている。

19) 具体的には，政府，事業法人，年金ファンド，投資会社，従業員，海外投資家，そして大株主所有の合計が，用いられている。

20) 具体的には，企業規模，ROA，そしてトービンの Q である。

21) 具体的には，中国の牛乳における不純物混入スキャンダル（2009年），メキシコ湾原油流出事故（2010年），そしてインド洋津波（2005年）といった事象である。

って測定することができるという考え方に基づき，2008年から2009年の世界金融危機の期間を対象に，CSRと企業パフォーマンスとの関係を考察している。CSRデータは，MSCI ESG 統計データベースのCSR格付データに基づいており，最終的に1,673社のアメリカ企業を分析対象としている。分析の結果，CSRに積極的な企業は，消極的な企業に比べて株式リターンが高く，収益性，成長性，従業員1人当たり売上高が，それぞれ高いことが示されている。これらの結果は，ソーシャル・キャピタルに対する長年の投資に基づき企業と投資家を含むさまざまなステークホルダーとの間で構築された信頼関係が，経済危機の際に有効に働くものであると解釈されている。

3.2 ESG投資に関する先行研究

ESG投資に関しては，PRIが普及するにしたがって，学術論文でも主題として取り上げられることも増えている。以下では，近年の研究を中心に紹介する。

UNEP FI and Mercer（2007）は，20の学術論文を取り上げて，環境や社会の要素と投資パフォーマンスとの関係を，ネガティブ，中立，ポジティブの3種類に分類した。20本の中でESG投資のパフォーマンスをネガティブであると結論づけた論文は3本，ポジティブと結論づけたのは10本，その他は中立であるとした。つまり，ESG投資が投資パフォーマンスの観点から悪いとした研究は少ないというのが，当報告書の結論である。

Iwata and Okada（2011）は，日本の製造業企業を対象に，廃棄物排出と温室効果ガス排出が財務パフォーマンスに及ぼす影響を分析した研究である。期間は，2004年から2008年であり，東洋経済新報社のCSRデータベースなどからデータを取得している。廃棄物排出は財務パフォーマンスには影響を及ぼ

---

22) ソーシャル・キャピタルの概念は，多面的に使われておりその定義もまちまちである。OECDの研究プロジェクトの成果物である Scrivens and Smith（2013）は，ソーシャル・キャピタルに関する先行研究からそれぞれの定義を明らかにするとともに，ソーシャル・キャピタルを計測可能な4つのカテゴリーに分類，解釈している。それらは，個人的関係（personal relationships），社会ネットワークによる支援（social network support），市民としての活動（civic engagement），そして信頼と協働規範（trust and cooperative norms）である。

さないものの，温室効果ガス排出の抑制は，財務パフォーマンスを改善するというのが，彼らの研究の主要な結論である。

また，Velte（2017）は，ドイツのプライム・スタンダード[23]に上場する80数社の2010-14年の412観測データを対象に，ESGパフォーマンスと財務パフォーマンスとの関係を考察したものである。とりわけ，ESGを環境，社会そしてガバナンスの3つの要素に分解して，財務パフォーマンスとの関係を分析している点が，独創性のあるところである。分析の結果，次の主要な結論が得られている。ESGパフォーマンスは，ROAにはプラスの影響を及ぼすものの，トービンのQには影響を与えない。また，3要素の中では，ガバナンス要素が5％の有意水準を示す一方で，環境と社会的要素は，10％の有意水準にとどまっている。

さらに，Verheyden, Eccles and Feiner（2016）は，ESGに基づいて選択された投資ポートフォリオが，2種類の基準となるポートフォリオに比較して，どのようなパフォーマンスを実現しているのかを検証したものである。基準となる2種類のポートフォリオは，"Global All"と"Global Developed Markets"である。このうち，"Global All"は23の先進国と23の新興国の大型および中堅株で構成され，グローバルな投資可能な株式のおよそ85％を占めるものである。また，"Global Developed Markets"は，23の先進国の大型および中堅株で構成され，先進諸国の株式市場のおよそ85％を占めるものである。分析の結果，ESGに基づき選択された4種類の投資ポートフォリオのうち3種類において，基準となるポートフォリオの収益性を上回り，リスクで調整したリターンにおいても，3種類のESGに基づくポートフォリオが，"Global All"と"Global Developed Markets"より優れたパフォーマンスを示していることが明らかとなった。また，日次のリターンの分布をみると，ESGに基づくポートフォリオでは，極端にマイナスのリターンが顕在化するといういわゆるテイルリスクを減少させるという効果がみられる。彼らは，ファンド・マネージャーにとって，ESG情報は，リスクとリターンとのトレードオフを改

---

[23] ドイツ取引所の市場区分の中で，情報開示基準が最も厳格で透明性の高い市場を，prime standardと呼ぶ。

表6.2 ESGに関する神話と現実

myth（神話）	reality（現実）
1. 企業が環境および社会的課題に取り組むことは，資本収益率および長期の株主価値を低下させる。	・ESGに関する課題の中で，企業価値に関連するものは，原材料と呼ばれる一部のものに限られる。また，ESGの観点から原材料を管理するための手段そしてそれを実現するための投資は，収益を改善するとともに株式収益率を高める効果を発揮する。
2. ESGは，国連のPRIに基づく60兆ドルを超える資本市場における投資資産として，主流の投資管理手法に統合される途上にある。	・60兆ドルのうち，ESGデータとして正式にカウントされるのは，およそ3分の1である。投資戦略として広く利用されているのは，投資不適格な会社を排除するネガティブ・スクリーニングなどの審査制度である。
3. 会社は，その株式を購入する投資家に影響を及ぼすことができない。	・会社は，サステナビリティ戦略を構築し，統合報告書を利用することによって，株主構成に影響を及ぼすことができる。
4. ESGデータのインフラが不十分であるため，ESGを考慮に入れてファンダメンタル分析を実施することは不可能である。	・近年良質なESGデータの利用可能性は大いに高まっている。会社，投資家，証券取引所そしてNGOなどが，ESGデータにインフラ整備に重要な役割を果たしている。
5. ESGはリスク管理に関する事柄である。	・今日では長期の企業価値を高め，売り上げを増加させる手法としてESGを利用する会社が，数多く存在する。
6. ESGを投資ポートフォリオ構築のうえで考慮することは，受託者責任の原則に反している。	・政策当局は，現在受託者責任の法的解釈の改革に着手している。アメリカでは，ESGが経済価値に関連した事項であることを認める声明が公表されている。

出所：Kotsantonis, Pinney and Serafeim（2016）．

善するうえで，有用な手段となりえると指摘している。

最後に，Kotsantonis, Pinney and Serafeim（2016）は，従来流布していたESGに関するネガティブな認識は神話に過ぎず，現実にはESGが収益性や企業価値の面でも，重要な要素であることを明らかにしている。彼らの議論の詳細は表6.2に整理されている通りであり，企業が環境や社会的課題に取り組むことは，収益性や企業価値の面でマイナスとなるなどの定説が誤りであり，ESGと収益性は両立しうることを指摘している。

4. ASSET4 ESG DATA に基づく分析

本節では，ESG 指標の中でも環境要因に着目し，温室効果ガスの排出と財務パフォーマンスとの関係を実証分析で明らかにする。すなわち，日本企業にとって，地球温暖化問題に配慮して温室効果ガスの排出を抑制することは，利益を減らすコストなのかあるいは長期的に企業価値を高める便益なのか，について考察しようとするものである。

4.1　分析概要

分析上主要な変数となる気候変動要因の指標として，各企業の温室効果ガス排出量を総資産で標準化した値を「温室効果ガス排出規模」とし，温室効果ガス排出規模の推移と企業パフォーマンスとの関係について分析する。ただし，ここでは温室効果ガス排出規模が企業パフォーマンスに影響を及ぼすか否かという両者の因果関係の問題を明らかにすることを目的とするものではない。両者の関係には，強い内生性が存在する可能性があるからである。むしろ，投資家の立場からみて，環境要因に着目した投資が長期的に相応のリターンを生み出す可能性があるのか否かを，考察しようというのが主な狙いである。

各社ごとの温室効果ガス排出量のデータは，Thomson Reuters Datastream 社の ASSET4 ESG DATA より取得した。具体的には，ASSET4 ESG DATA の中の "CO_2 Equivalents Emission Total" というデータ名の指標を用いている。その定義は，"Total CO_2 and CO_2 equivalents emissions（CO_2 と CO_2 同等物の合計）" であり，詳細としていくつかのプロトコルで CO_2 排出量が報告されている場合には，GHG プロトコルを優先させ，スコープ1とスコープ2の合計の数値を記載するということである[24]。

分析対象は，東証第一部上場製造業のうち，TOPIX-17 における業種区分

---

24) GHG プロトコルとは，世界的に認められた温室効果ガス排出量算定のガイドラインである。スコープ1は，事業者が所有または管理するものから直接排出される温室効果ガスであり，スコープ2は電気，蒸気，熱の使用に伴い発生する温室効果ガスのことである。

図 6.3 産業別の温室効果ガス排出規模の推移

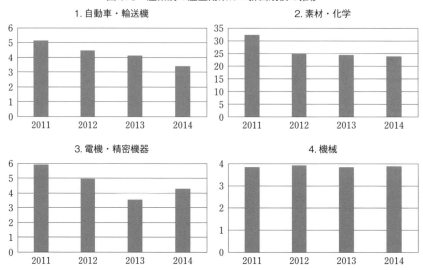

にしたがって，自動車・輸送機，素材・化学，電機・精密機器，機械の4つの産業に分類される企業であり，その中で，温室効果ガスの排出量等のデータが取得可能であった企業をサンプルとした。なお，業種ごとのサンプル数は，自動車・輸送機57（19社），素材・化学95（32社），電機・精密機器126（42社），機械51（17社）である。なお，各社の財務データに関しては，SPEEDAより取得した。

今回の分析において最重要な変数である温室効果ガス排出規模の近年の推移を確認すると（図 6.3），自動車・輸送機，素材・化学，電機・精密機器の3業種では総じて低下傾向が観察され，温室効果ガス排出の抑制努力が産業全体として進んでいることがわかった。一方，機械産業では大きな変化はみられなかった。

計測アプローチとしては，温室効果ガス排出規模の3年間の増減が，その翌年の財務指標と連関性があるか否かについて産業別に回帰分析を行う。すなわち，温室効果ガス排出に関しては，2009年から2014年までの期間を対象とし，次の3通りの時間軸のデータについてパネル分析を実施する。

第6章 ESGと財務パフォーマンス

表6.3 変数の定義

変数名	定義
ROA	（営業利益/年度末総資産）*100
ROE	（当期純利益/年度末株主資本）*100
ROS	（営業利益/売上高）*100
Tobin's Q	（負債＋年度末時価総額）/年度末総資産
CO2_a	温室効果ガス排出規模（＝温室効果ガス排出量/年度末総資産）の3年間の変化
ln_asset	年度末総資産の対数値
invest	（年度末有形固定資産−前年度末有形固定資産）/年度末有形固定資産
sales_3	3年間の売上成長率（％）
debt	（年度末負債/年度末総資産）*100
cash	（年度末現預金同等物/年度末総資産）*100
turnover	年度末総資産/売上高
PR	（配当総額/当期純利益）*100
year_2015	2015年度の年次ダミー
year_2014	2014年度の年次ダミー

① （2012年度排出規模−2009年度排出規模）と2013年度の財務パフォーマンス
② （2013年度排出規模−2010年度排出規模）と2014年度の財務パフォーマンス
③ （2014年度排出規模−2011年度排出規模）と2015年度の財務パフォーマンス

各企業の財務パフォーマンスを示す指標として，ROA，ROE，ROS，トービンのQを用い，それぞれ被説明変数としている。右辺の説明変数としては，温室効果ガス排出規模の変化（CO2_a）に加えて，コントロール変数として，企業規模を総資産の対数値（ln_asset），企業の投資行動を表す有形固定資産の増減率（invest），成長性を表す3年間の売上成長率（sales_3），財務の健全性度合いを表す負債比率（debt），手元流動性を表す現預金総資産比率（cash），効率性を表す総資産回転率（turnover），株主還元を表す配当性向（PR）を導入する。3期間のデータをプールしているので，②の期間に2014年度ダミー（year_2014），また③の期間に2015年度ダミー（year_2015）を入れる。各変数の定義については表6.3，各変数の産業別の記述統計については付表6.1に，それぞれ示している。

4.2 分析結果

産業ごとの計測結果は，表6.4に整理されている。各表の最初の行には，被説明変数として用いられている4種類のパフォーマンス指標（ROA，ROE，ROS，トービンのQ）が示されている。

自動車・輸送機産業と機械産業では，温室効果ガス排出規模の変化を表すCO2_aの係数が，概ね統計的に有意にマイナスである。これは，中期的な温室効果ガス排出規模の削減が大きい企業ほど，パフォーマンス指標が優れていることを意味するものである。すなわち，ROA，ROE，ROSといった企業の収益性に関する指標に加え，トービンのQという金融資本市場を反映した企業価値指標にも有意な結果が得られた。つまり，これらの産業では，温室効果ガス削減の企業行動と企業の収益性には正の連関があり，さらには，金融市場でもそれが評価されているということである[25]。

一方，素材・化学産業では，温室効果ガス排出規模の変化を表すCO2_aの係数は，一部のみ統計的に有意にマイナスであり，電機・精密機器産業では，すべてのモデルでCO2_aの係数は有意とはなっていない。これらの産業では，温室効果ガスの削減と企業パフォーマンスはポジティブな関係であるという証拠はみられないものの，ネガティブな相関も存在しないことを意味する。

このように，回帰分析の結果は，業種間でかなり異なっている。その背景としては，まず自動車・輸送機産業と機械産業では製品そのものが温室効果ガス排出との関連が高く，国際的な気候変動への意識の高まりとともに特に企業努力が必要とされている業種であったことが考えられる。また，図6.3でみてとれるように，素材・化学産業においては，温室効果ガス排出規模が近年で25程度と，他の業種（最近時点では5以下）と比べて突出して高いという構

---

[25] Thomson Reuters Datastream では，温室効果ガス排出規模のデータ取得可能数に制限があり，サンプル・セレクション・バイアスの可能性が指摘できる。したがって，その問題を考察するために，データ取得可能企業とデータが取得できない上場企業で財務パフォーマンスに有意な差があるか否かについての統計的な検定（t 検定）を実施した。その結果，データ取得可能企業の方が，概ね有意に企業パフォーマンスが良いという結果が得られた。これは，データが取得できる相対的にパフォーマンスが良好な企業のサンプルのみで，排出量削減が一部の業種で良好なパフォーマンスにつながっているという結果が得られたということは，すべての上場企業をサンプルとして分析すると，さらに環境投資の効果が高く表れる可能性があることを示唆するものであると解釈できる。

表6.4　計測結果

1. 自動車・輸送機

	(1) ROA	(2) ROA	(3) ROE	(4) ROE	(5) ROS	(6) ROS	(7) トービンのQ	(8) トービンのQ
CO2_a	−0.650 ***	−0.528 **	−0.849 **	−0.714 *	−0.429 **	−0.495 **	−0.0353 **	−0.0327 **
	(−3.04)	(−2.39)	(−2.16)	(−1.79)	(−2.17)	(−2.32)	(−2.32)	(−2.12)
ln_asset	−0.457		−0.405		0.429		0.00345	
	(−1.48)		(−0.71)		(1.50)		(0.16)	
invest	−0.208 ***		−0.299 ***		−0.116 ***		−0.0111 ***	
	(−4.52)		(−3.54)		(−2.74)		(−3.39)	
sales_3	0.00485	0.0181	0.0182	0.0337	−0.0113	−0.00318	0.000424	0.00128
	(0.13)	(0.49)	(0.26)	(0.51)	(−0.32)	(−0.09)	(0.16)	(0.49)
debt	−0.114 ***	−0.104 ***	0.0658	0.0959	−0.137 ***	−0.102 ***	−0.00219	−0.000572
	(−3.22)	(−3.06)	(1.01)	(1.56)	(−4.18)	(−3.10)	(−0.87)	(−0.24)
cash	−0.121		−0.250		−0.172 **		−0.0103	
	(−1.36)		(−1.53)		(−2.09)		(−1.62)	
turnover		4.690 ***		6.132 ***		−0.705		0.211 ***
		(4.21)		(3.05)		(−0.66)		(2.71)
PR	−0.0250	−0.0400 *	−0.159 ***	−0.181 ***	−0.0313 *	−0.0251	−0.000608	−0.00141
	(−1.28)	(−1.91)	(−4.43)	(−4.79)	(−1.73)	(−1.24)	(−0.44)	(−0.96)
year_2015	0.377	0.291	−0.745	−1.055	0.0930	−0.611	−0.0447	−0.0570
	(0.36)	(0.27)	(−0.38)	(−0.54)	(0.10)	(−0.58)	(−0.59)	(−0.75)
year_2014	1.474	−0.0978	1.498	−0.782	0.915	−0.200	0.145 **	0.0603
	(1.53)	(−0.11)	(0.85)	(−0.48)	(1.03)	(−0.23)	(2.12)	(0.96)
_cons	26.10 ***	8.229 ***	27.65 ***	4.768	13.49 ***	14.19 ***	1.513 ***	0.908 ***
	(5.14)	(3.35)	(2.96)	(1.07)	(2.87)	(5.98)	(4.18)	(5.29)
$\overline{R^2}$	0.392	0.339	0.366	0.335	0.313	0.185	0.206	0.169
データ数	57	57	57	57	57	57	57	57

2. 素材・化学

	(1) ROA	(2) ROA	(3) ROE	(4) ROE	(5) ROS	(6) ROS	(7) トービンのQ	(8) トービンのQ
CO2_a	−0.0672 *	−0.0298	−0.0960	−0.0426	−0.0685	−0.0928 **	−0.00333	0.00676
	(−1.94)	(−0.75)	(−1.53)	(−0.65)	(−1.52)	(−2.23)	(−0.56)	(0.92)
ln_asset	−0.858 ***	−0.376	−1.338 ***	−1.073 *	−0.916 **	−0.238	−0.0974 **	−0.0473
	(−3.08)	(−1.12)	(−2.65)	(−1.91)	(−2.52)	(−0.67)	(−2.02)	(−0.76)
invest	0.0360 **	0.00297	0.0180	−0.00490	0.0527 **	0.0172	0.00872 ***	0.00467
	(2.30)	(0.16)	(0.63)	(−0.16)	(2.57)	(0.87)	(3.22)	(1.34)
sales_3	0.0483 *	0.0897 ***	0.0803 *	0.122 **	0.0383	0.0523 *	0.00571	0.0141 **
	(1.88)	(3.12)	(1.72)	(2.54)	(1.14)	(1.72)	(1.29)	(2.62)
debt		−0.0735 ***		−0.0157		−0.159 ***		−0.00497
		(−3.86)		(−0.50)		(−7.94)		(−1.40)
cash	0.227 ***		0.139 **		0.278 ***		0.0359 ***	
	(6.48)		(2.19)		(6.05)		(5.91)	
turnover	5.372 ***		7.547 ***		−2.951 *		1.142 ***	
	(4.35)		(3.37)		(−1.83)		(5.34)	
PR	−0.00470	−0.00497	−0.0181 **	−0.0210 **	−0.00800	−0.00202	0.000376	−0.00008
	(−1.00)	(−0.90)	(−2.12)	(−2.28)	(−1.30)	(−0.35)	(0.46)	(−0.08)
year_2015	1.764 ***	2.048 ***	1.769 *	2.070 **	1.411 **	1.441 **	0.123	0.211 *
	(3.32)	(3.34)	(1.83)	(2.03)	(2.03)	(2.23)	(1.34)	(1.85)
year_2014	−0.436	−0.638	0.278	0.177	−0.478	−0.782	0.0996	0.0785
	(−0.87)	(−1.09)	(0.30)	(0.18)	(−0.72)	(−1.26)	(1.14)	(0.72)
_cons	9.615 **	13.54 ***	16.65 **	21.95 ***	18.70 ***	16.95 ***	0.863	1.772 **
	(2.51)	(3.11)	(2.40)	(3.02)	(3.74)	(3.69)	(1.30)	(2.18)
$\overline{R^2}$	0.530	0.363	0.260	0.153	0.484	0.545	0.477	0.181
データ数	95	95	95	95	95	95	95	95

注：括弧内はt値。***，**，*は，それぞれ1％水準，5％水準，10％水準で有意であることを示す。

表6.4　計測結果（つづき）

3.　電機・精密機器

	(1) ROA	(2) ROA	(3) ROE	(4) ROE	(5) ROS	(6) ROS	(7) トービンのQ	(8) トービンのQ
$CO2\_a$	0.0773	−0.0109	−0.160	−0.244	0.0829	−0.0835	0.0209	0.00891
	(0.44)	(−0.06)	(−0.57)	(−0.75)	(0.32)	(−0.32)	(0.69)	(0.28)
ln_asset	0.0553		0.265		0.264		0.00994	
	(0.18)		(0.53)		(0.58)		(0.19)	
invest		0.00832		0.0571 *		−0.00846		0.00149
		(0.42)		(1.71)		(−0.32)		(0.45)
$sales\_3$	0.128 ***		0.163 ***		0.169 ***		0.0152 ***	
	(5.95)		(4.72)		(5.36)		(4.12)	
debt		−0.0760 ***		−0.0268		−0.156 ***		−0.00800 **
		(−3.83)		(−0.80)		(−5.85)		(−2.44)
cash	0.0884 **		0.109 *		0.139 ***		0.0156 ***	
	(2.57)		(1.97)		(2.74)		(2.63)	
turnover	3.622 ***		9.938 ***		−1.871		0.0278	
	(2.94)		(5.00)		(−1.03)		(0.13)	
PR	−0.00199	−0.0161	−0.0180	−0.0442 *	0.00545	−0.00490	−0.00262	−0.00331
	(−0.16)	(−1.14)	(−0.88)	(−1.86)	(0.29)	(−0.26)	(−1.20)	(−1.42)
$year\_2015$	2.375 ***	1.866 **	3.662 ***	3.318 **	2.698 **	1.883	0.1000	0.0379
	(2.98)	(2.09)	(2.84)	(2.21)	(2.30)	(1.58)	(0.73)	(0.26)
$year\_2014$	0.328	1.028	2.248 *	2.967 **	0.717	1.778	0.0602	0.157
	(0.42)	(1.21)	(1.80)	(2.09)	(0.63)	(1.17)	(0.45)	(1.12)
$\_cons$	−1.610	9.842 ***	−9.923	8.794 ***	−0.280	14.14 ***	0.753	1.789 ***
	(−0.32)	(7.91)	(−1.24)	(4.20)	(−0.04)	(8.47)	(0.88)	(8.70)
$\bar{R}^2$	0.288	0.113	0.308	0.0657	0.249	0.223	0.161	0.0371
データ数	126	126	126	126	126	126	126	126

注：括弧内はt値。＊＊＊，＊＊，＊は，それぞれ1％水準，5％水準，10％水準で有意であることを示す。

造的な違いがみられる。しかし，削減規模自体では，素材・化学産業は，他産業に比べて高い水準にあり，気候変動に対する取り組みは積極的になされていると評価できる。今後は，そのような企業努力が，収益性の向上につながることを期待したい。最後に，日本の電機・精密機器産業は，近年国際競争力の低下が叫ばれ，収益性は思わしくない。その結果，温室効果ガス排出の削減努力は総じてみられるものの，収益性の向上と両立するのは難しいという事情があるものと考えられる。

5.　日本の温室効果ガス排出量に基づく分析

　日本では，2006年度から地球温暖化対策の推進に関する法律に基づく「温室効果ガス排出量算定・報告・公表制度」がスタートし，温室効果ガスを多く排出する者（特定排出者）に，自らの温室効果ガスの排出量を算定し，国に報

第6章 ESGと財務パフォーマンス

表6.4 計測結果（つづき）

4. 機械

	(1) ROA	(2) ROA	(3) ROA	(4) ROE	(5) ROE	(6) ROE	(7) ROS	(8) ROS	(9) ROS	(10) トービンのQ	(11) トービンのQ	(12) トービンのQ
$CO2\_a$	-0.731 **	-0.621 **	-0.535 *	-1.436 **	-1.452 **	-1.414 **	-0.812 *	-0.707 **	-0.450	-0.108 ***	-0.0909 **	-0.0842 **
	(-2.45)	(-2.23)	(-1.85)	(-2.64)	(-2.54)	(-2.51)	(-1.97)	(-2.02)	(-1.00)	(-3.21)	(-2.57)	(-2.36)
ln_asset	-0.166			0.0411			-0.269			-0.0743 *		
	(-0.44)			(0.06)			(-0.52)			(-1.75)		
$invest$		0.0549 **	0.0440 *		0.0407	0.0301		0.0626 **	0.0471		0.00469	0.00441
		(2.36)	(1.80)		(0.85)	(0.63)		(2.15)	(1.23)		(1.59)	(1.45)
$sales\_3$	0.00207	0.00228	0.000853	0.0386	0.0423	0.0415	0.0135	0.000981	0.000611	-0.000530	-0.000414	-0.000506
	(0.10)	(0.12)	(0.04)	(1.03)	(1.10)	(1.09)	(0.48)	(0.42)	(0.20)	(-0.23)	(-0.17)	(-0.21)
$debt$		-0.0443 **			-0.0189			-0.134 ***			-0.00348	
		(-2.30)			(-0.48)			(-5.56)			(-1.42)	
$cash$			-0.0347			-0.0642			0.0391			0.00202
			(-1.02)			(-0.96)			(0.73)			(0.48)
$turnover$	1.491			5.975 *			-7.089 ***			0.442 **		
	(0.82)			(1.80)			(-2.82)			(2.14)		
PR	-0.0148 *	-0.0118	-0.0173 **	-0.0221	-0.0200	-0.0238	-0.0174	-0.00642	-0.0189	0.000590	0.000570	0.000275
	(-1.89)	(-1.63)	(-2.34)	(-1.55)	(-1.35)	(-1.66)	(-1.61)	(-0.71)	(-1.64)	(0.67)	(0.62)	(0.30)
$year\_2015$	-0.232	-0.0314	0.458	-1.508	-1.543	-1.180	-0.584	-0.717	0.314	-0.201 *	-0.174	-0.151
	(-0.24)	(-0.03)	(0.48)	(-0.87)	(-0.82)	(-0.64)	(-0.45)	(-0.63)	(0.21)	(-1.87)	(-1.50)	(-1.28)
$year\_2014$	-0.000201	0.0133	0.191	-0.884	-0.990	-0.930	-0.0846	-0.162	0.424	0.0509	0.0453	0.0608
	(-0.00)	(0.02)	(0.26)	(-0.64)	(-0.69)	(-0.66)	(-0.08)	(-0.18)	(0.37)	(0.60)	(0.51)	(0.67)
$\_cons$	7.831	8.010 ***	6.610 ***	3.212	8.741 ***	8.951 ***	18.17 **	14.24 ***	7.635 ***	1.831 ***	1.285 ***	1.097 ***
	(1.59)	(7.19)	(7.08)	(0.36)	(3.82)	(4.92)	(2.68)	(10.19)	(5.24)	(3.29)	(9.09)	(9.49)
$\overline{R^2}$	0.143	0.289	0.219	0.224	0.178	0.191	0.179	0.435	0.0412	0.210	0.173	0.138
データ数	51	51	51	51	51	51	51	51	51	51	51	51

注：括弧内はt値。***，**，*は，それぞれ1％水準，5％水準，10％水準で有意であることを示す。

告することが義務づけられ，国は報告された情報を集計，公表することが求められている。本制度は，温室効果ガスの排出者自らが排出量を算定することにより，自らの排出実態を認識するとともに，排出量抑制に向けた自主的取り組みを促進する狙いがある。

5.1 分析概要

本節では，環境省と経済産業省によって公表されている主要企業の温室効果ガス排出量と企業収益との関係を分析する。具体的には，2006年から2013年の期間のデータに基づき，製造業に属する企業を対象に，(1)温室効果ガスの排出量を売上高で基準化した比率，(2)同比率の2006年時点と2013年時点の長期的変化，(3)同比率の各年の変化をそれぞれ算出し，同比率が高いグループと低いグループ，または同比率が低下したグループと上昇したグループで，企業収益（ROAおよびROE）の水準や変化に，有意な差異があるか否かを明らかにするために，t検定を実施している。加えて，全産業に属する企業を対象に，企業パフォーマンスと温室効果ガスの排出量の関係に関する回帰分析を実施する。なお，温室効果ガス排出量以外の収益性データは，日本政策投資銀行「財務データバンク」から抽出している。

本節のt検定に関する分析は，対象産業数や企業数が限定的であった前節に比べて，製造業を15業種に分類したベースで分析され，2006年から2013年の期間を対象に，対象企業数は794社に達するなど，より広範な内容となっている。

分析の3種類のアプローチを，正確に記載すると次の通りとなる。

①サンプルを温室効果ガス排出量比率が低いグループと高いグループに二分して，それぞれの収益性（ROAとROE）の差をt検定する。

②2006年と2013年の2時点を比較して，サンプルを温室効果ガス排出量比率が低下したグループと上昇したグループに分けて，それぞれの収益性（ROAとROE）の2006年と2013年の2時点の変化をt検定する。

③2006年から2013年の各年の温室効果ガス排出量比率の変化に関して，サンプルを同比率が相対的に改善したグループと改善していないグループに二分して，それぞれの収益性（ROAとROE）の各年の変化をt検定する。

加えて，企業の温室効果ガス排出量は短期的に，また長期的に企業のパフォーマンスにどのような影響を及ぼすのかについて，回帰分析を実施する。全産業（金融・保険業を除く）ベースで分析され，t 検定と同様に 2006 年から 2013 年の期間を対象にする。財務データは 2,973 社 28,044 サンプル，CO_2 排出量/売上高は 1,472 社 8,638 サンプルがある。各変数の上下 1% をウィンソライズすることによって異常値処理を施している。また，明らかな異常値はサンプルから除いている。それらの処理の結果，CO_2 排出量/売上高は 1,370 社 7,715 サンプルとなった。記述統計量と相関係数は付表 6.5 にまとめられる。

計測アプローチとしては，短期モデルと長期モデルに分けて回帰分析を行う。短期モデルでは，主要な説明変数である温室効果ガス排出量比率の 1 期ラグをとって分析する。一方長期モデルの場合には，同比率の 2 期から 5 期までのラグをとって分析を実施する。企業パフォーマンスを示す指標として，ROA と ROE を用い，それぞれ被説明変数とする。主要な説明変数である温室効果ガス排出量比率に加えて，コントロール変数として，企業規模を表す総資産の対数値，財務の健全性度合いを表す負債比率，成長性を表す売上高伸び率，株主状況を表す海外法人等持株比率を導入する。各コントロール変数も 1 期ラグをとっている。業種ダミーと年度ダミーも導入して分析を行う。

5.2　t 検定の分析結果

上述の 3 種類のアプローチの結果については，各アプローチにかかる収益性指標の 2 つのグループの平均値および両者の差の有意性の検定結果は，付表 6.2，6.3，6.4 にそれぞれ示されている。また，それらを要約した結果は，表 6.5 に整理されている。

温室効果ガス排出量比率の水準と収益性の水準との関係に関する分析結果（①のアプローチ）をみると，排出量比率が低い企業の方が高い企業に比べて高収益である産業，つまり環境要因と収益性が両立する業種は，化学，輸送用機械，その他製造業では ROA と ROE の両指標で該当するのをはじめ，一般機械では ROA，ゴム製品では ROE で，それぞれ該当する。逆に排出量比率が高い企業の方が高収益である産業，つまり環境要因と収益性が両立しない業種は，紙パルプの ROE 指標のみである。それ以外の業種では，排出量比率が

表6.5 温室効果ガス排出と収益性（ROA，ROE）との関係（製造業）

1. 排出量比率と企業収益の関係

排出量比率が低い企業の方が高収益である産業	ROA，ROE とも高い	化学，輸送用機械，その他製造業
	ROA が高い	一般機械
	ROE が高い	ゴム製品
排出量比率が高い企業の方が高収益である産業	ROE が高い	紙パルプ
両者に有意な差がない産業		食料品，繊維，印刷，石油，窯業土石，非鉄金属，金属製品，電気機械，プラスチック製品

2. 排出量比率の2006-13年の長期的変化と企業収益の2006-13年の長期的変化との関係

排出量比率が低下した企業の方が収益性が向上した産業	ROA，ROE とも向上	電気機械，輸送用機械，プラスチック製品
	ROA が向上	窯業土石
	ROE が向上	非鉄金属
排出量比率が上昇した企業の方が収益性が向上した産業	ROA が向上	印刷
両者に有意な差がない産業		食料品，繊維，紙パルプ，化学，石油，ゴム製品，金属製品，一般機械，その他製造業

3. 排出量比率の2006-13年の各年の変化と企業収益の2006-13年の各年の変化との関係

排出量比率が低下したグループの方が収益性が向上した産業	ROA，ROE とも向上	化学，窯業土石，金属製品，一般機械，電気機械，輸送用機械
	ROA が向上	非鉄金属，ゴム製品，繊維，プラスチック製品，その他製造業
排出量比率が上昇したグループの方が収益性が向上した産業	ROE が向上	石油
両者に有意な差がない産業		食料品，紙パルプ，印刷

低い企業と高い企業との間で，収益性が有意には違わないという結果であった。
　次に，温室効果ガス排出量比率の長期的変化と収益性の長期的変化との関係に関する分析結果（②のアプローチ）では，排出量比率が低下した企業の方が上昇した企業よりも収益性が向上した産業つまり環境要因と収益性が両立する業種は，電気機械，輸送用機械そしてプラスチック製品ではROAとROEの

両指標で該当するのをはじめ，窯業土石ではROA，非鉄金属ではROEで，それぞれ該当する．逆に環境要因と収益性が両立しない業種は，印刷のROA指標に限られ，その他の業種では両者に有意な差が存在しないという結果であった．

最後に，温室効果ガス排出量比率の各年の変化と収益性の各年の変化との関係に関する分析結果（③のアプローチ）では，環境要因と収益性が両立しない業種は石油のROEのみであり，両者に有意な差がない業種は食料品，紙パルプ，印刷であった．逆にいえば，環境要因と収益性が両立する業種をみると，ROAとROEの両指標とも両立する業種が，化学，窯業土石，金属製品，一般機械，電気機械，輸送用機械であり，ROA指標で両立する業種は，非鉄金属，ゴム製品，繊維，プラスチック製品，その他製造業と，それぞれ多岐にわたっている．

また，多くの業種の中で，輸送用機械では3種類のすべてのアプローチにおいて，ROAとROEの両面で環境要因と収益性が両立するという結果となっており，温室効果ガス排出削減の取り組みと収益性向上が，パラレルに進められていることがみてとれる．

このように日本の製造業の中長期的な分析において，環境要因と収益性が相矛盾する関係とはいえないという結果は，ESGを指向する経営が，投資家を含めた広範なステークホルダーにとって，有意味な価値を生み出すことを示唆するものである．

5.3 回帰分析結果

計測結果は，短期モデルに関しては表6.6に，また長期モデルに関しては表6.7に，それぞれ整理されている．

短期モデルの推計結果をみると，ROAを被説明変数にした分析では，温室効果ガス排出量比率の係数は5%で有意に負の結果となった．また，ROEを被説明変数にした分析では，同比率の係数は1%で有意に負の結果が得られた．同比率の係数自体は小さいものの，負の関係が明らかである．これは，温室効果ガスの排出抑制に取り組んでいる企業ほど，パフォーマンスが優れていることを意味している．そして，温室効果ガス排出量の抑制はROAおよびROE

表6.6 短期モデルの推計結果

	ROA	ROE
CO_2/売上高 (t-1)	-1.73e-06***	-2.30e-06**
	(-3.556)	(-2.046)
ln 総資産 (t-1)	-0.00402***	-0.00341*
	(-5.045)	(-1.930)
負債比率 (t-1)	-0.0200***	0.0199**
	(-4.955)	(2.145)
売上高伸び率 (t-1)	0.0481***	0.0927***
	(18.70)	(11.06)
海外法人等持株比率 (t-1)	0.000753***	0.00142***
	(9.618)	(7.259)
業種ダミー	yes	yes
年度ダミー	yes	yes
定数項	0.0586***	0.0491***
	(13.26)	(5.243)
$\overline{R^2}$	0.13	0.09
サンプル数	7,715	7,692
会社数	1,370	1,366

注：括弧内は t 値。***，**，* はそれぞれ 1%，5%，10% の有意水準を示す。

両方の改善と両立できることもわかった。

次に長期モデルの推計結果については，温室効果ガス排出量比率の2期ラグ，3期ラグ，4期ラグおよび5期ラグのすべてのモデルで，ROAとROEに対して有意に負の影響を与えていることが確認された。短期モデルと同様，それぞれの係数の数値自体は高くないものの，明確な負の関係が観察されている。すなわち，企業の温室効果ガス抑制への取り組みは，長期的な視点からみても，企業パフォーマンスに良い影響を与えている。

5.4 ロバストネスチェック

前項で得られた回帰分析結果の頑健性を確認するため，先行研究にならい，いくつかの手法でロバストネスをチェックする。

表 6.7 長期モデルの推計結果

1. ROA

	ROA	ROA	ROA	ROA
CO_2/売上高 (t−2)	−1.42e−06*** (−2.828)			
CO_2/売上高 (t−3)		−1.53e−06*** (−3.316)		
CO_2/売上高 (t−4)			−1.30e−06*** (−2.686)	
CO_2/売上高 (t−5)				−9.73e−07* (−1.840)
ln 総資産	−0.00379*** (−4.636)	−0.00332*** (−4.249)	−0.00282*** (−3.415)	−0.00261*** (−3.015)
負債比率 (t−1)	−0.0208*** (−5.051)	−0.0238*** (−6.095)	−0.0263*** (−6.333)	−0.0290*** (−6.570)
売上高伸び率 (t−1)	0.0459*** (17.69)	0.0461*** (18.68)	0.0366*** (14.56)	0.0360*** (12.88)
海外法人等持株比率 (t−1)	0.000757*** (9.773)	0.000694*** (9.439)	0.000696*** (8.972)	0.000675*** (8.240)
業種ダミー	yes	yes	yes	yes
年度ダミー	yes	yes	yes	yes
定数項	0.0612*** (13.46)	0.0584*** (13.44)	0.0552*** (12.00)	0.0550*** (11.72)
$\bar{R}^2$	0.1	0.09	0.04	0.04
サンプル数	7,612	7,491	6,332	5,246
会社数	1,347	1,312	1,258	1,199

注:括弧内はt値。***、**、*はそれぞれ 1%、5%、10% の有意水準を示す。

2. ROE

	ROE	ROE	ROE	ROE
CO_2/売上高 (t−2)	−2.05e−06* (−1.736)			
CO_2/売上高 (t−3)		−2.97e−06*** (−2.766)		
CO_2/売上高 (t−4)			−2.09e−06* (−1.826)	
CO_2/売上高 (t−5)				−3.07e−06** (−2.349)
ln 総資産	−0.00475*** (−2.558)	−0.00257 (−1.529)	−0.00290 (−1.581)	−0.00373* (−1.842)
負債比率 (t−1)	0.0254*** (2.592)	0.0337*** (3.807)	0.0433*** (4.508)	0.0500*** (4.659)
売上高伸び率 (t−1)	0.0833*** (9.649)	0.0832*** (10.25)	0.0672*** (7.891)	0.0667*** (6.751)
海外法人等持株比率 (t−1)	0.00151*** (7.537)	0.00133*** (7.292)	0.00142*** (7.234)	0.00149*** (6.970)
業種ダミー	yes	yes	yes	yes
年度ダミー	yes	yes	yes	yes
定数項	0.0550*** (5.640)	0.0444*** (5.076)	0.0347*** (3.642)	0.0351*** (3.388)
$\bar{R}^2$	0.08	0.05	0.02	0.02
サンプル数	7,577	7,464	6,306	5,223
会社数	1,339	1,313	1,257	1,196

注:括弧内はt値。***、**、*はそれぞれ 1%、5%、10% の有意水準を示す。

表6.8 トービンのQに基づく分析

1. 短期モデル

	トービンのQ
CO_2/売上高(t-1)	-1.59e-05***
	(-3.182)
ln 総資産(t-1)	0.00747
	(0.862)
負債比率(t-1)	0.309***
	(7.420)
売上高伸び率(t-1)	0.189***
	(8.502)
海外法人等持株比率(t-1)	0.0135***
	(17.88)
業種ダミー	yes
年度ダミー	yes
定数項	0.934***
	(18.69)
$\overline{R^2}$	0.21
サンプル数	7,711
会社数	1,369

注：括弧内はt値。＊＊＊，＊＊，＊はそれぞれ1％，5％，10％の有意水準を示す。

2. 長期モデル

	トービンのQ	トービンのQ	トービンのQ	トービンのQ
CO_2/売上高(t-2)	-1.55e-05***			
	(-2.827)			
CO_2/売上高(t-3)		-9.33e-06*		
		(-1.696)		
CO_2/売上高(t-4)			-1.39e-05**	
			(-2.333)	
CO_2/売上高(t-5)				-1.85e-05***
				(-2.804)
ln 総資産(t-1)	0.0264***	0.0328***	0.0317***	0.0400***
	(2.815)	(3.274)	(2.939)	(3.436)
負債比率(t-1)	0.328***	0.322***	0.293***	0.302***
	(7.285)	(6.810)	(5.646)	(5.311)
売上高伸び率(t-1)	0.139***	0.141***	0.153***	0.220***
	(5.702)	(5.558)	(5.564)	(7.193)
海外法人等持株比率(t-1)	0.0146***	0.0147***	0.0157***	0.0158***
	(18.20)	(17.45)	(16.86)	(15.71)
業種ダミー	yes	yes	yes	yes
年度ダミー	yes	yes	yes	yes
定数項	0.904***	0.878***	0.899***	0.881***
	(16.73)	(15.19)	(14.54)	(13.51)
$\overline{R^2}$	0.18	0.17	0.16	0.19
サンプル数	7,601	7,471	6,303	5,228
会社数	1,345	1,314	1,256	1,196

注：括弧内はt値。＊＊＊，＊＊，＊はそれぞれ1％，5％，10％の有意水準を示す。

5.4.1 トービンのQを用いた分析

ROAとROEだけではなく，被説明変数にトービンのQを用いた推計も行い，環境重視の姿勢と企業価値との関係を検証する。推計結果は表6.8の通りである。

同表をみると，短期モデルにおいても長期モデルにおいても，温室効果ガス排出量比率はトービンのQに対して有意に負の影響を及ぼしており，前項の結果と整合的である。すなわち，温室効果ガス削減の企業行動と企業価値に正の相関があり，温室効果ガス排出抑制へ取り組む企業ほど，株式市場において高く評価されていることがわかる。

5.4.2 操作変数を用いた二段階推計モデル

一般的に，環境重視と企業パフォーマンスとの関係に関する分析では，内生性の問題が存在する可能性がある。すなわち，企業パフォーマンスが良好であるからこそ，CO_2削減等の環境重視の施策を積極的に進められるという指摘である。もっとも，本節で分析されている長期モデルでは，このような内生性の問題はある程度緩和されていると考えられる一方で，短期モデルではその問題は相対的には深刻であるかもしれない。したがって，ここでは，ロバストネスチェックの一つとして，短期モデルを対象にして操作変数を用いた2SLS回帰分析を実施する。

操作変数の選択は，この分析において極めて重要である。ここでは，次の2種類の操作変数を用いた分析を実施する。第1は，El Ghoul et al. (2011) の先行研究にならい，温室効果ガス排出量比率の産業平均値と前年からのROA変化幅を操作変数とした分析，第2は，Shirasu and Kawakita (2018) の研究にならい，温室効果ガス排出量比率の2期ラグ値を操作変数とした分析である。

それらの結果を示した表6.9をみると，いずれのモデルにおいても，温室効果ガス排出量比率の推定値は，企業パフォーマンスを表すROAとROEに1％水準という高い有意性でマイナスの影響を与えていることがわかる。すなわち，内生性問題を緩和した分析においても，温室効果ガス排出の抑制は企業パフォーマンスに良い影響を与えていることである。

6. おわりに

昨今企業経営者や投資家が，四半期決算の結果などの短期的視野に基づいて意思決定する"ショート・ターミズム"や"クォータリー・キャピタリズム"と呼ばれる状況が蔓延し，経済や社会の長期的発展や安定を揺るがすものとして大きく問題視されている。こういった流れに警鐘を鳴らしたのが，PRIに始まるESG投資の世界的な流れである。ESG投資は，近視眼的な投資リターンではなく，長期的に地球全体の価値をあげるような投資を行うことを目的としており，欧米を中心に多くの機関投資家等がESG投資の全面的な導入を宣言している。

表6.9 操作変数を用いた二段階推計モデル

1. CO_2/売上高の産業平均値と ROA 変化幅を操作変数とした場合

first stage	CO_2/売上高（t−1）	second stage	ROA	ROE
CO_2/売上高の産業平均値	0.082	CO_2/売上高（t−1）の推定値	−0.000455***	−0.000710***
	(1.457)		(−3.041)	(−2.817)
ROA 変化幅	−887.9***	ln 総資産（t−1）	0.0382**	0.0639**
	(−3.136)		(2.042)	(2.062)
ln 総資産（t−1）	87.22***	負債比率（t−1）	0.282**	0.484**
	(4.807)		(2.431)	(2.510)
負債比率（t−1）	667.5***	売上高伸び率（t−1）	0.00253	0.0124
	(7.008)		(0.0371)	(0.115)
売上高伸び率（t−1）	−94.24	海外法人等持株比率（t−1）	0.000918	0.00117
	(−0.755)		(0.819)	(0.660)
海外法人等持株比率（t−1）	1.115	業種ダミー	yes	yes
	(0.524)	年度ダミー	yes	yes
業種ダミー	yes	定数項	0.0755	0.0709
年度ダミー	yes		(1.439)	(0.856)
定数項	−1,266***	サンプル数	7,599	7,542
	(−4.017)			
$\overline{R}^2$	0.245			
サンプル数	7,599			

注：括弧内は t 値。＊＊＊，＊＊，＊はそれぞれ 1%，5%，10% の有意水準を示す。

2. CO_2/売上高（t-2）を操作変数とした場合

first stage	CO_2/売上高（t−1）	second stage	ROA	ROE
CO_2/売上高（t−2）	0.948***	CO_2/売上高（t−1）の推定値	−2.03e−06***	−2.73e−06***
	(262.3)		(−5.796)	(−2.911)
ln 総資産（t−1）	2.472	ln 総資産（t−1）	−0.00176***	0.000763
	(0.444)		(−2.980)	(0.455)
負債比率（t−1）	−5.698	負債比率（t−1）	−0.0388***	−0.0230***
	(−0.197)		(−13.04)	(−2.609)
売上高伸び率（t−1）	−615.1***	売上高伸び率（t−1）	0.0719***	0.125***
	(−16.01)		(15.72)	(10.03)
海外法人等持株比率（t−1）	0.187	海外法人等持株比率（t−1）	0.000653***	0.000968***
	(0.291)		(9.342)	(5.715)
業種ダミー	yes	業種ダミー	yes	yes
年度ダミー	yes	年度ダミー	yes	yes
定数項	−45.33	定数項	0.0591***	0.0589***
	(−0.474)		(21.81)	(8.529)
$\overline{R}^2$	0.938	$\overline{R}^2$	0.230	0.135
サンプル数	6,253	サンプル数	6,219	6,195

注：括弧内は t 値。＊＊＊，＊＊，＊はそれぞれ 1%，5%，10% の有意水準を示す。

本章では，ESG指標の中でも気候変動問題の要素に着目し，日本企業を対象に地球温暖化問題への取り組みと企業パフォーマンスとの関係を実証的に分析した。その結果，企業の温暖化問題への取り組みは，業種別に差異はあるものの，企業パフォーマンスと連関性があるという結果が得られた。世界では，欧米の機関投資家を中心に環境・社会問題・ガバナンスへ配慮した投資が一般的となり，各機関がESGに関するレポートや声明を発表し，企業活動に大きな影響力を持っている。そのようななかで，グローバル展開する日本企業は気候変動への取り組みと収益性を両立させていくような取り組みをますます求められつつあるといえよう。本章は，伝統的にはトレードオフの関係にあるようにもみられがちであった投資リターンと持続可能な投資が両立しうるということの証拠の一端を明らかにした点で，機関投資家などが運用戦略を練る一助となるのではないだろうか。

　日本国内の機関投資家のESG指標への意識はまだまだ低い。また，日本企業全体を見渡すと，環境への意識や取り組みも十分だとはいえない。気候変動への取り組みと企業の収益性との連関性に関する基礎的な研究を蓄積していく努力が求められるとともに，そのような研究成果を踏まえて，投資家が資金の動きを変えていく必要がある。そのような投資家の行動が，幅広い企業の地球環境への意識を高めて，「持続可能な経済社会」の実現に貢献していくことになる。投資家が経済社会に果たすべき責務を，われわれは強く意識しなくてはならない。

参考文献

Berman, Shawn, L., Andrew C. Wicks, Suresh Kotha and Thomas M. Jones (1999), "Does Stakeholder Orientation Matter? The Relationship between Stakeholder Management Models and Firm Financial Performance," *Academy of Management Journal*, Vol. 42, No. 5, 488-506.

El Ghoul, Sadok, Omrane Guedhami, Chuck CY Kwok and Dev R. Mishra (2011), "Does Corporate Social Responsibility Affect the Cost of Capital?" *Journal of Banking & Finance*, Vol. 35, No. 9, 2388-2406.

Ferrell, Allen, Hao Liang and Luc Renneboog (2016), "Socially Responsible Firms," *Journal of Financial Economics*, 122, 585-606.

Global Sustainable Investment Alliance, *Global Sustainable Investment Review*, 2012, 2014, 2016, 2018 年版.

Iwata, Hiroki and Keisuke Okada (2011), "How Does Environmental Performance Affect Financial Performance? Evidence from Japanese Manufacturing Firms," *Ecological Economics*, Vol. 70, Issue 9, 1691-1700.

Kotsantonis, Sakis, Chris Pinney and George Serafeim (2016), "ESG Integration in Investment Management: Myths and Realities," *Journal of Applied Corporate Finance*, Vol. 28, No. 2, 10-16.

La Porta, Rafael, Florencio Lopez-de-Silanes, Andrei Shleifer and Robert W. Vishny (1998), "Law and Finance," *Journal of Political Economy*, 106(6), 1113-1155.

Liang, Hao and Luc Renneboog (2017), "On the Foundations of Corporate Social Responsibility," *Journal of Finance*, Vol. 72, No. 2, 853-910.

Lins, Karl V., Henri Servaes and Ane Tamayo (2017), "Social Capital, Trust, and Firm Performance: The Value of Corporate Social Responsibility during the Financial Crisis," *Journal of Finance*, Vol. 72, No. 4, 1785-1824.

Scrivens, Katherine and Conal Smith (2013), "Four Interpretations of Social Capital An Agenda for Measurement," *OECD Statistics Working Papers*, 2013/06, OECD Publishing, Paris.

Servaes, Henri and Ane Tamayo (2013), "The Impact of Corporate Social Responsibility on Firm Value: The Role of Customer Awareness," *Management Science*, Vol. 59, No. 5, 1045-1061.

Shirasu, Yoko and Kawakita Hidetaka (2018), "CSR Performance and Extended Governance in Japan," A Paper Presented at the Darla Moore School of Business-Hitotsubashi University 3rd International Conference on Corporate Finance: Corporate Social Responsibility, August.

UNEP FI and Mercer (2007), *Demystifying Responsible Investment Performance A Review of Key Academic and Broker Research on ESG Factors*.

Velte, Patrick (2017), "Does ESG Performance Have an Impact on Financial Performance? Evidence from Germany," *Journal of Global Responsibility*, Vol. 80, No. 2, 169-178.

Verheyden, Tim, Robert G. Eccles and Andreas Feiner (2016), "ESG for All? The Impact of ESG Screening on Return, Risk, and Diversification," *Journal of Applied Corporate Finance*, Vol. 28, No. 2, 47-55.

宇沢弘文・細田裕子編 (2009)，『地球温暖化と経済発展　持続可能な成長を考える』Economic Affairs 9, 日本政策投資銀行設備投資研究所，東京大学出版会．

環境省 (2016)，『平成 28 年版環境・循環型社会・生物多様性白書』．

花崎正晴・児山紗也・張嘉宇 (2018)，「ESG と財務パフォーマンス―日本の製造業の財務指標と気候変動要因に関する分析―」『一橋商学論叢』Vol. 13, No. 2, November, 25-42, 一橋商学会．

第6章 ESGと財務パフォーマンス

付表 6.1 産業別記述統計

1. 自動車・輸送機

変数名	標本数	平均値	中央値	最小値	最大値	標準偏差
ROA	57	6.92	6.66	1.08	19.23	3.25
ROE	57	11.92	11.01	1.88	29.45	5.84
ROS	57	6.96	6.35	1.47	14.70	2.82
Tobin's Q	57	1.10	1.05	0.81	1.95	0.20
$CO2\_a$	57	-0.43	-0.36	-6.68	4.31	1.75
ln_asset	57	14.68	14.40	13.20	17.68	1.20
invst	57	25.33	24.58	4.19	49.37	9.21
sales_3	57	20.78	18.13	2.70	50.44	10.82
debt	57	55.67	57.31	34.24	75.77	10.46
cash	57	9.86	9.57	2.60	23.17	4.67
turnover	57	1.05	0.98	0.50	1.96	0.34
PR	57	27.81	26.05	0.00	142.74	19.04

2. 素材・化学

変数名	標本数	平均値	中央値	最小値	最大値	標準偏差
ROE	95	8.15	8.24	-6.89	24.49	4.12
ROA	95	6.53	6.60	1.73	14.85	2.85
ROS	95	7.74	6.97	1.59	16.29	3.56
Tobin's Q	95	1.20	1.05	0.74	3.16	0.47
$CO2\_a$	95	-3.03	-1.76	-34.73	10.85	6.34
ln_asset	95	13.52	13.46	12.25	15.28	0.74
invst	95	13.48	13.60	-20.46	51.87	14.31
sales_3	95	11.43	11.27	-14.19	39.93	10.11
debt	95	45.23	44.76	17.12	71.40	14.56
cash	95	9.81	7.84	1.04	29.81	6.42
turnover	95	0.90	0.88	0.52	1.29	0.18
PR	95	34.74	28.74	0.00	442.21	44.79

3. 電機・精密機器

変数名	標本数	平均値	中央値	最小値	最大値	標準偏差
ROE	126	8.87	8.53	-27.60	27.62	6.69
ROA	126	6.87	6.50	-15.82	18.15	4.09
ROS	126	7.95	7.35	-32.51	22.75	5.85
Tobin's Q	126	1.40	1.21	0.71	5.91	0.65
$CO2\_a$	126	-0.32	-0.13	-7.46	9.06	1.83
ln_asset	126	13.64	13.45	11.32	16.63	1.14
invst	126	7.89	9.79	-69.54	38.34	18.64
sales_3	126	16.60	13.84	-20.68	77.29	15.89
debt	126	46.29	48.14	8.12	81.85	18.36
cash	126	16.71	14.34	2.78	47.54	10.53
turnover	126	0.92	0.89	0.42	1.56	0.27
PR	126	28.97	25.25	0.00	247.95	25.83

4. 機械

変数名	標本数	平均値	中央値	最小値	最大値	標準偏差
ROE	51	8.12	8.99	-7.34	15.55	4.53
ROA	51	6.42	6.07	1.29	13.92	2.37
ROS	51	8.60	8.45	1.43	19.30	3.34
Tobin's Q	51	1.20	1.16	0.75	2.17	0.28
$CO2\_a$	51	-0.34	-0.11	-7.19	1.24	1.20
ln_asset	51	13.42	13.26	11.87	15.52	0.89
invst	51	13.78	15.41	-32.85	44.07	13.37
sales_3	51	19.21	18.53	-7.94	50.79	15.92
debt	51	47.89	52.38	23.19	80.56	15.59
cash	51	14.13	13.29	3.44	41.55	8.98
turnover	51	0.79	0.77	0.49	1.24	0.18
PR	51	39.76	29.60	0.00	302.88	45.33

付表6.2　温室効果ガス排出量比率と企業収益との関係

		ROA 平均値	ROE 平均値	サンプル数
食料品	排出量比率小	0.0375	0.0434	226
	排出量比率大	0.0413	0.0220	226
	t検定（p値）	0.2727	0.1685	
繊維	排出量比率小	0.0300	−0.0090	68
	排出量比率大	0.0179	−0.0062	68
	t検定（p値）	0.0861 *	0.9405	
紙・パルプ	排出量比率小	0.0212	0.0043	53
	排出量比率大	0.0290	0.0316	53
	t検定（p値）	0.2140	0.0523 (*)	
印刷	排出量比率小	0.0145	−0.0842	35
	排出量比率大	0.0215	0.0284	35
	t検定（p値）	0.2438	0.1781	
化学	排出量比率小	0.0648	0.0658	372
	排出量比率大	0.0335	0.0305	372
	t検定（p値）	0.0000 ***	0.0000 ***	
石油精製	排出量比率小	0.0294	0.0501	26
	排出量比率大	0.0316	0.0568	26
	t検定（p値）	0.8532	0.7588	
ゴム製品	排出量比率小	0.0270	0.0600	40
	排出量比率大	0.0210	−0.0059	40
	t検定（p値）	0.3768	0.0485	
窯業土石	排出量比率小	0.0304	0.0213	104
	排出量比率大	0.0380	0.0275	104
	t検定（p値）	0.1353	0.6752	
非鉄金属	排出量比率小	0.0223	−0.0656	66
	排出量比率大	0.0363	−0.0225	66
	t検定（p値）	0.2063	0.5727	
金属製品	排出量比率小	0.0296	0.0235	85
	排出量比率大	0.0220	−0.0360	85
	t検定（p値）	0.2400	0.2541	
一般機械器具	排出量比率小	0.0405	0.0460	321
	排出量比率大	0.0262	0.1189	321
	t検定（p値）	0.0002 ***	0.3945	
電気機械器具	排出量比率小	0.0191	−0.0788	277
	排出量比率大	0.0135	−0.0581	277
	t検定（p値）	0.1998	0.7535	
輸送用機械	排出量比率小	0.0320	0.0565	256
	排出量比率大	0.0266	0.0144	256
	t検定（p値）	0.0907 *	0.0001 ***	
プラスチック製品	排出量比率小	0.0290	0.0118	61
	排出量比率大	0.0265	0.0196	61
	t検定（p値）	0.7027	0.7027	
その他の製造業	排出量比率小	0.0383	0.0407	57
	排出量比率大	0.0029	−0.0446	57
	t検定（p値）	0.0007 ***	0.0031 ***	

注1：サンプルを温室効果ガス排出量比率が低いグループと高いグループに二分して，それぞれの収益性（ROAとROE）の差をt検定したものである。
注2：***，**，*は，それぞれ1％水準，5％水準，10％水準で有意であることを示す。括弧がつけられている箇所は，排出量比率が高い方が有意に高収益であることを示す。

付表 6.3 温室効果ガス排出量比率の 2006-13 年の長期的変化と
企業収益の 2006-13 年の長期的変化との関係

		ROAの長期的変化 平均値	ROEの長期的変化 平均値	サンプル数
食料品	排出量比率低下	0.0054	0.0449	24
	排出量比率上昇	−0.0080	0.0254	53
	t検定（p値）	0.1003	0.6392	
繊維	排出量比率低下	−0.0117	−0.0125	15
	排出量比率上昇	−0.0200	−0.1295	13
	t検定（p値）	0.4769	0.2575	
紙・パルプ	排出量比率低下	−0.0073	−0.0115	9
	排出量比率上昇	−0.0004	0.0137	9
	t検定（p値）	0.4466	0.3103	
印刷	排出量比率低下	−0.0521	−0.0250	4
	排出量比率上昇	−0.0125	−0.0139	9
	t検定（p値）	0.0459 (**)	0.5900	
化学	排出量比率低下	−0.0017	−0.0017	68
	排出量比率上昇	−0.0009	−0.0009	80
	t検定（p値）	0.8296	0.9341	
石油精製	排出量比率低下	−0.0322	−0.0279	6
	排出量比率上昇	0.0101	−0.0128	5
	t検定（p値）	0.1014	0.8423	
ゴム製品	排出量比率低下	0.0102	0.0476	10
	排出量比率上昇	0.0125	0.0107	4
	t検定（p値）	0.9279	0.3812	
窯業土石	排出量比率低下	0.0044	0.0157	24
	排出量比率上昇	−0.0300	−0.0387	18
	t検定（p値）	0.0544 *	0.1960	
非鉄金属	排出量比率低下	−0.0027	0.0675	5
	排出量比率上昇	−0.0726	−0.1062	17
	t検定（p値）	0.1253	0.0107 **	
金属製品	排出量比率低下	0.0033	−0.0502	10
	排出量比率上昇	−0.0149	−0.0101	26
	t検定（p値）	0.2565	0.3885	
一般機械器具	排出量比率低下	−0.0333	−0.0145	37
	排出量比率上昇	−0.0335	−0.0146	93
	t検定（p値）	0.9773	0.9959	
電気機械器具	排出量比率低下	−0.0011	0.0699	32
	排出量比率上昇	−0.0274	−0.0243	76
	t検定（p値）	0.0182 **	0.0086 ***	
輸送用機械	排出量比率低下	0.0060	0.0604	49
	排出量比率上昇	−0.0142	−0.0238	47
	t検定（p値）	0.0202 **	0.0047 ***	
プラスチック製品	排出量比率低下	0.0147	0.0257	10
	排出量比率上昇	−0.0296	−0.0196	14
	t検定（p値）	0.0061 ***	0.0011 ***	
その他の製造業	排出量比率低下	0.0166	0.0116	6
	排出量比率上昇	−0.0132	−0.0017	21
	t検定（p値）	0.2099	0.6439	

注1：2006年と2013年の2時点を比較して，サンプルを温室効果ガス排出量比率が低下したグループと上昇したグループに分けて，それぞれの収益性（ROAとROE）の変化をt検定したものである。
注2：***，**，*は，それぞれ1%水準，5%水準，10%水準で有意であることを示す。括弧がつけられている箇所は，排出量比率が上昇した方が有意に収益性が改善していることを示す。

付表 6.4 温室効果ガス排出量比率の 2006-13 年の各年の変化と企業収益の 2006-13 年の各年の変化との関係

		ROA の各年の変化 平均値	ROE の各年の変化 平均値	サンプル数
食料品	排出量比率改善大	0.0026	0.0041	199
	排出量比率改善小	−0.0016	0.0102	199
	t 検定（p 値）	0.0937 *	0.8503	
繊維	排出量比率改善大	0.0015	−0.0068	60
	排出量比率改善小	−0.0120	−0.0240	60
	t 検定（p 値）	0.0015 ***	0.7010	
紙・パルプ	排出量比率改善大	−0.0013	−0.0206	38
	排出量比率改善小	0.0027	0.0084	38
	t 検定（p 値）	0.3813	0.1343	
印刷	排出量比率改善大	−0.0022	−0.0016	28
	排出量比率改善小	−0.0053	0.0051	28
	t 検定（p 値）	0.3224	0.9527	
化学	排出量比率改善大	0.0045	0.0165	321
	排出量比率改善小	−0.0068	−0.0127	321
	t 検定（p 値）	0.0000 ***	0.0030 ***	
石油精製	排出量比率改善大	−0.0174	−0.0960	22
	排出量比率改善小	−0.0009	0.0027	22
	t 検定（p 値）	0.3389	0.0979 (*)	
ゴム製品	排出量比率改善大	0.0138	0.0233	35
	排出量比率改善小	−0.0074	−0.0095	35
	t 検定（p 値）	0.0031 ***	0.5871	
窯業土石	排出量比率改善大	0.0074	0.0314	89
	排出量比率改善小	−0.0167	−0.0544	89
	t 検定（p 値）	0.0000 ***	0.0079 ***	
非鉄金属	排出量比率改善大	0.0124	0.0459	55
	排出量比率改善小	−0.0284	−0.0339	55
	t 検定（p 値）	0.0001 ***	0.1351	
金属製品	排出量比率改善大	0.0129	0.1812	72
	排出量比率改善小	−0.0084	−0.1849	72
	t 検定（p 値）	0.0001 ***	0.0209 **	
一般機械器具	排出量比率改善大	0.0138	0.1128	272
	排出量比率改善小	−0.0257	−0.1411	272
	t 検定（p 値）	0.0000 ***	0.0675 *	
電気機械器具	排出量比率改善大	0.0127	0.0753	236
	排出量比率改善小	−0.0209	−0.1087	236
	t 検定（p 値）	0.0000 ***	0.0338 **	
輸送用機械	排出量比率改善大	0.0118	0.0486	256
	排出量比率改善小	−0.0151	−0.0606	256
	t 検定（p 値）	0.0000 ***	0.0000 ***	
プラスチック製品	排出量比率改善大	0.0066	−0.0035	52
	排出量比率改善小	−0.0028	0.0260	52
	t 検定（p 値）	0.0912 *	0.4662	
その他の製造業	排出量比率改善大	0.0100	0.0299	47
	排出量比率改善小	−0.0046	0.0041	47
	t 検定（p 値）	0.0138 **	0.4640	

注 1：2006 年から 2013 年の各年の温室効果ガス排出量比率の変化に関して，サンプルを同比率が相対的に改善したグループと改善していないグループに 2 分して，それぞれの収益性（ROA と ROE）の変化を t 検定したものである。

注 2：***，**，* は，それぞれ 1% 水準，5% 水準，10% 水準で有意であることを示す。括弧がつけられている箇所は，排出量比率が相対的に改善していないグループの方が有意に収益性が改善していることを示す。

第6章　ESGと財務パフォーマンス

付表6.5　回帰分析モデルの各変数の記述統計量と相関マトリックス

1. 記述統計

	データ数	平均値	標準偏差	最小値	最大値	中央値
ROA	27,473	0.043	0.050	−0.114	0.261	0.034
ROE	27,469	0.044	0.114	−0.889	0.378	0.050
CO_2/売上高 (t−1)	8,318	893.783	1577.841	7.1	17173	386.3
総資産十億 (t−1)	27,468	135.968	317.969	1.533	3215.872	37.014
負債比率 (t−1)	27,469	0.466	0.206	0.027	0.918	0.466
売上高伸び率 (t−1)	27,167	0.020	0.163	−0.639	0.996	0.016
海外法人等持株比率 (t−1)	26,430	10.645	11.068	0.02	51.54	6.63

2. 相関マトリックス

	ROA	ROE	CO_2/売上高 (t−1)	総資産十億 (t−1)	負債比率 (t−1)	売上高伸び率 (t−1)	海外法人等持株比率 (t−1)
ROA	1						
ROE	0.602	1					
CO_2/売上高 (t−1)	−0.0667	−0.0477	1				
総資産十億 (t−1)	−0.0119	0.0264	0.0452	1			
負債比率 (t−1)	−0.2094	−0.0513	0.0653	0.1414	1		
売上高伸び率 (t−1)	0.2338	0.1504	−0.0147	0.0033	0.0332	1	
海外法人等持株比率 (t−1)	0.1534	0.128	−0.0103	0.4444	−0.182	0.0469	1

第 7 章　日本企業の障害者雇用
――決定要因と影響に関する分析――

花崎正晴・今仁裕輔

1. はじめに

　近年日本の社会に,「ダイバーシティ」という概念が広まりつつある。これは, 企業経営の観点からいうと, 今までのように画一的な価値観や方針あるいは人材だけで企業を運営していては, もはや消費者や市場の多様なニーズをくみ取ることはできず, 多様な価値観や考え方そして能力を有する従業員を積極的に受け入れて, 企業の組織を活性化させようというものである。
　ここでいう企業人材の多様性とは, 性別, 国籍, 人種, 年齢などを意味するが, その中の重要な要素として障害者がある。1970年に制定された「障害者基本法」ではその第1条において, すべての国民が, 障害の有無にかかわらず, 等しく基本的人権を享有するかけがえのない個人として尊重されるものであるとの理念にのっとり, すべての国民が, 障害の有無によって分け隔てられることなく, 相互に人格と個性を尊重し合いながら共生する社会 (以下「共生社会」という) を実現するため, 障害者の自立および社会参加の支援等のための施策を総合的かつ計画的に推進することを目的とする旨定めている。それとともに, 同法第8条では, 国民の責務として, 国民は, 共生社会の実現に寄与するよう努めなければならない旨定めている。また, 2013年に制定された「障害者差別解消法」第4条では, 同じく国民の責務として, 国民は, 障害を理由とする差別の解消の推進に寄与するよう努めなければならない旨定めている。このような一連の法律の趣旨を反映して,「障害者雇用促進法」では, 民間企業等に対し, 一定の割合 (法定雇用率) 以上の障害のある人の雇用を義務づけている。

本章では，日本における障害者雇用制度の変遷および障害者雇用の実態を概観するとともに，日本の企業データを用いて，どのような属性を有する企業が障害者雇用に積極的に取り組んでいるのか，そして障害者雇用への取り組みと企業パフォーマンスとの間には，どのような関係があるのかについて考察する。

主要な結果は，次の通りである。障害者雇用に積極的に取り組んでいる企業は，高収益でガバナンスが優れ，職場環境が良好で知名度が高く，競争的なセクターに属する大企業が多い。また，法定雇用率を達成する要素の中で，製造業と非製造業では差異がみられる。具体的には，企業パフォーマンスの指標のうち製造業では売上高伸び率が有意であり，非製造業ではROAが有意である。産業の競争条件については，製造業のみで競争的な産業に属する企業ほど，法定雇用率を達成する確率が高いという結果が得られている。

さらに，障害者の低雇用率，中雇用率および高雇用率企業の比較では，社外取締役比率が高いことが，高雇用率グループになることの条件であり，海外法人等持株比率が高いこと，従業員の平均勤続年数が長いこと，従業員数および連結子会社数の多いこと，そして上場してからの経過年数が長いことが，それぞれ低雇用率グループに陥らないための条件となっている。最後に，障害者雇用と企業パフォーマンスとの関係を分析すると，法定雇用率の達成は同年度および将来の収益性に有意な影響を与えるものではないことが明らかにされている。

2. 障害者雇用制度の変遷

事業主に対して障害者の一定割合の雇用を義務づける法制度は，1960年に「身体障害者雇用促進法」として制定されたのが，その起源である。同法では，障害者雇用率は，労働者の総数に占める障害者である労働者数の割合を基準として設定するものとし，当初は1.8%と定められた。しかしながら，同法においては事業主にとって障害者の雇用は，強制力を伴わない努力目標とされていたため，実際の障害者雇用率は，1%前後の水準にとどまっていた。

1976年には同法が改正され，障害者の雇用は法的に義務化され，法定雇用率は1.5%に定められた。また，身体障害者のうち，重度身体障害者に対して

はダブルカウント制度が設けられ，ある企業が重度身体障害者を1人雇用すると，当該企業の実雇用率算定上は2人として計上される仕組みが導入されたのも，76年の同法改正である。

1987年の同法改正では，対象範囲が身体障害者のみから知的障害者にまで拡張され，それに伴い法律名は「身体障害者雇用促進法」から現在の「障害者雇用促進法[1]」に改称された。また，2005年の同法改正では，従来の身体障害者および知的障害者に加えて，精神障害者が対象に加わり，すべての障害者に対して同法が適用されることとなった。

2008年の同法改正では，障害者雇用納付金制度の対象事業主が，常用雇用労働者が100人超の中小企業に拡大されるとともに，障害者雇用率制度において，障害者である短時間労働者（週所定労働時間20時間以上30時間未満）が雇用義務の対象とされ，短時間労働者2人で常用雇用労働者1人分にカウントされるようになった。また，2013年の同法改正では，法定雇用率の算定基礎の対象に，新たに精神障害者が追加された。

このような障害者雇用促進法の変遷とともに，企業等に障害者雇用促進を促す指針となる法定障害者雇用率の水準も，長期的にみて引き上げられている。すなわち，民間企業に対する法定障害者雇用率は，雇用義務化が盛り込まれた1976年改正の1.5%から，1988年以降は1.6%，1998年以降は1.8%，2013年4月以降は2.0%，そして2018年4月以降は2.2%[2]へと，それぞれ引き上げられた。

さらに，2013年6月の「障害者雇用促進法」改正では，2016年4月以降，雇用の分野における障害を理由とする差別的取り扱いが禁止されるとともに，過重な負担となる場合を除き事業主に障害者が職場で働くにあたっての支障を改善するための措置（合理的配慮の提供）が義務づけられた。

なお，障害者雇用率が未達成である企業から納付金を徴収し，雇用率達成企業などに対して調整金や報奨金を支給する障害者雇用納付金制度は，障害者雇

---

1) 正式名称は，「障害者の雇用の促進等に関する法律」である。
2) 2013年の法改正では，民間企業に対する法定障害者雇用率は，2018年4月より2.2%であるものの，その時点から3年を経過するより前に2.3%に引き上げられることとされている。

用が法的に義務化された1976年に創設された。現在では同制度に基づき，障害者雇用率未達成企業からは，雇用納付金として不足1人につき月額5万円が徴収され，逆に雇用率達成企業に対しては，超過1人につき月額2万7千円が，障害者雇用調整金として支給されている。ただし，障害者雇用納付金を納付したとしても，障害者雇用の義務は免除されるわけではないことは，留意を要する重要な点である。

3. 障害者雇用の推移

このような障害者雇用制度の変遷とともに，厚生労働省の統計資料に基づき，全事業所を対象にした実際の障害者雇用の推移を示したのが，図7.1および図7.2である。法定雇用率と実雇用率との関係を示した図7.1によると，障害者雇用が法的に義務化された翌年である1977年の実雇用率は1.09%の低位にとどまっていた。その後，実雇用率は趨勢的には徐々に上昇しているものの，実雇用率は法定雇用率の水準に及ばない関係は，常態化している。実雇用率が当

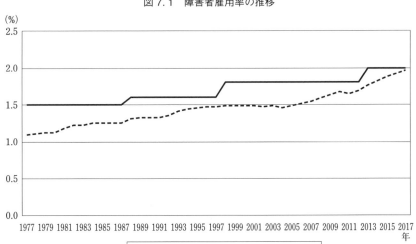

図7.1 障害者雇用率の推移

注：厚生労働省データに基づき作成。

図7.2 障害者雇用者数の推移

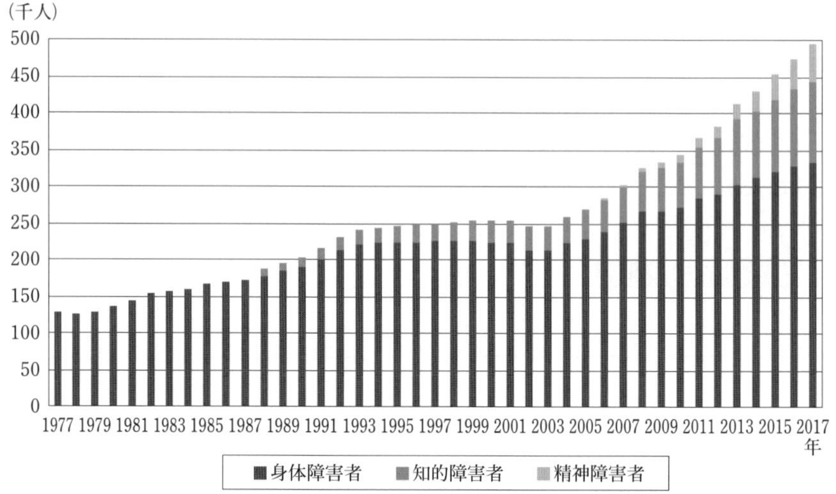

注：厚生労働省データに基づき作成。

初の法定雇用率である1.5%を初めて上回ったのは2006年であり，その時点の法定雇用率は1.8%であった。それでも2010年代に入ると，ワーク・ライフ・バランスへの関心の高まりや社会的弱者への配慮についての意識の高まりなどを背景に，実雇用率は総じて着実に上昇しつつあり，2017年には1.97%と，法定雇用率（2.0%）にほぼ迫る水準にまで達している[3]。

実際の障害者雇用者数をその内訳別に示した図7.2によると，障害者雇用の対象が身体障害者のみであった1977年から79年にかけては13万人にも満たない低水準であったが，1982年に15万人を突破した頃からは堅調に増加し，知的障害者が範疇に加わった1988年からは増勢に拍車がかかり，1990年に20.3万人と初めて20万人台に達した。その後バブルが崩壊して日本経済の低迷が明確となった90年代半ばから2000年代前半までは，25万人前後で推移し，障害者雇用は伸び悩みの時期であったといえる。その後従来の身体障害者と知

---

[3] 厚生労働省の調べによると，2017年における法定雇用率達成企業の割合は，50.0%とはじめて半分に達している。

的障害者に加えて精神障害者が障害者雇用者数にカウントされるようになった2006年頃からは、全体の障害者雇用者数はかつてないほどの増勢を示し、2007年に30.3万人と30万人の大台を突破し、2013年には41.4万人と40万人の大台を突破した。近年も増勢は続いており、2017年には49.6万人[4]と50万人の大台も目前である[5]。

ただし、厚生労働省社会・援護局傷害保険福祉部「平成28年生活のしづらさなどに関する調査（全国在宅障害児・者等実態調査）結果」[6]によると、障害者手帳所有者[7]は559万人に達すると推計されており、真の共生社会を実現するためには、障害者雇用の一層の拡充が望まれる。

なお、国および地方自治体等の公的部門に対しては、1960年の「身体障害者雇用促進法」の制定時から障害者雇用率の順守は義務とされ、すべての企業に法定雇用率が義務化された1976年以降も、国および地方自治体等に対しては、一般の民間企業の障害者雇用率を下回らない率をもって定めることとされてきた。ちなみに、2018年4月以降の国および地方自治体等についての障害者雇用率は2.5％と定められている。このように民間企業を牽引すべき立場にある公的部門の障害者雇用をめぐっては、2018年にスキャンダルが明るみにでた。すなわち、2018年8月に中央省庁で障害者雇用水増し問題が発覚し、厚生労働省は、再調査の結果国の行政、立法、司法機関全体の障害者雇用率が、2018年6月時点で、法定雇用率の半分にも満たない1.22％であったことを、2018年12月25日に公表した。

民間企業が近年障害者雇用への取り組みを積極化させるなか、公的部門のこのような障害者雇用に関する消極的かつ隠蔽的な姿勢は、早急に是正されるべ

---

[4] 内訳は、身体障害者33.3万人、知的障害者11.2万人、精神障害者5.0万人である。
[5] 『平成29年版　厚生労働白書』によると、このような障害者雇用の進展の背景に関して、「企業における障害者雇用への理解が進んでいること、就職を希望する障害者が増加していることなどが要因として考えられるほか、ハローワークと福祉、教育、医療などの地域の関係機関との連携による就職支援の推進や障害特性に応じた支援施策の充実などが、障害者雇用の進展を後押ししている」と指摘している。
[6] 本調査は、障害者施策の推進に向けた検討の基礎資料とするため、在宅の障害者等の生活実態とニーズを把握することを目的とするものである。
[7] 障害者であることを証明する手帳であり、身体障害者手帳、療育手帳（知的障害者向け）および精神障害者保健福祉手帳所持者の総数である。

きであることは論を待たない。

4. 先行研究

　障害者雇用の促進に関する施策は各国で行われており，代表的な方策として差別禁止法（Anti Discrimination Law）と雇用割当法（Employment quota）の2つがあげられる（Lalive, Wuellrich and Zweimüller 2013）。このうち差別禁止法は，障害者の雇用や解雇，賃金等について健常者と異なる扱いを禁止するものであり，アメリカのAmericans with Disabilities Act（以下，ADA）[8]やイギリスのDisability Discrimination Act（以下，DDA）などが該当する。一方雇用割当法は，従業員数に対する一定比率の障害者雇用を割り当てるものであり，その多くは達成の成否に応じた何らかの金銭的インセンティブが発生する。日本の障害者雇用施策はこの雇用割当法に属することになる。

　前者の差別禁止法の代表例であるアメリカのADAに関する研究として，DeLeire（2000）やAcemoglu and Angrist（2001）があげられる。DeLeire（2000）は1990年のADA制定が18歳から64歳の男性障害者の雇用や賃金に与える影響を分析している。分析の結果，ADA制定後の男性障害者の雇用率は制定前と比較して平均7.2%低下していること，また賃金には有意な影響を与えていないことを示している。Acemoglu and Angrist（2001）はADA制定により21歳から39歳の障害者雇用が減少したこと，またこうした雇用の減少は，従業員数が25人から99人の中規模企業で特に生じていることを明らかにしている。一方で，Houtenville and Burkhauser（2004）はAcemoglu and Angrist（2001）の分析に関する追試を実施して同様の結果を確認したうえで，障害者の定義を「2期連続で『労働上の制約を持っている』と回答した者」に変更した場合には，ADAと障害者雇用の間に有意な関係は認められなかったとしている。またHotchkiss（2004）は，障害者の労働参加率の変化をコント

---

[8]　ADAは，障害者に対する異なる取り扱いを禁止するのみならず，表面上では中立的な基準や方針等であっても，障害者に不利益を及ぼす場合にはそれを禁止している。また，雇用主に加え，公的機関，公共施設の所有者および運営者に対して，「合理的配慮」や「合理的変更」という積極的作為義務を負わせる内容となっている。

ロールした結果，ADA と障害者雇用の間に負の関係は認められなかったとしている。このように，ADA が障害者雇用に及ぼす影響は，各分析で必ずしも一致していない。またイギリスの DDA の帰結を分析した研究である Bell and Heitmueller (2009) では，DDA の導入と障害者雇用の関係は，推定の定式化ごとに異なるものの，マイナスの関係もしくは有意な結果は，概ね確認されないとしている。

また，雇用割当法に属する制度の分析を行った研究としては，Lalive, Wuellrich and Zweimüller (2013) があげられる。オーストリアの障害者雇用施策である Disabled Persons Employment Act (DPEA) では，25 人の従業員につき 1 人の障害者雇用が求められ，雇用人数がこの割当に満たない場合には課徴金を支払うこととなる。分析の結果，雇用割当法の金銭的インセンティブによって，12% 程度の障害者雇用の促進効果が確認されたとしている。

一方，日本の障害者雇用に関して経済学のフレームワークで分析した実証研究は，未だ少ない。まず Nagase (2008) は，2003 年に DPI (Disabled Peoples' International) 日本会議が公表した企業ごとの障害者雇用に関する情報を利用し，それらの中で東証第一部に上場している企業を分析対象としている。対象企業数は 594 社であり，そのうち法定雇用率に達している企業は 180 社，達していない企業は 414 社である。

Nagase (2008) は，それらの企業の株価の動きに着目し，短期と長期の 2 種類の分析をしている。このうち短期分析では，対象企業が法定雇用率を達成しているか否かの情報が公開された時点をイベント日として，株価のイベントスタディの手法を用いて，11 日間の累積超過リターン (CAR) を算出し，次の段階においてその CAR を被説明変数とする回帰分析を実施している。その回帰分析において，法定雇用率を達成している企業を 1，そうでない企業を 0 とするダミー変数の係数をみると，製造業では内生性の問題をコントロールした二段階最小二乗法モデルを中心に，概ね有意にマイナスとなっているものの，非製造業では東証大企業において有意にプラスとなるなど異なる結果が得られている。

また，2 年後までの期間におけるバイ・アンド・ホールド超過リターン (BHAR) を被説明変数とした長期分析では，上述のダミー変数の係数は，東

証大企業の製造業をサンプルとするモデルでは有意にプラスとなっているものの，それ以外のモデルでは有意性が乏しいという結果となっている。つまり法定雇用率を達成している企業とそうでない企業とでは，長期の株価の動きに有意な差はみられないといえる。

Mori and Sakamoto（2018）は，DPI日本会議のウェブサイトから得られた2008年の障害者雇用の情報を経済産業省による企業活動基本調査の財務情報等と合体させることによって，障害者雇用の制度的要因とその効果を分析している。2008年という単一年の分析ながら，全体として製造業に属する8,000社を上回る企業の障害者雇用の情報が利用されているのが特徴である。

実際の障害者雇用者数を被説明変数とし，各社の従業員規模から算出された法定障害者雇用者数を説明変数とする回帰分析により，法定雇用率を核とする障害者雇用納付金制度は障害者雇用の促進に寄与していることを明らかにしている。加えて，障害者雇用が企業の収益性に及ぼす影響を，ファジーな回帰不連続デザイン（FRDD）の手法を用いて分析した結果，障害者雇用の増加は，必ずしも企業の収益性を低下させるものではないことが示されている。

5. 障害者雇用に影響を及ぼす要因に関する実証分析

5.1 分析の視点と仮説

本章第3節で指摘した通り，厚生労働省の全事業所を対象にした調査によると，近年民間企業の障害者雇用に対する取り組みは以前に比べて積極化しており，およそ半分の企業で法定雇用率を達成している。

そのような状況の中で，障害者雇用制度を理解して障害者雇用に積極的に取り組み，法定雇用率を達成している企業と，障害者雇用に消極的で法定雇用率を下回っている企業との差異には，どのような各企業の属性が影響を及ぼしているのかを分析するのが，第1の視点である。そのような企業属性としては，企業パフォーマンス，コーポレート・ガバナンス，従業員にとっての雇用環境，そして企業規模を，それぞれ分析に組み入れる。具体的な仮説は，次の通りである。

仮説1：パフォーマンスが良好な企業ほど，障害者雇用率は高く，法定雇用率を達成する確率も高い。

　元来パフォーマンスが良好な企業は，障害者雇用に積極的に取り組む余地が大きいという考え方に基づく仮説である。企業パフォーマンスを示す要素として，ここでは収益性（ROA），財務の健全性（負債比率），成長性（売上高伸び率）を取り上げる。

仮説2：コーポレート・ガバナンスが有効に機能する企業ほど，障害者雇用率は高く，法定雇用率を達成する確率も高い。

　コーポレート・ガバナンスが有効に機能する企業は，CSR活動やその一環としての障害者雇用に積極的に取り組むという考え方に基づく仮説である。もっとも，有効に機能するコーポレート・ガバナンスとはどのような概念あるいは形態であるのかに関する議論は，極めて困難であることはいうまでもない。ここでは，そのような難問には直接立ち入らず，次の諸比率が高い企業ほど，コーポレート・ガバナンスが有効に機能する企業であると定義して，分析を進める。すなわち，社外取締役比率，筆頭株主持株比率，役員持株比率そして海外法人等持株比率である。

仮説3：従業員にとって働きがいのある環境にある企業ほど，障害者雇用率は高く，法定雇用率を達成する確率も高い。

　一般的に，従業員にとって働きがいのある環境を提供している企業は，障害者雇用に対する問題意識も高いであろうという趣旨の仮説である。従業員にとって働きがいが高いことを示す代理変数として，ここでは平均勤続年数の長さと平均賃金の高さを用いている。

仮説4：知名度が高い大企業ほど，障害者雇用率は高く，法定雇用率を達成する確率も高い。

知名度が高い大企業は，総じて社会的な影響力が大きいことから，障害者雇用に対しても高い問題意識を有しているはずであるという考え方に基づく仮説である。ここでは，従業員数と連結子会社数を企業規模の代理変数としている。加えて，知名度を示す代理変数として，上場してからの経過年数を用いている。

また，企業属性とは別に，それぞれの企業が属する産業の属性の違いについても分析する。具体的な仮説は，次の通りである。

仮説5：競争的な産業に属する企業ほど，障害者雇用率は高く，法定雇用率を達成する確率も高い。

競争条件が厳しい産業に属する企業は，多様なイノベーションに積極的に取り組んで，競争力を高め，企業価値を向上させていく努力が求められる。障害者雇用は，社会的な視点からみたイノベーションの一種であると解釈でき，競争的な産業に属する企業はそうでない企業に比べて，障害者雇用に対して前向きに取り組むと考えられる。ここでは，各産業に属する全企業の売上高シェアの二乗和として算出されるハーフィンダール・ハーシュマン・インデックス (Herfindahl-Hirschman Index：HHI) を産業の競争条件を示す変数として用いる。すなわち，HHI が大きければ大きいほど当該産業は寡占的であり，小さければ小さいほど競争的であるとみなすことができる。

仮説6：労働集約的（資本集約的）な産業に属する企業ほど，障害者雇用率は高く（低く），法定雇用率を達成する確率も高い（低い）。

労働集約的な産業に属する企業は，資本集約的な産業に属する企業に比べて，相対的に重要な生産要素である雇用者に対して十分な配慮を施すことから，障害者雇用に積極的に取り組むという考え方に基づく仮説である。ここでは，資本集約度を具体的な変数として利用する。

第2の分析の視点は，障害者雇用が企業パフォーマンスに及ぼす影響に関するものである。企業の障害者雇用とパフォーマンスとが，トレードオフの関係にあるのか否かを明らかにすることは，障害者雇用の施策を推進していくうえ

で重要な知見となりうる。ここでは，傾向スコア・マッチングに基づいて構築されたデータセットを用いて，法定雇用率の達成が企業パフォーマンスに与える影響を定量的に分析する。

5.2 データと実証モデル

本章で用いる障害者雇用の企業レベルデータは東洋経済新報社の『CSR 企業総覧』[9] から，また非金融機関企業の各種財務データについては日本政策投資銀行「企業財務データバンク」から，そして金融機関の財務データについては日経 NEEDS-Financial QUEST から，それぞれ抽出している。さらに，仮説 2 で説明変数として用いられる社外取締役のデータは，東洋経済新報社『役員四季報』によっている。データ期間は，2010 年度から 2016 年度であり，データ数は 5,285 である。

まず初めに，本研究の最重要な変数である障害者雇用の産業別動向を概観する。表 7.1 は，上記データ期間に対応する産業別障害者雇用率のデータを整理したものである。業種分類は，国際的に広く用いられている Standard Industrial Classification (SIC) の 2 桁コードに基づき，全体を 58 業種に分類している。表 7.1 から障害者雇用率は，多くの業種で 1.8-2.0% 程度の水準にあることがみてとれる。その中で，平均値でみてたばこ，パルプ・紙，一般家庭向けサービス業，また中央値でみて農産物，たばこ，一般家庭向けサービス業では，それぞれ 2.5% を上回る高い率を示し，他方平均値でみて海運，証券業，不動産，会員制組織，また中央値でみて海運，証券業，教育サービス業，会員制組織では，それぞれ 1.5% を下回る低率にとどまっていることがわかる。

これらの障害者雇用のデータに基づき，上にあげた仮説を検証するために，次式のような 2 種類の基本モデルを設定する。なお，各変数の定義は，表 7.2 に整理されている。

---

9) 『CSR 企業総覧』は，東洋経済新報社が，2005 年以来毎年実施している「CSR 調査」の結果を冊子にまとめたものである。同調査は，全上場企業と主要未上場企業に調査票を送付して実施しているもので，2016 年調査の場合には回答企業と追加調査の結果，1408 社の CSR データが掲載されている。

表7.1 産業別の障害者雇用率

SICコード番号	産業名	サンプル数	平均値	中央値	標準偏差	最小値	最大値
01	農産物	7	2.45	2.52	0.16	2.15	2.64
09	漁業	2	1.79	1.79	0.01	1.78	1.80
13	石油およびガス採掘	12	1.86	2.01	0.45	0.50	2.21
15	総合建築業	119	1.80	1.97	0.63	0.00	3.18
16	土木工事業	96	1.87	1.91	0.35	0.20	2.56
17	特殊工事業	95	1.79	1.81	0.30	1.02	2.76
20	食料品	289	1.98	2.00	0.39	0.00	3.18
21	たばこ	7	2.62	2.56	0.11	2.52	2.83
22	繊維工業	38	1.97	2.00	0.71	0.75	4.83
23	衣服および関連製品製造業	79	1.63	1.81	0.60	0.00	2.62
24	木材,木製品	15	1.78	1.88	0.55	0.00	2.28
25	家具,調度品業	15	1.88	1.87	0.32	1.28	2.72
26	パルプ・紙,紙加工品製造業	76	2.99	1.94	3.32	1.01	16.1
27	印刷,出版業	51	1.82	1.92	0.38	0.91	2.65
28	化学	610	1.92	1.99	0.48	0.00	3.93
29	石油精製	16	2.00	2.05	0.19	1.55	2.23
30	ゴム製品,プラスチック製品	108	1.86	1.95	0.38	0.48	2.54
31	皮革,皮革製品	7	2.17	2.07	0.32	1.78	2.80
32	窯業,土石	65	1.98	1.98	0.29	1.32	2.79
33	鉄鋼,非鉄金属	172	1.85	1.96	0.63	0.00	4.16
34	金属製品	102	1.91	2.00	0.54	0.00	3.12
35	産業用機械,コンピュータ機器	467	1.88	1.94	0.79	0.00	7.07
36	電気・電子機器,部品(コンピュータ機器を除く)	406	1.98	1.99	0.5	0.00	5.21
37	輸送用機器	295	1.91	1.98	0.48	0.00	4.25
38	精密機器	208	1.79	1.90	0.53	0.00	3.89
39	その他の製造業	63	1.87	1.95	0.32	0.62	2.76
40	鉄道輸送業	18	2.19	2.25	0.38	1.55	3.24
41	地方・郊外交通,都市間幹線道路旅客輸送業	7	2.24	2.29	0.24	1.95	2.52
42	自動車貨物輸送および倉庫業	55	1.91	1.98	0.51	0.61	3.14
44	海運	58	1.16	1.29	0.69	0.00	2.29

表7.1 産業別の障害者雇用率（つづき）

SICコード番号	産業名	サンプル数	平均値	中央値	標準偏差	最小値	最大値
45	航空	14	1.99	1.99	0.23	1.60	2.40
47	旅行業，輸送サービス業	35	1.93	1.98	0.48	0.93	3.57
48	通信事業	47	1.75	2.00	0.67	0.00	2.43
49	電気，ガス，衛生サービス業	97	1.71	2.02	0.73	0.00	2.40
50	卸売業（耐久財）	336	1.62	1.71	0.67	0.00	3.30
51	卸売業（非耐久財）	125	1.62	1.76	0.89	0.00	7.70
52	建築用資材，金物，園芸用品，移動式住宅販売業者	14	2.00	2.06	0.31	1.30	2.45
53	一般小売業	81	2.07	2.08	0.31	1.05	2.91
54	食品小売業	65	2.20	2.21	0.32	1.58	3.80
55	自動車販売業，ガソリンスタンド	9	1.71	1.78	0.15	1.37	1.85
56	衣服，アクセサリー小売業	21	1.99	1.70	0.90	1.13	5.57
57	家具，調度品，インテリア小売業	27	1.79	1.92	0.45	0.64	2.57
58	飲食店	71	1.95	2.05	0.97	0.00	4.55
59	その他の小売業	95	1.83	1.87	0.78	0.00	5.09
61	預金業務を行わない金融機関	7	1.90	1.85	0.14	1.73	2.17
62	証券および商品取引仲介および販売業	6	0.66	0.50	0.81	0.00	2.00
65	不動産業	101	1.37	1.75	1.21	0.00	6.92
70	ホテル，下宿，キャンプ，その他の宿泊施設	27	1.61	1.95	0.92	0.00	3.08
72	個人向けサービス業	12	1.64	1.75	0.57	0.00	2.39
73	事業関連サービス業	371	1.67	1.87	0.75	0.00	5.08
78	映画	12	1.68	1.69	0.46	0.95	2.26
79	娯楽，レジャーサービス業	14	1.60	1.99	0.87	0.00	2.24
80	健康サービス業	12	2.80	2.52	0.67	2.04	3.85
82	教育サービス業	19	1.52	1.30	0.71	0.55	2.85
86	会員制組織	7	0.83	0.76	0.22	0.61	1.31
87	工学，会計，調査，経営および関連サービス業	61	1.67	1.77	0.48	0.00	2.66
89	一般家庭向けサービス業	7	4.95	5.92	3.30	1.29	8.80
99	分類不能業種	34	2.14	2.31	0.50	0.76	2.69
	合計	5285	1.86	1.94	0.77	0	16.1

表 7.2 変数の定義

被説明変数

障害者雇用率	Disabled-Ratio	障害者雇用率(除外率調整済み)
法定雇用率との関係	Dummy1.8	障害者雇用率が1.8%を超えていれば1,そうでなければ0をとるダミー変数
	Dummy2	障害者雇用率が2.0%を超えていれば1,そうでなければ0をとるダミー変数
	Dummy_over	2010年から2012年のサンプルで障害者雇用率が1.8%を超えている,もしくは2013年から2016年のサンプルで障害者雇用率が2.0%を超えていれば1,そうでなければ0をとるダミー変数

説明変数

パフォーマンス	ROA	税引前当期損益/資産合計(%)
	Debt	負債合計/資産合計
	Growth	(総売上高$_{t}$−総売上高$_{t-1}$)/総売上高$_{t-1}$*100(%)
ガバナンス	Outsider	社外取締役/取締役会人数合計*100
	TopShare	筆頭株主持株比率
	DirectorsShare	役員持株比率
	ForeignShare	海外法人等持株比率
職場環境	log(Service)	平均勤続年数(対数)
	log(Pay)	平均年間給与(対数)
規模・知名度	log(emp)	期末従業員数名(対数)
	log(affiliate)	連結子会社数(対数)
	Listyear	上場してからの経過年数
産業の競争性	HHI	各産業(SICコード準拠)内における全企業の売上高シェア(%)の2乗和
産業特性	Capitalint	各年度−産業ごとに,産業全体の総資産/産業全体の期末従業員数を算出し,中央値以上であれば1をとるダミー変数

$$\begin{aligned}
Disabled\_Ratio_{i,t+1} = {} & \beta_0 + \beta_1\, ROA_{i,t} + \beta_2\, Debt_{i,t} + \beta_3\, Growth_{i,t+1} + \beta_4\, Outsider_{i,t} \\
& + \beta_5\, Topshare_{i,t} + \beta_6\, DirectorsShare_{i,t} + \beta_6\, ForeignShare_{i,t} \\
& + \beta_7 \log(Service)_{i,t} + \beta_7 \log(Pay)_{i,t} + \beta_8 \log(emp)_{i,t} \\
& + \beta_9 \log(affiliate)_{i,t} + \beta_{10}\, Listyear_{i,t+1} + \beta_{11}\, HHI_{i,t+1} \\
& + \beta_{12}\, Capitalint_{i,t} + \varepsilon_{i,t}
\end{aligned} \quad (1)$$

$$Prob(Dummy_{i,t+1}=1) = \beta_0 + \beta_1 ROA_{i,t} + \beta_2 Debt_{i,t} + \beta_3 Growth_{i,t+1} + \beta_4 Outsider_{i,t}$$
$$+ \beta_5 Topshare_{i,t} + \beta_6 DirectorsShare_{i,t} + \beta_6 ForeignShare_{i,t}$$
$$+ \beta_7 \log(Service)_{i,t} + \beta_7 \log(Pay)_{i,t} + \beta_8 \log(emp)_{i,t}$$
$$+ \beta_9 \log(affiliate)_{i,t} + \beta_{10} Listyear_{i,t+1} + \beta_{11} HHI_{i,t+1}$$
$$+ \beta_{12} Capitalint_{i,t} + \varepsilon_{i,t} \tag{2}$$

ただし $Dummy_{i,t+1} \in \{Dummy1.8_{i,t+1},\ Dummy2_{i,t+1},\ Dummy\_over_{i,t+1}\}$。

　(1) 式と (2) 式の違いは，被説明変数となる障害者雇用を示す変数の違いである。すなわち，(1) 式では，障害者雇用の程度を示す障害者雇用率そのものが被説明変数となっている。他方 (2) 式は，法定雇用率を達成しているか否かを示す3種類のダミー変数が，被説明変数として用いられるパネルプロビットモデルとなっている。このうち，$Dummy1.8$ は2012年までの法定雇用率1.8%をクリアーしているか否かのダミー変数，$Dummy2$ は2013年以降の法定雇用率2.0%をクリアーしているか否かのダミー変数，そして $Dummy\_over$ は2010年から2016年の各年度で法定雇用率をクリアーしているか否かのダミー変数である。

　日本企業の障害者雇用への取り組みは，第2節で概観した障害者雇用制度の変遷に伴い全体としては積極化しつつあると考えられる。その意味で，各企業がそれぞれの時点における法定雇用率を達成しているか否かという尺度は，障害者雇用制度の観点から重要である。したがって，以下の最初の分析では (1) 式と (2) 式の両モデルが推計に用いられるが，その後の追加分析では (2) 式のパネルプロビットモデルのみを用いることとする。

　説明変数については，仮説1の企業パフォーマンスを表す指標としては，ROA，負債比率，売上高伸び率，仮説2のコーポレート・ガバナンスの指標としては，社外取締役比率，筆頭株主持株比率，役員持株比率および海外法人等持株比率，そして仮説3の職場環境の代理変数としては，従業員の平均勤続年数と平均給与を，それぞれ用いている。また，仮説4の企業規模や知名度については，従業員数，連結子会社数および上場してからの経過年数，仮説5の属する産業の競争条件については HHI，そして仮説6の属する産業が資本集約的か労働集約的かを表す変数としては，資本集約度を示す総資産・従業員比

表7.3 記述統計

変数	平均値	標準偏差	最小値	中央値	最大値	サンプル数
Disabled_ratio	1.86	0.77	0.00	1.94	16.10	5285
Dummy1.8	0.63	0.48	0.00	1.00	1.00	5285
Dummy2	0.44	0.49	0.00	0.00	1.00	5285
Dummy_over	0.54	0.49	0.00	1.00	1.00	5285
ROA	5.01	5.77	−57.64	4.46	56.29	5285
Debt	49.88	19.23	3.87	50.63	114.45	5285
Growth	4.66	20.56	−68.44	2.96	709.18	5285
Outsider	15.37	15.41	0.00	12.50	86.66	5285
TopShaer	16.57	14.67	2.20	10.00	79.11	5285
DirectorsShare	6.15	18.42	0.00	0.36	79.76	5285
ForeignShare	16.36	13.76	0.00	13.91	92.95	5285
Service	14.91	4.37	0.96	15.70	32.00	5285
Pay（単位：万円）	659.95	155.66	274.72	644.15	1520.00	5285
emp	2844.93	5822.36	1.00	1023.00	72721.00	5285
affiliate	49.09	104.74	1.00	17.00	1317.00	5285
Listyear	41.44	18.29	3.00	47.00	62.00	5285
HHI	1773.80	1654.08	313.61	1237.66	10000.00	5285
Capitalint	0.57	0.49	0.00	1.00	1.00	5285

率が中央値以上であれば1，そうでなければ0をとるダミー変数を導入している。なお，連結子会社数は海外法人等持株比率・平均給与・従業員数と，上場してからの経過年数は平均勤続年数と相関が高く，多重共線性の問題が生じる恐れがあるため，説明変数を分けて分析を行う。具体的には，平均勤続年数・連結子会社数を説明変数に入れたモデルでは平均給与・従業員数，上場経過年数を説明変数群から除く。同様に，後者3つの変数を説明変数に入れたモデルでは前者2つの変数を除く。

各変数の記述統計量は，表7.3に示されている。

5.3 障害者雇用の決定要因に関する実証結果

上記の仮説を検証するための実証分析のうち（1）式のモデル，すなわち障害者雇用率を被説明変数とするモデルの結果が，表7.4に整理されている。パフォーマンス指標の中では，ROAが4つのモデルのうち3つで有意にプラスの係数を示している。つまり，収益性が高い企業ほど，障害者雇用率が高いと

表 7.4 障害者雇用率に影響を及ぼす諸要因

変数	(1) Disabled_ratio	(2) Disabled_ratio	(3) Disabled_ratio	(4) Disabled_ratio
ROA	0.000387	0.00223*	0.00220*	0.00331***
	(0.292)	(1.675)	(1.715)	(2.590)
$Debt$	0.00202*	−0.000722	0.000670	−0.000757
	(1.809)	(−0.644)	(0.770)	(−0.872)
$Growth$	0.000177	−4.80e-05	5.21e-05	−5.85e-05
	(0.773)	(−0.207)	(0.225)	(−0.253)
$Outsider$	−7.17e-05	0.00444***	0.00304***	0.00418***
	(−0.0959)	(6.589)	(4.734)	(6.707)
$TopShare$	0.00302*	0.00239	0.00208*	0.00179
	(1.703)	(1.330)	(1.704)	(1.460)
$DirectorsShare$	−4.52e-05	−4.89e-05	−6.50e-05	−5.29e-05
	(−0.866)	(−0.921)	(−1.257)	(−1.019)
$ForeignShare$	0.00506***		0.00779***	
	(3.771)		(7.036)	
$\log(Service)$		0.323***		0.322***
		(6.285)		(8.213)
$\log(Pay)$	−0.0302		−0.00476	
	(−1.156)		(−0.184)	
$\log(emp)$	0.00292		0.0572***	
	(0.188)		(4.941)	
$\log(affiliate)$		0.0909***		0.107***
		(3.715)		(7.721)
$Listyear$	0.0446***		0.00923***	
	(12.51)		(6.849)	
HHI	9.29e-07	−3.37e-05**	−5.25e-06	−3.40e-06
	(0.0657)	(−2.407)	(−0.428)	(−0.278)
$Capitalint$	0.0526	0.0758*	0.0137	0.0244
	(1.199)	(1.694)	(0.335)	(0.599)
$Constant$	0.316	0.673***	0.825**	0.514***
	(0.707)	(4.096)	(1.975)	(4.211)
固定効果	Firm	Firm	SIC industry	SIC industry
年ダミー	yes	yes	yes	yes
サンプル数	5,285	5,285	5,285	5,285
$\overline{R^2}$	0.112	0.079	0.0869	0.0774

注:括弧の中は t 値を表している。また＊＊＊,＊＊,＊はそれぞれ 1%,5% および 10% 水準で有意であることを示す。

表 7.5 法定雇用率達成企業の特性（パネルプロビット分析）

変数	(1) Dummy1.8	(2) Dummy1.8	(3) Dummy2	(4) Dummy2	(5) Dummy_over	(6) Dummy_over
ROA	0.00845 (1.149)	0.0216*** (2.868)	0.0116 (1.592)	0.0218*** (2.946)	0.00312 (0.436)	0.0137* (1.869)
Debt	0.00711** (2.151)	0.000358 (0.106)	0.00232 (0.713)	−0.00110 (−0.342)	0.00549* (1.698)	−0.000446 (−0.136)
Growth	−0.00183 (−1.128)	−0.00215 (−1.391)	−0.00300* (−1.828)	−0.00332** (−2.081)	−0.00190 (−1.105)	−0.00253 (−1.511)
Outsider	0.0180*** (5.409)	0.0210*** (6.377)	0.0233*** (7.323)	0.0261*** (8.349)	0.00866*** (2.789)	0.0103*** (3.390)
TopShare	0.00511 (1.232)	0.00874** (2.053)	0.00401 (0.994)	0.00507 (1.271)	0.00704* (1.727)	0.0108*** (2.590)
DirectorsShare	−0.000209 (−0.687)	−0.000177 (−0.556)	−0.000312 (−0.656)	−0.000321 (−0.606)	−0.000312 (−0.789)	−0.000310 (−0.690)
ForeignShare	0.0343*** (6.993)		0.0252*** (5.385)		0.0276*** (5.929)	
log(Service)		0.613*** (12.43)		0.420*** (9.377)		0.563*** (11.75)
log(Pay)	0.233* (1.885)		0.185 (1.502)		0.169 (1.375)	
log(emp)	0.437*** (9.877)		0.235*** (5.573)		0.393*** (9.001)	
log(affiliate)		1.010*** (6.455)		0.757*** (5.218)		0.752*** (4.890)
Listyear	0.0210*** (5.122)		0.0221*** (5.407)		0.0146*** (3.727)	
HHI	−3.13e-05 (−0.600)	1.49e-06 (0.0285)	−0.000121** (−2.354)	−0.000102** (−2.020)	−1.24e-05 (−0.241)	1.55e-05 (0.300)
Capitalint	−0.308* (−1.685)	−0.389** (−2.121)	−0.0382 (−0.224)	−0.0485 (−0.291)	0.0178 (0.101)	−0.0528 (−0.297)
Constant	−8.198*** (−4.205)	−4.389*** (−8.944)	−6.671*** (−3.427)	−4.054*** (−8.740)	−6.870*** (−3.555)	−3.902*** (−8.085)
固定効果	SIC industry	SIC industry	SIC industry	SIC industry	SIC industry	SIC industry
年ダミー	yes	yes	yes	yes	yes	yes
サンプル数	5285	5285	5285	5285	5285	5285
対数尤度	−2181.77	−2206.61	−2525.44	−2539.35	−2392.75	−2401.56

注：括弧の中は z 値を表している。また＊＊＊，＊＊，＊はそれぞれ 1％，5％ および 10％ 水準で有意であることを示す。

いう結果である。

　ガバナンス関連指標の中では，社外取締役比率と海外法人等持株比率が，ともに概ね1%水準という高い有意性でプラスの係数を示し，加えて筆頭株主持株比率についても，4つのモデルのうち2つのモデルで10%水準ながら有意にプラスの係数を示している。

　次に，職場環境の代理変数として用いられている従業員の平均勤続年数は，極めて高い有意水準でプラスの係数を示している。つまり，従業員にとって働きやすい職場環境を整えている企業は，障害者雇用にも前向きに取り組んでいると考えられる。

　また，従業員数，連結子会社数そして上場してからの経過年数は，それぞれ概ね高い有意水準でプラスの係数を示していることから，知名度が高い大企業ほど，障害者雇用に積極的に取り組んでいることがわかる。

　さらに，産業特性に着目した仮説に関する結果をみると，HHIと資本集約度の係数はモデル(2)のみ有意である。そのモデル(2)では，HHIに関して，競争的な産業に属する企業ほど障害者雇用率は高いという仮説5を支持する結果が得られているが，資本集約度に関しては，資本集約的な産業に属する企業ほど障害者雇用率は高いという結果は，仮説6とは逆である。

　次に，被説明変数を法定雇用率が達成されているか否かのダミー変数としたパネルプロビットモデルの結果を，表7.5に基づき考察する。パフォーマンス指標の中では，ROAが6つのモデルのうち3つで有意にプラスの係数を示し，収益性が高い企業ほど，法定雇用率が達成される確率が高いという結果が得られている。他方，負債比率と売上高伸び率の係数は，有意となるものは少なく，有意である場合も仮説とは整合的とはいえない結果となっている。

　ガバナンス関連指標の中では，社外取締役比率と海外法人等持株比率が，ともにすべてのモデルで1%水準という高い有意性でプラスの係数を示し，加えて筆頭株主持株比率についても，6つのモデルのうち3つのモデルで有意にプラスの係数を示している。つまり，ガバナンスが有効に機能している場合には，法定雇用率が達成される確率が高いという結果である。

　次に，従業員の平均勤続年数の係数は，すべてのモデルで極めて高い有意水準でプラスとなり，平均給与もモデル(1)で有意にプラスとなっている。つまり，

従業員にとって働きやすい職場環境を整えている企業は，法定雇用率を達成している確率が高いと解釈できる。

また，企業の規模と知名度を示す従業員数，連結子会社数そして上場してからの経過年数は，それぞれすべてのモデルで1%水準の有意にプラスの係数を示している。つまり，知名度が高い大企業ほど，法定雇用率を達成しているといえる。

さらに，産業の競争条件に関する結果をみると，HHIの係数は$Dummy2$を被説明変数としたモデルのみ有意となり，その符号はマイナスである。つまり，競争的な産業に属する企業ほど，法定雇用率を達成する確率は高いという仮説を支持する結果となっている。一方，資本集約度の係数は，$Dummy1.8$を被説明変数としたモデルのみ有意にマイナスとなっている。つまり，労働集約的な産業に属する企業ほど，法定雇用率を達成する確率が高いという仮説に沿った結果が得られている。

なお，これまでの分析は，すべての産業に属する企業を対象としている。しかしながら，多くの企業レベルデータを用いた分析では，金融機関の異質性を考慮して，金融機関を除く分析がなされるのが一般的である。そこで，次には金融機関を除いたデータセットを用いて分析する。なお，推計モデルは，被説明変数を法定雇用率が達成されているか否かのダミー変数とした（2）式で示されるプロビットモデルである。

金融機関を除いた分析結果を示した表7.6を全サンプルに基づく表7.5と比較すると，各係数の符号，大きさ，有意性の水準はほぼ一緒であり，金融機関が入ることの影響は，特にはないことがわかる。

以上の結果を要約すると，次の通りである。企業パフォーマンスに関する仮説1については，負債比率と売上高伸び率に関しては仮説と整合的な結果は得られていないが，ROAに関しては概ね仮説を支持する結果が得られている。コーポレート・ガバナンスに関する仮説2については，役員持株比率を除く社外取締役比率，筆頭株主持株比率，そして海外法人等持株比率の係数は，仮説と整合的な有意にプラスの値を示している。

また，職場環境に関する仮説3については，とりわけ従業員の平均勤続年数に関して強く支持されており，従業員にとって働きやすい環境を提供している

表 7.6　金融機関を除いた分析

変数	(1) Dummy1.8	(2) Dummy1.8	(3) Dummy2	(4) Dummy2	(5) Dummy_over	(6) Dummy_over
ROA	0.00936	0.0226***	0.0119	0.0221***	0.00321	0.0138*
	(1.267)	(2.971)	(1.613)	(2.947)	(0.446)	(1.873)
Debt	0.00813**	0.000804	0.00277	−0.00141	0.00596*	−0.000473
	(2.425)	(0.236)	(0.838)	(−0.431)	(1.819)	(−0.142)
Growth	−0.00282	−0.00327	−0.00538**	−0.00633***	−0.00275	−0.00389*
	(−1.355)	(−1.565)	(−2.386)	(−2.761)	(−1.248)	(−1.711)
Outsider	0.0188***	0.0215***	0.0235***	0.0260***	0.00924***	0.0106***
	(5.559)	(6.408)	(7.260)	(8.145)	(2.941)	(3.418)
TopShare	0.00471	0.00977**	0.00504	0.00738*	0.00738*	0.0125***
	(1.109)	(2.223)	(1.215)	(1.783)	(1.777)	(2.905)
DirectorsShare	−0.000192	−0.000154	−0.000299	−0.000302	−0.000295	−0.000283
	(−0.625)	(−0.480)	(−0.613)	(−0.557)	(−0.746)	(−0.626)
ForeignShare	0.0347***		0.0257***		0.0281***	
	(6.947)		(5.373)		(5.923)	
log(Service)		1.029***		0.774***		0.778***
		(6.314)		(5.099)		(4.841)
log(Pay)	0.235*		0.195		0.173	
	(1.892)		(1.578)		(1.410)	
log(emp)	0.428***		0.228***		0.384***	
	(9.543)		(5.331)		(8.680)	
log(affiliate)		0.622***		0.439***		0.577***
		(12.32)		(9.542)		(11.75)
Listyear	0.0209***		0.0222***		0.0147***	
	(5.045)		(5.334)		(3.731)	
HHI	−2.85e-05	4.56e-06	−0.000119**	−0.000101**	−1.05e-05	1.83e-05
	(−0.549)	(0.0869)	(−2.328)	(−1.987)	(−0.205)	(0.353)
Capitalint	−0.172	−0.288	0.104	0.0609	0.146	0.0521
	(−0.911)	(−1.510)	(0.589)	(0.351)	(0.796)	(0.282)
Constant	−8.202***	−4.507***	−6.793***	−4.158***	−6.898***	−4.021***
	(−4.190)	(−8.875)	(−3.482)	(−8.625)	(−3.560)	(−8.041)
固定効果	SIC industry	SIC industry	SIC industry	SIC industry	SIC industry	SIC industry
年ダミー	yes	yes	yes	yes	yes	yes
サンプル数	5,155	5,155	5,155	5,155	5,155	5,155
対数尤度	−2130.98	−2152.21	−2470.48	−2479.94	−2345.17	−2349.48

注：括弧の中はz値を表している。また＊＊＊，＊＊，＊はそれぞれ1%，5%および10%水準で有意であることを示す。

企業は，障害者雇用にも熱心に取り組んでいることが証明されている。さらに，企業規模が大きく知名度が高い企業は，障害者雇用に前向きに取り組んでいるとの傾向も観察され，仮説4は支持されていると解釈できる。

一方，産業の競争条件や資本集約度といった産業特性に関する仮説5と仮説6の結果は，一部のモデルで仮説と整合的となっているものの，有意性が低い結果が多いことなどから，仮説がロバストに成立しているとは言い難い結果である。

5.4 製造業と非製造業との比較

財を生産する製造業とサービスを提供する非製造業では，産業の特性が異なることはいうまでもないが，障害者雇用に影響を及ぼす要因に違いがあるか否かを考察しようというのが，本項での目的である。ここでの分析対象モデルは，法定雇用率を達成しているか否かを示す3種類のダミー変数を被説明変数とする (2) 式のモデルである。

全サンプルを製造業と非製造業に分けて回帰分析した結果が，表7.7に整理されている。まず企業パフォーマンスの要因についてみると，ROAは非製造業では有意にプラスとなっているモデルが6つのモデル中半分を占めているのに対して，製造業では皆無である。逆に，売上高伸び率の係数は，製造業では6つのモデルの中の4つで有意にマイナスとなっているのに対して，非製造業では有意な結果は得られていない。このように，パフォーマンス指標が障害者雇用に及ぼす効果は，製造業と非製造業とでかなりの異質性が観察される。

次に，ガバナンス関連指標では，社外取締役比率と海外法人等持株比率が，製造業と非製造業ともに，概ね有意にプラスの係数を示すなど，両者は同質的であるといえる。また，従業員の平均勤続年数の係数は，製造業と非製造業のすべてのモデルにおいて，1%水準という高い有意性でプラスとなっており，従業員にとって働きやすい職場環境を整えている企業は，法定雇用率を達成する確率が高いという事実は，日本企業の中で普遍的であることがうかがわれる。また，企業の規模と知名度を示す従業員数，連結子会社数そして上場してからの経過年数も，同様に製造業と非製造業とも概ね有意にプラスの係数を示しており，知名度が高い大企業ほど，法定雇用率を達成している傾向は，両者に共

表7.7　製造業と非製造業との比較

(1)製造業

変数	(1) Dummy1.8	(2) Dummy1.8	(3) Dummy2	(4) Dummy2	(5) Dummy_over	(6) Dummy_over
ROA	0.00164	0.00823	0.01000	0.0155	−0.00571	−0.00126
	(0.156)	(0.770)	(0.985)	(1.516)	(−0.567)	(−0.124)
$Debt$	0.00705	−0.00397	0.00261	−0.00458	0.00544	−0.00408
	(1.625)	(−0.918)	(0.630)	(−1.123)	(1.339)	(−1.004)
$Growth$	−0.00382	−0.00469	−0.00817***	−0.00874***	−0.00539*	−0.00616**
	(−1.231)	(−1.521)	(−2.634)	(−2.815)	(−1.759)	(−2.024)
$Outsider$	0.0196***	0.0232***	0.0187***	0.0216***	0.00570	0.00837**
	(4.444)	(5.357)	(4.730)	(5.589)	(1.476)	(2.231)
$TopShare$	0.00746	0.00815	0.00386	0.00396	0.00911*	0.00998*
	(1.259)	(1.373)	(0.701)	(0.733)	(1.648)	(1.814)
$DirectorsShare$	−0.00530	−0.00348	−0.00133	−9.15e−06	−0.00273	−0.00143
	(−1.033)	(−0.669)	(−0.244)	(−0.00154)	(−0.591)	(−0.304)
$ForeignShare$	0.0457***		0.0306***		0.0365***	
	(6.571)		(4.984)		(5.855)	
$\log(Service)$		1.048***		0.921***		0.694**
		(3.614)		(3.332)		(2.553)
$\log(Pay)$	0.299*		0.352**		0.227	
	(1.732)		(2.087)		(1.322)	
$\log(emp)$	0.389***		0.163***		0.345***	
	(5.976)		(2.854)		(5.902)	
$\log(affiliate)$		0.653***		0.433***		0.568***
		(9.958)		(7.494)		(9.462)
$Listyear$	0.0116**		0.0127**		0.00676	
	(2.266)		(2.563)		(1.426)	
HHI	−0.000894***	−0.000846***	−0.00144***	−0.00152***	−0.000571***	−0.000559***
	(−3.481)	(−3.369)	(−5.253)	(−5.439)	(−3.039)	(−2.967)
$Capitalint$	0.277	0.337	−0.0820	−0.0171	0.0188	0.0593
	(0.831)	(1.014)	(−0.286)	(−0.0601)	(0.0621)	(0.197)
$Constant$	−7.600***	−3.401***	−6.825**	−2.602**	−6.330**	−2.697***
	(−2.776)	(−3.770)	(−2.554)	(−2.990)	(−2.338)	(−3.258)
固定効果	SIC industry	SIC industry	SIC industry	SIC industry	SIC industry	SIC industry
年ダミー	yes	yes	yes	yes	yes	yes
サンプル数	3,089	3,089	3,089	3,089	3,089	3,089
対数尤度	−1,266.32	−1,277.03	−1,522.67	−1,523.11	−1,465.31	−1,472.50

注：括弧の中は z 値を表している．また＊＊＊，＊＊，＊はそれぞれ1％，5％および10％水準で有意であることを示す．

表7.7 製造業と非製造業との比較（つづき）

(2)非製造業

変数	(1) Dummy1.8	(2) Dummy1.8	(3) Dummy2	(4) Dummy2	(5) Dummy_over	(6) Dummy_over
ROA	0.0175	0.0342***	0.0111	0.0220*	0.0150	0.0305***
	(1.624)	(3.050)	(0.993)	(1.924)	(1.361)	(2.635)
Debt	0.0126**	0.00930*	0.00621	0.00565	0.00839	0.00606
	(2.402)	(1.671)	(1.165)	(1.055)	(1.539)	(1.059)
Growth	−0.000677	−0.00112	−6.70e-05	−0.000795	0.000182	−0.00104
	(−0.358)	(−0.630)	(−0.0345)	(−0.426)	(0.0786)	(−0.454)
Outsider	0.0102*	0.0108**	0.0269***	0.0276***	0.0105*	0.00918*
	(1.933)	(2.041)	(4.890)	(5.034)	(1.938)	(1.690)
TopShare	0.00735	0.0105*	0.00751	0.00689	0.00892	0.0131**
	(1.222)	(1.657)	(1.235)	(1.137)	(1.415)	(1.995)
DirectorsShare	−0.000229	−0.000230	−0.000288	−0.000336	−0.000340	−0.000369
	(−0.771)	(−0.734)	(−0.623)	(−0.634)	(−0.856)	(−0.790)
ForeignShare	0.0249***		0.0187**		0.0176**	
	(3.468)		(2.505)		(2.389)	
$\log(Service)$		1.186***		0.684***		0.922***
		(5.469)		(3.646)		(4.133)
$\log(Pay)$	0.153		−0.0819		0.102	
	(0.827)		(−0.343)		(0.559)	
$\log(emp)$	0.461***		0.347***		0.461***	
	(7.422)		(5.372)		(6.667)	
$\log(affiliate)$		0.573***		0.424***		0.580***
		(7.336)		(5.809)		(7.097)
Listyear	0.0348***		0.0348***		0.0249***	
	(4.555)		(4.406)		(3.266)	
HHI	4.80e-05	6.40e-05	−3.84e-05	−2.68e-05	7.19e-05	8.91e-05
	(0.814)	(1.042)	(−0.666)	(−0.464)	(1.173)	(1.394)
Capitalint	−0.698***	−0.871***	0.118	0.0485	0.193	0.0118
	(−2.608)	(−3.216)	(0.453)	(0.196)	(0.704)	(0.0427)
Constant	−7.653***	−5.074***	−4.142	−4.629***	−7.124**	−5.149***
	(−2.620)	(−7.236)	(−1.112)	(−7.000)	(−2.476)	(−6.934)
固定効果	SIC industry	SIC industry	SIC industry	SIC industry	SIC industry	SIC industry
年ダミー	yes	yes	yes	yes	yes	yes
サンプル数	2,196	2,196	2,196	2,196	2,196	2,196
対数尤度	−890.70	−905.38	−970.68	−987.70	−908.69	−911.86

注：括弧の中はz値を表している。また＊＊＊，＊＊，＊はそれぞれ1％，5％および10％水準で有意であることを示す。

通であるといえる。

　一方，産業の競争条件に関する結果は，製造業と非製造業とでかなり異なる。すなわち，HHI の係数は，製造業では一貫して 1% という高い有意水準でマイナスとなるのに対して，非製造業ではプラスとマイナスの符号が混在し，かつ有意性の高いものは皆無である。このように，HHI の影響は，製造業と非製造業とで全く異なり，製造業のみで HHI が低い競争的な産業に属する企業ほど，法定雇用率を達成する確率が高いという仮説 5 を強く支持する結果が得られている。

　この背景には，競争性という観点からみた製造業と非製造業の特性の違いが，大きく影響していると考えられる。すなわち，製造業では，製品がクロスボーダーで取引されやすいことから，各企業は顕在化しているか潜在的かの違いはあるものの，グローバルな競争にさらされており，イノベーションを強く意識した経営が求められている。したがって，同じ製造業内において，より競争的な業種では，社会的なイノベーションといえる障害者雇用への積極的な取り組みがみられるのである。他方非製造業の多くの業種では，提供するサービスの競争はローカルな範囲にとどまり，HHI で示される競争条件の違いは，社会的なイノベーションとしての障害者雇用に有意な影響を及ぼすことはないものと解釈できる。

　最後に，産業の資本集約度の係数は，製造業では有意水準が高いものは皆無であり，非製造業においても，仮説を支持するのは Dummy1.8 を被説明変数としたモデルのみである。

5.5　低雇用率，中雇用率および高雇用率企業の比較

　前項までの実証分析は，主に各企業が障害者雇用制度で定められた法定雇用率を閾値として，それを達成しているか否かの違いに，どのような要因が影響を及ぼすのかを分析したものである。しかしながら，企業の中には，障害者雇用制度あるいはその改定に合わせて実際の障害者雇用を調整していこうとする企業がある一方で，そのような制度とは独立に，積極的に障害者雇用を推進していこうとする企業が存在する。他方，障害者雇用制度が存在するにもかかわらず，障害者雇用には消極的で法定雇用率を著しく下回る雇用しか実現してい

ない企業も存在する。そのような企業群の違いがどのような要素によってもたらされているのかを分析するのが，本項の目的である。

本項では，全体のサンプルを3つのグループに分類する。第1は障害者雇用率が1%以下の低雇用率のグループ，第2は障害者雇用率が1%超2.5%未満の中雇用率のグループ，そして第3は障害者雇用率が2.5%以上の高雇用率グループである。そして，第1のグループに0，第2のグループに1，そして第3のグループに2という値をそれぞれ付けて，パネルロジットモデルを推計した。なお，それぞれのサンプル数は，第1グループ434，第2グループ4,534，そして第3グループ317である。

その結果が，表7.8に整理されている。最初に，パフォーマンス指標についてみると，モデル(1)の負債比率が10%水準で有意になっているものの，その他のケースはすべて有意となっていない。つまり，企業パフォーマンスの良し悪しは，極端な雇用率の違いに影響を及ぼしていないという結果である。換言すれば，例えば収益性が高いから多くの障害者を雇用したり，収益性が悪いから障害者雇用を手控えたりするような行動は，観察されないと理解することができる。

ガバナンス変数の中では，社外取締役比率が，低雇用率と高雇用率との対比（モデル(4)）と中雇用率と高雇用率との対比（モデル(5)，(6)）において，有意にプラスの係数を示している。つまり，社外取締役比率が高いことが，障害者の高雇用率グループになることの重要な条件の一つであると考えられる。また，低雇用率と中雇用率との対比（モデル(1)）と低雇用率と高雇用率との対比（モデル(3)）の両方で，海外法人等持株比率が有意にプラスの係数を示している。これは，海外法人等が障害者の低雇用率グループに陥らないために，有意味なモニタリングを施していると解釈できる。

また，職場環境の代理変数として用いられている従業員の平均勤続年数の係数は，海外法人等持株比率と同様，低雇用率と中雇用率との対比（モデル(2)）と低雇用率と高雇用率との対比（モデル(4)）の両方で，有意にプラスとなっている。これは，従業員にとって働きやすい環境にある企業は，障害者の低雇用率の企業にはなりにくいことを表している。

さらに，従業員数，連結子会社数そして上場してからの経過年数は，低雇用

表7.8 低雇用率,中雇用率および高雇用率企業の比較(パネルロジットモデル)

変数	(1) 0 vs 1	(2) 0 vs 1	(3) 0 vs 2	(4) 0 vs 2	(5) 1 vs 2	(6) 1 vs 2
ROA	0.0114	0.00883	−0.0241	0.0370	0.00654	0.00527
	(0.597)	(0.455)	(−0.305)	(0.487)	(0.287)	(0.230)
Debt	0.0209*	−0.00849	0.0398	0.00841	0.00612	0.00689
	(1.940)	(−0.746)	(0.797)	(0.208)	(0.631)	(0.693)
Growth	0.00237	0.000372	−0.00422	−0.00680	−0.000166	0.000384
	(0.577)	(0.0672)	(−0.195)	(−0.355)	(−0.0549)	(0.126)
Outsider	0.00127	−0.00692	0.0849	0.101**	0.0276***	0.0311***
	(0.104)	(−0.569)	(1.614)	(2.475)	(2.797)	(3.168)
TopShare	−0.0427***	−0.0145	−0.0114	−0.00615	0.0118	0.00532
	(−3.010)	(−0.980)	(−0.206)	(−0.107)	(0.980)	(0.430)
DirectorsShare	−0.00119	−0.000659	−0.0245	−0.0291	−0.00203	−0.00190
	(−1.192)	(−0.612)	(−1.198)	(−1.629)	(−0.499)	(−0.488)
ForeignShare	0.0512***		0.0997*		0.00818	
	(3.004)		(1.656)		(0.588)	
log(Service)		4.716***		9.865***		−0.0268
		(7.912)		(5.307)		(−0.0547)
log(Pay)	0.490		4.469		−0.121	
	(1.294)		(1.359)		(−0.233)	
log(emp)	2.359***		6.819***		−0.609***	
	(10.06)		(9.827)		(−4.668)	
log(affiliate)		1.795***		3.429***		−0.324**
		(8.188)		(5.231)		(−2.386)
Listyear	0.0470***		0.170***		0.00247	
	(3.255)		(3.643)		(0.213)	
HHI	6.02e-05	0.000129	0.000329	0.000200	0.000125	0.000135
	(0.318)	(0.676)	(0.773)	(0.386)	(0.871)	(0.927)
Capitalint	0.400	−1.142	−0.148	−0.858	0.521	0.634
	(0.458)	(−1.203)	(−0.0544)	(−0.298)	(0.875)	(1.044)
Constant	−18.37***	−6.074***	−120.5**	−33.21***	−1.837	−6.887***
	(−3.055)	(−3.651)	(−2.295)	(−4.046)	(−0.225)	(−4.269)
固定効果	SIC industry	SIC industry	SIC industry	SIC industry	SIC industry	SIC industry
年ダミー	yes	yes	yes	yes	yes	yes
サンプル数	4,968	4,968	751	751	4,851	4,851
対数尤度	−621.59	−666.11	−168.26	−183.33	−781.71	−790.8

注1:0:低雇用率,1:中雇用率,2:高雇用率。
注2:括弧の中はz値を表している。また***,**,*はそれぞれ1%,5%および10%水準で有意であることを示す。

率と中雇用率との対比（モデル(1), (2)）と低雇用率と高雇用率との対比（モデル(3), (4)）の両方で，有意にプラスの係数を示している。これは，知名度が高い大企業ほど，障害者の低雇用率の企業にはなりにくいことを意味している。しかしながら，中雇用率と高雇用率との対比（モデル(5), (6)）においては，従業員数と連結子会社数の係数は，相対的に小さいながらも有意にマイナスである。これは，知名度が高い大企業では，高雇用率企業に比べて中雇用率企業が主流であることを示唆するものである。

5.6 障害者雇用と企業パフォーマンス

前項までの実証分析では，障害者雇用率や障害者雇用制度で定められた法定雇用率の決定要因について考察した。一方，障害者雇用が，企業のパフォーマンスにどのような影響を与えるのかという問題も，同制度を推進していくうえで重要な論点であろう。もし法定雇用率の達成が企業のパフォーマンスに悪影響を与えるのであれば，本章第3節で確認したように，未だに約半数の事業所で法定雇用率の達成が進んでいない現状の要因の一つと考えられるかもしれない。逆に，もし法定雇用率の達成が企業のパフォーマンスに悪影響を与える事実が観察されなければ，障害者雇用の推進という政策は，株主価値の毀損というデメリットをもたらすことなく共生社会の実現に寄与するという点で有意義であると考えられる。このような問題意識から，本項では法定雇用率の達成が企業パフォーマンスに与える影響について考察する。

本項では，傾向スコア・マッチングを用いて，法定雇用率の達成が企業の収益性（ROA）に与える影響を分析する。具体的には，まず以下の(3)式について年度別にプロビット回帰推定を行い，企業が法定雇用率を達成する確率（傾向スコア）の推定を行う。

$$\begin{aligned}Prob(Dummy\_over_{i,t+1}=1) = & \beta_0 + \beta_1\ Debt_{i,t} + \beta_2\ Growth_{i,t+1} + \beta_3\ Outsider_{i,t} \\ & + \beta_4\ TopShare_{i,t} + \beta_5\ DirectorsShare_{i,t} + \beta_6\ ForeignShare_{i,t} \\ & + \beta_7 \log(Service)_{i,t} + \beta_8 \log(Pay)_{i,t} + \beta_9 \log(emp)_{i,t} \\ & + \beta_{10} \log(affiliate)_{i,t} + \beta_{11}\ Listyear_{i,t+1} + \beta_{12}\ HHI_{i,t+1} \\ & + \beta_{13}\ Capitalint_{i,t} + \varepsilon_{i,t} \end{aligned} \quad (3)$$

表7.9 マッチング後のバランステスト

	トリートメント群平均値	サンプル数	コントロール群平均値	サンプル数	t値
Debt	49.27	1245	49.22	1245	0.06
Growth	5.7	1245	5.98	1245	-0.29
Outsider	12.97	1245	13.01	1245	-0.05
TopShare	16.76	1245	17.2	1245	-0.74
DirectorsShare	3.31	1245	4.98	1245	-1.02
ForeignShare	14.82	1245	14.31	1245	0.99
$\log(Pay)$	15.66	1245	15.64	1245	1.52
$\log(emp)$	6.74	1245	6.65	1245	1.73
Listyear	37.87	1245	37.91	1245	-0.05
HHI	1606.75	1245	1647.05	1245	-0.72
Capitalint	0.56	1245	0.56	1245	0.28

注：マッチングは(3)式で傾向スコアを年度ごとに算出し，最近傍マッチング（Nearest neigborhood matching）で同年度内の企業を対象に1対1の非復元抽出を行った。その際キャリパーは各年度の傾向スコアの標準偏差の0.25倍で設定した。

上式で推定した傾向スコアをもとに，同年度内の企業でマッチングを行いトリートメント群およびコントロール群を形成する[10]。表7.9はマッチング後のサンプルのバランステストとなっている。t検定の結果統計的に有意となっている変数は $\log(emp)$ のみであり，こちらについても有意水準は10%であることから，サンプル間の不均一性およびセレクション・バイアスについては概ねコントロールできていると考えられる。上記のサンプルを用いて，法定雇用率の達成が企業パフォーマンスに与える平均処置効果（Average Treatment Effect，以下 ATE）を単変量分析で推定し，その結果の頑健性を多変量分析で追加検証する。

表7.10は，ある年度の法定雇用率の達成が同一年度のROAに与える影響を，各年度のサンプルおよび全サンプルを対象にして分析した結果を，それぞれ示している。いずれの年度および全サンプルに基づく推定において，ATE

---

10) マッチング手法は傾向スコアをもとにした最近傍マッチング（nearest neighborhood matching）を採用している。このとき，キャリパーを各年度の傾向スコアの標準偏差に0.25倍した値で設定し，1対1の非復元抽出でマッチングを行っている。

表7.10 法定雇用率の達成が企業の当期収益性（ROA）に与える影響（単変量）

	年度	トリートメント群値	obs	コントロール群値	obs	ATE	t値
ROA（当期）	2010	4.88	173	4.21	173	0.67	1.26
ROA（当期）	2011	4.51	173	4.09	173	0.41	0.84
ROA（当期）	2012	5.01	186	4.68	186	0.32	0.44
ROA（当期）	2013	6.21	230	5.77	230	0.43	0.77
ROA（当期）	2014	5.95	237	5.76	237	0.18	0.41
ROA（当期）	2015	5.75	246	5.76	246	−0.01	−0.02
ROA（当期）	全サンプル	5.47	1245	5.15	1245	0.31	1.37

注：各年度時点で法定雇用率を達成しているか否かが，当該年度のROAに与える影響をATEで分析している（ex. 2012年度時点の法定雇用率の達成が，2012年度時点のROAに与える影響をATEが示している）。

表7.11 法定雇用率の達成が企業の次年度収益性（ROA）に与える影響（単変量）

	年度	トリートメント群値	obs	コントロール群値	obs	ATE	t値
ROA（1期リード）	2010	4.54	173	4.16	173	0.37	0.66
ROA（1期リード）	2011	3.65	173	4.16	173	−0.5	−0.71
ROA（1期リード）	2012	6.15	186	5.29	186	0.85	1.39
ROA（1期リード）	2013	6.33	230	5.79	230	0.54	1.14
ROA（1期リード）	2014	5.87	237	5.87	237	0	0
ROA（1期リード）	2015	5.93	246	5.9	246	0.02	0.06
ROA（1期リード）	全サンプル	5.52	1245	5.3	1245	0.21	0.98

注：各年度時点で法定雇用率を達成しているか否かが，次年度のROAに与える影響をATEで分析している（ex. 2012年度時点の法定雇用率の達成が，2013年度時点のROAに与える影響をATEで示している）。

は有意でないことから法定雇用率の達成は企業の収益性に影響を与えていないことを意味している。

また，表7.11および表7.12では，t年度の法定雇用率達成が，それぞれ$t+1$年度，$t+2$年度のROAに与える影響を推定している。こちらもATEは有意でなく，法定雇用率の達成が将来の収益性に対しても影響を与えないことを示している。

表7.13では，同じマッチングサンプルを用いて，多変量分析で法定雇用率の達成と企業パフォーマンスの関係を推定している。モデル(1), (2), (3)は産業ダミーを加えた変量効果モデル，モデル(4), (5), (6)は企業固定効果を用いたモ

表7.12　法定雇用率の達成が企業の次々年度収益性（ROA）に与える影響（単変量）

	年度	トリートメント群値	obs	コントロール群値	obs	ATE	t値
ROA（2期リード）	2010	3.75	173	4.13	173	-0.37	-0.53
ROA（2期リード）	2011	5.49	173	4.9	173	0.59	0.96
ROA（2期リード）	2012	6.03	186	5.63	186	0.4	0.7
ROA（2期リード）	2013	6.23	230	6.04	230	0.18	0.38
ROA（2期リード）	2014	5.81	237	5.91	237	-0.1	-0.24
ROA（2期リード）	全サンプル	5.53	999	5.4	999	0.12	0.52

注：各年度時点で法定雇用率を達成しているか否かが，次々年度のROAに与える影響をATEで分析している（ex. 2012年度時点の法定雇用率の達成が，2014年度時点のROAに与える影響をATEで示している）。

デルとなっている。$Dummy\_over$の係数はいずれのモデルでも有意ではなく，多変量分析モデルにおいても法定雇用率の達成は企業パフォーマンスに影響を与えていないことが確認できる。

　以上の結果は，法定雇用率の達成に必要な程度の障害者雇用の実現は，企業パフォーマンスに全く悪影響を与えるものでないことを実証的に明らかにしており，法定雇用率の未達成企業に対しても，早急な対応が望まれる。

6. おわりに

　本章では，日本における障害者雇用制度の変遷を概観するとともに，2種類の実証分析を実施した。第1の分析は，障害者雇用に積極的に取り組み，法定雇用率を達成している企業と，障害者雇用に消極的で法定雇用率を下回っている企業との差異には，どのような要素が影響を及ぼしているのかに関するものであり，第2の分析は，企業の障害者雇用と企業パフォーマンスとが，トレードオフの関係にあるのか否かを明らかにすることである。

　障害者雇用に対する積極性の要素に関する分析からは，次の事実が明らかになった。第1に，障害者雇用に積極的に取り組んでいる企業の属性としては，収益が良好，社外取締役比率，海外法人等持株比率および筆頭株主持株比率がそれぞれ高い，従業員の平均勤続年数が長い，従業員数および連結子会社数が多い，上場してからの経過年数が長い，競争的な産業に属しているなどがあげ

表7.13 法定雇用率の達成が企業の収益性（ROA）に与える影響（多変量）

変数	(1) ROA (当期)	(2) ROA (1期リード)	(3) ROA (2期リード)	(4) ROA (当期)	(5) ROA (1期リード)	(6) ROA (2期リード)
Dummy_over	-0.0425	-0.194	-0.000386	0.0362	-0.235	0.0395
	(-0.206)	(-0.952)	(-0.00163)	(0.150)	(-0.942)	(0.131)
Debt	-0.0368***	-0.0359***	-0.0445***	0.0810***	0.101***	0.00738
	(-4.048)	(-4.413)	(-4.832)	(4.001)	(4.803)	(0.268)
Growth	0.0206***	0.0102***	0.00402	0.0172***	0.00526	0.00224
	(6.504)	(3.094)	(1.137)	(5.323)	(1.575)	(0.610)
Outsider	-0.00655	0.00578	0.0237**	-0.0267*	-0.0190	-0.0161
	(-0.648)	(0.614)	(2.117)	(-1.697)	(-1.163)	(-0.723)
TopShare	0.0231**	0.0227**	0.00669	0.0532*	0.0298	-0.142***
	(1.990)	(2.202)	(0.570)	(1.773)	(0.958)	(-3.512)
DirectorsShare	-0.000194	0.00140	0.00118	-0.00121	0.000402	-0.000171
	(-0.104)	(0.725)	(0.569)	(-0.643)	(0.206)	(-0.0789)
ForeignShare	0.0911***	0.0727***	0.0567***	0.0694***	-0.00286	-0.0700**
	(7.039)	(6.118)	(4.141)	(3.002)	(-0.120)	(-2.383)
log(Pay)	0.786*	0.164	-0.0981	0.841	-0.0240	-0.211
	(1.678)	(0.352)	(-0.197)	(1.560)	(-0.0430)	(-0.355)
log(emp)	-0.0438	0.159	0.245*	-0.806**	-0.461	-0.801
	(-0.333)	(1.354)	(1.784)	(-2.384)	(-1.317)	(-1.468)
Listyear	-0.0560***	-0.0551***	-0.0516***	0.182***	0.354***	0.486***
	(-4.906)	(-5.545)	(-4.534)	(2.833)	(5.314)	(5.740)
HHI	0.000207	9.35e-05	-4.54e-05	-0.000296	9.17e-05	0.000209
	(1.283)	(0.650)	(-0.285)	(-0.815)	(0.244)	(0.443)
Capitalint	-1.468***	-1.190**	-0.584	-0.877	-0.819	-0.179
	(-2.583)	(-2.297)	(-1.001)	(-0.862)	(-0.777)	(-0.147)
Constant	-4.605	3.715	7.239	-13.95	-9.423	-1.485
	(-0.624)	(0.509)	(0.924)	(-1.537)	(-1.003)	(-0.140)
固定効果	SIC industry	SIC industry	SIC industry	firm	firm	firm
年ダミー	yes	yes	yes	yes	yes	yes
サンプル数	2,490	2,490	1,998	2,490	2,490	1,998
$\bar{R}^2$	0.038	0.0262	0.0201	0.064	0.060	0.050

注1：括弧の中はz値を表している。また＊＊＊，＊＊，＊はそれぞれ1％，5％および10％水準で有意であることを示す。

注2：列(1)から列(3)は産業ダミーを入れた変量効果モデル，列(4)から列(6)は企業固定効果モデルとなっている

注3：決定係数はそれぞれ within 推定における決定係数を示している。

られる。つまり，高収益でガバナンスが優れ，職場環境が良好で知名度が高く，競争的なセクターに属する大企業ほど，障害者雇用に積極的に取り組んでいるという傾向が観察されている。

第2に，法定雇用率を達成する要素という面で製造業と非製造業を比較すると，企業パフォーマンスの中では，製造業では売上高伸び率が有意な影響を及ぼすものの，非製造業ではROAが有意であるという対照的な結果となっている。また，産業の競争条件については，製造業のみで競争的な産業に属する企業ほど，法定雇用率を達成する確率が高いという結果が得られている。その他の企業属性に関しては，製造業と非製造業とで概ね全産業ベースと同様な結果となっている。

　第3に，障害者の低雇用率，中雇用率および高雇用率企業の比較では，社外取締役比率が高いことが，高雇用率グループになることの条件であり，また海外法人等持株比率が高いことおよび従業員の平均勤続年数が長いことが，低雇用率グループに陥らないための要素であることが明らかにされている。さらに，従業員数および連結子会社数の多さそして上場してからの経過年数の長さは，低雇用率の企業になりにくい条件となっている。

　第4に，障害者雇用と企業パフォーマンスとの関係をマッチングサンプルに基づき定量的に分析すると，法定雇用率の達成は同年度および将来の企業の収益性に有意な影響を与えていないことが明らかとなっている。

　本章第2節で概観したように，近年においては障害者と健常者とが相互に人格と個性を尊重し合いながら共生する社会を実現しようとする理念の広まりがみられ，企業経営を巡る価値観の多様化と相まって，障害者雇用の増加が実現している。しかしながら，障害者雇用の増加は，障害者雇用制度の拡充に追随して進展しつつあるという側面が大きく，企業の自主的あるいは自発的な動機に基づいて障害者雇用が自生的に進展しているという側面は未だ大きいとはいえない。

　障害者と健常者との真の共生社会の実現のためには，企業経営者，従業員そして企業を取り巻く多様なステークホルダーが，障害者に対して本質的な理解を深め一層の支援を提供していくことの重要性はますます高まっているように思われる。

参考文献

Acemoglu, Daron and Joshua D. Angrist (2001), "Consequences of Employment Protection? The Case of the Americans with Disabilities Act," *Journal of Political Economy*, Vol. 109, No. 5, 915-957.

Bell, David and Axel Heitmueller (2009), "The Disability Discrimination Act in the UK: Helping or Hindering Employment among the Disabled?" *Journal of Health Economics*, 28, 465-480.

DeLeire, Thomas (2000), "The Wage and Employment Effects of the Americans with Disabilities Act," *Journal of Human Resources*, Vol. 35, No. 4, 693-715.

Hotchkiss, Julie L. (2004), "A Closer Look at the Employment Impact of the Americans with Disabilities Act," *Journal of Human Resources*, Vol. 39, No. 4, 887-911.

Houtenville, Andrew J. and Richard V. Burkhauser (2004), "Did the Employment of People with Disabilities Decline in the 1990s, and was the ADA Responsible? A Replication and Robustness Check of Acemoglu and Angrist (2001)," Rehabilitation Research and Training Center for Economic Research on Employment Policy for Persons with Disabilities at Cornell University.

Lalive, Rafael, Jean-Philippe Wuellrich and Josef Zweimüller (2013), "Do Financial Incentives Affect Firms' Demand for Disabled Workers?" *Journal of the European Economic Association*, 11(1), 25-58.

Mori, Yuko and Norihito Sakamoto (2018), "Economic Consequences of Employment Quota System for Disabled People: Evidence from a Regression Discontinuity Design in Japan," *Journal of the Japanese and International Economies*, 48, 1-14.

Nagase, Akira (2008), "An Evaluation of the Disability Employment Policy with Respect to the Quota-levy System in Japan -Evidence from a Natural Experiment on Stock Prices-," WIAS Discussion Paper No. 2007-001.

厚生労働省（2017），『平成 29 年版厚生労働白書－社会保障と経済成長－』。

厚生労働省社会・援護局傷害保険福祉部（2018），「平成 28 年生活のしづらさなどに関する調査（全国在宅障害児・者等実態調査）結果」。

付表 7.1 相関マトリックス

	ROA	Debt	Growth	Outsider	Top Share	Directors Share	Foreign Share
ROA	1						
Debt	-0.34	1					
Growth	0.04	0.01	1				
Outsider	0.1	0	0	1			
TopShare	0.1	-0.06	0.02	0.02	1		
DirectorsShare	0.11	-0.02	0.07	-0.02	0.02	1	
ForeignShare	0.23	-0.1	0	0.34	-0.13	0	1
log(Service)	-0.26	0.05	-0.11	0	-0.24	-0.12	0.05
log(Pay)	0.06	0.05	-0.03	0.22	-0.1	-0.03	0.39
log(emp)	0.03	0.09	-0.05	0.05	-0.07	-0.03	0.38
log(affiliate)	-0.03	0.23	0	0.22	-0.24	-0.03	0.56
Listyear	-0.22	0.2	-0.04	0.02	-0.28	-0.07	0.16
HHI	0	0.08	0	0	0.08	0	-0.02
Capitalint	0.03	0.03	0	0.01	-0.04	-0.01	0.05

	log(Service)	log(Pay)	log(emp)	log(affiliate)	Listyear	HHI	Capitalint
ROA							
Debt							
Growth							
Outsider							
TopShare							
DirectorsShare							
ForeignShare							
log(Service)	1						
log(Pay)	0.26	1					
log(emp)	0.28	0.14	1				
log(affiliate)	0.28	0.45	0.48	1			
Listyear	0.53	0.2	0.35	0.38	1		
HHI	-0.14	-0.09	-0.05	-0.04	-0.15	1	
Capitalint	0.05	0.13	-0.09	0.05	0.06	-0.09	1

索　引

アルファベット

Americans with Disabilities Act（ADA）
　356, 357
ASSET4 ESG DATA　32, 315, 327
CEO　31
　執行役社長兼──　19
　政府系──　233, 235-238, 241, 243, 245-
　248, 256, 258, 260, 265-267, 272, 273, 276
COP3（国連気候変動枠組条約第3回締約国会
　議）　319
COP21　24
cross-pledging　99
CSR（Corporate Social Responsibility，企業の
　社会的責任）　16, 17, 23, 314, 315, 320-322,
　324
CSR 格付　322, 323
debt-overhang　156, 157
Disability Discrimination Act（DDA）　356,
　357
Disabled Persons Employment Act（DPEA）
　357
diversification discount　100, 102
DPI（Disabled Peoples' International）日本会
　議　357, 358
empire building　103, 136, 139, 171
entrenching investment　5, 103
ESG（Environmental, Social and Governance,
　環境・社会・ガバナンス）　23, 32, 34, 313-
　316, 322, 325-327, 337, 343
ESG 指標　343
ESG 投資　24, 26, 32, 316, 317, 320, 324, 341
firm-specific human capital　44
GHG プロトコル　327

HHI（Herfindahl-Hirschman Index，ハーフィ
　ンダール・ハーシュマン・インデックス）
　360, 365, 369, 370, 375
HRM（human resource management）　186,
　245
incentive view　49
M&A（企業の合併および買収）　9, 29, 107,
　153-158, 161, 171, 180, 181, 197
MSCI（Morgan Stanley Capital International）
　322
MSCI ESG 統計データベースの CSR 格付
　324
MSCI 指数　197
MSCI データベース　323
　overinvestment　→　過大投資
perks または perquisites　4
perquisites　126
PRI（Principles for Responsible Investment,
　責任投資原則）　24, 314, 315, 317, 318, 341
　国連の──　32
QFII（Qualified Foreign Institutional Inves-
　tors, 適格外国機関投資家）　31, 32, 196,
　281, 286, 292-295, 299, 301-303, 305-308
Qualified Foreign Institutional Investors（適
　格外国機関投資家，QFII）制度　195
R&D　29, 153-158, 161, 171, 180, 181
SASAC　→　国務院国有資産監督管理委員会
SDGs（Sustainable Development Goals, 国連
　の持続可能な開発目標）　24, 25
selection view　49
silent shareholders　164
SRI　→　社会的責任投資
SSSR（Split-Share Structure Reform, 株式転

388　索引

換改革）　201, 202, 219, 236
Sustainable, Responsible and Impact Investing
　314
TCFD（Task Force on Climate-related
　Financial Disclosures, 気候関連財務情報開
　示タスクフォース）　25
univariate test　116
WTO（世界貿易機関）　195, 292, 299
X非効率性　165

ア　行

アクティビスト・ファンド　22
アジア通貨危機　101
アジェンダ2030　24
アベノミクス　146
アメリカ預託証券（American depository
　receipt：ADR）　303
委員会設置会社（委員会等設置会社）　17, 19
異常気象　314
委任状争奪戦（proxy fight）　8
イベントスタディ　357
　株価の――　50
請負制　296, 297
売上高上位5社集中度　29, 166, 167, 170, 172,
　173, 176, 177, 181
英米法（common laws）　322, 323
エージェンシー・コスト（agency cost）　5,
　232, 273
　負債の――　49
エージェンシー・コスト効果（agency cost
　effect）　234, 237, 258, 260
エージェンシー問題　27, 31, 42, 93, 100, 125,
　126, 162, 198-200, 202, 206, 231, 233, 275, 282,
　284, 322
エージェンシー理論（agency theory）　3, 4,
　322
援助の手　30, 31
エントロピー指数　107, 112
エンロン事件（Enron scandal）　6
オイルショック　144, 148
横領の手（grabbing hand）　30, 186, 197,

　199-202, 213, 219, 226, 231, 232, 234, 235, 272,
　275, 276
オプション価格評価額　40
温室効果ガス　24, 25, 314, 315, 319, 324, 327,
　328, 332, 334
温室効果ガス削減　32, 33
温室効果ガス排出規模　327-330
　――の削減　33
温室効果ガス排出削減目標　24
温室効果ガス排出量　32, 33
温室効果ガス排出量算定・報告・公表制度
　32, 315, 332
温室効果ガス排出量比率　334-338, 340
温暖化問題　319

カ　行

海外（外国）機関投資家　22, 23, 195, 196
海外投資ファンド　22
海外における設備投資　29, 150, 152
海外（外国）法人等持株比率　22, 23, 34, 63,
　127, 128, 133, 136, 137, 163, 172, 177, 335, 351,
　359, 365, 369, 370, 372, 376, 381
改革開放政策　30, 274, 296
外資出資の証券会社の設立規則　196
外資出資の投資信託会社の設立規則　196
外資の持株比率　205
会社法　17, 19, 40, 45, 236, 297, 298
貸出金利規制　13
過剰負債問題　194
過大投資（overinvestment）　5, 28, 97, 101,
　103, 127, 136, 139, 171
価値効果（value effect）　234
過度な安全志向　155, 171
カーブアウト（carve out）　10
株価上昇に伴うオプション価値増加額　72
株価のボラティリティ　52, 53
株式公開買い付け（TOB）　9
株式相互持合　10
株式転換改革　→　SSSR
株式分布状況調査　21
株式報酬費用　45

索　引

株主による規律づけ　168, 170
環境・社会・ガバナンス　→　ESG
監査等委員会設置会社　19, 20
監査役設置会社　19, 20
監事会（監査役会）　186, 188, 233
管理職務理論（Stewardship theory）　234
管理方案　196
管理方法　190, 191
機関投資家　8, 20, 26, 30-32, 34, 162, 177, 195, 281-287, 291-293, 299-308, 313, 315, 319, 341
企業活動基本調査　358
企業活動のグローバル化　152
企業コントロール市場（market for corporate control）　8
企業の合併および買収　→　M&A
企業の合併再編に関する所見　197
企業の国有資産監督管理に関する暫定規制　192
企業の社会的責任　→　CSR
企業役員持株比率　205, 209
議決権　200
気候関連財務情報開示タスクフォース　→　TCFD
気候変動　25, 32, 33, 314, 327, 330, 332, 343
気候変動に関する政府間パネル（IPCC）　319
希薄化（dilution）　42
規模の経済性　206, 213, 243, 251
キャッシュフロー権　200
キャッシュフロー制約　44
旧三会　188
共生社会　350, 355, 378, 383
業績連動型報酬制度　6, 23, 26, 39, 73, 74, 92
京都議定書　32, 319
銀行の不良資産　194
金融安定理事会（Financial Stability Board：FSB）　25
金融機関持株比率　49, 133, 137, 138, 163, 172, 177
クォータリー・キャピタリズム　341
グローバルな市場競争　170

経営者による自社株保有　26, 27, 39, 40, 74, 77, 81
傾向スコア・マッチング　361, 378
経済的付加価値（EVA）　298
契約の不完備性（incomplete contract）　4
系列　161
　企業——　27, 93
　垂直的——（vertical keiretsu）　10
　水平的——（horizontal keiretsu）　10
系列企業　12, 49
健全経営規制　13
現代企業制度　245, 246, 274, 298
　——の設立　188, 236
権利行使価格　41, 46, 52
広義の投資　29, 158
郷鎮企業 TVE（Township-Village Enterprises）　199
コーポレートガバナンス・コード　20
コール・オプション　40, 100
小型国有企業の改革を加速するための所見　190
国際連合（国連）　313-315, 317
国資委　→　国有資産監督管理委員会
国進民退　185
国内機関投資家　299
国内の保険業の回復と保険機構の強化に関するお知らせ　288
国務院国有資産監督管理委員会（国資委, SASAC）　213, 214, 219
国有株　190, 198, 199, 201, 236, 291
国有株を減らして社会保険基金に充填することに関する暫定方案　190
国有企業　185, 190, 191, 194, 198, 201, 205, 213, 214, 219, 235, 236, 245, 248, 295, 296, 298
国有企業の混合所有制の発展に関する所見　191
国有銀行　201, 236
国有国営制度　245
国有国営体制　274
国有資産監督管理委員会（国資委）　192, 193, 201, 213, 236, 248, 254, 272

国有法人株主　198, 231
国連環境計画　24
国連環境計画・金融イニシアチブ（UNEP FI）
　317
国連気候変動枠組条約第3回締約国会議
　（COP3）　319
国連の持続可能な開発目標　→　SDGs
国家経済貿易委員会（経貿委）　188, 298
国家体制改革委員会（体改委）　188
固定為替相場制　144
コブ＝ダグラス型の生産関数　168
雇用納付金　353
雇用割当法（Employment quota）　356, 357
コングロマリット・ディスカウント　123
コンプライ・オア・エクスプレイン　20

サ　行
債権から所有権への転換　194, 195
財務危機企業　11, 12
財務リスク（financial risk）　156
サステナビリティ　26, 32
差別禁止法（Anti Discrimination Law）
　356
暫行方法　191
産出係数　147
サンプル・セレクション・バイアス　102,
　110, 112, 330
支援の手（helping hand）　186, 187, 198-201,
　202, 213, 219, 226, 231, 235, 275
事業活動の多角化（corporate diversification）
　27, 97
事業の多角化　26
事業持株会社　112, 121
事業リスク（business risk）　156
自己株式方式　45
自己資本比率規制　13
事後的モニタリング（ex-post monitoring）
　11
資産管理会社　194, 195
資産経営責任制　296, 297
自社株買い　17

自社株式オプション　40
市場競争　165, 166
　──による規律づけ　170
市場競争圧力　14, 15, 162
市場社会主義　30
事前的モニタリング（ex-ante monitoring）
　11
持続可能な経済社会　343
実雇用率　353, 354
私的な利益を追求する行動（rent-seeking
　behavior）　101
指導意見　193, 236
資本係数　147-149
資本ストックの平均的な年齢（ヴィンテージ）
　149
指名委員会等設置会社　19, 20
社外監査役　19
社会主義市場経済　274, 298
社会主義市場経済国家　197
社会主義市場経済体制　187
社会的責任投資（Socially Responsible
　Investing or Sustainable and Responsible
　and Impact Investing：SRI）　16, 17, 23,
　314
社外取締役（outside director）　5, 6, 17, 19,
　20, 22, 23, 34
社外取締役比率　351, 359, 365, 369, 370, 372,
　376, 381
社長会　10
社齢　47, 49
上海証券取引所　189, 236, 280, 285-287
終身雇用制度　27, 93
重度身体障害者　351
純粋持株会社　107, 112, 121-123, 137, 138
上位10株主持株比率　127, 133, 137, 162, 168,
　172, 242, 243
障害者基本法　350
障害者雇用　32, 34, 35, 351, 353-358, 360, 361,
　365, 369, 372, 375, 376, 378, 381-383
障害者雇用制度　351, 353, 358, 365, 375, 381
障害者雇用促進法　350, 352

索　引　　　　391

障害者雇用調整金　353
障害者雇用納付金　353
障害者雇用納付金制度　352, 358
障害者雇用水増し問題　355
障害者雇用率　351, 352, 355, 359, 360, 366, 369, 376
障害者雇用率制度　352
障害者差別解消法　350
障害者手帳所有者　355
証監会　→　中国証券監督管理委員会
商業銀行で基金管理会社の設立に関する試行管理方法　286
証券監督管理委員会　281, 287, 293, 298, 305
証券投資基金　31, 281, 284, 286-288, 291, 292, 299, 301-303, 305-307
証券投資基金運用管理弁法　287
証券投資基金暫行弁法　286
証券投資基金法　286, 287
証券取引機関　195
証券法　201, 298
上場会社コーポレート・ガバナンス原則　298
上場会社定款ガイドライン　298
上場会社における財務情報開示の質の向上に関する通達　298
上場会社における社外取締役制度の確立に関する指導意見　298
上場会社の株主総会に関する規範意見　298
情報の非対称性（informational asymmetry）　4, 5, 28, 42, 60, 61, 296, 303
ショート・ターミズム　341
新株引受権方式　45
新株予約権　40, 42
　　──の有利発行　45
新株予約権制度　45
新古典派理論　147
新三会　188, 189
新常態　31, 185, 199, 202, 226, 231, 232, 237, 247, 274-276
深圳証券取引所　189, 236, 280, 285, 287
身体障害者　352, 354

身体障害者雇用促進法　351, 352, 355
スチュワード（stewards）　234
ステークホルダー（利害関係者）　15-17, 20, 25-27, 35, 314, 320, 324, 383
ステークホルダー・ソサエティ（stakeholder society）　16
ストック・オプション（stock option）　7, 17, 23, 26, 27, 39-47, 49, 51-53, 61, 63, 65, 73, 91-93, 189
　株式報酬型──　47
ストック・オプション価値額　53, 72
スピンオフ（spin off）　9
成果主義型報酬制度　6
政治型企業制度　295, 296
政治制度（political institutions）　323
脆弱なコーポレート・ガバナンス（weak corporate governance）　171
精神障害者　352, 355
制度型企業制度　297
製品の市場競争　29
政府持株比率　30, 190, 198-201, 205, 209, 211, 213, 219, 226, 227, 233
世界金融危機　146, 148
世界貿易機関　→　WTO
責任準備金　290
責任投資原則　→　PRI
セグメント情報　98, 108, 112, 137
セグメント数　137
設備投資計画調査　29, 150, 180
設備投資のグローバル化　29
全国社会保障基金境外投資管理暫行規定　291
全国社会保障基金の投資管理の暫行弁法　291
全国社会保障基金理事会　291, 292
選別（sorting）　44
戦略的ステークホルダー管理モデル（strategic stakeholder management model）　320, 321
全流通と中国株式市場の命運に関わる制度の変革　190

「全流通」の改革　191
相互参入　188
ソーシャル・キャピタル（social capital）　323, 324
ソフトロー　21

タ 行

ダイバーシティ　350
大陸法（civil laws）　322, 323
多角化　26-28, 98-102, 105, 106, 110-113, 116, 119, 125-128, 132-134, 137-139
ダブルカウント制度　352
地球温暖化　24, 25, 32, 314, 315, 327, 332, 343
地球環境問題　148, 319
知的障害者　352, 354
地方国有企業　199, 214, 219, 226, 231, 254, 255
地方国有資産の監督をさらに強化するための所見　193
中央国有企業　199, 214, 219, 226, 231, 232, 252, 255, 256
中間的モニタリング（interim monitoring）　11
中国金融監督管理委員会　286
中国証券監督管理委員会（証監会）　189, 190, 193, 196, 286, 293, 294, 298
中国人民銀行　286, 287, 293, 305
中国人民銀行支行長会議要約　288
中国保険監督管理委員会　288
帝国建設（empire building）　5, 28, 97, 98
適格外国機関投資家　→　QFII
適格外国機関投資家の国内証券投資管理における暫行弁法　293
適格外国機関投資家による国内証券投資活動の管理暫定方案　196
敵対的買収（hostile takeover）　9
デレバレッジ　195
董事会（取締役会）　186, 188
投資が投資を呼ぶ　145
投資家保護制度　323
投資行動のグローバル化　29, 144, 180

トービンのQ　12, 33, 101, 105, 158, 161, 200, 284, 322, 325, 329, 330, 340
独占禁止法　121, 122
独立取締役　23, 31, 185, 186, 193, 205, 213, 232-234, 236, 238, 239, 242, 243, 259, 262, 268, 273
　　政府系——　234-238, 242, 243, 248, 251, 260, 268, 273

ナ 行

内生性　327
　　——の問題　102, 127, 140, 186, 203, 239, 341, 357
内部資本市場　101, 126
内部補助（cross-subsidization）　28, 97
南巡講話　187
二項モデル（binomial model または tree model）　27, 40, 50-53, 55, 91
二重構造の取締役会（two-tier board structure）　186
日本版スチュワードシップ・コード（「責任ある機関投資家」の諸原則）　20
ネガティブ・スクリーニング（negative/exclusionary screening）　315, 317
年金基金　31, 32, 281, 286, 291, 292, 299, 301-303, 305-308
年金積立金管理運用独立行政法人（GPIF）　318

ハ 行

バイ・アンド・ホールド超過リターン（BHAR）　357
ハーフィンダール指数　105, 112
ハーフィンダール・ハーシュマン・インデックス　→　HHI
バブル　144, 145
パリ協定　24, 25, 32, 319
ハロッド＝ドマー理論　147
範囲の経済（economy of scope）　99
範囲の経済性　125
非金銭的報酬（non-pecuniary rewards）

索 引

103
筆頭株主持株比率　34, 359, 365, 369, 370, 381
非流通株　190, 191, 201, 202, 236
ファジーな回帰不連続デザイン（FRDD）
　　358
フェア・ディスクロージャー・ルール　17
負債による規律づけ　126, 157, 170
部分国有企業　232
部門間の内部補助（cross-subsidization）
　　101
ブラック・ショールズのオプション価格評価モデル　51
ブラック・ショールズ・モデル　27, 40, 53, 55, 91
フランチャイズ・バリュー　13
フリーキャッシュフロー（free cash flow）
　　7, 104, 126, 165
フリーキャッシュフロー仮説　157, 164
プリンシプルベース・アプローチ　20
分社化　28, 98, 111-113, 116, 125-128, 132-134, 137
平均勤続年数　34, 351, 359, 365, 369, 370, 372, 376, 381, 383
平均処置効果（Average Treatment Effect：ATE）　379
平均賃金　359
平成28年生活のしづらさなどに関する調査（全国在宅障害児・者等実態調査）結果
　　355
変動為替相場制　144
法人株　190, 198, 201, 236
法定雇用率　34, 350-355, 357-360, 365, 369, 370, 372, 375, 378, 380, 381, 383
法定障害者雇用率　352
法の起源（legal origin）　322
保険会社　31, 32, 281, 286-288, 291, 292, 294, 299, 301-303, 305-308
保険監督管理委員会　305
保険機関投資家による株式投資に関する管理暫行弁法　288
保険資金運用管理暫定弁法　288

保険資金の運用政策に関する問題を調整するための通知　288
本質的ステークホルダー関与モデル（intrinsic stakeholder commitment model）　320, 321

マ 行

埋没費用　166
民営化改革　201, 236, 273, 275
民営法人株主　198, 231
民営法人持株比率　30, 199, 205
メインバンク　11-14, 27, 49, 62, 65, 93, 161-164, 168
目的を持った対話（エンゲージメント）　20
持合株式　22
持株会社（holding company）　17, 119
モニタリング機能　14, 15, 233
モニタリング・メカニズム　200
物言う株主　25, 197

ヤ 行

役員による自社株保有　49, 73, 75, 76, 92
役員持株比率　43, 49, 50, 60, 77, 359, 365, 370
友好的合併（friendly merger）　9
輸出入比率　29, 166, 167, 170, 172, 173, 177, 181
輸出比率　167, 172
輸入浸透度　167, 172
預金金利規制　13

ラ 行

リーマン・ショック　145, 146
利害関係者　→　ステークホルダー
リスク・テイキング　27, 40, 85, 82, 100
リスク・テイキング行動　26, 39
リスクフリー利子率　52, 53
流通株　190, 202, 236, 304
流動性制約　12
累積超過収益率（CAR）　50
聯産承包責任制　274
連単倍率　112, 113, 116, 139

売上高―― 127, 128
　総資産―― 127, 128, 136
レント（超過利潤）　13
レントシーキング行為　234

ロックアップ期間　293

ワ　行

ワーク・ライフ・バランス　354

執筆者紹介（執筆順，＊編著者）

花崎　正晴（はなざき　まさはる）＊
1979 年早稲田大学政治経済学部経済学科卒業，日本開発銀行入行。OECD 経済統計局，ブルッキングス研究所，一橋大学経済研究所，日本政策投資銀行設備投資研究所長などを経て，2012 年 4 月より一橋大学大学院商学研究科教授。現在，一橋大学大学院経営管理研究科教授。早稲田大学博士（経済学）。
主要著書
Corporate Governance and Corporate Behavior: The Consequences of Stock Options and Corporate Diversification, Springer, 2016.
『コーポレート・ガバナンス』岩波新書，2014 年
『金融システムと金融規制の経済分析』（共編著）勁草書房，2013 年
『企業金融とコーポレート・ガバナンス』東京大学出版会，2008 年，第 50 回エコノミスト賞受賞
『コーポレート・ガバナンスの経済分析－変革期の日本と金融危機後の東アジア－』（共編著）東京大学出版会，2003 年

羽田　徹也（はだ　てつや）
一橋大学大学院商学研究科経営学修士コース修了，一橋大学修士（経営）。
一橋大学大学院商学研究科博士後期課程単位取得退学。
現在，羽田事務所を運営。

鄭　晶潔（てい　しょうけつ）
一橋大学大学院商学研究科修士課程修了，一橋大学修士（商学）。
現在，太平洋セメント（株）勤務。

王　楽（おう　がく）
一橋大学大学院商学研究科博士後期課程単位取得，一橋大学博士（商学）。
現在，みずほ証券（株）北京駐在員事務所勤務。

劉　群（りゅう　ぐん）
一橋大学大学院経済学研究科博士後期課程単位取得，一橋大学博士（経済学）。
現在，一橋大学東アジア政策研究センター産学官連携研究員。

韓　華（かん　か）
一橋大学大学院商学研究科経営学修士コース修了，一橋大学修士（経営）。
現在，日本アイ・ビー・エム（株）勤務。

執筆者紹介

井槌　紗也（いづち　さや）
一橋大学大学院商学研究科経営学修士コース修了，一橋大学修士（経営）。
現在，第一生命保険（株）勤務。

張　嘉宇（ちょう　かう）
一橋大学大学院商学研究科修士課程修了，一橋大学修士（商学）。
現在，Ernst & Young（China）Advisory Limited Beijing Branch Office 勤務。

今仁　裕輔（いまに　ゆうすけ）
一橋大学大学院商学研究科修士課程修了，一橋大学修士（商学）。
現在，一橋大学大学院経営管理研究科博士後期課程在籍。

変貌するコーポレート・ガバナンス
――企業行動のグローバル化,中国,ESG――

2019年8月10日　第1版第1刷発行

編著者　花崎正晴
　　　　(はな)(ざき)(まさ)(はる)

発行者　井村寿人

発行所　株式会社　勁草書房
　　　　　　　　　　(けい)(そう)

112-0005 東京都文京区水道2-1-1　振替 00150-2-175253
　　　　　(編集) 電話 03-3815-5277／FAX 03-3814-6968
　　　　　(営業) 電話 03-3814-5861／FAX 03-3814-6854
　　　　　　　　　　　　　　　　　大日本法令印刷・牧製本

© HANAZAKI Masaharu　2019

ISBN978-4-326-50464-0　Printed in Japan

JCOPY ＜出版者著作権管理機構　委託出版物＞
本書の無断複製は著作権法上での例外を除き禁じられています。
複製される場合は、そのつど事前に、出版者著作権管理機構
（電話 03-5244-5088, FAX 03-5244-5089, e-mail: info@jcopy.or.jp）
の許諾を得てください。

＊落丁本・乱丁本はお取替いたします。

http://www.keisoshobo.co.jp

細江守紀 編著
企業統治と会社法の経済学
A5判 3,200円
50456-5

林　紘一郎 編著
著作権の法と経済学
A5判 3,900円
50253-0

花崎正晴・大瀧雅之・随　清遠 編著
金融システムと金融規制の経済分析
A5判 4,200円
50383-4

大垣尚司
金融から学ぶ会社法入門
A5判 4,000円
40327-1

宇佐美　誠 編著
法学と経済学のあいだ
規範と制度を考える
A5判 3,000円
40262-5

飯田　高
〈法と経済学〉の社会規範論
A5判 3,000円
40224-3

勁草書房

＊表示価格は2019年8月現在。消費税は含まれておりません。